폴 리쾨르, 비판과 확신

그린비 인물시리즈 he-story 05
폴 리쾨르, 비판과 확신

초판 1쇄 인쇄 _ 2013년 1월 15일
초판 1쇄 발행 _ 2013년 1월 25일

지은이 · 폴 리쾨르 | 옮긴이 · 변광배, 전종윤

펴낸이 · 유재건
편집 · 고아영 | 마케팅 · 한진용 | 영업관리팀 · 노수준, 이상원, 윤애리

펴낸곳 · (주)그린비출판사 | 등록번호 · 제313-1990-32호
주소 · 서울시 마포구 서교동 459-4 은혜빌딩 4층 | 전화 · 702-2717 | 팩스 · 703-0272

ISBN 978-89-7682-396-0 93160
이 도서의 국립중앙도서관 출판시도서목록(CIP)은 e-CIP 홈페이지(http://www.nl.go.kr/ecip)
와 국가자료공동목록시스템(http://www.nl.go.kr/kolisnet)에서 이용하실 수 있습니다.(CIP제어번
호:CIP2013000049)

이 책의 한국어판 저작권은 밀크우드에이전시를 통해 Editions Calmann-Lévy와 독점 계약한 (주)그린
비출판사에 있습니다.
저작권법에 의하여 한국 내에서 보호를 받는 저작물이므로 무단전재와 무단복제를 금합니다.
책값은 뒤표지에 있습니다. 잘못 만들어진 책은 서점에서 바꿔 드립니다.

그린비출판사 나를 바꾸는 책, 세상을 바꾸는 책
홈페이지 · www.greenbee.co.kr | 전자우편 · editor@greenbee.co.kr

폴 리쾨르, 비판과 확신

폴 리쾨르 지음 | 변광배 · 전종윤 옮김

그린비 인물시리즈 he-story 05

gB
그린비

나의 친구
미켈 뒤프렌을 추모하며

머리말

이 책의 내용을 구성하는 대담은 1994년 10월에서 11월, 1995년 5월과 9월에 샤트네 말라브리에 위치한 폴 리쾨르의 연구실에서 진행되었다. 녹음된 내용은 글로 옮겨졌으며, 리쾨르는 이것을 건네받아 읽고 보완했다. 내용을 잘 이해하는 데 필요하다고 보이는 경우 문헌적인 주를 덧붙였다. 반대로 대담 형식에 고유한 여러 내용의 중복과 교차를 삭제해야 한다고 생각하지는 않았다. 이러한 중복과 교차 역시 이 대담을 이해하는 데 일종의 길잡이 역할을 하기 때문이다.

프랑수아 아주비

마르크 드 로네

옮긴이 서문

이 책을 번역하면서 우선 프랑스 가톨릭계 일간지 『라 크루아』(*La Croix*)에 실린 폴 리쾨르와 편집자 간의 대담 기사(2003년 2월 26일자)[1] 한 대목을 떠올리지 않을 수 없었다. 대담의 주요 내용은 다음과 같았다.

> **편집자** 선생님, 자녀들에게 우선적으로 전달해야 할 가치가 있다면…… 그것이 무엇이라고 생각하십니까?
>
> **리쾨르** 그것은 다름이 아니라, 제 책의 제목이기도 한 것처럼, '비판'과 '확신'입니다.

이 기사를 읽은 계기로 옮긴이가 리쾨르의 저서 『비판과 확신』에 관심을 갖게 된 것은 지극히 당연한 일이었다. 게다가 프랑스 유학 시절 지도교수에게 들은 말은 결정적인 역할을 하였다. 사실 질베르 뱅상[2] 교수는

---

1) 이 기사는 『라 크루아』에서 90세 생일을 맞이한 리쾨르의 철학적 공로를 인정하여 특별히 기획한 것이다.
2) 질베르 뱅상(Gilbert Vincent)은 리쾨르의 제자로서 주요 저서는 다음과 같다. *Exigence éthique et interprétation dans l'œuvre de Calvin*, Genève : Labor et fides, 1984; *Hospitalité et solidarité:*

종종 리쾨르의 철학을 다음의 두 변증법으로 요약할 수 있다고 주장하였다. '사랑과 정의의 변증법'과 이 번역서의 제목이기도 한 '비판과 확신의 변증법'.

그렇다면 '비판과 확신의 변증법'은 무엇인가? 무엇보다도 우리는 이 변증법을 통해 리쾨르 철학의 근원을 확인할 수 있다. 비판과 확신이라는 두 개념은 끊임없이 대립하고 갈등하는 두 사상 — 헬레니즘을 대표하는 '비판(정신)'과 기독교를 대표하는 '윤리적 확신' — 을 접목하고 화합시키려는 그의 철학적 의도를 가장 잘 드러내고 있다. 이처럼 리쾨르의 변증법은 서로 다른 두 사상을 대화하게 만들고, 이질적인 두 지점의 중용이 되는 지점을 찾고자 하는 철학자의 '마음 씀'이라 할 수 있다. 이는 서로 이질적으로 보이는 두 개념의 매개를 찾아서 두 개념 모두에 활력을 불어넣으려는 그만의 고유한 해석학적 방법론이다. 결론적으로, 직관적이지만 조금은 성급하게 결론에 도달하려는 시도가 아니라, 긴 우회로를 거친 이후에야 마침내 목적지에 도달할 수 있다는 심도 있는 성찰을 통해 실제적 모습을 만나고 실천으로 비판적 발걸음을 내딛고자 하는 탐구자의 열정인 것이다.

참고로 리쾨르의 자서전은 1995년 같은 해에 출판된 두 종류의 책이 존재하는데, 첫번째 책은 『성찰』[3]이고 두번째 책은 바로 이 번역서 『비판과 확신』이다. 이 가운데 『성찰』이 리쾨르의 깊이 있는 철학적 반성의 '여정'을 담고 있는 자전적 글이라면, 『비판과 확신』은 그의 생애와 철학, 그리

éthique et politique de la reconnaissance, Strasbourg : Presses universitaires de Strasbourg, 2006; *La religion de Ricoeur*, Paris : Atelier, 2008.

3) Paul Ricœur, *Réflexion faite: Autobiographie intellectuelle*, Paris : Esprit, 1995. 이는 『성찰』 혹은 『심사숙고』로 번역할 수 있다.

고 다양한 지적 관심사 등에 대하여 진솔하게 밝히는 대담 형식을 취하고 있다. 이런 까닭에 리쾨르 사상을 연구하고 이해하려는 사람들은 반드시 이 책을 읽어야 할 것이다.

　이런 맥락에서, 『비판과 확신』의 내용을 간략하게 살펴보자. 1장 「발 랑스에서 낭테르까지」에서 우리는 리쾨르의 불우한 어린 시절과 그가 어 떤 계기로 철학을 시작하게 되었는지를 알 수 있다. 그리고 그의 철학에 결 정적으로 영향을 미친 가브리엘 마르셀과 미르체아 엘리아데와의 관계와 스트라스부르와 파리에서의 교수 생활, 마지막으로 낭테르의 파리10대학 총장 시절 맞이한 1968년 5월 혁명에 대한 회상을 들을 수 있다. 그리고 2 장 「프랑스와 미국: 비교할 수 없는 두 역사」에서는 낭테르대학(파리10대 학) 총장을 사임한 이후 미국으로 건너가 미국의 대학에서 강의하면서 경 험한 내용과 그곳에서 만난 주요 사상가들과의 추억을 읽을 수 있다. '정 신분석학에서 자기의 문제까지'에 관한 내용은 같은 제목의 3장에서 살필 수 있는데, 특별히 라캉과의 에피소드에서 두 사상가 사이에 얽힌 오해와 진실에 대해서 들을 수 있다. 더불어 그 시대의 철학을 주도했던 구조주의 자들과의 조금은 껄끄러운 관계 또한 보게 되고, 리쾨르의 중요한 저서들 인 『시간과 이야기』와 『타자로서 자기 자신』이 어떻게 기획되었는지도 알 수 있다. 4장 「정치와 전체주의」에서는 그의 정치철학 —— 정치의 자율성 과 정치적 악 사이의 역설에 대한 고민 등 —— 을 발견할 수 있고, 전체주의 에 대한 그의 철학적 규정도 발견할 수 있다. 또한 「기억의 의무, 정의의 의 무」로 명명된 5장에서는 『기억, 역사, 망각』을 출판한 의도를 이해할 수 있 다. 특별히 기억의 작업과 죽음에 대한 애도의 작업, 그리고 용서의 요청 등에 대한 그의 입장을 알 수 있다. 그리고 6장 「교육과 정교분리원칙」에서 는 그의 교육철학을 발견할 수 있을 뿐만 아니라 프랑스 내의 다문화적 교육정책에 대한 그의 의견을 들을 수 있다. 7장 「성서 독서와 성서 묵상」에서는 철학적 문제와 더불어 신학적 문제에 대하여 지대한 관심을 가졌던 그가 어떻게 철학자로서 신학을 탐구했고 어떤 신학적 입장을 취했는지 파악할 수 있다. 마지막으로, 8장 「미학적 경험」에서 우리는 리쾨르의 다양한 미학적 경험담을 토대로 그의 독특한 예술철학을 발견할 수 있다. 이처럼 총 8장으로 구성된 『비판과 확신』은 리쾨르의 철학 전반——현상학, 상징, 해석학, 살아 있는 은유, 역사철학, 교육철학, 윤리, 존재론, 신학, 미학 등——을 탐험할 수 있는 훌륭한 출발점이 될 것이다.

　　이 책은 폴 리쾨르의 저서 『비판과 확신: 프랑수아 아주비와 마르크 드 로네와의 인터뷰』(*La critique et la conviction: Entretien avec François Azouvi et Marc de Launay*, Paris: Calmann-Lévy, 1995)를 번역한 것이다. 1~3장은 변광배, 4~8장은 전종윤이 번역하였다. 공역을 하면서 통일된 용어와 표현을 사용할 수 있도록 함께 조율하였음을 밝혀 둔다. 마지막으로 어려운 사정에도 불구하고 인문학 서적을 번역·출판할 수 있도록 허락해 주신 그린비출판사 사장님께 감사의 말씀을 드리고, 편집을 위해 애써 주신 담당자에게도 고마운 마음을 전한다.

옮긴이를 대표하여
전종윤

차례

폴 리쾨르, 비판과 확신

폴 리쾨르 지음 | 변광배 · 전종윤 옮김

1장 /
발랑스에서 낭테르까지

●●● 폴 리쾨르 선생님, 선생님께서는 무엇보다도 글을 쓰시는 분입니다. 그런데도 일련의 대담에 적용되는 원칙을 기꺼이 받아들이고자 하셨습니다. 이것은 무엇을 의미하는지요?

리쾨르 먼저 대담이라는 형식이 실제로 제가 많이 우려하는 언어를 사용하는 한 방식이라는 점을 지적하고 싶습니다. 왜냐하면 저는 주로 글을 쓰는 사람이고, 또한 '삭제'를 많이 하는 사람이기 때문입니다. 저는 즉흥적인 행동을 경계합니다. 하지만 당신들의 제안을 받아들였습니다. 그것은 다음과 같은 두 가지 이유에서입니다.

　　저는 당신들과 같은 세대에 속한 친구들을 가장 좋아합니다. 이것이 첫번째 이유입니다. 그 세대는 지금 제가 경험하고 있는 늙음이라는 것과 이제는 대학 교육을 통해 더 이상 만나지 못하게 된 젊음이라는 것에서 등거리에 있습니다. 이처럼 당신들은 정확히 삶의 중간 단계에 서 있습니다. 당신들은 저에게 가까움과 동반, 그리고 우정의 후의를 보장해 줍니다. 당신들이 아닌 다른 사람들과 함께였다면 아마 대담 형식을 받아들이지 않았을 것입니다.

두번째 이유는 대담의 성격 그 자체에서 기인합니다. 생애 처음으로 저는 정확히 대화, 즉 통제가 덜 된 말에 의지하는 모험을 감행하고자 합니다. 방금 **삭제**를 언급했습니다. 삭제는 일종의 자기검열입니다. 게다가 저는 항상 비밀고백을 경계해 왔습니다. 대담을 하면서 우리들이 머물게 될 층위는 정확히 자기검열과 비밀고백의 중간에 해당할 것입니다. 그러니까 제 자신이 하얀 종이를 앞에 두고 있었더라면 삭제했을, 그리고 특히 글로는 쓰지 않았을 뭔가가 제게서 빠져나가는 것을 허용하는 방식을 채택하게 될 것입니다. 요컨대 우리들은 말하기와 글쓰기 사이, 즉 우리들에게 많은 자유를 주는 방식 안에 자리 잡고 있는 셈입니다. 왜냐하면 그런 주제들에 대한 많은 말들이 가공되지 않은 상태로, 아니면 적어도 순진한 상태, 자발적인 상태로 방치될 수 있기 때문입니다. 이와는 달리 어떤 말들은 수정되기도 할 것입니다. 이렇게 해서 우리들은 독자들에게 말하기와 글쓰기의 다양한 층위를 보여 주게 될 것입니다.

이와 같은 형식에 담긴 자유와 대담성에 힘입어 저는 조금은 호기를 부려 지금까지 글로 쓰지 않았던 주제를 다룰 수도 있을 것입니다. 왜냐하면 저의 사고는 보통 글에서 중요시되는 명료함과 엄격함의 수준에 아직 이르지 못했기 때문입니다. 특히 미적 경험에 대해 사고하는 경우가 그 좋은 예입니다. 이것이 바로 통제가 덜 된 말이 갖고 있는——독자가 이것을 판단하겠지만——특권입니다.

다음과 같은 사실을 또한 지적하고 싶습니다. 위와 같은 사고의 맥락에서 저는 여태껏 시도한 적이 없는 분산과 접근이라는 두 가지 방법을 처음으로 번갈아 가면서 사용하고자 한다는 것이 그것입니다. 예컨대 종교적인 것과 철학적인 것[1]이라는 두 영역의 관계를 생각합니다. 저는 이 두 영역을 분명하게 구분했습니다. 그것도 제가 늘 정당화시키고자 했던 이유 때문에 그렇습니다. 그러나 여기에서 나누게 될 좀더 자유로운 대화에서 저는 종교적인 것과 철학적인 것의 중첩과 침식에 의해 제기되는 문제에 대해 의견을 개진해 볼 생각입니다. 글 속에서라면 훨씬 더 과감하고 구체적인 방식으로 이 두 영역을 분리시키는 것이 가능할 것입니다. 하지만 우리들 사이에 이루어질 의견 교환에서 ─ 이와 같은 의견 교환에서는 저자라기보다는 한 인간이, 또는 어쨌든 저자 속의 인간이 말을 하게 되는데 ─ 항상 저의 사고 체계를 지배했던 잘 통제된 정신분열을 유지하는 것은 적당하지 않을 듯합니다. 여기에서는 살아가는 방식이 생각하는 방식에 우선하게 될 것입니다.

●●● 결국 이 책의 제목으로 사용될 양극(비판과 확신)을 선생님의 다른 저작들에서 시도되었던 것보다 더 과감히 연결시킬 생각이시군요.

리쾨르 지금부터는 비판과 확신을 따로 분리해 취급하지 않을 것입니다. 빠르게 훑어보거나 또는 스쳐 가며 언급하게 될 각 영역에서 저는 정도에 따라 확신과 비판 사이에는 미묘한 결합이 있다는 것을 보여 주고자 할 것입니다.

●●● 선생님께서는 '주체성'이라는 주제에 대해 괄목할 만한 연구를 수행하셨습니다. 선생님의 최근 저서에는 『타자로서 자기 자신』이라는 제목이

---

1) 본문에서 'le religieux'는 '종교적인 것'으로, 'la religion'은 '종교'로 옮겼으며, 'le philosophique'는 '철학적인 것'으로, 'la philosophie'는 '철학'으로 옮겼다. ─ 옮긴이

붙어 있습니다. 하지만 선생님 자신에 대해, 선생님의 생애에 대해, 선생님의 지적 형성에 대해 사람들은 많은 것을 모르고 있습니다. 어떤 환경에서 어린 시절을 보내셨는지요?

리쾨르 저는 1913년 발랑스에서 태어났습니다. 아버지께서는 그곳에서 영어 교수로 재직하셨습니다. 어린 시절에서는 제가 나라의 보호를 받는 전쟁고아였다는 사실이 무척 중요합니다. 1차 세계대전 때 희생된 자의 자식, 1915년 9월 마른(Marne) 전투[2]에서 전사하기 몇 개월 전에 이미 홀아비가 되었던 아버지의 자식이었다는 점 말입니다.

　한 가지 추억이 있습니다. 정확히 그것이 추억인지 아니면 어른들이 들려 준 이야기를 재구성한 것인지 잘 모르겠습니다. 우리 집에서는 1918년 11월 11일이 승리와 환희의 날이 아니었습니다. 군인들이 기쁨에 넘쳐 소리를 지르면서 기차로 귀향하는 것을 본 적이 있는 것 같습니다. 하지만 우리 집은 장례식 분위기에 휩싸여 있었습니다. 아버지께서 실제로 전사하셨는지 여부를 모르고 있었기 때문입니다. 실종통지서만을 받았을 따름이었습니다. 사람들이 밭을 갈다가 아버지의 시신을 찾게 된 것은 그로부터 훨씬 뒤인 1932년의 일이었습니다. 번호표에 의해 확인되었습니다. 이처럼 전쟁은 아버지의 장례식 속에서 끝이 났습니다. 따라서 저는 환희에 넘치는 휴전에 대한 추억을 갖고 있지 못합니다. 승리에 대한 추억은 더 말할 나위가 없습니다.

　1915년 초에 아버지의 유일한 휴가 기간에 찍은 한 장의 사진이 있습

---

2) 마른 전투가 실제로 발발한 것은 1914년 9월이지만, 원서의 맥락을 고려하여 연도를 정정하지 않고 그대로 옮겼다. ─옮긴이

니다. 누나와 제가 아버지의 무릎 위에 앉아 있는 사진입니다. 그후로 아버지의 이 모습은 더 이상 변하지 않았습니다. 저는 늙어 갔고, 점점 저보다 더 젊은 아버지의 모습을 상상해야 했습니다. 처음에는 제 뒤에 있는 나이를 먹지 않는 한 남자에 대한 모종의 이미지를 가지고 있었습니다. 그리고 살아가면서 제가 추월하게 된 한 젊은 남자의 얼굴에 그 이미지를 합치시켜야 했습니다. 오늘날에도 저는 여전히 한 젊은 남자의 모습으로 영원히 고정된 그 이미지에 잘 적응하지 못하고 있습니다. 이것이 또한 위령비 앞에서, "우리의 아이들을 기리며"라는 문구 앞에서 제가 겪는 것이기도 합니다. 그러면서 이렇게 자문해 봅니다. "대체 그 아이들은 누구인가?" 기이하게도 그 위령비는 저의 아버지라는 한 아이에 대해 뭔가를 말해 주고 있고, 계속 늙어 가는 다른 아이, 즉 저에게도 뭔가를 말해 주고 있습니다. 게다가 저는 얼마 전에 카뮈의 『최초의 인간』(*Le premier homme*)에서 이와 유사한 생각을 읽은 적이 있습니다.

　아버지의 모습과의 이러한 관계는 그것이 다음과 같은 상황에서 겪었던 반전(反轉)으로 인해 제게는 매우 중요합니다. 아버지의 이미지는 지금은 제가 배척하는 교육의 수단으로 사용되었습니다. 사람들은 계속해서 저에게 반복해서 이렇게 말하곤 했습니다. "만약 너의 아버지께서 너를 보신다면!" 저는 부재하는 시선, 게다가 한 영웅의 시선을 만족시켜야 했습니다. 그런데 11~12세 무렵에 저는 한 사람으로부터 큰 영향을 받았습니다. 그 사람은 우리 집의 주인이었고, 마르크 상니에(Marc Sangnier)로부터 영향을 받은 평화주의적 기독교도였습니다. 그런데 그 사람은 1차 세계대전에서 프랑스가 침략자였다는 사실, 베르됭 조약 이후에 적대 행위가 계속되었던 것은 치욕이라는 사실, 베르사유 조약은 유럽 전체가 그 비용을 치러야 했던 수치였다는 사실을 '증명해 보이면서' 저를 완전히 뒤흔들어 놓았습니다. 제가 히틀러주의가 부상하는 것을 인식하게 된 것은 바로 이러한 시각에서였습니다. 그 이미지는 제게 아주 강하게 남아 있습니다. 이 점에 대해 프랑스에게 상당한 책임이 있다는 생각을 저는 완전히 버리지 못하고 있습니다. 제가 보기에 아버지께서는 헛되이 전사하신 것입니다. 그리고 아버지께서 저에게 더 이상 도덕적 검열자의 모습으로 비치지 않게 되었을 때 저는 아버지와 전쟁에 대한 이와 같은 새로운 시각과도 싸워야 했습니다.

●●● 아버님께서 돌아가셨을 때 무슨 일이 일어났습니까?

리쾨르 누님과 저는 조부모님 손에 넘겨졌습니다. 그 이후 우리들은 렌 (Rennes)에서 살았습니다. 할아버지께서는 그곳에서 회계과장의 배려로 자리를 잡고 계셨습니다. 이렇게 해서 저는 대부분의 가족들로부터, 특히 주로 사부아 지역과 제네바 출신인 외가 쪽으로부터 단절되었습니다. 고아, 국가의 보호를 받는 전쟁고아라는 신분에다 부분적으로 은폐된 가족 상황이 더해졌습니다. 일찍부터 조부모님들과 함께 지내게 되었습니다. 저의 교육을 돌보아 주신 미혼이셨던 고모님이 한 분 계셨습니다. 그러나 제가 14세 때 할머니께서 돌아가실 때까지 고모님도 조부모님에게 절대 복종하는 처지였습니다.

　　이러한 가족 구조가 제게 상당히 도움이 되었다는 점(왜냐하면 제가 받았던 교육은 후일 저에게 아주 강한 영향을 미쳤으니까요)과 동시에 상흔을 남겼다는 점(외가 쪽은 은폐되었고, 저를 길러 주신 고모님은 부모님의 후견하에 있었으며, 게다가 아버지의 모습, 즉 영웅적이고 도달할 수 없는, 그러나 곧 의문에 붙여진 모델이 존재하지 않았으니까요)은 의심의 여지가 없습니다. 가끔 사촌들을 만나기는 했지만, 어머니의 자리는 어디에도 없었습니다. 결국 저는 어머니의 모습을 제 자식들이 그들의 엄마, 즉 제 아내를 인지하는 방식을 통해 이해할 수 있었을 뿐입니다. '엄마'라는 단어는 제 자식들에 의해 발음되었지, 저는 이 단어를 결코 발음해 본 적이 없습니다.

●●● 누님을 언급하셨는데요.

리쾨르 그렇습니다. 누님에 대한 언급은 저의 내부 아주 깊은 곳에 있는 그 무엇인가에 가닿습니다. 훨씬 뒤에 또 다른 죽음에 의해 일깨워질 그 무엇입니다. 누님 알리스는 17세에 폐결핵을 앓았습니다. 1911년에 태어난 누님은 저보다 두 살 위였습니다. 누님은 21세에 세상을 떠났습니다. 누님의 청소년 시절은 저의 청소년 시절에 의해 어느 정도 가려집니다. 누님은 자기가 당연히 받았어야 할 몫보다 적게, 저는 제 몫보다 더 많이 받았다는 느낌으로 인해 저는 평생 양심의 가책을 받아 왔습니다. 누님에게 아직도 다 갚지 못한 빚을 졌다는 느낌, 제가 수혜자였던 불공평함을 누님이 겪었다는 느낌과 지금도 저는 여전히 싸우고 있습니다. 이 사실이 제게 있어서 아주 중요한 역할을 했음에 틀림없습니다. '갚지 못한 빚'은 제 저작들에서 집요하게 등장하는 주제입니다.

●●● 어떤 이유에서 선생님의 젊은 시절이 누님의 젊은 시절을 가렸다고 말씀하시는지요?

리쾨르 저는 모범생이었습니다. 반면 누님은 공부에서 많은 어려움을 겪었습니다. 모두 저를 칭찬했던 반면, 누님은 관심의 대상이 되지 못했습니다.

누님은 자신을 위해 어떤 것도 요구하지 않았던, 승리의 월계관을 모으는 자가 바로 저였다는 사실을 아무런 원한 없이 받아들였던 그런 소녀였습니다.

●●● 선생님의 교육에 헌신하신 고모님은요?

리쾨르 아버지의 누이동생으로, 아버지보다 12세 연하셨습니다. 누님과 저를 떠맡았을 때 고모님은 처녀였습니다. 1968년에 돌아가셨습니다. 고모님은 당신 생의 마지막 10년을 우리들과 함께 보내셨습니다.

저는 어린 시절과 청소년기의 초반을 어른들 틈에서 보낸 셈입니다. 이러한 분위기에서는 독서가 단연 우세한 소일거리였습니다. 제게 있어서 학교는 공부보다는 오히려 여가 선용의 장소였습니다. 집에서는 거의 놀거리도 없었고, 독서만 많이 했습니다. 학교에 입학하기도 전에, 그리고 엄격했던 방학 기간에도 저는 아주 짧은 시간에 교과서를 다 소화해 버렸습니다. 학교에 가는 것은 오히려 심심풀이였고, 더군다나 학교에서는 주의가 산만한 편이었습니다.

●●● 독서 취미는 어떻게 붙이게 되셨나요? 조부모님께서 이런 취미를 붙여 주신 것입니까?

리쾨르 아닙니다. 혼자 독서를 했습니다. 서점에서 많은 시간을 보냈습니다. 그 당시에는 서점에서 책을 읽을 수 있었습니다. 서점 책들의 페이지가 잘리지 않은 상태여서 난처했지만 말입니다.[3] 페이지를 뛰어넘기도 했었고, 옆으로 읽기도 했습니다…….

●●● 그 과정에서 큰 영향을 준 책들을 기억하시는지요?

리쾨르 12세에서 15세 사이에 쥘 베른, 월터 스콧을 많이 읽었습니다. 고등학교 1학년 때는 디킨스, 라블레, 몽테뉴, 파스칼을, 2학년 때는 스탕달, 플로베르, 톨스토이 그리고 특히 저를 항상 매료시켰던 도스토예프스키(!)를 읽었습니다.

●●● 선생님께서는 신교를 믿는다는 사실을 비밀에 부치지 않으셨습니다. 렌의 분위기는 종교적이었나요?

리쾨르 조부모님께서는 종교개혁까지 거슬러 올라가는 신교를 믿는 유서 깊은 두 지역 출신이셨습니다. 할머니께서는 베아른 출신이셨고, 할아버지께서는 노르망디 지역의 뢰느레라는 이름을 가진 부락(종교개혁의 전통이 16세기 이래로 계속되었으며, 이민이나 강제 개종에 의해 거의 훼손되지 않았던 일종의 분지) 출신이셨습니다. 증조할아버지께서는 천을 짜서 디에프 시장에 내다 팔았던 수공업자이셨습니다. 수공업 식의 직조가 루앙 지역의 직물 산업에 의해 피해를 입게 되자 가족의 일부는 프롤레타리아가 되었고, 또 다른 일부는 공무원의 길을 선택했습니다. 할아버지께서는 신교 교사로 경력을 쌓기 시작했습니다. 교회가 소유하고 있던 학교들을 국가에 기증하였을 때 할아버지께서는 회계과장에 의해 비서직에 채용되었습니다. 강한 위그노적 전통이 가계의 역사에 깊이 뿌리박혀 있었습니다. 할아버지 편에서는 자유주의적 신교 쪽으로 향했던 반면, 할머니 편에서는

---

3) 프랑스 책들 중에는 간혹 페이지가 붙어 있는 상태로 출간되는 것들이 있다. —옮긴이

오히려 경건주의적 신교 쪽으로 향했습니다. 사람들이 다르비주의자[4]라고 불렀던 자들(이들은 상당히 과격했습니다)의 강한 영향이 있었다는 생각이 들기도 합니다. 물론 제 기억은 아주 정확하지는 않습니다. 사실 우리 교구의 분위기는 가정의 분위기보다는 더 개방적이었습니다. 제게 있어서 집안의 분위기는 특히 안전함이 깃든 보금자리의 분위기였다고 할 수 있습니다.

●●● 선생님으로 하여금 단번에 성서를 읽게끔 한 종교 교육을 받으신 거군요.

리쾨르 그렇습니다. 성서를 읽는 것이 몸에 밴 분위기였습니다. 할머니께서는 성서를 규칙적으로 읽으셨습니다. 저는 이러한 실천을 물려받았고, 젊은 시절 이래로 계속 실천해 왔습니다. 성서를 읽도록 명령한 것은 문학적 정신이라기보다는 오히려 영적이라고 할 수 있는 개념이었습니다. 사실 그 개념이 일상생활에서 많은 영감을 주었습니다. 「시편」, 「잠언」, 산상수훈(山上垂訓)이 교리보다 더 중요한 위치를 차지하고 있었습니다. 분위기는 지적이지 않았기 때문에 교리적이지 않았고, 독서, 기도, 신앙 검증 등의 개인적 실천이 장려되었습니다. 따라서 저는 항상 두 극 사이를 왔다 갔다 했습니다. 성서적인 극과 합리적이고 비판적인 극이 그것입니다. 이러한 이원성은 결국 평생 계속되었습니다.

---

4) 존 다르비(John Darby, 1800~1882)는 영국 신학자 및 성공회 신부로, 예정조화와 '교회의 몰락'을 강조하는 아주 엄격한 칼뱅주의에 속하는 것처럼 보이는 이론을 펼쳤다. 이 이론은 특히 앵글로색슨계 나라들에 널리 퍼져 있는 반면, 프랑스에서는 그 비중이 아주 적다.

●●● 선생님께서는 이러한 이원성에서 자연스럽게 일종의 양극성을 보셨는지요?

리쾨르 전적으로 그렇습니다. 그렇다고는 해도 유대교와 도스토예프스키 사이를 왔다 갔다 했던 에마뉘엘 레비나스(Emmanuel Levinas)의 입장보다는 덜 분열되었습니다. 저는 양쪽 모두에 충실하면서도 그 두 영역을 혼동하지 않으려는, 잘 정립된 양극성 내에서 계속 타협하려는 생각을 가졌습니다. 이런 점에서 볼 때 제게는 철학 수업이 커다란 시련이었습니다. 이것은 또한 칼 바르트(Karl Barth)가 프랑스 신교에 영향을 미치기 시작했기 때문이기도 했습니다.

그런데 바르트는 프랑스 신교를 성서 텍스트로의 급진적이고 반철학적인 ─이 사실을 인정해야 합니다─ 회귀 쪽으로 이끌었습니다. 학사 과정에서 저는 앙리 베르그송(Henri Bergson), 특히 『도덕과 종교의 두 원천』(Les deux sources de la morale et de la religion)의 베르그송에 열광했습니다. 저는 그 당시에 베르그송의 종교철학과 바르트가 내세운 급진주의 사이에 끼이고 말았습니다. 이렇게 해서 저는 양쪽 모두에 충실하리라는 신념을 무너뜨릴 정도로 악화되었던 내적 갈등을 겪게 되었습니다. 물론 그러한 신념을 끝까지 지키긴 했습니다.

●●● 렌의 고등학교(lycée)에서의 철학 수업에 대해 잠시 얘기해 볼까요.

리쾨르 철학 수업과 이 고등학교에서 가르쳤던 롤랑 달비에즈(Roland Dalbiez) 선생님과의 만남은 제 학창 시절에 있었던 대사건, 일종의 경탄, 거대한 열림이었습니다. 저는 당시 고전들(문학작품이지만 소위 '철학자들'

의 책이기도 한)을 많이 섭렵했습니다. 디드로, 볼테르, 루소 등이 그들입니다. 그리고 이들은 코르네유, 라신이나 몰리에르보다는 오히려 제가 2학년 때 주로 읽었던 '철학자들'입니다. 특히 루소는 제게 강한 인상을 남겼는데, 그로 인해 저는 자연스럽게 철학반의 문지방에 서게 되었습니다.

롤랑 달비에즈 선생님은 비범한 분이셨습니다. 해군 장교였던 그분은 뒤늦게 자크 마리탱(Jacques Maritain)을 통해 철학을 발견하셨습니다. 그분은 스콜라 철학자이셨습니다. 그분의 모든 수업은 합리주의적 심리학에 의해 주도되었고, 철학에서는 실재론에 의해 주도되었습니다. 그분의 불구대천의 적(敵)은 그분이 '관념론'이라고 불렀던 것이었습니다. 게다가 그분은 관념론에 대한 희화적 그림, 심지어는 병적인 그림을 그리기도 했습니다.

지금 재구성한 추억인지도 모르겠습니다만, 저는 아직도 그분이 관념론을 공중에 매달린, 아무것도 잡지 못하면서 그저 허공에서 움직이는 커다란 집게로 묘사하는 것을 보는 듯합니다. 이처럼 관념론은 그분이 정신분열증 가까이에 위치시킨 병리적 '비실재론'의 모습을 띠고 있었습니다. 물론 오늘날에는 정신의학이 이러한 정신분열증을 아주 중요하게 여기기 시작했습니다.

그분의 교육에서 드러나는 두번째 양상은——이것이 제가 입은 실질적인 은혜인데——논증에 대한 관심이었습니다. 이러한 관심을 통해 그분은 위대한 스콜라 철학자에게 잘 어울리는 몇 개의 라틴어 공리로 우리들의 입을 이내 다물게 했습니다. 그분에 맞서 반론을 늘어놓기에는, 더군다나 그분의 논증을 이해하기에도 우리들의 라틴어 실력은 턱없이 부족했습니다. 그분은 계획(지각, 기억, 습관 등)에 따라, 자연철학에서 출발해서 정신철학에 이르는 진보라는 시각 속에서 강의를 하셨습니다. 그러나 제가 그분께 빚진 것은 근본적으로 다음과 같은 교훈입니다. 상당수의 확신을 잃어버릴 것을 두려워한 나머지 제가 철학 분야로 뛰어드는 것을 주저하는 것을 보시고 그분은 다음과 같이 말씀하셨습니다. "장애물이 나타났을 때, 그것을 우회하지 말고, 그것을 보러 가는 것을 절대로 두려워하지 말고, 그것에 정면으로 부딪쳐야 한다." 이런 종류의 철학적 대담성이 평생 저를 지탱해 주고 있습니다.

그분이 프로이트에 대해 철학적 독서를 시도한 초창기 학자들 가운데 한 명이었다는 사실을 덧붙이고자 합니다.[5] 이 사실은 저의 철학 여정에서 아주 중요하게 작용하게 됩니다. 그분이 바라본 프로이트는 '생물학적' 프로이트였습니다. 자의식에 대한 '데카르트적 환상'과 세계에 대한 소위 '나'의 표상으로의 환원을 반박하는 데 사용된 무의식에 대한 실재론적 개념을 끌어내셨습니다.

최근에 저는 마르그리트 레나가 기획한 『스승님께 영광을』이라는 제목의 조그마한 책에서 그 선생님을 묘사한 적이 있습니다. 물론 이 책은 각 기고자들이 자신들의 첫번째 스승에 대해 말하는 것이었습니다. 이렇게 해서 저는 롤랑 달비에즈 선생님께 경의를 표할 수 있게 되었습니다.[6]

●●● 렌은 가톨릭 성향이 강한 곳이었습니다. 어떤 식으로든 선생님께서는 소수파에 속한다는 느낌을 가지셨는지요?

---

5) Roland Dalbiez, *La méthode psychanalytique et la doctrine freudienne*, Paris : Desclée de Brouwer, 1936.
6) Marguerite Léna, *Honneur aux maîtres*, Paris : Critérion, 1993.

리쾨르 그 당시에는 그랬습니다. 그 점을 강하게 의식했습니다. 나중에 아내가 된 시몬 레자는 훨씬 더 날카로운 의식을 가졌었습니다. 아마 소녀들이 소년들보다 가톨릭의 영향을 훨씬 더 많이 받았기 때문이었을 것입니다. 가톨릭은 저에게 완전히 낯선 세계였습니다. 저는 아주 최근에야 비로소 렌에 있는 가톨릭계 사립학교의 강연회에 초대를 받았습니다. 그 세계에 절대로 파고들지 못할 것이라고 생각했었습니다. 게다가 가톨릭계를 왕래한 것은 다른 곳에서였고 또 훨씬 뒤의 일이었습니다. 렌에서 신교도들은 소수파에 속한다고 인식하고 있었습니다. 그리고 다수파인 가톨릭 계통의 사람들과 긴밀한 관계를 맺지 않은 채 지냈습니다. 아마 기독교 일색의 분위기에서 유대인들이 겪는 상황과 비슷했던 것 같습니다. 저는 다수파에 의해 이교도로 여겨진다는 느낌을 받았습니다. 모르긴 해도 이런 이유 때문에 주변의 도시 상황이 제게 많은 영향을 끼치지 않았을 것입니다. 거의 자유를 느끼지 못했고, 그러한 분위기에서 완전히 인정받는다는 것을 기대해서는 안 되었기 때문이었습니다. 그러나 그 때문에 고통받았던 것은 아니었습니다. 책에 몰두해 있었기 때문입니다. 외부 세계는 오히려 호기심의 대상이었습니다.

●●● 가톨릭계 친구들이 있었는지요?

리쾨르 그렇습니다. 고등학교에 있었습니다. 제가 나중에 교수로서 알게 된 브르타뉴 지역의 고등학교들(왜냐하면 그 고등학교들 가운데 생브리외, 로리앙과 렌 고등학교에서 가르쳤기 때문입니다)은 특히 선생님들과 교수들의 자녀들이 많이 다녔던 학교들이었습니다. 왜냐하면 이 지역에서 아주 강했던 가톨릭계 중고등교육은 세속화된 교육에 반대하는 가정들의 상당

부분을 흡수했기 때문입니다. 다만 완전히 공화주의적이고 세속적인 가정들——누구보다도 초등학교 선생님들의 가정들——만이 공공 교육제도를 옹호하고 자녀들을 세속화된 고등학교에 보내는 일에 명예를 걸었습니다.

어쨌든 제가 자랐던 아주 폐쇄된 분위기와 제가 밖에서 바라보았던 조금은 낯선 가톨릭적 분위기 사이에서 고등학교가 저를 위해 중개자의 역할을 해주었습니다. 왜냐하면 모든 가톨릭계 가정이 사교육을 받을 수 있을 정도로 유복하지는 못했거나 또는 그 당시에 자녀들에게 행해졌던 대단히 양호한 공교육을 거부할 정도로 세속화된 학교에 대해 아주 적대적이지는 않았기 때문이었습니다. 그래서 가톨릭계의 몇몇 사람들이 저의 훌륭한 친구가 되었다고는 해도, 저는 가톨릭교도들 틈에서보다는 세속화된 분위기에서 더 편안함을 느껴 왔습니다.

●●● 선생님께서는 아주 일찍이 철학 공부를 하실 결심을 하셨는지요?

리쾨르 아닙니다. 처음에는 망설였습니다. 문학을 전공하려고 했습니다. 그러나 제가 써낸 소논문이 '지나치게 철학적'이라는 평가를 받았기 때문에 일주일 후에 방향을 바꿨습니다. 고등사범학교에 진학하려고 노력했습니다. 하지만 달비에즈 선생님은 정확히 이 학교의 입학시험 경향에 맞춰 학생들을 준비시키지 못했습니다. 입학시험에서 '정신은 신체보다 더 쉽게 인식된다'는 주제의 논술에서 저는 가련하게도 20점 만점에 7점을 받았습니다.[7] 저는 데카르트의 철학을 잘 몰랐던 유일한 수험생이었습니다. 물론 저는 데카르트에게서 정신보다는 신체가 더 잘 인식된다는 것을 논증

---

7) 프랑스의 모든 시험은 20점 만점으로 평가된다.—옮긴이

하긴 했습니다. 그러나 저는 분명 월름 가[8]로 가는 선상에 있지 않았습니다. 국가의 보호를 받는 전쟁고아의 자격으로 공부를 빨리 마쳐야 하는 의무를 지고 있었습니다. 그로 인해 많이 불편했습니다. 그리고 20세에 학사과정을 마치자마자 교육계에 던져져 가르쳐야 했습니다. 따라서 저는 더이상 월름 가로 갈 준비를 할 수가 없었습니다. 그러기 위해서는 파리에 있는 고등사범학교 준비반에 들어갔어야 했을 것입니다. 저는 라틴어와 그리스어에서는 실력 있는 학생이었습니다. 그러나 철학과 프랑스어에서는 조금 뒤떨어졌습니다. 이렇게 해서 저는 1933년 10월에 생브리외 고등학교(남녀공학)에 다시 서게 되었습니다. 파리에서 레옹 브룅슈비크(Léon Brunschvicg)와 함께 라슐리에와 라뇨에 대한 졸업 논문을 쓰면서 이 고등학교에서 일주일에 18시간씩 가르치게 되었습니다.[9]

●●● 가르치기 시작하셨을 때 선생님께서는 학생들과 거의 같은 나이셨겠네요. 어떤 추억을 가지고 계신지요?

리쾨르 학생들보다 2~3년 위였습니다. 그렇게 빨리 교육계 속으로 '던져진' 것은 제게 있어서 결정적이었습니다. 게다가 그것은 꾸준하게 계속되었습

---

8) 파리 고등사범학교가 자리 잡고 있는 길 이름이다. —옮긴이

9) 쥘 라슐리에(Jules Lachelier, 1832~1918)와 쥘 라뇨(Jules Lagneau, 1851~1894)는 프랑스 반성철학의 위대한 전통을 구현하고 있다. 특히 라뇨는 알랭(Alain, 1868~1951)의 스승이다. 알랭은 스승 라뇨에 대한 존경심을 한 번도 부인한 적이 없었으며, 유고집으로 스승의 강의를 『명강의와 단편』(*Célèbres leçons et fragments*)이라는 제목으로 출간하기도 했다. 라슐리에에 대해서는 두 권으로 된 그의 저서를 볼 것. *Fondement de l'induction* suivi de *Psychologie et métaphysique et de notes sur le pari de Pascal*, Paris: F. Alcan, 1933; *Études sur le syllogisme* suivies de *l'observation de Platner et d'une note sur le Philèbe*, Paris: F. Alcan, 1933.

니다. 이렇게 해서 저의 철학 연구는 항상 교육과 연결되었습니다. 교육 내용과 모순되지 않은 제 자신의 개인적 사고——제가 그런 것을 이미 가지고 있는 한에서——에 틀을 부여해야만 했습니다. 1933~1934년에 생브리외 고등학교에서 가르친 이후 저는 여전히 국가가 보호하는 전쟁고아의 자격으로, 조르주 다비[10] 덕분에 교수자격시험을 위한 장학금 혜택을 받았습니다. 일 년 동안 소르본의 학생이 되었던 행운과 1935년에 첫 시도에서 차석으로 합격하는 행운을 안기도 했습니다. 시험을 준비했던 한 해는 제가 집중적으로 공부했던 시기였습니다. 단번에 엄청난 빈틈을 메웠다는 느낌을 가졌습니다. 비록 달비에즈 선생님께서 저에게 그러한 영역을 정복할 수 있게끔 지적으로 무장시켜 주시긴 했습니다만, 그분께서 가르쳐 주시지 않았던 것, 말하자면 여러 영역을 정복한 느낌이었습니다. 그 영역이란 예를 들면——레옹 로뱅이 강독을 시켰으며, 제가 전혀 알고 있지 못했던——스토아 철학자들, 그리고 데카르트, 스피노자, 라이프니츠입니다. 게다가 저는 가브리엘 마르셀(Gabriel Marcel)의 모든 저서를 읽었습니다.

●●● 가브리엘 마르셀을요?

리쾨르 그렇습니다. 금요일마다 그의 집에 갔습니다. 그의 소크라테스식 가르침이 제게 무척 도움이 되었습니다. 그는 하나의 규칙만을 부과했습

---

10) 조르주 다비(Georges Davy, 1883~1976)는 렌의 대학구장(1931), 교육감(1939), 소르본의 사회학 교수(1944~1955)를 차례로 역임했다. Georges Davy, *Des clans aux empires*, Paris : Renaissance du livre, 1923; *La foi jurée*, Paris : F. Alcan, 1922; *Le droit, l'idéalisme et l'expérience*, Paris : F. Alcan, 1922; *Sociologues d'hier et d'aujourd'hui*, Paris : F. Alcan, 1931을 볼 것.

니다. 그 규칙이란 절대 다른 사람들을 인용하지 말고, 항상 예에서 출발하고, 스스로 사색할 것입니다. 같은 해에 마르셀이 쓴 두 편의 논문을 읽으면서 저는 칼 야스퍼스(Karl Jaspers)를 발견했습니다. 또한 바로 그 무렵에 영역본으로 에드문트 후설(Edmund Husserl)의 『순수현상학과 현상학적 철학의 이념들』(Ideen zu einer reinen Phänomenologie und phänomenologischen Philosophie)을 읽기 시작했습니다.

●●● 교수자격시험 이후로는요?

리쾨르 그 직후인 1935년에 렌 지역의 신교 분위기에서 자란 어린 시절의 여자친구와 결혼했습니다. 그리고 콜마르로 가르치러 갔습니다. 거기서 결혼 첫해를 보냈습니다. 그다음 해에 보병으로 군복무를 했습니다. 그다지 유쾌하지 못했고, 군대 분위기에 대해 적대감을 키우면서 복무했습니다. 우선 제가 다른 군인들보다 나이가 더 많았기 때문이었고요, 또 군복무라고 하는 것이 저의 연구의 단절을 의미했기 때문이었습니다. 저는 군대에서야 비로소 프랑스가 아직도 농업 국가라는 것을 알게 되었습니다. 소집병들 중에는 바칼로레아를 통과한 자들의 수가 아주 적었습니다. 도시 분위기에서 살았기 때문에 저는 처음으로 농촌 분위기를 접하게 되었습니다. 저는 생시르 학교——저는 예비역 장교였습니다——에서의 몇 달을 잘 보내지 못했습니다. 교관들이 저를 별로 달가워하지 않았습니다. 그들이 저를 머리가 잘 돌아가는 친구로 여기지 않았기 때문입니다. 실제로 그랬던 모양입니다. 그해에 반박하려는 마음에서 마르크스를 열심히 읽었습니다. 앙리 드 망(Henri de Man)과 대비하면서 읽었습니다. 그리고 나서 브르타뉴 지방의 로리앙 고등학교로 다시 돌아왔습니다. 거기에서 1937년에서 1939년까지 가르쳤습니다.

제게 있어서 콜마르에서 보낸 해는 중요합니다. 왜냐하면 제가 독일 철학 쪽으로 방향을 잡을 것이라는 점을 예감할 수 있었기 때문입니다. 게다가 그 때문에 그 도시를 선택했습니다. 고등학교 동료 교사와 함께 독일어를 배웠습니다(학창 시절에 독일어를 배우지 않았습니다). 그러고 나서 뮌헨대학의 여름 강좌에 등록했습니다. 거기서 전쟁이 선포된 1939년까지 집중적인 언어 교육을 받았습니다. 독소 불가침 조약의 조인을 축하하던 박수 소리를 저는 항상 기억하고 있습니다. 프랑스 영사가 "이제, 전쟁입니다"라고 말했던 날 다음 날에 저는 독일을 떠났습니다.

●●● 뮌헨을 지배했던 분위기에 대해서는 어떤 기억을 가지고 계신지요?

리쾨르 펠트헤른할레(Feldherrnhalle)를 뚜렷이 기억합니다. 두 명의 거인 나치가 보초를 섰습니다. 그 당시에 의무였던 히틀러식 경례를 하지 않기 위해 그 건물을 우회하곤 했습니다. 저희 내외는 가톨릭 집안에서 유숙했습니다. 이 집의 여주인은 반히틀러주의자였습니다. 그녀는 가끔 "히틀러가 우리 애들을 앗아 갔어요"라고 말하곤 했습니다. 저는 그 당시에 대부분의 가톨릭교도들이 나치즘에 대해 반감을 가지고 있었다고 단언할 수 있습니다. 게다가 교황 비오 11세가 1937년에 「아주 심각한 우려와 함께」 (Mit brennender Sorge)라는 회칙에서 나치즘을 공개적으로 비난했습니다. 제 나이 또래의 독일인들은 감동 어린 히틀러주의자들이거나 아니면 침묵하기를 선호했던 자들이었습니다. 더군다나 저는 그 당시 거기에 있었던 루마니아와 헝가리 학생들이 모두 히틀러주의자들이었다는 사실로 인해 심한 충격을 받았습니다. 왜냐하면 신중히 선발된 학생들만을 독일

대학에 오게끔 했기 때문이었습니다.

프랑스에서는 누구도 독일에서 공부를 계속하는 것을 그만두어야 한다고 생각하지 않았습니다. 교수자격시험에 붙은 우수한 학생들은 1939년까지 베를린에 갔었습니다.

••• 1930년대 초에 선생님께서는 여러 사건을 목격하셨지요? 주위에서 많은 말들이 있었나요?

리쾨르 그렇습니다. 게다가 저는 아주 일찍 사회주의 성향을 띤 젊은이들의 모임에 참여하게 되었습니다. 생브리외에 있었을 때 저는 상당히 투쟁적이었습니다. 후일 로리앙과 콜마르에 있었을 때도 마찬가지였습니다. 1936년 7월 14일에 인민전선의 행진에 참가했던 것을 기억합니다. 저는 전쟁 후에 중요한 역할을 수행했던 한 사람의 영향으로 사회주의 대의명분을 지지했습니다. 그 사람은 앙드레 필립(André Philip)입니다. 그 사람 역시 신교도였고, 바르트주의로부터 영향을 받았습니다. 그리고 사회주의는 전적으로 기독교 속에 존재한다고 주장하는 기독교사회주의자들이 종종 빠져드는 혼동에 젖어 들지 않고 신교와 사회주의를 결합시키려고 노력했던 그런 사람이었습니다. 저 역시 그러한 혼동에 빠져든 적이 없습니다. 정확히 앙드레 필립 덕분이었습니다. 그 점에 있어서도 저는 양쪽에 모두 충실해야 한다는 신념을 고수했습니다. 저는 양쪽을 유연하게 연결시켰습니다. 물론 행동에 대한 여러 잠언들이 복음서에 있기는 합니다. 특히 가난한 자들에게 빚지고 있는 특별한 존경심과 관계된 모든 의무들이 있습니다. 그러나 사회주의적 참여를 합리적으로 확립하기 위해서는 단지 도덕적 비약과는 다른, 그리고 이웃에 대한 사랑으로부터 직접 도출되지 않는 경제적 토의 —— 그 토의가 마르크스적이든 혹은 다른 것이든 간에 —— 가 필요했습니다. 따라서 제가 보기에는 그 두 경향 사이에 전혀 혼동이 없었습니다.

●●● 앙드레 필립을 어떻게 만나게 되셨는지요?

리쾨르 제가 생브리외에 있었을 때 그는 리옹 법과대학 교수였습니다. 저는 그를 신교도 학생들의 모임에서 만났습니다. 그는 사회주의자들의 회합에 다니면서 회합이 열렸던 도시들에서 일요일에 강연을 했습니다. 그것은 당시 사회당이 표방한 약간은 피상적인 반성직자주의에 반대하는 방법이었습니다.

●●● 그러니까 학생들의 단체에 가입함으로써 선생님 스스로 신교 성향의 교육을 더 신장시키고 더 연장해서 젊은이들의 조직에 참여하시게 되었다는 말씀인데요.

리쾨르 그렇습니다. 그 당시에 저는 마르크스와 자유주의 성향의 사회주의 자들을 많이 섭렵했던 셈입니다. 앙드레 필립은 저로 하여금 앙리 드 망의 저작들을 읽게끔 했습니다. 그는 청년 마르크스의 저작들, 특히 『1844년 의 경제학-철학 수고』(*Ökonomisch-philosophische Manuskripte aus dem Jahre 1844*)가 번역되기 전에 인문주의적 사회주의를 가르쳤습니다. 그러나 정치의 외곽 지역에서이기는 하지만 그전에 있었던 다른 두 사건이 제게는 더 결정적이었습니다. 저를 격분케 한, 1927년 미국에서 발생했던 사코와 반제티에 대한 사형선고[11]와 세즈넥 사건[12]이 그것입니다. 그 두 사건으로 인해 저는 일찍부터 몇몇 불의에 대해 아주 민감하게 반응했습니다. 그런데 후에 저는 그런 불의가 생각보다 훨씬 더 광범위하게 나타나고 있는 현상들의 징후라고 생각하게 되었습니다. 이러한 형태의 분노는 세계에 대한 도덕적 비전과 양립할 수 있는 사회주의 이론을 통해 도덕화, 지성화되었다고 할 수 있습니다. 제 친구들과 제 아내의 가족들의 시각에서 본다면 우리들은 무정부주의-조합주의자들이었습니다. 『우에스트 에클레르』(Ouest-Éclair, 후에 『우에스트 프랑스』Ouest-France지가 되었다)지에서 유능한 식자공으로 일했던 아내의 숙부 중 한 명은 '책'을 읽을 수 있는 환경, 즉 이론을 접할 수 있는 환경에 있었습니다. 그런데 이러한 환경의 이데올로기는 저에게도 완전히 들어맞았습니다. 그들은 마르크스주의보다 오히려 무정부주의적 전통에 훨씬 더 가까웠습니다. 저로 말할 것 같으면 마르크스주의에서는 지적으로 전혀 편안함을 느끼지 못했습니다.

---

11) 1920년대에 미국에서 있었던 살인범 재판사건이다. 1920년 4월, 매사추세츠 주 사우스브레인트리에서 제화공장의 회계 담당 직원과 수위가 두 명의 남자에게 살해되고, 종업원이 급료를 탈취당한 사건이 발생하였다. 경찰은 이탈리아계 이민자인 니콜라 사코(Nicola Sacco)와 바르톨로메오 반제티(Bartolomeo Vanzetti)를 용의자로 체포, 이듬해 5월부터 재판이 열렸다. 두 사람 모두 무죄를 주장하여 7년에 걸친 법정 투쟁이 전개되었으나, 용의자들이 외국 이민자라는 것, 1차 세계대전 중 징병을 기피했다는 것, 무정부주의자라는 것 등이 사람들의 편견과 반감을 샀다. 또 당시의 미국 사회가 외국 이민자를 좌익분자로 보는 경향도 그들에게 불리하게 작용하였다. 이렇게 해서 많은 의혹이 남겨진 채 1927년 4월에 그들 두 사람에게 사형이 선고되었고, 재심을 요구하는 세계 여론에도 불구하고 그해 8월에 처형되고 말았다. 하지만 1959년에 진짜 범인이 판명되었으며, 이 사건은 미국 재판사상 하나의 큰 오점으로 기록되고 있다. ─ 옮긴이
12) 프랑스 브르타뉴 지방 출신 기욤 세즈넥(Guillaume Seznec)이 살인범으로 몰려 20년 동안 억울하게 옥살이를 한 사건이다. 1923년, 1차 세계대전 때 사용된 미제 차량을 판매하려는 계약을 위해 세즈넥과 피에르 케메네르(Pierre Quéméneur)라는 사람이 함께 파리로 갔으나 케메네르가 실종되는 사건이 발생하였다. 이 사건으로 세즈넥은 유죄 판결을 받았고, 남미 프랑스령 기아나 섬에 20년간 유형되었다가 1947년 대통령 사면으로 풀려난 뒤 1954년 숨졌다. 하지만 그의 후손들은 그후 한결같이 세즈넥의 무죄를 주장하며 재심을 청구하였다. 이 사건은 소설, 연극, 영화 등의 소재가 되기도 했다. ─ 옮긴이

●●● 선생님께서는 여러 모임에 참석하셨나요?

리쾨르 오히려 저는 개인적으로 사색이나 독서를 했다고 할 수 있습니다.
렌에 조직된 단체가 있다고 생각하지 않았기 때문입니다. 제가 사회당의
지역 조직을 본격적으로 알게 된 것은 생브리외, 콜마르와 로리앙에 있던
시기, 특히 인민전선의 행진이 있은 직후인 1937~1939년이었습니다. 돌
이켜 보건대 저는 그 당시에 사회당이 실천과 이론 사이에서 어떻게 방황
했는가를 훨씬 잘 이해합니다. 그 당시에 사회당은 두 차례의 기회에 급하
게 결정을 내려야 했습니다. 스페인 내전과 뮌헨 협정이 그것입니다. 그런
데도 사회당은 매번 모호한 태도만을 견지했습니다. 왜냐하면 힘을 직접
사용하든가 아니면 힘을 사용하는 모험을 감행해야만 했기 때문입니다.
이처럼 사회당은 반군국주의라는 기조 위에서 움직여야 하는 상황에 처
하게 되었습니다. 2차 세계대전이 선포되기까지 사회당은 이러한 딜레마
로부터 벗어나지 못했습니다. 사회당의 모든 선택은 불확실했습니다. 어
떤 때는 다수가 이 방향으로, 어떤 때는 저 방향으로 움직였습니다. 레옹
블룸(André Léon Blum)이 그 전형적인 예입니다. 그는 위험에 빠진 사람
을 구하려는 의지——국제적인 연대의 관점에서——와 잠재적인 반군국주
의 사이에 양다리를 걸치고 있었습니다. 그런데 이 반군국주의에서 군인
은 증오의 대상이었습니다. 1940년에 사회당 의원들이 필리프 페탱(Henri
Philippe Pétain)에게 투표를 했을 때 전쟁으로 인해 사회당은 다시 같은
상황에 빠졌습니다.

●●● 스페인 내전이 발발했을 때 선생님께서는 어떻게 행동하셨는지요?

리쾨르 저 역시 위의 두 경향 사이에서 망설였습니다. 당연히 선택은 불확실했습니다. 왜냐하면 이 두 세력으로부터는 상황에 따르는 것 말고는 아무런 결과도 파생되지 않았기 때문이었습니다. 가령 회합에서 동지들의 표는 완전히 양편으로 나뉘었습니다. 결국 승리를 거둔 것은 히틀러에 맞서 되풀이되었던 회피의 연장선상에서의 비(非)개입이었습니다. 그러나 사람들은 이 사실을 그런 방식으로 알아차리지 못했습니다. 저로서는 크루아 드 푀(Croix-de-Feu)[13]와 라 로크(그는 결국 포로수용소에서 생을 마쳤습니다)[14]에 의해 야기된 부정적 유혹이 국제적 지평선을 가렸다고 말하고 싶습니다. 나중에 발생한 사건을 과거에 투사하는 것을 경계해야 할 것입니다. 마치 당시에 사람들이 그들 앞에 미래의 결과를 알 수 있는 대안을 가지고 있었다는 듯이 말입니다. 불확실한 상태에서 몇몇 선택을 했다는 점을 인정해야 합니다.

이 점에 대해서는 제가 최근에 알게 된 이스라엘 역사가 지브 스테른헬[15]의 예가 의미심장합니다. 그의 저서에서 그 당시의 역사에 대한 다음과 같은 비전을 읽을 수 있습니다. 목적론적임과 동시에 전망을 왜곡시키는 비전이 그것입니다. 그가 인용하는 사실들은 진실된 것이지만, 그가 이 사실들을 목적론적 설명하에 제시하는 것은 잘못된 것입니다. 마치 프랑

---

13) 1차 세계대전에 참가했던 상이군인들의 단체로 1927년에 조직되어 1936년까지 존속했다. 강한 민족주의적 색채를 띠었던 이 단체의 회원 수는 1928년에 500명에 불과했으나 1935년에는 4만 명으로 늘어났다. ─옮긴이

14) 라 로크(François de La Rocque, 1885~1946)는 프랑스의 정치인, 군인으로 크루아 드 푀의 대표를 역임했다. ─옮긴이

15) Zeev Sternhell, *Ni droite, ni gauche*, Paris : Seuil, 1983. 스테른헬의 주장에 관한 논의에 대해서는 Philippe Burrin, "Le fascisme", Jean-François Sirinelli, *Histoire des droites en France*, t. I, NRF Essais, Paris : Gallimard, 1992, pp.603~652에서 그에게 할애한 연구를 참고하라.

스에는 오직 두 개의 역사만이 있는 것처럼 말입니다. 한편에는 계몽이, 다른 한편에는 매혹적인 국가주의가 있는 듯이 말입니다. 그런데 이 두 역사에서, 노선이 중첩되고 희미해진 순간들에 공히 속했던 자들도 있습니다. 제 생각으로 스테른헬이 —— 다른 사람보다 그가 —— 과소평가한 것은 전쟁 전 여러 해 동안 있었던 굉장한 혼동입니다. 가령 그 당시에는 파시스트가 될 자들이 드골주의자가 될 자들과 어깨를 나란히 하고 걷기도 했습니다. 모든 면에서 실험이 진행되고 있는 상황이었고, 이러한 상황에서 제3공화국 제도들의 약점이 백일하에 드러났습니다. 동시에 우리들이 과도한 비판으로 제3공화국을 약화시킨 것도 사실입니다. 바로 이것이 당시를 회고하면서 최소한 제가 이해하는 바입니다. 이 공화국에 대해 우리가 비난했던 약점은 우리가 이 공화국에 반대해 실천했던 행동들의 산물이기도 했습니다.

●●● 정도의 차이는 있을지라도 이러한 상황은 독일에서도 바이마르 공화국과 더불어 발생했지요.

리쾨르 전적으로 그렇습니다. 이러한 상황은 또한 어느 정도까지는 제4공화국 시절에도 발생하게 됩니다. 그러나 저는 제4공화국에 대해 사람들이 너무 엄격했다고 생각합니다. 왜냐하면 실제로 허약했고 계속 바뀌었던 중도 노선의 정부들이 드골주의자들과 공산주의자들 사이에서 계속 방황했기 때문입니다.

●●● 선생님께서는 스탈린 지배하에 있던 소련의 실제 모습을 언제 알게 되셨는지요.

리쾨르 정말로 결정적 반전의 계기가 된 것은 1949년 크라브첸코 사건[16]이
었습니다. 루이 아라공(Louis Aragon)의 비호하에 『레 레트르 프랑세즈』
(Les Lettres françaises)지는 『나는 자유를 선택했다』(J'ai choisi la liberté)
라는 제목의 저서를 출간한 한 탈주자에게 소송을 걸었습니다. 공산주의
자들은 이 탈주자가 거짓말쟁이였으며, CIA의 첩자였다고 비난했습니다.
심지어는 전쟁 전에 모스크바에서 열렸던 유명한 정치재판들도 사람들이
스탈린 체제에 대해 가지고 있던 긍정적 이미지를 손상시키기에는 충분하
지 못했습니다.

　　하지만 제 경우는 조금 달랐습니다. 사회당에 속해 있다는 사실은 또
한 공산주의자들과 경쟁하고 있다는 사실을 포함하고 있었습니다. 따라서
많은 지성인들이 '노동자들의 당'에 보내는 열광에 동의할 수가 없었습니
다. 그 당시에 사람들이 말했던 것처럼 '옛 집'(vieille maison)[17]에 있는 것
은 다른 편에 속해 있다는 것을 의미했습니다. 이것이 우리들을 공산주의
가 가진 매력으로부터 보호해 주었습니다. 따라서 저는 전쟁 후와 마찬가
지로 전쟁 전에도 공산주의의 유혹으로부터 벗어날 수 있었습니다.

　　지금도 저는 그 당시에 심지어는 내정의 차원에서 입장을 결정하는
것을 좌지우지했던 취약함 때문에 놀라곤 합니다. '2백 가정'[18]이라는 주
제를 통해, '돈의 벽'(mur de l'argent)[19]이라는 슬로건을 통해 정치경제 전

---

16) 러시아 외교관이었던 빅토르 크라브첸코(Victor Kravchenko, 1905~1968)는 1944년에 미국으로
　　망명했다. 그후 그는 소련 체제를 비판하는 『나는 자유를 선택했다』라는 책을 출간했는데, 이 책
　　의 출간은 미국, 프랑스 등과 같은 나라들에서 소련의 실상을 둘러싼 대규모 논쟁이 촉발되는 계
　　기가 되었다. 이 일련의 과정을 크라브첸코 사건이라고 한다.—옮긴이
17) 1920년에 프랑스 투르(Tours)에서 개최된 국제노동자동맹 프랑스지부(SFIO) 총회 이후 이 동맹
　　은 세 진영으로 분열되는데, 분열되기 이전의 이 동맹을 가리키는 표현으로, 프랑스 정치인 레옹
　　블룸이 처음으로 사용하였다.—옮긴이

체를 도식화시켰던 것, 그것은 단순주의였습니다. 저는 1935~1936년에 콜마르의 한 술집에서 프랑스은행의 국유화를 논의한 모임에 참석했던 것을 기억합니다. '옛 집'에 의해 제공된 소책자를 이용했습니다. 이 책자에는 한 나라가 그 나라 화폐의 주인일 경우에만 비로소 그 나라 경제의 주인이 될 수 있다고 설명되어 있었습니다. 그러니 이를 위해서는 프랑스은행을 국유화해야 한다는 것이었습니다. 우리는 이러한 논의에서 급진민주주의적인 면도, 이러한 논의가 필연적으로 내포하고 있었던 권력의 집중도, 그리고 자유주의적이고 무정부주의-조합주의적인 비전——이와 같은 비전은 당시에 꽤 강했습니다——에 반대되는 권력의 집중도 전혀 인식하지 못했습니다. 그 당시를 저는 다음과 같이 생각합니다. 국제노동자동맹 프랑스지부(SFIO) 안에서 자유주의적(libertaire) 성향과 급진적(jacobin) 성향의 대립은 항상 대다수가 어떤 때는 이쪽으로, 어떤 때는 저쪽으로 나아간다고 말입니다. 이러한 현상은 국내 정치건 대외 정치건 상관없이 발생했습니다. 사실 SFIO 그 자체는 '자유주의적 무정부주의-조합주의'의 성향과 국가적 중앙집권의 성향이 융합된 결과였습니다. 우리는 SFIO 내부에서 바로 이러한 무정부주의-조합주의를 근거로 해서 소련에 대한 유혹으로부터 벗어날 수 있었습니다. 그러나 이러한 태도는 또한 정확히 대외정치에 있어서 몇몇 해로운 결과를 낳게 되었습니다. 왜냐하면 그러한 태도는 우리들로 하여금 실질적인 적(敵)——이 적은 히틀러였는데, 그 역시

---

18) 양차 세계대전 사이에 프랑스은행(Banque de France)의 대주주였던 2백 가정을 가리킨다. 이 가정들은 1936년에 정권을 장악한 인민전선의 경제계획에 반대해 정치·경제 분야에서 영향력을 행사하려고 하였다.——옮긴이

19) 1920년 당시 프랑스 경제 분야에서 좌파에 의해 시도된 모든 개혁 조치에 반대하는 분위기를 보여 주는 상징적인 표현이다.——옮긴이

무정부주의-자유주의 원천 등으로부터 자양분을 공급받았습니다——앞에서 무장해제를 하도록 기여했기 때문이었습니다. 히틀러 앞에서 우리를 무장해제시켰던 그것이 또한 정확히 우리를 스탈린으로부터 보호해 주었던 것이기도 합니다.

••• 선생님으로 하여금 독일로부터 오는 위험을 분명하게 보지 못하도록 한 것은 결국 전쟁 전에 선생님이 경험하신 정치적 참여였던 것으로 보이는데요.

리쾨르 저와 같은 사람들이 저지른 실수는 우선 전쟁이 임박했다는 사실을 깨닫지 못했다는 것이고, 그다음으로는 우리가 전쟁이 발발하리라는 것을 알았을 때부터는 그 전쟁을 1차 세계대전의 범주에서 생각했다는 점입니다. 베르사유 조약으로 인해 사람들은 이미 1차 세계대전에 애국적으로 참전했던 이유를 비난했습니다. 2차 세계대전을 애국주의적 토대에 입각한 국가들 사이의 분쟁으로 자리매김함으로써 정확히 1차 세계대전의 경우와 같은 참전 거부가 나타났습니다. 오늘날 저는 이러한 추론이 잘못되었다고 생각합니다. 2차 세계대전은 전혀 다른 맥락에서 비롯되었기 때문입니다. 그러나 1차 세계대전은 끔찍한 실수였고 또 범죄였다고 저는 늘 생각합니다. 실제로 부르주아들이 그들과 아주 유사한 노동자계급을 타락시켰기 때문입니다. 그들은 제2인터내셔널을 깨 버렸고, 그로 인해 얼마 지나지 않아 제3인터내셔널의 창설이 가능하게 되었던 것입니다.

　　항상 이 점으로 돌아와야 합니다. 왜냐하면 사회주의적 좌파가 내세우는 평화주의는 다름 아닌 베르사유 조약이 불공평했다는 감정에서 정당성과 구실을 찾아냈기 때문입니다. 결국 히틀러는 그가 가지고 있었던 권리를 되찾았을 뿐이라는 식으로 논의가 이루어졌습니다. 저는 아직도 독일이 라인 강 좌안을 점령했을 때 '독일은 독일을 점령했다'라는 『르 크라푸이요』(*Le Crapouillot*)지 1면 기사의 제목을 기억합니다. 결국 히틀러에게 독일인들이 되찾아야 하는 권리를 양보해야만 했었다는 것입니다. 그럼에도 이러한 입장을 지지하지 않았던 앙드레 필립은 제게 주의를 주었습니다. 제가 주저했던 반면 그는 명백히 반뮌헨협정주의자였습니다. 한편으로 저는 체코슬로바키아가 커다란 불행을 겪었으며, 따라서 이 나라는 범죄의 희생양이라는 감정, 다른 한편으로 단치히(Danzig)는 결국 독일에 속한 한 지역이라는 감정을 가지기도 했습니다. 하지만 저는 1939년 9월 독일의 폴란드에 대한 공격 감행에 의해 허를 찔렸던 셈입니다.

　게다가 우리들은 이 모든 사실을 안 파토치카(Jan Patočka)의 모든 저서에서 볼 수 있습니다. 그는 그의 저서 전체에서 1차 세계대전이 진정한 전향점이었다고, '유럽의 자살행위'였다고 말하고 있습니다. 우리는 2차 세계대전이 전혀 다른 문제에 관계되었다는 것과 이 전쟁이 전체주의의 잠정적 상승의 결과였다는 사실을 이해하지 못했습니다. 그러나 우리가 다른 전체주의(즉, 공산주의)에 대해 한 전체주의(즉, 나치즘)의 동맹자가 되었던 그만큼 사태에 대한 분명한 비전을 가질 수가 없었습니다.

●●● 선생님의 평화주의는 또한 알랭의 저작에 대한 독서로부터도 자양분을 얻으셨는지요? 알랭은 선생님에게 중요한 사람이었습니까?

리쾨르 아닙니다. 꼭 그런 것은 아니었습니다. 그를 만나기는 했습니다만, 단지 라뇨에 대한 논문을 쓸 때뿐이었습니다. 알랭이 『명강의와 단편』의 첫 시리즈를 출간했기 때문입니다. 그의 제자였던 저의 새로운 친구 미켈 뒤프렌(Mikel Dufrenne)의 영향으로 포로수용소에 있을 때 알랭의 『어록』 (*Propos d'un Normand*)을 읽게 되었을 뿐입니다.

••• 알랭은 선생님께 어떤 인상을 주었는지요?

리쾨르 기운찬 인상이었습니다. 이것은 또한 그가 특히 권력에 반대하는 특기할 만한 무정부주의적 요소를 가지고 있었기 때문이기도 했습니다.

••• 1939년에 전쟁이 선포되었을 때 선생님께서는 뮌헨으로부터 돌아오셨습니다. 그리고 곧장 동원되셨지요.

리쾨르 1939년 9월부터 저는 브르타뉴 생말로에 있는 한 부대에 배속되었습니다. 부대원들은 아주 훌륭했습니다. 저는 개인적으로 죄책감 속에서 1940년의 패주를 겪었습니다. 북부군의 도주에 대해 도저히 용서할 수 없는 이미지를 간직하고 있습니다. 중절모를 쓰고 포도주 병이 실린 어린이용 자동차를 밀면서 가는 한 병사에 대한 굳어져 버린 이미지를 저는 지금도 종종 떠올리곤 합니다. 다음과 같이 생각하지 않을 수가 없습니다. "저것이, 바로 저것이 정치적 실수 때문에, 수동성 때문에, 히틀러에 맞서 프랑스를 무장해제시켜서는 안 된다는 것을 이해하지 못했기 때문에 일어난 사태야." 이런 비난이 저를 계속 따라다녔고, 저로 하여금 정치적 판단을 항상 경계하도록 만들었습니다. 비록 제가 사회주의에 대한 몇몇 신념에 찬 생각을 간직하고 있었고, 또한 몇몇 전제를 부정하지 않았다고 해도, 저는 그 당시에 제가 취한 정치적 입장이 잘못되었고, 심지어는 죄를 지었다고까지 생각합니다.

1940년 5월에 저는 용감하게 싸웠고 또 저항하면서 패퇴군의 썰물에 둑을 쌓으려고 애썼던 한 부대에 소속되어 있었습니다. 이 부대는 완전히 고립된 소규모 부대였습니다. 중대장이 제게 다음과 같이 명령했던 것을 기억합니다. "리쾨르, 다른 부대와 연락을 취하기 위해 동쪽과 서쪽으로 가 보라." 양쪽 4~5킬로미터까지 아무도 없었습니다. 우리는 협곡에 있었고, 독일군이 지나가는 것을 막으려고 했습니다. 제가 소속된 부대는 잘 견뎌 냈다는 명목으로 표창을 받기도 했습니다. 그러나 우리들은 포로가 되고 말았습니다. 죽거나 항복하는 길밖에 없다는 생각을 가진 채로 말입니다. 우리들은 두번째 길을 선택했습니다. 포격도, 폭격도 없이 추락한 슈투카 폭격기 아래에서 3일 동안 있다가 오후 3시에 독일군이 프랑스어로 말하는 확성기 소리를 들었습니다. "6시에 공격할 것이다. 그러면 너희들은 다 죽게 될 것이다." 군목(軍牧)과 함께 우리들은 참호에서 의기소침한 25~30명의 군사를 깨워 항복하기로 결정했습니다. 이때 죄책감이 전혀 없었던 것은 아니었습니다. 이 모든 것이 과거의 저의 정치적 선택 때문인 것처럼 보였고, 항복을 함으로써 제 스스로 그러한 선택에 대해 벌을 가한 것처럼 생각되었습니다.

포로가 되어 포메라니로 떠났습니다. 거기에서 5년을 보냈습니다. 저는 장교 포로수용소에 있었습니다. 사실 1941년까지 다른 사람들과 마찬가지로 페탱주의 ─ 선전이 굉장했습니다 ─ 의 몇몇 측면에 매료되었다는 사실을 언급해야겠습니다. 아마 공화국의 취약함에 일조를 했다는 감정, 강한 프랑스를 재건했어야 한다는 감정 때문이었을 것입니다. 우리가 정보를 얻지 못했고, BBC 방송을 듣지 못했던 만큼 그런 선택은 평범한 것이었습니다. 포로수용소에서는 1941~1942년 겨울부터 드골주의자들 덕택으로 BBC 방송을 들을 수 있었을 뿐입니다. 그러던 어느 날 아침에 한 전우가 BBC 방송의 뉴스를 전하러 왔습니다. 그도 이 뉴스를 다른 사람에게서 얻어 들었던 것입니다. 물론 그 다른 사람이 누구인지는 몰랐습니다. 그리고 나서 독일군에게 그들의 패전을 알려 주었습니다. 어느 날 우리는 면도를 하고 옷을 잘 입고 집합에 나갔습니다. 독일군들이 우리에게 무슨 일로 이렇게 수용소의 일상적인 습관을 위반했냐고 물었습니다. 우리는 그들에게 소련군이 스탈린그라드에서 거둔 승리의 소식을 알려 주었습니다! 바로 그 순간부터 공산주의자들과 드골주의자들이 수용소를 완전히 장악했습니다. 하지만 저는 해방 첫해에 과거의 정치적 판단에서의 실수를 후회했습니다.

●●● 포로수용소에서 선생님께서는 프랑스에서 벌어지고 있었던 일들 가운데 어떤 것을 아셨는지요?

리쾨르 합법적인 정부가 있다는 것, 비시(Vichy)에 미국 대사가 주재하고 있다는 것 —— 우리는 이 사실을 아주 가까이에서 주시했습니다 ——, 남성성·봉사·충성이라는 가치에 호소하면서 국민교육을 다시 가동시켰다는 것 등이었습니다. 그러나 사기 저하뿐만 아니라 거의 봉건적인 가치를 바탕으로 나라를 재건해야 한다는 의지가 국민들의 일반적인 정서 속에 자리 잡기 시작했을 때 우리들은 적잖이 당황했습니다. 이것은 단적으로 위리아주 간부양성학교[20]가 지켰던 원칙들이었습니다. 전쟁 후에 제가 이

---

20) 전쟁 전에 그르노블 근처에 있는 위리아주라는 조그마한 마을에 세워진 간부양성학교이다. 이 학교에서는 몇 달 동안의 신체훈련과 이념 토론을 통해 젊은이들의 교육을 책임질 고급간부를 양성해 냈다. 이 학교는 피에르 뒤누아예 드 스공자크(Pierre Dunoyer de Segonzac) 대위에 의해 운영되었으며, 교육과정에서 프루동, 모라스, 페기 등과 같은 작가들이 인용되기도 했다.

학교에서 벌어졌던 사태를 알게 되었을 때, 저는 포로수용소에서 포로로 있던 우리들이 거의 자발적으로 그러한 사태를 몸소 실천하고 있었다는 점을 알아차렸습니다. 스테른헬과 같은 사람들은 위리아주 간부양성학교의 이데올로기가 파시스트적이라는 구실로 이 학교를 비판했습니다. 그런데 이 학교를 지배했던 정신은 이미 대독협력의 그것과는 완전히 반대되는 것이었습니다. 중요한 것은 프랑스의 재건이었고, 이를 위해 정부의 대표들이 우리들에게 소개하는 것과 같은 비시 정부의 생각들을 반영해야 한다고 생각했습니다. 정부의 대표들이 우리들에게 배포한 소책자는 다음과 같은 생각들이 주축을 이루고 있었습니다. 공화국은 약했다, 강한 프랑스를 다시 건설해야 한다, 그것도 독일인들과 **함께** 건설해야 한다는 생각이 그것입니다. 그럼에도 저는 우리들 가운데 누구도 대독협력이라는 문제에 양보를 했다고 생각하지 않습니다. 우리들을 인도했던 이념은 오히려 젊은이들 모임의 노선에서, 전쟁 전의 스카우트 운동의 연속선상에서의 내적인 재건이라는 이념이었습니다. 항복하고 모든 것으로부터 단절된 첫해 동안에 우리들이 생각했던 것은 바로 이와 같은 사실들이었습니다.

우리들이 수용소에서 재건을 위해 이용한 방식은 긍정적으로 더 이상 패전을 경험하지 않기 위해 지적 생활에 기초를 마련하는 일이었습니다. 미켈 뒤프렌, 로제 이코르(Roger Ikor), 폴 앙드레 르조르(Paul-André Lesort)를 포함하여 다른 여러 명은 연극을 상연했고 제도화된 문화생활을 재건했습니다. 포로 신분에 고유한 아주 기이한 현상이었습니다. 이러한 현상은 수용소 안에서 일종의 자유로운 사회에 대한 시뮬레이션을 만들어 내려고 애쓰는 것과 같았습니다. 심지어는 가격이 매겨진 시장도 있었습니다. 경제를 전공하는 교수들과 학생들이 시장가격이 이루어지는 증시 비슷한 것을 가동케 했습니다. 이 증시에서의 가격은 가격 산정의 기초 단

위에 입각해서 계산되었습니다. 물론 기초 단위는 금이 아니라 미국산이나 러시아산 담배였습니다!

우리들은 우선 수용소 내의 모든 책을 모으려고 노력했습니다. 그다음으로는 가설대학을 세워 프로그램, 강의, 시간표, 등록, 시험 등을 주관했습니다. 또한 가능한 한 모든 언어를 배우기 시작했습니다. 러시아어, 중국어, 히브리어, 아랍어…….5년은 긴 세월입니다!

포로수용소에 종이가 없어서 저는 가지고 있던 원본의 여백에다 후설의 『순수현상학과 현상학적 철학의 이념들 1』을 번역하기 시작했습니다.

●●● 책은 어떻게 들여왔는지요?

리쾨르 군낭에 담아 온 책도 있었습니다. 제 자신도 두 권을 가지고 있었습니다. 발레리(Paul Valéry)의 시집과 클로델(Paul Claudel)의 『5대 송가』(Cinq Grandes Odes)였습니다. 수용소 첫 1년 동안에 정말로 제게 자양분을 준 것은 바로 이들 두 명의 작가였습니다. 게다가 이들 덕택에 저는 미켈 뒤프렌을 만나게 되었습니다. 뒤프렌은 이들 두 작가에 대해 발표를 했습니다. 두 작가를 연결시키면서 소개하는 방식은 아주 드문 경우입니다. 포로들의 수가 3천에서 4천 명 사이여서 우리들은 책을 빌려 주는 진짜 도서관을 빨리 만들 수 있었습니다. 대여는 아주 세심하게 이루어졌습니다. 책들이 독점되지 않도록, 따라서 잘 순환되도록 하기 위해서였습니다. 다른 책들은 가족이나 적십자사에 의해 보장되던 우편을 통해 들어왔습니다. 생각건대 제가 후설이나 야스퍼스를 읽은 것은 정확히 적십자사의 덕택이었습니다. 또한 은밀한 공급도 있었습니다. 친절한 몇몇 지휘관들은 대학 도서관에서 책을 빌리는 것을 용인하기도 했습니다! 이렇게 해서 저는 그라이프스발트 ── 지금은 폴란드에 속해 있습니다 ── 도서관의 책들을 읽을 수가 있었습니다. 이 책들은 제가 담배를 피우지 않기 때문에 담배와 교환해서 얻은 것이었습니다.

저는 기가 막힌 상황에서 『순수현상학과 현상학적 철학의 이념들 1』의 원본을 구해 내는 데 성공했습니다. 포로생활이 거의 끝나 가던 1944~1945년 겨울에 우리들이 있었던 수용소는 더 서쪽으로 옮겨졌습니다. 행군을 했습니다. 잘 먹지 못한 사람들에게는 아주 끔찍한 행군이었습니다(탈주병들처럼 완전히 쇠약해진 상태는 아니었습니다). 그리고 추위 때문에 기진맥진해 있었습니다. 우리들은 나무로 된 썰매에다 구해 내고자 했던 가방과 책들을 싣고 얼음 위에서 썰매를 끌었습니다. 3일 동안의 행군 끝에 해빙이 시작되었습니다. 우리들은 모든 것을 잃어버렸습니다. 왜냐하면 어느 정도까지 끌고 오는 데 성공했던 모든 것을 더 이상 지니고 갈 수가 없었기 때문이었습니다. 뒤프렌, 이코르, 르조르 등과 같은 몇몇 친구들과 우리들은 이제 더 이상 가지 못할 것이라고 이야기하곤 했습니다. 그래도 몇 가지는 구하고자 했습니다. 특히 종이를 말입니다. 그때 저는 의지에 대한 학위 논문을 구상하기 시작했던 참이었습니다. 러시아 사람들이 구해 줄 것이라는 희망을 가지고 동쪽으로 걸었습니다. 그리고 폴란드의 한 농장에 다다랐습니다. 거기서 우리들은 러시아 수색대에 의해 공격을 받았습니다. 러시아 수색대는 어느 편에다 대고 공격하는지를 알지 못했습니다. 우리는 불행하게도 지도를 가지고 있지 않았습니다. 어디에 있는지조차도 몰랐습니다. 사실 우리들은 러시아 사람들에게 가는 길로 들어선 것이 아니라, 양쪽 군대의 중간에 있었던 것이었습니다. 나치 친위대들이 나타났습니다. 그들은 수색을 하기 위해 왔습니다. 그리고 우리들을 발견한 것입니다. 우리들을 처형하려고 했습니다. 우리들이 독일어를 구사할 수 있어서 대위인지 지휘관인지에게 사정을 설명하는 데 성공했습니다. 그후에 우리들은 스테틴에 있는 감옥으로 이송되었습니다. 그곳에서 저는 몇 주 동안 후설의 책을 계속 번역했습니다. 그리고 우리들은 서쪽으로 가기 위해 기차에 실렸습니다. 이렇게 해서 다른 사람들이 모두 행군을 했던 여정을 우리들은 기차를 타고 가게 되었던 것입니다. 1945년 1월에 하노버 해안에 닿았습니다. 이 새로운 수용소는 많은 포로들을 맞아들이기 위해 세워진 것이 아니었습니다. 보초들이 점점 사라지거나, 포로들의 복장을 하거나, 몸을 숨겼습니다. 왜냐하면 자신들이 러시아인들의 포로가 될 수 있다는 강박관념에 사로잡혀 있었기 때문이었습니다. 그러던 어느 날 보초가 더 이상 모습을 보이지 않았습니다! 우리들은 다시 서쪽으로 걸었습니다. 그리고 캐나다 사람들의 수중에 떨어졌습니다. 이렇게 해서 우리들은 마침내 '해방되었습니다'.

　일단 파리로 돌아와서 제가 처음 방문한 사람은 가브리엘 마르셀이었습니다. 그분은 두 팔을 벌려 저를 친자식처럼 맞아 주었습니다. 그리고 정부의 일원이 된 앙드레 필립을 다시 보았습니다. 그가 저를 샹봉쉬르리뇽으로 보냈습니다. 저는 이 도시의 존재조차 모르고 있었습니다. 정확하게는 아주 많은 유대계 어린이들을 보호해 주어 이스라엘에서 추앙받은 한 신교 성향의 중학교로 저를 보냈습니다. 저는 이렇게 해서 이방인들과 유대인들 사이에서 연락선 역할을 했던 비폭력 평화주의 투쟁의 분위기 속에 자리를 잡았습니다. 저항운동의 요충지였던 이 중학교는 저를 열렬히 맞아 주었습니다. 그곳에서 첫 겨울부터 저는 미국 퀘이커교도들을 만났습니다. 그들 교도들은 훨씬 더 큰 중학교의 건설에 참여하기 위해 그곳에 왔던 비폭력적 저항대원들이었습니다. 이러한 경로를 거쳐 저는 몇 년 뒤인 1954년에 처음으로 미국에 가게 되었습니다. 미국 동부의 퀘이커교 칼리지에 의해 초청을 받아서 말입니다.

●●● 선생님께서는 학살수용소가 있다는 것을 언제 알게 되셨는지요?

리쾨르 우리들은 포메라니 수용소 근처에서 러시아 포로들에게 잔혹행위가 가해지는 장면에 입회한 적이 있습니다. 하지만 해방되던 날 비로소 강제수용소와 학살수용소의 끔찍함을 발견했을 뿐입니다. 왜냐하면 우리들은 베르겐 벨센 근처에 있었기 때문이었습니다. 영국인들이 보복 차원에서 벨센 마을을 쓸어버렸습니다. 우리들은 그곳에서 7킬로미터 떨어진 수용소에서 자행되었던 일들을 모른다고 주장하는 독일인들을 심문했습니다. 저는 생존자들, 일그러진 모습을 한 자들이 나오는 것을 보았습니다. 그들 중 많은 자들이 첫발을 떼면서, 잼이든 뭐든 아무거나 닥치는 대로 먹으면서 죽었습니다. 끔찍했습니다. 순간적으로 믿을 수 없을 정도로 위기를 잘 모면했다는 생각이 들었습니다. 그리고 이렇게 심한 차이를 가장 강하게 느낀 자들은 다름 아닌 유대인 친구들이었습니다. 왜냐하면 나치 친위대와는 달리 독일 군대는 전쟁 포로수용소에 대해 책임을 지고 있다는 권리를 늘 앞세웠기 때문이었습니다. 나치 친위대는 수용소들을 전혀 지휘하지 않았습니다. 이렇게 해서 이코르와 레비나스는 걱정을 하지 않을 수 있었습니다. 제가 알기로는 상당수의 유대인들은 별도로 수용되었습니다. 가끔 난동을 부리는 것으로 알려진 포로들과 함께 말입니다. 그러나 이처럼 별도로 수용된 유대인 포로들이 잔혹행위를 당했다는 것을 읽은 적이 없습니다.

　저로 말할 것 같으면, 저는 지적 작업에 의해 포로 생활의 나쁜 추억들이 쌓이는 것을 피할 수 있었습니다. 저는 수용소를 떠나면서, 평생 제 친구가 될 자들과 함께 나오면서, 저보다 먼저 세상을 떠난 친구들을 위해, 수용소 문을 제 뒤에 완전히 닫아 버렸습니다. 후에 그 친구들 중 몇몇은 우리들이 포로로 갇혀 있었던 장소들을 다시 보고자 했습니다. 그런데 저는 지금은 폴란드령이 된 포메라니에 다시 가고 싶은 생각이 조금도 없었습니다.

●●● 그러니까 포로로 잡혀 계시는 동안 선생님께서는 아주 많은 책을 읽으셨군요. 특히 독일 작가들을 말입니다. 이렇게 해서 라인 강 저편의 사색가들에 대한 깊은 이해라는 선생님의 주된 지적 노선들 가운데 하나가 나타나게 되었군요. 장교 포로수용소에서의 이러한 독서가 일종의 치유 기능을 수행하지는 않았는지요?

리쾨르 거기에서 괴테, 실러를 읽고, 5년 동안 위대한 독일 문학을 훑어본 것은 제게 있어서 결정적이었습니다. 여러 책들 중에서 『파우스트』 1부와 2부는 독일과 독일인에 대한 어떤 이미지를 간직하는 데 도움을 주었습니다. 결국 보초들은 없었고, 저는 책 속에서 살았으며, 이것은 어느 정도는 제 어린 시절에 그랬던 것과 같습니다. 진짜 독일은 거기에 있었습니다. 후설, 야스퍼스의 독일이었습니다. 이러한 사실로 인해 저는 1948년에 스트라스부르에서 가르칠 때 대다수가 독일군의 병사였고, 공부에 뒤늦게 뛰어든, 그리고 독일어를 하는 것이 금지되었다고 믿고 있는 많은 학생들을 도와줄 수 있었습니다. 저는 학생들에게 말하곤 했습니다. 당신들은 지금 괴테, 실러, 후설의 부대에 있다고 생각하라고 말입니다.

●●● 해방 직후에는 무엇을 하셨는지요?

리쾨르 1945년부터 1948년까지 우리 가족은 샹봉쉬르리뇽에서 살았습니다. 1년이 지나 저는 국립과학연구센터(CNRS)에 임용되었습니다. 5~6시간을 가르칠 수 있는 권리밖에 가지고 있지 않았습니다. 그러니까 반(半)근무를 했던 셈입니다. 그 와중에도 저는 후설의 『순수현상학과 현상학적 철학의 이념들 1』을 계속 번역했습니다. 그러나 두려움이 있었습니다. 왜냐하면 누군가가 이 책을 번역하고 있었기 때문입니다. 메를로퐁티(Maurice Merleau-Ponty)가 다른 번역에 반대해서 아직 끝나지 않은 제 번역을 변호해 주었습니다. 저는 1948년에 학위 논문을 마쳤습니다. 그러나 1950년에야 비로소 심사를 받을 수 있었습니다. 1948년부터 저는 독일어와 좀더 가까워지기 위해 가고자 했던 스트라스부르대학에 임용되었습니다. 거기에서 8년 동안 근무했습니다. 아주 행복했던, 제 인생에서 가장 찬란했던 8년이었습니다. 그것은 더없이 화목한 가족 관계에서 연유했습니다. 아내 시몬, 전쟁 전에 우리들 사이에서 태어난 장 폴과 마르크, 제가 포로 생활을 하고 있던 중에 태어나 5세가 되었을 때 만나게 된 딸 노엘, 샹봉에서 얻은 올리비에, 스트라스부르에서 얻은 에티엔과 함께 말입니다. 이런 행복은 또한 스트라스부르 사람들의 생활에서 연유하는 것이기도 했습니다. 도시는 화기애애했고, 대학은 매력적이었습니다. 철학과는 조르주 귀스도르프(Georges Gusdorf)와 저에게 토론과 의견 교환이 계속적으로 이루어질 수 있는 철학 서클을 만드는 일을 일임했습니다. 귀스도르프는 저와 동시에 임용되었습니다. 저는 장 이폴리트(Jean Hyppolite)의 뒤를 이었고, 그는 조르주 캉길렘(Georges Canguilhem)의 뒤를 이었습니다.

스트라스부르에서는 독일에 자주 갔습니다. 이렇게 해서 야스퍼스가 스위스로 망명하기[21] 직전에 하이델베르크로 그를 방문하게 되었습니다. 저는 그의 거의 괴테적인 고귀함에 상당한 충격을 받았습니다. 그는 부인의 보호를 받고 있었으며, 접근하기가 아주 까다로운 사람이었습니다. 후에 사람들은 한나 아렌트(Hannah Arendt)가 하이데거와 야스퍼스를 화해시키려고 노력했다는 것을 알게 되었습니다. 아렌트는 너그러웠던 야스퍼스를 설득하는 데 성공했으나, 하이데거의 완강한 저항에 부딪치고 말았습니다. 하이데거는 그것을[22] 말하기 위해 적당한 단어가…… 존재하지 않는다고 —— 이것이 구실이었을까요? —— 생각하고 있었습니다. 역시 단어가 부족합니다…….

야스퍼스는 조국 독일로부터 일종의 회개, 조국이 지은 죄에 대한 집단적 고백을 기대했었습니다. 그리고 그는 독일이 자기와 같은 죄책감을 느끼지 않고 있다고 확신하게 되었습니다. 나치즘을 견뎌 낼 수 있었던 그였지만, 새로운 공화국을 견디지 못했습니다. 저는 그가 인내심이 부족했다고 생각합니다. 왜냐하면 아데나워(Konrad Adenauer)도 재난의 상황으로 비추어 볼 때 진정한 공화국의 재건에서 아주 멀리 떨어져 있었기 때문입니다.

야스퍼스가 발(Bâle)대학으로부터 초청을 받은 후에 저는 그를 두번째로 방문했습니다. 뒤프렌과 제가 함께 출간한(우리들의 첫번째 책입니다)『야스퍼스와 실존철학』(*Karl Jaspers et la philosophie de l'existence*)을 그에게 증정하기 위해서였습니다. 비록 그가 이 책을 그렇게 높이 평가하지는 않았지만, 그는 기꺼이 아주 호의적인 서문을 써 주려고 했습니다. 그

---

21) 칼 야스퍼스(Karl Jaspers, 1833~1969)는 하이델베르크에서 1922년부터 1937년까지 교수로 재임했으나, 1937년 나치에 의해 교수 자리를 박탈당했다. 전쟁 후 나치가 저지른 죄책감에 대한 자국민들의 초기 행동에 실망한 나머지 야스퍼스는 스위스로 망명하게 된다. 그곳에서 그는 1948년부터 은퇴할 때까지 발대학 교수로 재직하게 된다.
22) 2차 세계대전을 일으킨 독일의 죄책감을 가리키는 것으로 보인다.——옮긴이

는 우리의 설명이 너무 도식적이라고 판단했습니다. 생각건대 아렌트와 마찬가지로 야스퍼스의 충실한 제자들 중의 하나였던 잔 에르쉬(Jeanne Hersch)는 스승의 유보에 동의했습니다. 특히 에르쉬는 그 이후에 제가 하이데거를 위해 야스퍼스를 배반했으며, 많은 프랑스인들처럼 제가——그녀의 말에 의하면——위험한 하이데거의 매력에 굴복했다고 판단했습니다. 이러한 판단은 절반은 맞고, 절반은 틀린 것입니다.

●●● 선생님께서는 하이데거를 만나셨지요?

리쾨르 1955년에 스리지 라 살[23]에서였습니다. 저는 이 만남에 대해 그다지 좋지 않은 추억을 간직하고 있습니다. 악셀로스와 보프레[24]가 하이데거를 문자 그대로 독차지했습니다. 게다가 하이데거는 한 학파의 우두머리처럼 행동했습니다. 『순수이성비판』(Kritik der reinen Vernunft)의 "실존은 정립이다"라는 대목을 주제로 삼았습니다. 그는 우리를 손가락으로 지목해서 그다음 줄을 읽고 설명하라고 했습니다. 그의 설명, 특히 시인들에 대한 설명은 훌륭했습니다. 그때 저는 처음으로 하이데거와 시의 관계에 대해 주목했던 것 같습니다. 그는 슈테판 게오르게(Stefan George)에 대해 많은

---

23) 프랑스 브르타뉴 지방에 위치한 조그마한 마을로, 약 100년 전부터 이곳에 있는 고성(古城)에서 개최되는 열흘 동안의 콜로키엄으로 유명하다.——옮긴이

24) 코스타스 악셀로스(Kostas Axelos)와 장 보프레(Jean Beaufret)는 함께 하이데거의 『철학이란 무엇인가』(Qu'est-ce que la philosophie, Paris: Gallimard, 1957 [Was ist das-die Philosophie?, 1956])를 번역했다. 하이데거의 프랑스 수용은 거의 대부분 보프레를 거쳐 이루어지게 되는데, 하이데거는 그에게 그 유명한 『휴머니즘에 대한 편지』(Lettre sur l'humanisme, Paris: Aubier, 1957 [Über den Humanismus, 1947])를 썼다. 또한 하이데거는 보프레의 중개를 통해 1955년에 시인 르네 샤르(René Char)를 알게 된다.

말을 했습니다. 그리고 제가 파울 첼란(Paul Celan)을 발견한 것은 그 뒤의 일이었습니다.

저는 단지 조금씩 하이데거의 파도에 휩싸였을 뿐입니다. 아마 전쟁 후에 간행된 야스퍼스의 위대한 저서들의 약간은 과장되고, 반복적이고, 분산된 특징에 대한 권태 때문이었을 것입니다. 하이데거의 천재성은 그 당시에 야스퍼스의 위대한 재능보다 저를 더 놀라게 했습니다. 야스퍼스에게는 고집스럽게 물고 늘어지는 점이 없었습니다. 그의 철학은 잘 다듬어지고 절제된 철학이었습니다. 저는 스트린드베리(August Strindberg)와 반 고흐에 대한 그의 짧은 텍스트[25]를 아주 좋아했습니다. 마찬가지로 그의 다음과 같은 선언을 종종 높이 평가합니다. "예외가 아닌 우리들은 예외에 대해 사유한다." 지금 저는 야스퍼스 스스로 자기가 예외가 아니라고 여겼던 것에 대해 그에게 감사할 수 있습니다. 이것은 아마도 하이데거의 경우에는 사실이 아닐 테지만 말입니다⋯⋯.

●●● 선생님께서는 그 시기의 하이델베르크와 프라이부르크를 기억하고 계시는지요?

리쾨르 프라이부르크에서 저는 란트그레베와 핑크[26]를 만났고, 하이델베르크에서는 가다머(Hans-Georg Gadamer)를 만났습니다. 그러나 독일 대학과 프랑스 대학 사이에 전혀 교류가 없었습니다. 그 당시에 그리고 분명 정

---

25) Karl Jaspers, *Strindberg et Van Gogh*, trad. Hélène Naef, Paris : Minuit, 1953.
26) 루트비히 란트그레베(Ludwig Landgrebe, 1902~1992)와 오이겐 핑크(Eugen Fink, 1905~1975)는 모두 1920년대에 후설의 조교들이었다.

치적 이유로 스트라스부르가 독일로 이어지는 가교가 아니라 오히려 참호였다는 사실에 실망했습니다. 라인 강 저편을 살펴보기 위해서는 그것을 진정으로 원해야 했습니다. 제일 중요한 문제는 알자스를 프랑스에 반환해야 하는 것이었습니다. 알자스 지방 사람들과 마찬가지로 대학에 있는 동료들은 국경 저편에서 발생하고 있었던 사태에 사람들이 관심을 갖는 것을 이해하지 못했습니다. 그리고 그 당시에 저는 프랑스가 전쟁 전에 독일에 대해 보여 주었던 경계심과 어느 정도는 유사한 그 무엇인가를 그들에게서 보았습니다.

●●● 1945년에 '정상' 생활을 되찾으셨을 때 선생님께서는 전쟁 전의 정치 참여를 재개하셨는지요?

리쾨르 그렇습니다. 포로 생활 이후에 그들과 다시 연결되었습니다. 하지만 이전의 제 판단을 무효화시켰고 제게 정치적 재교육을 부과했던 전쟁의 끔찍한 교훈을 얻은 후에, 저는 종종 기 몰레(Guy Mollet)의 사회주의에 대해 일찍 적대감을 키우면서 1934~1936년의 제 입장과 가까운 입장에 다시 빠지게 되었습니다. 게다가 앙드레 필립에 대한 저의 우정은 부정되지 않았고, 그가 죽을 때까지 계속되었습니다. 집회나 강연에 참가하기 위해 파리에 가곤 했습니다. 그리고 1947~1950년에 전쟁 전에는 잘 몰랐던『에스프리』(Esprit)지 그룹을 발견했습니다. 제가 그들을 잘 몰랐던 것은, 저는 그 당시 나름대로 투쟁적인 사회주의에 훨씬 더 깊이 참여하고 있었기 때문이었습니다. 그리고 저는 그들을 너무나 지적이라고 여겼습니다. 이렇게 해서 저는 이 잡지와 가까워졌고, 이 잡지에 글을 발표하기도 했습니다. 에마뉘엘 무니에[27)와의 우정은 그가 죽기 얼마 전에 아주 깊어졌습니다.

그의 죽음은 제게 아주 커다란 슬픔이었습니다. 1950년에 샤트네 말라브리에 있는 '하얀 벽'(Murs blancs)의 정원에서 얼굴 가득 눈물을 흘리며 서 있는 저를 다시 보았습니다. 그때는 어느 날 제가 이 정원에서 지내게 되리라는 것을 전혀 알 수가 없었습니다. 저는 무니에의 인격에 완전히 매료되었습니다. 그의 사상보다는 오히려 그의 사람됨이 저를 더 정복했던 셈입니다. 저는 이미 철학적으로 구조화되었기 때문에 그의 제자가 될 수는 없었습니다. 하지만 동반자였습니다. 게다가 무니에 자신은 그를 지원해 주기 위한 전문 철학자를 찾고 있는 중이었습니다. 그는 란스베르그,[28] 그리고 저항대원으로 브르타뉴에서 처형당한 가세트(José Ortega y Gasset) 같은 '훌륭한' 철학자들을 잃어버린 상태였습니다. 무니에는 제가 그들의 뒤를 잇기를 원했고, 저는 이것을 기꺼이 수락했습니다. 그는 자기 철학에 개념적인 구조가 부족하다는 사실과 종종 즉흥에 의존한다는 사실에 아주 민감했습니다. 디유르피에서 은둔했던 동안에 그의 가장 탄탄한 책인 『성격론』을 쓰면서 그러한 사실에 수정을 가하고자 노력했습니다. 이 책은 훌륭한 책이기는 하지만, 그는 너무 많은 것을 성격학에서 가져왔고, 결국 개념적 차원에서 약간은 지나치게 요약적입니다.

---

27) 에마뉘엘 무니에(Emmanuel Mounier, 1905~1950)는 자크 마리탱과 가브리엘 마르셀로부터 많은 영향을 받아 기독교적 실존주의를 구현했다. 2차 세계대전 전에 무니에는 특히 『인격주의 및 공동체적 혁명』(*Révolution personnaliste et communautaire*, Paris : Aubier, 1935)을 출간했고, 전후에는 『성격론』(*Traité du caractère*, Paris : Seuil, 1947)과 『실존주의 입문』(*Introduction aux existentialismes*, Paris : Denoël, 1947), 『인격주의란 무엇인가』(*Qu'est-ce que le personnalisme?*, Paris : Seuil, 1947)를 출간했다.
28) 폴 루이 란스베르그(Paul-Louis Landsberg, 1905~1944)는 히틀러가 권좌에 오르자 독일을 떠났다. 1934년에서 1936년까지 스페인에서 가르치다가 프랑스로 돌아와 무니에와 더불어 『에스프리』지에 협력했다. 그는 오라니엔부르크 포로수용소로 이송되었다.

●●● 프랑스 철학자들 중 누가 선생님의 기억에 가장 남는지요?

리쾨르 교수자격시험을 치르던 해인 1934~1935년부터 가장 돈독한 관계를 맺은 사람은 가브리엘 마르셀이었습니다. 그 이후에도 1973년에 그가 죽을 때까지 이 관계는 계속 유지되었습니다. 1934년부터 제가 참석하기 시작했던 유명한 '금요일의 밤'에 우리는 토의 주제를 선택했습니다. 적용되는 규칙은 항상 하나의 예(例)에서 출발해서, 그것을 분석하고, 옹호된 입장을 지지하기 위해서만 이론들에 호소하는 것뿐이었습니다. 저는 거기에서 소르본에는 없었던 일종의 토의 공간을 맛보았습니다. 마르셀의 집에서는 사고가 살아 있다는 느낌과 사고가 논증된다는 느낌이 있었습니다. 게다가 마르셀의 저서를 읽을 때 우리는 감정의 토로가 아니라——그는 이것과는 거리가 아주 멉니다——계속되는 역동적인 접근, 정확한 단어에 대한 염려에 의해 자주 고무되었습니다. 우리는 이처럼 매주 2~3시간 동안, 아주 적극적으로, 스스로 사색한다는 대담성을 가지고 토의를 했습니다. 이것은 소르본이 없애 버린 역사적 문화를 많이 보상해 주는 것이었습니다.

생각건대 바로 이것이 제가 마르셀에게 근본적으로 빚지고 있는 것입니다. 감히 철학을 하려고 시도하는 것, 책임져야 하는 상황에서 그러한 시도를 감행하는 것입니다. 게다가 이것은 그가 철학과 연극 사이에서 발견한 유사함이었습니다. 사실 그의 사상의 상당 부분이 연극의 인물들에 의해 표현되었습니다. 비록 그 자신은 훌륭하다고 생각했지만, 그의 연극 작품들은 아주 훌륭한 것은 못 되었습니다. 사르트르가 인정을 받고, 그가 인정을 받지 못한 것이 불공정하다고 그는 생각했습니다. 아마 오늘날 저는 사르트르의 극작품에 대해서도 같은 정도의 엄격함을 가지고 있음에 틀림

없지만 말입니다……. 저는 가스통 페사르(Gaston Fessard)의 아주 훌륭한 시론인 『연극과 철학』(*Théâtre et philosophie*)[29]을 생각합니다. 이 책은 모든 인물들의 대사는 경청될 권리를 가지고 있다——이것은 모든 사람이 다 옳다는 것을 의미하지는 않습니다——는 생각을 전개하고 있습니다. 왜냐하면 모든 사람이 대사를 가지고 있기 때문입니다. 이것이 바로 페사르가 "연극의 우월한 정의"라고 부르는 것으로, 적어도 이론적으로는 참다운 연극——이런 연극에서는 관객들 스스로가 의견을 형성합니다——과 주제극을 구별해 주는 것이기도 합니다. 마르셀은 이 두 경향의 중간에 위치해 있었습니다. 왜냐하면 그는 어쨌든 그가 좋아하는 것을 한 인물의 대사에 포함시켰기 때문입니다. 그러나 그는 또한 대사의 분배를 실천하고 있기는 합니다. 인물들에 대해 마르셀이 부여했던 극단적인 관심은 1차 세계대전에 대한 그의 경험과 연결되어 있습니다. 이 전쟁에서 그는 실종된 병사들의 소식을 모으고, 개인들의 운명을 재구성하는 작업을 했었습니다.

저는 마르셀의 초상화 한 점을 가지고 있습니다. 한 마리의 고양이 같다는 인상을 가지고 있습니다. 그는 아주 우스꽝스럽고, 신랄했으며, 이야기하기를 좋아하는 사람이었습니다. 그러나 그에게는 한 명의 적이 있었습니다. 그를 멸시했던 사르트르였습니다. 하지만 사르트르가 그에 대해 스캔들을 일으켰음에도 불구하고, 그는 사르트르를 좋아했습니다. 사르트르는 늘 스캔들의 대상이었습니다. 그가 무신론뿐만 아니라, 인간은 사물들의 무(無)라는 주장을 했기 때문입니다. 마르셀은 이 모든 것을 인정할수가 없었습니다. 아마도 제가 사르트르에 대해 그다지 큰 관심을 가지지

---

29) 페사르의 『연극과 신비』(*Théâtre et mystère: Introduction à G. Marcel*, 1938)의 오기로 보인다.——옮긴이

않은 것은 어느 정도 마르셀 때문입니다. 물론 저는 사르트르보다 메를로
퐁티를 더 좋아합니다. 저는 마르셀과 주기적으로 만났습니다. 이러한 만
남은 그가 죽기 얼마 전에 스리지에서 그의 저서를 다루었던 열흘 동안의
콜로키엄 일정 때까지 계속되었습니다. 그는 거기에서 다른 사람들 중의
한 명, 다른 발표자들 중의 한 명처럼 행동하면서 여전히 변함없다는 것을
보여 주었습니다. 제가 그의 철학에서 멀어진 것은 그의 깊은 확신 때문이
아니라, 그에게서 발견되는 개념 구조의 결함 때문이었습니다. 그의 사상
은 전적으로 한 개념에서 다른 개념으로 미끄러졌습니다. 어떤 사상은 다
음번의 여러 변주를 듣기 위한 훌륭한 토대 역할을 수행하기도 했습니다.
개념적인 친화력에 의한 사상, 즉 가까운 개념으로 다른 개념을 설명하려
는 사상이었습니다. 저는 연상주의적 사고가 문제가 된다고 말하는 데까
지 나아가고 싶지는 않습니다. 그러나 그의 사고가 화음과 불협화음에 따
라 진행된다는 것은 사실입니다. 전체적으로 보아 그와 친한 자들이 그에
대해 취하는 지적 거리는 그가 그들에게 가졌던 애착을 전혀 감소시키지
는 않습니다. 제가 프로이트에 대해 책을 쓸 때 그가 저를 못마땅해했다는
점을 지적해야 합니다. 제가 소위 '추상의 정신'에 굴복했다고 그는 분명하
게 말했습니다. 그리고 지금 저는 그의 판단을 훨씬 잘 이해합니다. 그것은
제가 프로이트의 가장 이론적인 텍스트들(『꿈의 해석』*Die Traumdeutung*
의 7장, '초심리학'에 대한 글들, 그리고 「자아와 이드」*Das Ich und das Es*)에
입각해서 모든 것을 정립했다는 것과, 언어에로 오는 욕망, 타자와 처음의
여러 명의 타자들과의 관계, 이야기를 통한 전이, 반복의 충동, 죽음의 작
업 등을 분석적인 경험에 충분히 대조시키지 못했다고 제 스스로를 비난
하고 있기 때문입니다. 그런데 프로이트를 다루면서 저는 오히려 개념들
을 논의했습니다. 이것이 바로 마르셀이 싫어하는 것이었습니다. 그는 특

히 데카르트의 코기토는 신비에 대해 유효성의 한계를 지킨다고 말하곤 했습니다. 그러나 저는 항상 신비의 개념에 대해 경계합니다. 그것은 신비가 『판단력비판』(*Kritik der Urteilskraft*)에서 칸트가 내세운 "더 사고한다"라는 교훈에 반대해 한계를 넘어서는 것을 금지한다는 의미에서입니다. 하지만 잊어서는 안 될 것이 있습니다. 그것은 마르셀이 저를 에워싸고 있는 신비와 제 앞에 놓여 있는 문제 사이의 대립을 저의 두번째 성찰에 대한 예찬에 의해 보완시켜 주었다는 점이 그것입니다. 물론 이 두번째 성찰은 문제 제기일 수밖에 없는 첫번째 사유를 어느 정도는 넘어서는 것입니다. 이것이 최소한 제가 그에게 강조하고자 하는 것입니다. 기호학적 도움과 수사학의 역사를 통해 약화되고 알려진 언어의 도움을 발견하기 위해 제가 상징의 문제에서 은유의 문제로 넘어갔다고 하더라도, 이것이 그의 눈에는 은유 속에서 발견되는 상징계의 언어학적 흔적보다 훨씬 더 중요한 상징계의 어떤 두터움을 잃어버린다는 것을 의미하는 것입니다. 제 편에서 보자면 저는 은유가 상징의 의미론적 핵심을 다루는 것을 가능케 해주는 것이라고 생각합니다. 마르셀이 저의 주의를 촉구했던 체계적 정신에 대해 말하자면, 저는 그것을 계속해서 추구합니다. 제 연구가 가르쳤던 것을 시험한다고 하는 사실에 의해 부분적으로 설명되는 교육주의로 기울어졌다 할지라도, 저는 여전히 그러한 체계적인 정신을 추구합니다. 고백건대 저는 항상 질서를 필요로 했고, 제가 전체화하는 체계의 모든 형식을 거부할 때라도 저는 이러한 체계화에 반대하지 않았습니다.

　　마르셀과 미르체아 엘리아데(Mircea Eliade)──이들에 대해서는 다시 말하게 될 것입니다──는 우정이라는 관계 속에서 저에게 커다란 영향을 준 두 명의 전형적인 인물들입니다. 제게 영향을 미쳤다고는 하나, 제가 제자로서 그들로부터 지적인 구속을 받은 것은 결코 아닙니다. 그들은 저를 자유롭게 해주었습니다. 장 나베르[30]와도 같은 종류의 관계를 맺었습니다. 하지만 나베르 본인은 열렬한 관계를 맺는 그런 사람은 아니었습니다. 그가 브르타뉴 지방에 있었고, 저 역시 그곳에 있었던 한 해에 저는 그를 보러 갔었는데, 심지어는 그를 놀라게 해주려고 마음먹기도 했었습니다. 오후 중간쯤에 그의 집에 도착했고 저는 열려 있는 정원과 종이들로 가득 찬 편지함을 발견했습니다. 두 시간을 기다렸습니다. 기다리면서 저는 정원에서 팬지꽃의 씨를 받아 집에다 심었고, 그 꽃은 아직도 저의 집에 있습니다. 그후에 저는 신문을 통해 그가 병원에 갔었다는 사실과 그가 죽었다는 사실을 알게 되었습니다. 그날 이전에 저는 그를 감히 보러 가지 못했었고, 제가 그를 보러 간 날이 하필 그가 죽었던 날이었습니다.

●●● 스트라스부르에 계셨을 때 선생님께서는 파리 철학자들과 어떤 관계를 맺으셨는지요?

리쾨르 저는 뒤늦게 파리 사람이 되었습니다. 그렇게 해서 저는 여러 가지 사건들의 외부에 있었습니다. 생 제르맹 데 프레의 분위기를 전혀 알지 못했고, 개인적으로 사르트르도 알지 못했습니다. 제가 사르트르와 맺은 첫 번째 관계는——1963~1964년에 제가 『에스프리』지에서 철학 소그룹의 일을 맡고 있을 때——『방법의 문제』(Questions de méthode)가 출간되고

---

30) 장 나베르(Jean Nabert, 1881~1960)는 프랑스 반성철학의 전통에 위치하고 있었다. 그의 주요 저서로는 『자유의 내적 체험』(L'Expérience intérieure de la liberté, Paris : PUF, 1924. 리쾨르의 서문과 더불어 1994년 프랑스대학출판부PUF에서 재출간), 『윤리를 위한 요소들』(Éléments pour une éthique, Paris : PUF, 1943. 리쾨르의 서문과 더불어 1962년 오비에Aubier 출판사에서 재출판간), 『악에 대한 시론』(Essai sur le mal, Paris : PUF, 1955. 1970년 오비에 출판사에서 재출간) 등이 있다.

난 이후였습니다. 미켈 뒤프렌과 저는 1년의 토의 기간을 이 저서에 할애했습니다. 사르트르를 초대하면서 12개의 질문을 준비했습니다. 첫번째 질문에 사르트르는 2시간 반을 답했습니다. 두번째 질문을 그에게 던질 수가 없었습니다! 시몬 드 보부아르(Simone de Beauvoir)도 거기에 있었는데, 그녀는 모든 사람이 사르트르의 말을 경청하는지 감시하는 듯했습니다. 카뮈, 메를로퐁티와 사르트르 사이의 불화에서 저는 카뮈와 메를로퐁티 편에 섰습니다. 또한 저를 많이 감동시켰고, 파문을 일으켰던 『악마와 선한 신』(*Le diable et le bon Dieu*)이라는 사르트르의 극작품 중의 하나가 공연되는 기회에 저는 사르트르와 편지로 관계를 맺었습니다. 한 편의 논문을 쓰기도 했습니다. 이 논문에 대해 그는 화기애애하고 너그러운 태도를 보여 주었습니다. 오늘날 약간은 투박하게 보이는 이 논문을 『독서 2』에서 읽을 수 있습니다.[31]

●●● 지방에서 볼 때 생 제르맹 데 프레의 파리는 선생님께 어떻게 비쳤는지요?

리쾨르 경박한 우화처럼 보였습니다. 이러한 감정 속에는 또한 샹봉쉬르리뇽과 스트라스부르의 지적 분위기에 의해 한층 강화된 저의 강한 반(反)파리적 편견이 들어 있기도 했습니다. 그러나 이러한 경험은 유행의 현상에 대해 제가 면역된 것과 같은 것입니다. 메를로퐁티에 대해서 말하자면, 1945~1948년에 제가 샹봉쉬르리뇽에 있을 때 그를 알게 되었습니다. 그 당시에 그는 리옹에서 가르쳤고, 거기에서 그를 여러 번 만나게 되

---

31) Paul Ricœur, *Lectures II: La contrée des philosophes*, Paris: Seuil, 1992, pp.137~148.

었습니다. 또한 1946~1947년에 루벵에 있는 반 브레다(Van Breda) 신부의 집에서, 후설의 기록보관소에서, 그리고 두 번의 콜로키엄에서 그와 마주쳤습니다. 그가 했던 발표들 중의 하나인 「언어 현상학에 대하여」(Sur la phénoménologie du langage, 1951)[32]는 제게 아주 깊은 인상을 남겼습니다. 제 의견으로는 그가 지각에 대한 현상학적 분석의 영역과 그것이 작동하는 분야를 완벽하게 연결시켰기 때문에, 제게는 본격적으로 문이 열린 ── 적어도 당시에는 그렇게 생각했습니다 ── 실천의 영역밖에 남아 있지 않았습니다. 제가 악의 문제, 사악한 의지의 문제 ── 신학 용어로 '원죄'라고 불리는 문제 ──를 다룰 때, 제가 후일 수행했던 연구가 이루어진 분야가 바로 그 분야였습니다. 현상학의 영역에서 사람들은 그때까지 지향성이 갖는 표상의 측면만을 다루었고, 모든 실천적 영역, 감정적 영역, 다시 말해 감정과 괴로움의 영역은 ── 비록 제가 '감동'에 대한 사르트르의 저서를 상당히 높이 평가한다고 해도 ── 본격적으로 다루어지지 않았다는 느낌을 저는 가졌었습니다.

오늘날 제가 보기에 저의 선택은 삼중으로 확정된 것으로 보입니다. 우선 메를로퐁티가 남긴 탐구의 부분입니다. 그래서 그 부분의 분석 도구를 이용할 수 있었습니다. 그리고 데카르트, 라이프니츠, 스피노자, 말브랑슈(Nicolas de Malebranche) 사이의 자유와 결정론 문제에 대한 토의에 많은 관심을 가졌습니다. 마지막으로 악과 죄에 관련되고, 저를 악의 상징적인 것으로 이끌었던 성 아우구스티누스적 영감에서 파생된 문제에 주목했습니다.

저는 포로생활을 하면서 작성했던 주석들을 다시 찾았습니다. 이 주

32) Maurice Merleau-Ponty, *Éloge de la philosophie*, Paris : Gallimard, 1965에 재수록.

석들은 제가 직접 쓴 것이 아니었고, 제 강의를 들었던 누군가에 의해 거의 문자 그대로 정리된 것이었습니다. 그리고 저는 후에 제가 계속해서 연구해야 할 것을 어느 정도까지 앞서서 주장했는가를 보고 적잖이 놀랐습니다. 거기에는 『의지의 철학』의 정확한 내용이 거의 모두 들어 있었습니다. 주요 구조는 이미 소묘되어 있었고, 투기(投企)와 동기라는 주제, 습관과 정념 사이의 교차와 더불어 의지적 움직임이라는 주제, 마지막으로 필연성에 대한 동의라는 주제 등……. 이렇게 해서 저는 이 논문을 아주 빨리마칠 수 있었습니다. 왜냐하면 1945년에 포로수용소에서 돌아왔고, 1948년에 학위 논문을 끝냈기 때문입니다. 사실을 말하자면 논문의 기초를 구성했던 이전 5년 동안의 사색과 교육이 이미 있었던 셈입니다.

제 영역의 선택은 심지어 그전에 대략적으로 이루어지기조차 했습니다. 그것도 제가 휴가를 이용해, 시선의 자의적 방향으로 여겨지는 주의(注意)에 대해 전쟁 초기에 렌에서 했던 강연이 그것을 증명해 줍니다. 그러니까 제가 선택한 실천의 영역이 아주 오래된 것이라고 생각합니다. 오래전부터 저는 루터(Martin Luther)의 예속 의지에 대한 시론인 『기독교인의 자유에 대하여』(Von der Freiheit eines Christenmenschen)를 좋아했고, 마찬가지로 루터를 에라스무스와 대립시켰던 위대한 토론을 좋아했습니다. 그이후 정치적 상황 때문에 저는 자유, 악, 책임에 대한 문제 쪽으로 더 기울어졌습니다. 훨씬 더 오래전에 저는 이미 운명의 문제를 제일선에 부각시킨 그리스 비극을 아주 높이 평가했다고 생각합니다. 예정조화에 대한 칼뱅 신학이 저의 초기 교육에 영향을 미쳤다는 점 또한 부정하지 않습니다. 저의 특권적인 연구 영역 —— 의지적인 것과 비의지적인 것 —— 의 선택은 이처럼 강하게 겹칩니다.

••• 선생님께서는 1956년에 소르본에 임용되셨지요. 그러니까 스트라스부르를 떠나신 거지요.

리쾨르 스트라스부르에 머물 수도 있었습니다. 그러나 저는 파리에 입성하는 것을 목표로 삼았던 세대에 속해 있었습니다. 저는 이폴리트와 철학과 대다수의 교수들에 의해 처음으로 소르본의 후보자가 되었습니다. 그러나 전체회의에서 장 기통(Jean Guitton)이 뽑혔습니다. 다음 해에 자리가 하나 비었고, 제가 뽑혔습니다.

소르본대학에서는 몹시 불편했습니다. 이런 이유로 저는 후일 낭테르대학을 선택하게 됩니다. 저는 소르본에서 이전에 스트라스부르에 있었던 학생들과 맺었던 것과 유사한 관계를 다시 맺지 못했습니다. 제게 있어서 소르본은 스트라스부르의 부정과도 같았습니다.

소르본의 철학과가 대단했던 것은 사실입니다. 아롱, 귀르비치, 얀켈레비치, 장 발, 구이에, 캉길렘, 바슐라르가 있었습니다. 또한 소르본에서 가르치면서 대단히 만족했던 것도 사실입니다. 계단식 강의실은 꽉 들어찼고, 후설, 프로이트, 니체, 스피노자에 대한 1956~1965년에 행해진 제 강의를 듣기 위해 학생들은 유리창틀 위에까지 앉았습니다. 그러나 학생들의 수가 많은 관계로 그들을 다 파악할 수 없었습니다. 저는 그들을 잘 알지 못했습니다. 그리고 대학제도가 이런 상황에 전혀 적응하지 못하고 있다는 느낌을 강하게 가졌습니다. 1965년에 저는 『에스프리』지의 한 호를 대학에 할애하는 작업을 지휘하는 권한을 가졌던 적이 있었습니다. 여러 가지 제안을 가능케 했던 아주 엄격한 대차대조표를 작성했습니다. 그 제안들 가운데 상당수가 1968~1969년에 다시 나타나게 되었습니다(특히 정말로 낡은 기준에 의한 소르본 교수 임용에 대해). 이러한 제안들은 오늘날에도 여전히 읽을 수 있습니다. 왜냐하면 그러한 제안들의 아주 이상적인 성격에도 불구하고 제가 그것들을 『독서 1』의 말미에 붙여 놓았기 때문입니다. 그리고 이것은 지적 성실성의 동기 때문이기도 했습니다. 제가 중국과 이스라엘에 대한 주석에 대해 편집의 범위에서 같은 작업을 했던 것처럼 말입니다.[33)]

1968년 이전의 몇 년 동안 대학에 대한 제 생각의 세심함, 실망, 계획 등으로 다시 돌아오자면, 저는 그때 다음과 같은 인상을 가졌습니다. 학생들과 선생들의 공동체를 창조하는 임무를 완전히 경시하고 있었다는 인상이 그것입니다. 동료 교수들은 자기들끼리 이상의 관계를 맺지 않았습니다. 우리들은 우리들끼리만 마주쳤을 뿐입니다. 학과 전체회의 때를 빼고는 만날 기회가 없었습니다. 우리들은 동료들의 생활에 대해 아는 바가 없었습니다. 우리끼리만 이런저런 책을 쓰기 위해 알고 지냈을 뿐입니다. 예를 들어 저는 아롱의 부인도, 얀켈레비치의 부인도 알지 못했습니다. 공동으로 이루어지는 연구도, 반목도, 토론도 없었습니다. 일종의 지적 사막이라는 인상을 받았습니다. 게다가 처음부터 파리 생활을 하지 않았고, 윌름가의 옛 학생이 아니었기 때문에, 저는 오래전부터 이미 역학 관계가 형성되어 있던 그런 상황에 있었습니다. 저는 저를 위해 일을 하면서도 제 자신이 낯설다는 느낌을 받았습니다. 비록 제가 학생들의 좋은 반응을 달가워했다는 인상을 가지긴 했어도 말입니다.

그럼에도 저의 주된 관심사가 오히려 개인적 차원에 속했다는 것은 사실입니다. 화해하지 못하는 두 사상의 흐름의 교차점에 위치한 상황 때문에 생겨난 대립을 어떻게 해결하는가 하는 것이었습니다. 철학적 비판

---

33) Paul Ricœur, *Lectures I: Autour du politique*, Paris : Seuil, 1991, pp.368~397.

과 종교적 해석이라는 문제를 철학 분야에서 제가 수행했던 것이 절충주의에 속하는 것은 아니었는지, 제가 실제로 마르셀, 후설, 나베르 그리고 프로이트와 구조주의자들을 잊지 않은 채 독창적이고 정직한 방식으로 연결했는지를 더욱 첨예하게 알아보는 것이었습니다. 지적 정직성에 관련된 이 문제는 항상 비장한 것이었습니다. 저에게 영감을 준 한 노선뿐만이 아니라, 다른 노선도 배반하지 않는다는 것이었습니다.

●●● 선생님께서는 1960년대에 결국 이러한 지적 정직성의 이름으로 프로이트라고 하는 거장을 공격하신 셈이군요. 의식에 대한 선생님의 생각을 정신분석학을 통해 시험해 보기 위해서 말입니다.

리쾨르 이 연구를 수행한 첫번째 이유는 오히려 죄책감의 문제였습니다. 왜냐하면 저는 『의지의 철학』 1권과 2권을 인간의 나약함——죄책감과의 관계에서 '과오를 범하기 쉬움'이라고 불렀던 것——과 악의 상징적인 것, 다시 말해 의지의 본성에 대한 분석에서 악의 계보학과 문채(文彩)를 표현하는 신화들의 상징적인 것으로의 이행에 할애했기 때문입니다. 그때 저는 현상학적 분석과 방법에 의해 이를 수 없는 일종의 잔재에 직면해 있었습니다. 유아적이고 오래되고 감정적인 죄책감 등과 같은 영역이 그리스 비극, 신화, 성서의 신화들과 이야기들에 의해 나타난 악의 상징적인 것에 의해 망라되지 않았다는 것, 그리고 여전히 또 다른 무엇이 있다는 것을 알 수 있었습니다. 두번째 이유는 제가 정신분석학에서 현상학, 그리고 일반적으로 의식철학을 대신할 수 있는 대안을 본 것입니다. 투명성의 가정과 더불어 데카르트적 기도의 근본적인 한계는 저에게 항상 문젯거리였습니다. 저는 결국 달비에즈 선생님이 주목했던 동기들을 다시 발견했던 셈입니다. 그런데 그분에게 있어서 정신분석학은 자연철학의 한 분과였습니다. 인간 안에서 자연을 고려하는 철학적 연구 말입니다. 문제가 된 것은 악에 대한 종교적 상징과는 다른 관점 —— 데카르트적이건 아니건 간에 —— 이었습니다. 게다가 현상학에 의해 전개된 방향과는 다른 방향이 문제가 되었습니다.

연구를 시작하면서 저는 병적인 죄책감에 대해 한 편의 논문을 쓰려고 생각했었습니다. 종합적 독서라고 하는 제 평소의 습관을 프로이트에게 적용시켰고, 그를 한 명의 철학자이자 고전 작가로 생각했기 때문에, 결과적으로 두툼한 책을 쓰게 되었습니다.[34] 이 책은 또한 저에게 있어서는 진정한 내적 토의의 기회, 오늘날 농담으로 말하자면 적은 비용으로 할 수 있는 자기에 대한 정신분석의 기회였습니다. 사실 이 연구는 제가 죄책감의 문제에 대해 지닌 약간은 강박적이고 오래된 면을 극복하는 데 도움을 주었습니다. 그런데 제게 있어서 이 죄책감의 문제는 점차 고통의 문제, 세상을 짓누르고 있는 지나친 고통의 문제로 대치되었습니다.

●●● 프로이트가 유행하기 훨씬 전에 그를 연구하기로 결정하셨을 때 선생님께서는 고립된 입장에 계셨군요.

리쾨르 그렇다고는 하나 소르본에서 가르치고 있었던 다니엘 라가슈(Daniel Lagache), 디디에 앙지외(Didier Anzieu)와 쥘리에트 부토니에(Juliette Favez-Boutonnier)가 있었습니다. 물론 제가 그들의 영향을 받은 것은 아닙니다. 제가 정립한 문제 틀은 전적으로 개인적인 것이었습니다.

---

34) Paul Ricœur, *De l'interprétation: Essai sur Freud*, Paris : Seuil, 1965.

게다가 전혀 포퍼(Karl Popper)식은 아니었지만, 저는 항상 '허위화'라고 하는 생각에 아주 민감했습니다. 그리고 무엇이 현상학을 '허위화'하는가를 자문했습니다. 바로 그것이 제 탐구의 진행 노선이었습니다. 반면에 많은 사람들은 거기에서 정신분석학의 현상학에로의 일종의 통합을 보았던 것입니다. 그러나 반대로 저는 거기에서 이러한 통합을 이룰 수 없다는 것, 무엇인가가 거기에서 저항한다는 것을 확인했습니다. 현상학은 당연히 자신의 타자를 가지고 있습니다. 『의지적인 것과 비의지적인 것』에서 무의식의 문제는 제가 "절대적인 비의지적인 것"이라고 불렀던 것, 다시 말해 의식적 조절은 물론 분석에 통합적 저항을 대조시키는 것의 범주에서 다루어졌습니다. 저는 이러한 절대적인 비의지적인 것의 세 측면을 고려했습니다. 성격, 무의식, 그리고 삶(말하자면, 살아 있다는 사실)이 그것입니다. 1948년의 작업에서 무의식은 이미 자의식에 대한 의식의 사각(死角), 즉 의식에 통합될 수 없는 사각, 최소한의 의식이 아니라 의식의 타자——이러한 의미에서 저는 늘 아주 프로이트적이었습니다——로서의 사각이었습니다.

●●● 선생님께서 미르체아 엘리아데를 만나신 것이 그 무렵이었나요?

리쾨르 저는 앙리 퓌에쉬(Henri Puech)와 조르주 뒤메질(Georges Dumézil)을 알고 있었고, 그들의 주선으로 미르체아 엘리아데를 알게 되었습니다. 만족할 줄 모르는 그의 호기심과 가없는 너그러움은 아주 놀랄 만한 것이었습니다. 장 픽 드 라 미란돌(Jean Pic de La Mirandole) 같은 사람이었습니다. 14세 때 그는 이미 초시(鞘翅)류에 대해 글을 썼고, 아주 놀랄 만한 진귀한 우표들의 수집본을 가지고 있었습니다.

제가 엘리아데를 알게 되었을 때, 그는 파리에서 교편을 잡고, 퓌에쉬와 뒤메질의 책임하에서 강의를 하고 있었습니다. 『종교사론』[35]이라는 제목으로 출간된 그의 첫번째 저서의 독창성으로 인해 저는 큰 충격을 받았습니다. 말하자면 이 저서는 종교의 유형에 대한 연구였습니다. 뒤메질이 서문에서 잘 보여 주고 있는 것처럼, 형태적·구조적 분석이 문제가 됩니다. 엘리아데는 오래된 비교종교사의 관점 ──종교들을 가장 원시적인 것에서 가장 세련된 것까지 진화적인 시각에서 분류하는 관점── 에서 역사주의자적 도식을 따르지 않았습니다. 그 대신에 그는 자신의 연구를 지배적 주제, 본질적으로 거대한 우주적 대립 ──하늘, 물, 돌, 바람 등── 주위에다 재구조화시켰습니다. 물론 그러한 대립의 예를 글로 된 다른 자료들, 실천, 의식 등에서 빌려 왔습니다. 저는 이러한 반역사주의적 방법 때문에 놀랐습니다. 그러나 이러한 구조적 개념은 이데올로기적 강박관념에 의해 거의 짓눌려 버렸습니다. 성(聖)/속(俗)의 대립이 그것입니다. 어떤 문화적 상황에서라도 성스러운 것의 다양한 모습들은 성의 개념과 성/속의 대립을 조장하는 일종의 단순함에 의해 단번에 짓눌려 버린 듯했습니다. 방법론의 관점에서 볼 때, 다양화된 상징주의의 이념 안에서 강한 의미를 가질 수 있었던 것이 완화된 것 같았습니다. 엘리아데는 샤머니즘에 특권적 구조를 부여했습니다. 그런데 이러한 구조는 역사적 차원에서 지배적인 패러다임의 자격을 차지하고 있었습니다. 엘리아데는 성스러운 것의 항구성을 주장하면서 역사주의에 저항했다고 생각했습니다. 그에게 있어서 이러한 반역사주의적 측면이 갖는 모든 중요성을 잘 이해해야 한다고 저는 생각합니다. 결국 그에게 있어서 성(聖)은 모든 곳에서 다 같을 수 있지만, 그

---

35) Mircea Eliade, *Traité d'histoire des religions*, Paris : Payot, 1949.

렇게 되면 이 개념의 모호함이라는 대가를 치르게 됩니다.

엘리아데가 부딪히고 만 주요 문제점들은 그의 연구의 내용에서가 아니라 종교학이라고 하는 분과의 발전 자체에서 기인했습니다. 종교에 대한 학문이 전지(全知)적일 수 있다는 생각은 위세를 잃었을 뿐만 아니라 점차 회의적이 되었습니다. 전문가들은 여러 종교를 동시에 안다는 것은 불가능하다고 만장일치로 생각합니다. 그 결과 엘리아데가 정말로 여러 종교에 대해 박식한지 의심을 갖게 되었습니다. 그리고 그가 결국 조작적인 극(極), 즉 성/속의 대립을 강화한 것은 정확히 이러한 비난을 보상하기 위함이었습니다. 그가 부딪혔던, 그리고 점점 더 개화하는 학문을 통제하는 가운데 발생한 그러한 어려움을 저는 잘 알고 있습니다. 단순히 힌두교에 대해서만 생각해 봅시다. 수만 페이지에 달하는 자료를 완전히 통달해야만 할 것입니다.

뒤에쉬와 뒤메질이 엘리아데를 파리에 붙들지 못한 것은 유감스런 일입니다. 선택의 여지가 있었다면 그는 프랑스에 머물 수도 있었을 것입니다. 그러나 시카고대학은 그를 초청하는 것이 가능하게 되자마자 그에게 자리를 제의했고, 그는 그 자리를 차지했습니다. 그가 가정에서 쓰는 말은 루마니아어였고, 그의 문화 언어는 프랑스어였습니다. 그는 모든 저서를 프랑스어로 썼습니다. 영어는 단지 가르치는 언어였을 뿐이었습니다. 그는 프랑스어에서 번역된 책을 제외하고는 어떤 책도 영어로 출간하지 않은 것으로 알고 있습니다. 그는 라파엘 페타조니(Raffaele Pettazzoni)와 힌두교 스승들과 함께 산스크리트어를 배웠습니다. 게다가 티베트의 수도원에서 2년 동안 머물렀습니다. 거기에서 그는 서양인이 할 수 있는 정도의 고행과 명상에 관련된 계율들을 알게 되었고, 실천으로 옮겼습니다. 이렇게 해서 그는 내적으로 동양 종교들에 고유한 지혜에 대한 지식을 얻게 되었습니다.

●●● 이것이 당신들 사이에 이루어진 토론 주제들 가운데 하나였습니까?

리쾨르 그렇습니다. 특히 서로 다른 종교들의 성소에서 살 수 있는 가능성에 대해 얘기를 나누었습니다. 저로 말할 것 같으면, 저는 상당히 유보적이었습니다. 사람은 아주 적은 수의 친구들만을 가질 수 있는 것과 마찬가지로 여러 종교들을 다 믿을 수는 없다는 생각을 저는 항상 가지고 있었습니다. 사람은 다른 상황에서 전체성에 대해 불쑥 솟아오르는 비전을 가질 수는 없으며, 따라서 점차 접근해 나갈 수밖에 없다는 생각을 피력하고 있는 메를로퐁티의 불신에 동의합니다. 더군다나 제가 상징적인 것의 남용으로 여기고 있는 것과 연결된 성/속의 대립에 강한 저항을 느낍니다. 이러한 이유로 저는 '은유'라는 개념, 즉 훨씬 더 잘 통제할 수 있는 구조를 선호하게 되었습니다. 결국 우리들 사이에는 세 가지의 토의 방향이 있었던 셈입니다. 우선 성/속의 대립이 갖는 유효성입니다. 물론 저는 성인/죄인의 대립에 훨씬 더 주의를 기울였습니다. 다음으로 포괄적 비전의 가능성입니다. 언어가 언어활동 속에서만 존재하는 것과 마찬가지로 종교는 구조화된 전체 속에서만 존재한다는 사실로 인해 저는 늘 충격을 받았습니다. 마지막으로 텍스트, 글쓰기의 역할이었습니다. 엘리아데는 의미의 생산에 있어서 제가 텍스트의 역할을 과대평가했다고 생각했습니다. 그에게 있어서 텍스트적 차원은 피상적인 것이 아니라면, 적어도 담화의 구술적 특성과 감정으로 이루어진 깊이와 관련된 외관적 현상이었습니다. 그는 종교 영역이 자율을 향유하고 있으며, 그 영역은 성(聖)이라는 범주의 지배에 의해 자동구조화되어 있다고 생각했습니다. 물론 이러한 생각은 전문가들의 저항을 불러일으켰습니다. 엘리아데는 종교 현상의 내재적 이해에 대한 가정에 많이 집착했습니다. 그는 이 현상의 고유한 개념으로부터 출발해서 이 현상이 이해된다는 생각을 옹호했습니다. 왜냐하면 전문가는 그 자신이 분석하는 현상을 직접 겪을 수밖에 없기 때문입니다. 현재 우리는 오히려 전문가들의 반격에 참여하고 있습니다. 심지어 소르본 교회비교사의 자리도 여러 분야로 나뉘어져 있습니다.

●●● 엘리아데도 종교를 믿었는지요?

리쾨르 그는 기독교 정교 출신이었습니다. 로마 가톨릭과 루터파의 신교와는 대조적으로, 정교의 예배와 영물학(靈物學)의 여러 양상이 그를 오히려 동양 사상에 가깝게 한 것은 분명합니다. 그는 저에게 자주 다음과 같이 말하곤 했습니다. "신교의 역사가 동양을 계속해서 잊은 채 신교를 얼마나 서양 내부에 뿌리내리게 했습니까, 신교가 커다란 분열 중에 있는 것을 당신은 보지 못합니까?" 청년시절에 그는 자신의 종교적 원천으로부터 멀리 떨어져 있던 신사였습니다. 다름 아닌 힌두교가 그를 루마니아적이고 기독교 정교적인 원천으로 다시 이끌었습니다. 그러나 혼합된 형태하에서였습니다. 그럼에도 정교 예배의 의미는 그에게 이론에 앞서 신앙이 있다는 것, 신앙에 앞서 의식(儀式)이 있다는 것, 의식에 앞서 예배가 있다는 것을 단언하게끔 했습니다.

제가 엘리아데에게 품었던 우정은 충실하고도 짙은 것이었습니다. 그는 이오네스코(Eugène Ionesco), 시오랑(Emile Cioran)과 함께 파리에 거주하는 세 명의 루마니아인들의 일원이었습니다. 이 삼총사는 이제 사라졌습니다. 시오랑, 엘리아데, 이오네스코 사이의 우정은, 그들 각자가 아주 달랐음에도 불구하고, 빈말이 아니었습니다. 그들은 같은 운명을 가지고 있었고, 아주 가까웠고, 자주 만났습니다. 미르체아 엘리아데의 75세에 마련된 파티에서 이오네스코가 그에게 다음과 같이 물었던 것을 저는 기억합니다. "고등학교 시절 자네가 나보다 훨씬 더 나이가 들어 보였던 것을 기억하는가?"라고 말입니다. 이오네스코는 재치가 있었던 반면, 시오랑은 오히려 냉소적이었습니다. 예컨대 그는 그들의 조롱거리를 위해 낙성식에 가는 것을 좋아했습니다. 제가 그러한 광경을 마지막으로 목격한 것은 투르농 가 23번지에 있는 가브리엘 마르셀의 집 앞에서의 의식 때였습니다. 보도 위에 조그마한 막사를 하나 지었습니다. 그러나 그것은 거의 다 무너져 내렸고, 마르셀에게 축사를 하는 동안에 시오랑을 제외한 다른 이들은 막사의 부서진 조각들을 모았습니다. 행인들은 웃으면서 지나갔고, 반면에 시오랑은 비아냥거리면서 이 장면을 지켜보았습니다.

●●● 선생님께서 알고 계셨던 다른 위대한 철학자들 가운데 누가 선생님과 가까웠나요?

리쾨르 한스 게오르크 가다머입니다. 거리상으로 멀리 떨어져 있었기는 하지만 말입니다. 우선 저는 해석학에서 위대한 철학자인 가다머의 독자였습니다. 저는 오래전에 가다머가 연루되었던 하버마스(Jürgen Habermas)와의 '1차' 논쟁에 가담하게 되었습니다. 특히 진리/방법[36]이라는 대립을 거부하면서 저는 어느 정도 가다머와 하버마스의 중간에 서 있었습니다.

---

36) 가다머의 가장 유명한 저서 중 한 권의 제목이 바로 1960년 튀빙겐에서 출간된 『진리와 방법』 (*Wahrheit und Methode: Grundzüge einer philosophischen Hermeneutik*)이다.

저는 해석에 비판적 계기, 즉 인문과학을 통합시키는 데 훨씬 더 큰 관심을 보였습니다. 가다머는 그가 '방법'이라고 부르는 것, 실제로는 오히려 방법론이었던 것으로부터 인문과학을 제거했습니다. 오늘날 저는 정확히 가다머가 하이데거에 대해 가졌던 적대감에 점수를 더 주는 편입니다. 하이데거는 가다머를 어느 정도 자기 자신과 후설에 대한 배반자로 여기는 경향이 있었습니다. 가다머의 자서전[37]에서 볼 수 있는 것처럼, 그는 하이데거의 플라톤에 대한 독서에 대해 아주 적대적이었습니다. 하이데거는 플라톤주의를 교조적 신학——이데아 이론, 인지 가능한 것과 감각적인 것의 대조 등——으로 여겼습니다. 가다머는 대화의 끊임없이 계속되는 움직임에 훨씬 더 민감했습니다. 그는 대화에서 수사학적 기교가 아니라 사고의 움직임 자체, 그것의 유희를 보았던 것입니다. 제가 구조주의와 논쟁 중에 있을 때 저는 가다머로부터 멀어졌습니다. 비판과 아유화(我有化)의 해석학 사이에서 일종의 중간 위치를 찾기 위해서였습니다. 왜냐하면 가다머에게 있어서 해석학적 논의는 필연적으로 거리——이 거리가 시간 속의 거리이건 아니면 공간 속의 거리이건 간에——를 완화시키고, 줄이고, 필요하다면 제거하는 것이었기 때문입니다. 사람은 자기 자신을 스스로 인식할 수 없다고 생각하면서, 그리고 비판적 우회에 가치를 부여하면서, 타자의 우회를 통과해야만 한다고 생각하면서 저는 바로 가다머의 그런 생각에 저항했던 것입니다.

가다머는 놀라운 사람이었습니다. 그는 시로 이루어진 정신이었습니다. 그는 괴테, 실러, 프란츠 그릴파르처, 슈테판 게오르게, 파울 첼란 등과

---

37) Hans-Georg Gadamer, *Années d'apprentissage philosophique: une rétrospective*, Paris : Critérion, 1992.

같은 모든 독일 시인들의 시를 외우고 있었으며, 대화 중에 즉시 인용하곤 했습니다. 그는 또한 그리스 비극에도 깊은 조예가 있었습니다. 사실을 말하자면 그는 텍스트 내에서, 그가 외우고 있던 텍스트 속에서 살았습니다. 그에게는 씌어진 것을 구어로 암송하는 것에 대해 행해지는 해석학과 같은 것이 있었습니다.

가다머와 저의 관계는 우호적이었습니다. 하지만 제가 하버마스 편에 있다고 생각하면서 가다머가 저에 대해 유보적이라는 느낌을 저는 가끔 받곤 했습니다. 1986년 가을에 제가 뮌헨에서 기퍼드 강의[38]를 다시 하게 되었을 때[39] 약간은 격렬했던 하룻밤이 있었습니다. 그는 제 강의를 들으러 왔고, 저는 몹시 불편했습니다. 왜냐하면 제 독일어가 그와 일대일로 토의하기에는 너무나 형편없었기 때문입니다. 가다머 자신은 이 만남을 상당히 논쟁적인 것으로 여겼습니다. 그 이후 저는 그를 독일과 파리에서 여러 번 보았습니다. 그때부터 저는 그와의 관계가 진정되었다는 것을 느꼈습니다. 그리고 우리 둘 모두 발뒤꿈치를 들고 조용히 지성의 무대에서 멀어진 지금은 상호우애적인 감정을 가지고 이러한 관계를 유지하고 있습니다. 제가 하이델베르크에 머물렀던 그해에 저는 그의 초청을 받아 그의 95세 생일 축하연에 참가했고, '축사'를 하는 영광을 누리기도 했습니다.

●●● 괜찮으시다면 연대기로 다시 돌아오죠. 교수들과의 관계, 학생들과의 관계에 만족하시지 못했던 소르본 시절까지 이야기를 하셨지요. 선생님께

---

38) 스코틀랜드 법조인이었던 애덤 기퍼드(Adam Gifford)를 기념하기 위해 4개 대학(애버딘, 에든버러, 글래스고, 세인트앤드루)이 연합으로 주최하는 강의이다. 프랑스 학자로는 앙리 베르그송, 레이몽 아롱, 가브리엘 마르셀, 폴 리쾨르 등이 이 강의에 초대되었다. —옮긴이
39) 에든버러대학에서 진행된 이 강의에 초대받은 것은 대단한 영광이었다.

서 낭테르에서 가르칠 것을 제안받았을 때 일고의 주저함도 없이 승낙했다고 하셨습니다.

리쾨르 소르본에 부속되어 있었고, 자율적 지위를 갖고 있지 못했으며, 단지 조촐한 운영위원회만을 가지고 있었을 뿐인 낭테르대학의 창설 소문에 대해 저는 아는 바가 전혀 없었습니다. 제게 제안이 왔을 때 저는 그것의 자초지종도, 계획의 성격이 어떤 것인지도 몰랐습니다. 어느 날 소르본 총장이 교수들에게 새로운 대학이 창설된다는 사실을 알려 주었습니다. 세 명이 거기에 가겠다고 동의했습니다. 피에르 그라팽(Pierre Grapin), 장 보쥬(Jean Beaujeu)와 저였습니다. 그리고 우리는 각각 익히 알고 있는 성공을 거두며 총장직을 수행했습니다. 먼저 총장직을 맡은 사람은 게르만 학자 피에르 그라팽이었습니다. 스트라스부르에서 저는 그를 연구와 정치 면에서 이미 알고 있었습니다. 그는 공산주의자였거나 아니면 공산당에 소속되어 있었습니다. 그리고 평화 운동의 기치 아래 어느 정도는 조직된 공동모임에 함께 참여했던 것을 기억합니다. 물론 이런 사실들이 대단한 참고자료는 아닙니다! 우리들 사이에는 일종의 좌파로서의 가까움이 있었고, 저는 하이네(Heinrich Heine)에게 바쳐진 게르만 학자로서의 그의 저서와 그의 지적 종합성에 대해 존경심을 가지고 있었습니다.

저로 말할 것 같으면, 저는 특히 소르본에서 나오고자 하는 소망, 학생들과 진정한 관계를 맺고 싶다는 소망을 가지고 있었습니다. 제가 처음으로 낭테르에 갔을 때는 겨울이었습니다. 택시 기사가 끝까지 가기를 거절했습니다. 온통 진흙탕이어서 택시 기사가 다음과 같이 말했습니다. "당신은 내 차를 상륙용 배로 아는 거요?"

저는 그 건물의 기가 막혔던 초석식(礎石式)을 기억합니다. 피에르 그

라펭과 함께 택시로 그 유명한 초석을 운반했습니다. 하지만 무엇을 어떻게 해야 할지를 몰랐습니다. 우리는 그 초석을 진흙탕에 내려놓고 다시 출발해 버렸습니다. 제가 낭테르 지역이 낙후되었다는 사실을 알고 있지 못했다는 것은 아주 신기한 일입니다. 아마 빈민촌 한가운데 대학을 세운다는 것이 결국 괜찮은 일이라는 생각을 품게끔 한 노동자적 환상에 제가 사로잡혀 있었을 수도 있습니다. 그러나 제가 보기에 낭테르는 소르본과 라탱지구에 비교해 볼 때 급격한 변화를 나타내는 것이었습니다. 저는 또한 낭테르의 건물이 추하다는 것을 알아차리지 못했습니다. 오늘날 저는 어안이 벙벙합니다.

낭테르는 소르본의 몇몇 부분, 지방의 몇몇 교수들——그들 중 한 명이 미켈 뒤프렌입니다——과 더불어 창설되었습니다. 우리는 철학과를 만들었습니다. 저는 철학과에 교수 자격을 갖추지 않은 세 명의 교수를 오게끔 하는 데 성공했다는 것에 자부심을 가집니다. 성직자의 자격으로 온 앙리 뒤메리(Henri Duméry). 1935년에 이미 외국 국적을 가진 유대인들에 반대한 첫번째 '보호' 법령——그 법령은 외국 국적의 유대인들에게 교수자격시험 지원자의 자격으로 5년의 귀화 기간을 요구했습니다——에 의해 떨어졌기 때문에 교수자격시험을 통과할 수 없었던 실뱅 자크(Sylvain Zac), 그리고 제가 그의 저서를 읽었고, 푸아티에에서 미켈 뒤프렌의 동료였던 에마뉘엘 레비나스, 이들 세 사람이었습니다. 아울러 행정 직원들의 모집도 있었습니다. 알제리에서 추방당했던 상당수의 사람들이 선발되지도 않은 채 임용되었습니다. 그들은 열렬하게 환영을 받았습니다. 그러나 우리는 아무런 자율권을 가지고 있지 못했습니다. 왜냐하면 교수의 임용은 항상 소르본에 달려 있었기 때문입니다.

저는 아주 풍성했고 아주 행복했던 1966~1967년, 1967~1968년에 걸친 2년간의 학사년도를 보냈습니다. 학생들은 많지 않았습니다. 그래서 그들을 더 잘 알 수 있었고, 그들이 발전해 가는 과정을 지켜볼 수 있었습니다. 우리는 그때 오늘날보다 훨씬 더 많은 시간을 낭테르에서 보냈습니다. 하루를 기꺼이 학교에서 보내곤 했습니다. 제게 있어서 그것은 파리에서 스트라스부르의 분위기를 다시 찾는 한 방법이었습니다. 저는 항상 교육자들과 피교육자들의 공동체라는 생각을 염두에 두고 있었습니다. 이러한 생각으로 저는 학생들을 운영위원회에 포함시키는 계획을 지지하게 되었습니다. 지금 생각해 보면 그것은 커다란 실수였습니다. 학생이라는 신분은 직업이 아니기 때문입니다. 앵글로색슨식 체계가 더 좋아 보입니다. 거기에는 아주 막강한 학생들의 조직들이 있습니다. 이 조직들이 운영위원회와 밖에서 협상을 하기도 합니다. 하지만 설사 협상에서 진다고 해도 이 조직들은 큰 비중을 갖습니다. 게다가 운영위원회는 아무런 중요한 결정도 내리지 않습니다. 하지만 그 당시 프랑스에서는 모든 것이 장관 선에서 멈춰 버렸습니다.

●●● 1968년에 선생님께서는 철학과 교수이자 학과장으로 계셨습니다. 소위 '68혁명'이 시작되었을 때 선생님께서는 현장에 계셨죠.

리쾨르 사건은 교육 외적 문제로 인해 낭테르에서 시작되었습니다. 가령 남학생들이 여학생들의 기숙사를 방문할 수 있는 권리의 보장과 같은 문제였습니다. 결국 도화선은 어느 정도 '성(性)혁명'이었습니다. 낭테르는 두 가지 핸디캡으로 인해 고통을 받았습니다. 첫번째는 개설된 학과들의 선택에서 왔습니다. 한편에 문과가, 다른 한편에 법학과와 경제학과, 거기에 더해 정치학과가 개설되어 있었습니다. 그런데 문과 학생들은 강력한 좌파였고, 법학과 학생들은 활발한 우파였습니다. 그들 사이의 충돌은 불가피했습니다. 두번째는 학생 모집의 지리적 요인에서 발생했습니다. 일군의 학생들은 부르주아로서, 뇌이의 교외 지역, 16구, 17구에서 왔고, 다른 일군의 학생들은 서민층에 속하는 자들로, 낭테르와 덜 부유한 지역 출신들이었습니다. 부르주아에 속한 남녀 학생들은 좌파 성향이 강했습니다. 부르주아에 속하지 않은 다른 학생들은 공산주의적 성향이 강했으며, 학교 제도의 훌륭한 역할에 큰 의미를 부여하고 있었습니다. 후자의 학생들에게 대학은 여전히 지식과 사회적 성공의 전망을 제공해 주는 사회적 신분 상승의 전통적 기회였습니다. 이와는 반대로 부르주아 측에서는 대학이 더 이상 사회적 신분 상승의 특권적 요소가 아니라고 느끼고 있었습니다. 왜냐하면 그들의 부모들은 이미 그런 위치를 차지하고 있었으며, 젊은 부르주아들은 대학에서 성공의 실질적 수단 없이 대학에 들어와 있는 학생들, 그리고 단지 자신들에게 더 이상 미래의 성공을 보장해 주는 믿을 만한 수단이 아닌 교육 기구를 파괴할 것만을 생각하는 학생들과 함께 학교를 다녔기 때문입니다. 1969년 3월에 제가 총장이 되었을 때 저는 두 파의 이데올로기적 지지를 받을 수가 있었습니다. 그러니까 공산주의자들과 사회적으로 참여한 기독교인들의 두 파로부터 말입니다. 저의 적은 오히려 역설적이게도 전통적 부르주아들과 좌파 부르주아들이었습니다.

●●● 1968년에 선생님께서는 실제로 일어난 사건에 대해 어떤 판단을 하셨는지요?

리쾨르 그 당시에는 긍정적이었습니다. 저는 긍정적인 면이 부정적인 면을 압도했다고 평가했습니다. 언어 해방의 경험, 모든 사람이 모든 사람과 함께 대화를 나누었다는 사실, 축제의 모든 측면이 제게는 굉장한 것으로 보였습니다. 오늘날 저는 그 당시 무슨 일이 발생했는지를 자문해 봅니다. 아무 일도 발생하지 않았는가? 아니면 많은 일이 발생했는가? 레이몽 아롱이 생각했던 것처럼 일종의 백일몽, 유희적이었던 꿈이었던가, 아니면 실제로 정치적 배출구를 가질 수는 없었으나 문화적으로 깊은 의미를 가졌던 것, 다시 덮여지고 감추어진 모든 것, 금지되었던 모든 것의 표출 — 일종의 해방, 사회적 분출 — 과도 같았던 중요한 무엇이 일어났던가? 그런 현상이 왜 파리, 도쿄, 베를린, 미국의 대학, 즉 세계 모든 곳에서 동시에 발생했는가? 제가 보기에는 이렇습니다. 한 가지 공통되는 요소는 빠르게 진행된 인구 성장이었습니다. 이러한 인구 성장은 애초부터 엘리트적이었고, 또한 아주 빨리 대중적인 목표를 따랐어야 할 학교 제도에 의해 제대로 통제되지 못했습니다. 그러니까 학교 제도는 엘리트적 구조를 지식의 일반적 분배라고 하는 새로운 기능에 전혀 맞출 수가 없었던 것입니다. 가장 심한 피해를 입었던 위의 4개국의 대학 시스템에서 저는 이와 같은 인구 성장이라는 요소만을 볼 뿐입니다. 이것 말고도 다양하지만 결국 하나로 수렴되는 관습의 변화를 지적할 수 있을 것입니다. 이 요소는 자신들이 꿈꾸어 왔던 해방이 실질적으로 경제적·재정적 종속에 의해 방해를 받은 연령대에 속한 계급의 잠재적 상승과 관련됩니다. 그 이후에도 이러한 종속은 더 악화될 수밖에 없었습니다.

●●● 사실입니다. 그러나 프랑스에서 이러한 현상은 광범위하게 대학 밖으로 넘쳤지요.

리쾨르 그렇습니다. 학생들이 노동조합을 동원하는 데 성공했기 때문이었습니다. 그러나 저는 동시에 다음과 같이 생각합니다. 조합원들이 학생들보다 상황을 훨씬 더 잘 통제했고 또한 그들은 어느 선 이상까지 나아가서는 안 될지를 알고 있었던 반면, 학생들은 그것을 알지 못했다고 말입니다. 게다가 그 당시에 이해가 안 되었던 것은 경찰의 온건함이었습니다. 경찰이 과격했다고 말하기도 합니다. 하지만 경찰은 아주 노련했습니다. 한 사람도 희생되지 않았습니다. 이것은 놀라운 일이었습니다. 특히 시위에 가담한 사람들의 수와 시위의 횟수를 고려하면 더욱 그렇습니다.

●●● 선생님께서는 언제 사태가 선생님의 권한을 넘어섰다는 느낌을 받으셨습니까?

리쾨르 1968년 5월 31일에 드골 장군이 복귀하고 나서부터였습니다. 그전에는 정치 플랜이 있었습니다. 약간은 지나친 듯했지만 그래도 일관성이 없는 것은 아니었습니다. 그러한 플랜은 또한 제도들이 구속을 만들어 낸다는 생각, 이런 구속에서 대학은 약한 고리라는 생각, 약하지 않은 구속에서 덜 약한 구속 쪽으로 모든 도미노들이 넘어지고 말 것이라는 생각 위에 기초하고 있었습니다. 그런데 드골 장군이 사태를 다시 장악한 그날, 그의 앞에는 실현성 있는 정치 플랜은 없었고, 제도의 태업이라는 단 하나의 플랜만이 있었을 뿐입니다. 1969년에 제가 총장이 되었을 때 제가 물려받은 것은 바로 이런 것이었습니다. 그 당시 제게는 제 앞에 더 이상 정치적 동기를 가지고 있지 않은, 비기능이라고 하는 부분적인 동기 ─ 대학이 기능하는 것을 방해한다는 것 ─ 밖에 가지고 있지 못했던 무질서에 맞서고자 하는 의지만이 있었을 뿐입니다. 따라서 토의의 여지는 아주 좁았습니다. 1969년에 사태는 악화되었고, 그것도 순전히 이데올로기적인 충동 이외에 다른 정치 플랜 없이 악화되었던 것입니다. 물론 이와 같은 정치 플랜에서는 권력이 즉시 폭력과 동일시되었으며, 이런 의미도 알지 못한 채 그 플랜을 비난했던 것입니다.

●●● 선생님의 총장 선출은 만장일치로 이루어졌나요?

리쾨르 전혀 뜻밖의 방식으로 선출되었습니다. 저는 교수, 조교, 학생들의 여러 그룹과 더불어 많은 토의, 토론을 하는 다소간 이상적인 대학을 재창조한다는 계획에 참여했습니다. 르네 레몽(René Rémond)과 제가 총장 후보가 되지 않고서도 경쟁을 하게 되었습니다. 이는 한 가지 이유에서였습니다. 그는 자율적인 조합을 이탈했고, 저는 전국고등교원조합(SNESUP)을 이탈했다는 것이었습니다. 물론 우리들은 저마다 여러 가지 이유로 인해 조합의 원칙을 받아들일 수가 없었습니다. 저는 임시운영위원회에 의해 선출되었습니다. 물론 그 시기에 벌써 이 운영위원회는 교수들, 조교들, 학생들을 포함하고 있었습니다. 저는 학생들의 거의 만장일치의 지지, 대다수의 조교들의 지지, 소수의 교수들의 지지를 받았습니다. 총장직을 받아들이는 것이 의무라고 생각했습니다. 그러나 저는 부총장을——다름 아닌 르네 레몽이었습니다——제 손으로 선택할 수 있다는 조건으로 총장직을 수락했습니다. 저를 총장으로 선출했던 사람들은 이러한 사실을 못마땅하게 생각했습니다. 왜냐하면 르네 레몽이 대다수 교수들의 지지를 얻고 있었기 때문이었습니다. 그러나 우리들은 항상 함께 행동했습니다. 게다가 르네 레몽은 훌륭한 책을 한 권 썼습니다.[40] 이 책에서 그는 낭테르의 역사를 이야기하고 있습니다. 비록 그가 저의 선택들에 동의하지는 않았다고 하나——예컨대 좌파들에 대한 저의 너무나 큰 인내심을 비난하면서——그는 제가 한 선택들에 대해 절대적인 충성심을 보여 주었습니다.

●●● 결국 선생님에 의하면 1969년은 학생들의 공격성이 결연히 교수들에게로 향했다는 점에서 1968년과는 아주 달랐군요.

리쾨르 1969년에는 지식에 대한 일종의 거부가 나타났습니다. 한번은 설명을 하기 위해 계단식 강의실로 끌려갔던 것을 기억합니다. 다음과 같은 질문을 받았습니다. "대체 당신이 우리들보다 나은 것이 무엇이오?" 저는 다음과 같이 대답했습니다. "당신들보다 더 많은 책을 읽었다." 이러한 거부는 본능적으로 지식을 권력과 동일시했습니다. 권력은 또한 폭력으로 환원되었습니다. 그 결과 수직적 관계에 속하는 어떤 것도 정직하게 체험될 수가 없었던 것입니다.

●●● 선생님께서는 약 1년간 총장으로 계셨지요. 그리고 1970년에 사임하셨습니다. 선생님의 사임 전에 발생했던 여러 사건들은 많은 설명을 낳았고, 많은 말을 만들어 내기도 했는데요. 이 사실에 대해 설명을 해주실 수 있으신지요? 특히 경찰이 캠퍼스에 진입한 방법에 대해서 말입니다.

리쾨르 경찰이 낭테르에 진입한 사실에 대해 저는 역사상 꼭 한 가지 사실을 바로잡고자 합니다. 사람들이 그 사실에 대해 가했던 해석은 제게는 수치스러운 것이었기 때문입니다. 사태가 가장 심각했던 어느 날 저녁에 귀샤르(Olivier Guichard) 장관이 저를 소환했습니다. 반면에 제가 주재했던

---

40) René Rémond, *La règle et le consentement: gouverner une société*, Paris : Fayard, 1979.

운영위원회는 고통 속에서 한 문건에 대해 투표를 했습니다. 그 문건에는 캠퍼스 내의 질서 유지를 포기한다는 것, 그리고 건물에 대해서만 주된 책임을 진다는 사실이 명기되어 있었습니다. 투표가 있던 그날 저녁 장관이 제게 말했습니다. "질서를 유지해야만 합니다. 사태가 이런 상태로 더 이상 진행될 수 없습니다." 저는 집으로 돌아왔고, 밤 12시에 장관의 비서가 저를 다시 호출했습니다. 그는 제게 "내일 아침 7시에 경찰이 캠퍼스에 진입해 있을 것"이라고 말했습니다. 그래서 저는 그에게 그렇게 해서는 안 된다고 말했습니다. 그러자 그는 말했습니다. "그럴 수 있습니다. 총장님은 어제 캠퍼스에서 총장님 자신의 권한을 취소하는 문건에 대해 투표를 하셨습니다. 총장님은 권한을 스스로 포기하신 겁니다. 그래서 우리가 개입하는 것입니다." 이렇게 해서 저는 경찰을 현장에서 보게 된 것입니다. 제가 경찰을 부른 것이 아니었습니다. 경찰은 이미 들어와 있었습니다.

최근에 르네 레몽이 저에게 말했습니다. "놀라운 사실은 모든 것이 비합법적이었다는 것입니다. 우리는 그러한 문건에 투표할 권리가 없었습니다. 게다가 그 문건은 자격 있는 어떤 기관에 의해서도 추인되지 않았습니다." 다시 말해 사실상 저는 모르는 상태에서 캠퍼스에 대한 질서 유지의 책임을 여전히 지고 있었습니다. 왜냐하면 우리들의 권한 포기에 대한 투표 자체가 유효하지 않았기 때문이었습니다. 그러니까 저는 해결책 중에서 가장 나쁜 것을 선택하면서 대응했던 셈입니다. 경찰들이 건물에 진입하는 것만을 금지한다는 해결책 말입니다. 제 의사와는 어긋나게 몇 번을 제외하고는 경찰들이 건물에 진입하지는 않았습니다. 그것은 최악의 해결책이었습니다. 왜냐하면 학생들이 건물을 에워싼 경찰들을 향해 타자기, 책상 등을 던졌기 때문입니다. 사망자가 나올까 우려했습니다. 낭테르는 3일 내내 황폐화되었고, 저는 일주일 후에 사임했습니다.

●●● 시간을 두고 회고해 볼 때 선생님께서는 총장직 사임을 어떻게 해석 하십니까?

리쾨르 낭테르에서의 제 실수는 자치와 모든 제도에 고유한 위계적 구조를 화해시키려 했던 불가능한 계획의 실패라고 말할 수 있을 것입니다. 또는 어쨌든 제도가 내포하고 있는 서로 다른 역할들의 비대칭적 분배를 실천하려 했던 불가능한 계획의 실패 말입니다. 그러나 (막스 베버의 용어를 사용하자면) 지배의 수직적 관계와 공동 체험의 수평적 관계를 조합시키는——막스 베버와 한나 아렌트를 화해시키려는——작업에 도달하는 것은 아마 민주주의의 핵심적인 문제일 것입니다. 저의 근본적 실수는 수평적 관계에서 출발해서 수직적 관계를 재건하고자 했던 것입니다. 이 점에 대해서 말하자면 총장으로 있었던 시기는 정치적인 것[41]에 대한 저의 후일의 사색에서 열매를 맺게 되었습니다.

　　더 깊이 따져 자치라고 하는 이상적인 꿈과 미국식 캠퍼스의 아주 정확하고도 긍정적인 경험 사이의 불안정한 혼합이 제 안에 자리 잡은 것이라고, 그것도 아주 지속적으로 자리 잡은 것이라고 생각합니다. 이러한 사실에다 중간적 현실을 이루고 있는 독일 대학에 대한 저의 경험과 지식을 덧붙여야만 할 것 같습니다. 저는 항상 비폭력적인 유토피아와 지휘와 통치의 관계 속에서 환원 불가능한 그 무엇인가가 존재한다는 감정 사이에 끼어 있었습니다. 제가 지금에 와서 비대칭적 관계와 상호성의 관계를 연

---

41) 본문에서 리쾨르는 'le politique'(정치성)와 'la politique'(정치)를 구분하여 사용하고 있다. 'le politique'를 '정치성' 이외에 '정치적인 것'이라고도 번역할 수 있다. 그러나 가독성을 고려해 일부는 '정치'로 번역했다.——옮긴이

결시키려는 어려움이라고 합리화하는 것이 바로 그것입니다. 의무에 의해 또는 직무에 의해 사람이 수직적 관계에서 어떤 자격을 취득하고 있을 때, 그 사람은 끊임없이 수평적 관계에서 길어 올린 정당성을 그 수직적 관계에 부여하려고 노력합니다. 이러한 정당성은 단기적으로 그것이 제도적·수직적 관계에 연결되어 있는 비대칭을 완전히 사라지게 할 때만 진정한 것이 될 수 있습니다. 그런데 이러한 수직적 관계는 완전히 사라질 수가 없습니다. 왜냐하면 그것은 환원불가능하기 때문입니다. 결정 기관은 절대로 직접민주주의의 이상적인 대표와 완전히 일치할 수가 없습니다. 물론 직접민주주의 속에서 모두가 그리고 각자는 실제로 각각의 결정에 참여하기는 합니다. 오늘날 사법적·정치적 차원에서 정의의 참된 문제는 공정한 분배가 아니라 불공정한 분배가 제기하는 문제라고들 말하지 않습니까? 문제는 결국 가장 덜 불공정한 불평등이란 어떤 것이냐를 결정하는 것으로 귀착됩니다. 불공정한 분배는 모든 종류의 제도 통치에서 날마다 발견되는 양식입니다. 제가 오늘날 롤스에게서, 그리고 정의에 대한 여러 이론에서 다시 발견하는 것이 바로 이 문제입니다.

   하지만 이러한 모든 것을 시도했다는 점, 그리고 실패했다는 점은 아주 커다란 배움이었습니다. 제가 저지른 실수의 이유를 이해하려고 노력하면서, 제도의 해부학적 구조를 정확히 하면서, 저는 정치에 고유한 불가능한 일을 더욱더 잘 알아차리게 되었습니다. 그것은 위계질서와 더불어 살기를 조합시키려는 불가능한 꿈이었습니다. 이것이 제게 있어서는 정치성의 미궁입니다.

2장 /
프랑스와 미국: 비교할 수 없는 두 역사

●●● 낭테르에서 사임하시고 두 주일 후에 선생님께서는 시카고로 떠나셨습니다. 사람들은 종종 선생님께서 미국으로 가신 것이 낭테르에서의 경험으로 인해 실망하셨기 때문이라는 결론을 내리곤 하는데요.

리쾨르 완전히 지어낸 이야기입니다. 저는 1954년 이래로 미국에서 정기적으로 6주, 분기, 한 학기, 1년씩 가르치곤 했습니다.[1]

처음엔 영어를 유창하게 구사하지 못했습니다. 제 수업을 받았던 1학년 학생들을 희생시키면서 두 개의 언어를 구사하게 되었습니다! 몇 명은 아직도 이것을 기억하고 있습니다…….

제가 미국에 처음으로 체류한 것은, 이미 말했던 대로, 필라델피아 옆에 있는 해버포드의 퀘이커교 칼리지에서였습니다. 저는 샹봉쉬르리뇽의

---

1) 리쾨르가 40여 년 동안 대서양 건너편에 있으면서 가르쳤던 교육기관의 목록은 다음과 같다. 몬트리올대학, 뉴욕 유니언신학교, 예일대학, 토론토대학의 비교문학과, 노스캐롤라이나 국립연구센터 그리고 시카고대학(1967~1992) 등이다.

신교 중학교의 개발에 기여하기 위해 왔었던 미국 퀘이커교도들에 의해 초청받아 거기에 가게 되었습니다. 시카고에서 제가 오랫동안 맡았던 교육에 대해 말하기 전에 저는 미국에서의 이 첫번째 경험에 잠시 시간을 할애하고자 합니다. 퀘이커교도들에 의해 미국 제도에 편입되면서 저는 단번에 이 제도가 갖는 가장 너그러운 면을 보았습니다. 사실 '너그러운'이란 단어만으로는 퀘이커교 정신의 다원적 성격을 체계적으로 모두 표현할 수 없습니다. 누구나 자신의 진리, 자신의 정신, 자신의 빛나는 의미를 발견할 수 있는 능력이 있다는 단호한 믿음이 모두에게 주어졌습니다. 너그러움은 진정한 종교적 확신의 차원으로까지 고양되어 있었습니다. 이와 같이 더불어 지내는 정신, 우애의 정신이 교육자와 피교육자 사이의 일상적 관계뿐만 아니라 동료 교수들 사이의 관계, 학생들 사이의 관계를 물들이고 있었습니다.

퀘이커교도들 곁에서 제가 경험했던 것은 저의 기억 속에 깊이 각인되어 있습니다. 가령 저는 모든 미국식 장례식과 대비되는 한 동료 철학 교수의 장례식, 믿을 수 없을 만큼 간소했던 장례식을 기억합니다. 그 교수는 하얀 수의에 덮여 관도 없이 직접 땅으로 운구되었습니다. 그것도 완벽한 고요함 속에서 말입니다.

저는 또한 목요일 '미팅'을 기억합니다. 의무는 아니었지만 대부분의 학생들이 참가했습니다. 미팅에서는 명상을 주로 했습니다. 각자는 미팅에서 무엇인가를 자발적으로 말하기 위해 또는 종교 텍스트를 읽기 위해 발언권을 얻을 수 있었습니다. 반드시 성서일 필요는 없었습니다. 동양 고전도 가능했습니다. 또 소설이나 시의 한 구절도 가능했습니다. 이러한 모든 것은 종합적 영성의 정신이라는 그들의 정신에 잘 들어맞는 것이었습니다.

●●● 선생님께서는 어떻게 시카고대학에 들어가시게 되었습니까?

리쾨르 1967년에 아롱과 레비스트로스(Claude Lévi-Strauss)와 함께 저는 이 대학에서 명예박사 학위를 받았습니다. 그리고 신학대학에서 존 뉴빈 (John Nuveen) 강의에 폴 틸리히[2]를 승계하도록 저를 선택했습니다. 저는 곧 철학과와 '사회사상위원회'에 의해 임용되었습니다. 이 위원회는 한나 아렌트가 창설한 상호학제적 연구소와 관련이 있었습니다. 폴 틸리히와 그녀는 아주 가까운 사이였습니다.

●●● 퀘이커교 칼리지에서 뉴욕 유니언신학교, 그리고 특히 선생님께서 처음으로 대학원 수업을 하신 예일대학에 이르는 여정은 연구 환경의 큰 변화를 보여 주는 것이지요.

리쾨르 퀘이커교 칼리지는 하나의 칼리지(단과대학)만을 가지고 있었습니다. 반면에 예일에는 여러 대학원이 있었습니다. 미국에서 유명한 대학들은 소규모의 칼리지와 문학석사(MA), 이학석사(MS), 박사(PhD, 18세기에서 물려받은 용어에 의하면 철학박사) 학위를 주는 대규모의 대학원을 가지고 있는 특징이 있습니다. 실제로 이름난 대학 제도의 최종 목표는 박사입니다. 그리고 학생이 거기까지 나아갈 수 없을 때 그 학생에게 위로의 몫으

---

2) 폴 틸리히(Paul Tillich, 1886~1965)는 독일 출신의 철학자이자 신학자로, 1933년 독일 국가사회주의에 대한 초창기의 심도 있는 비판이 담긴 저서 『사회주의자의 결단』(*Die sozialistische Entscheidung*, Potsdam: A. Protte, 1933)을 출간하고 난 뒤에 미국으로 망명했다. 프리드리히 셸링(Friedrich Schelling)과 루돌프 불트만(Rudolf Bultmann)으로부터 강한 영향을 받은 그는 현대 사회들의 세속화에 대한 조처를 담은, 또한 초월 개념과 '필요한 유일자' 개념을 유지하는 저서들을 집필하고자 했다. 그는 특히 전후의 철학과 신학적 사고에 커다란 영향을 주었다.

로 석사학위를 줍니다. 보통 수준의 대학에서는 이런 경우가 없습니다. 가령 시카고대학은 박사학위 공장입니다. 어린 인재를 보급하는 양어장으로 쓰이는 소규모의 칼리지 하나만을 옆에 둔, 그리고 자기 학교의 칼리지를 목표로 하는 몇몇 학생들을 길러 내는 실험 형태의 중등학교를 앞세운 박사 공장입니다.

●●● 선생님 동료들의 자녀들 중 선생님의 학생들이 있었나요?

리쾨르 대부분의 미국 대학 교수들은 자녀들이 자신들이 가르치는 학교에 다니는 것을 원치 않습니다. 그들은 일반적으로 자녀들을 미국 대륙의 다른 끝으로 보내 공부시키는 것을 더 선호합니다. 게다가 바로 이것이 미국인들로 하여금 세대 간의 갈등을 경험하는 것을 막아 주는 것입니다. 학생들이 18세가 되면 칼리지에 들어가기 위해 전국 각지를 가 보는 것이 관습입니다. 다음과 같은 농담이 있습니다. 학생이라면 냉장고 하나, 여자 또는 남자 친구 한 명, 수표책을 가지고 떠나서, 집에는 중요한 가족 축제인 추수감사절에나 돌아오는 것이라고 사람들은 말하곤 합니다.

●●● 선생님께서는 지금 미국의 칼리지(college)에 관해 말씀하고 계십니다. 이것은 프랑스의 중학교(collège)하고는 전혀 다르지요.

리쾨르 제가 보기에 칼리지는 미국식 제도 가운데 가장 훌륭한 것입니다. 이것은 4년제의 고등교육기관입니다. 칼리지는 18~22세까지의 젊은이들과 관련됩니다. 이 기관은 프랑스에서 대략 중등교육의 말기와 고등교육의 초기에 해당합니다. 사람들이 미국식 교육제도를 생각할 때 일반적으로 하버드, 버클리 또는 스탠퍼드 등과 같은 거대한 대학들을 생각합니다. 그러나 다른 한편으로는 미국식 교육제도의 커다란 힘은 칼리지 제도를 창설했다는 데 있습니다.

미국에서 칼리지는 조화를 이루지 못한, 그리고 어쨌든 유럽식 교육에 비해 훨씬 열등한 중등교육의 상대적 취약점을 보완하기 위해서는 필수적입니다. 칼리지는 미국 젊은이들에게, 가령 프랑스 젊은이들에 비해 지적 성숙이라는 면에서 낙후를 따라잡는 것을 가능케 해줍니다. 바칼로레아 후에 프랑스 학생들에게서 볼 수 있는 것과 같은 배우고자 하는 열망이 끝없이 나타나는 때가 미국에서는 바로 18세 때입니다. 또한 칼리지에 등록하는 젊은이들의 비율이 아주 높다는 사실을 덧붙이겠습니다. 1990년대 초까지 20세에 달한 미국인들이 같은 나이의 프랑스인들보다 훨씬 더 많은 학사학위를 소지하고 있습니다. 중등교육 과정의 대다수 학생들이 학부 교육이 면제된 칼리지에 들어갑니다. 반면에 4명 혹은 5명 중 1명만이 석사과정과 박사과정에 들어갈 뿐입니다.

●●● 선생님께서 보시기에 이 제도가 갖는 장점은 어떤 것입니까?

리쾨르 프랑스식 제도에 비해 이 제도의 우월성은 다음과 같은 두 가지에서 기인합니다. 첫번째로는 학생들에게 진로를 결정할 수 있는 많은 자유가 주어진다는 점입니다. 학생은 1학년 때 5개 강의를 선택합니다. 매 강의는 3시간짜리 수업으로 이루어집니다. 학생은 자기가 원하는 대로 프로그램을 선택합니다. 3학년 때 그 학생의 프로그램은 '전공'과 '부전공'을 포함하고 있어야 합니다. 이렇게 해서 많은 미국 학생들은 전공에 관계없이, 그리고 전공이 비록 문학 또는 미국에서 말하는 '인문학'과 아무리 동떨어진 것이라도 철학을 부전공으로 선택합니다. 정확히 이런 이유로 미국에서 철학이 융성하는 것입니다. 대학 차원에서 철학 교수들이 주축이 된 세 개의 (동부, 중부, 서부) 모임은 1만 5천 명 이상의 회원을 두고 있습니다.

두번째로 세미나 제도를 언급해야 합니다. 칼리지는 여러 다른 종류의 중요한 입문 강의와 더불어 세미나를 개설합니다. 세미나의 비율은 학생의 학력이 높아짐에 따라, 그의 선택이 세분화됨에 따라 늘어납니다. 좋은 칼리지에서는 세미나에 참석하는 인원이 20명을 넘지 않습니다. 학생들은 구두 발표를 하고, 프랑스에서의 '소논문'과 유사한 페이퍼를 작성하면서 연구에 임해야 하는 의무를 집니다. 페이퍼 주제의 선택은 일반적으로 공통 프로그램, 세미나의 진행, 학생의 이해와 그가 선택한 다른 강의, 다른 세미나의 내용에 따라 조정됩니다. 또한 세미나와 더불어 영국, 스코틀랜드식의 '개별지도'가 있습니다. 개별지도에서 교수는 학생과의 합의로 결정된 주제에 대해 쓴 페이퍼를 학생이 직접 읽는 기회에 그를 지도합니다. 이러한 강독에는 보통 1시간의 토론이 뒤따릅니다. 그리고 이 시간에 다음 단계가 어떤 것이 될지를 결정합니다. 달리 말해서 학생은 처음의 선택에 따라 일단 정해진, 그러나 단계별로 조정될 수 있는 과정을 이수하게 됩니다. 한 번의 지도에서 다음번의 지도로 넘어갈 때 교수는 학생들에게 그들이 읽고 설명해야 할 많은 분량의 강독 자료를 줍니다. 몇몇 학생들의 강독 능력은 매우 뛰어납니다. 일주일에 헤겔 저서의 10여 쪽을 강독 자료로 내줍니다. 그들이 다시 왔을 때 보면 그들은 강독을 다 했을 뿐만 아니라 믿기지 않을 만큼 정성 들여 강독을 했다는 것을 알 수 있습니다.

●●● 영국의 유산이 느껴지기도 하셨나요?

리쾨르 옥스퍼드와 케임브리지의 유산, 뿐만 아니라 스코틀랜드 대학의 유산이 강하게 남아 있습니다. 이들 대학의 흔적은 특히 몇몇 장소, 예컨대 시카고 같은 곳에서 여전히 느껴집니다. 심지어는 남북전쟁 후에 미국 귀족들은——보스턴의 대상인이건 남부의 대농장주이건 간에——그들의 자녀들을 옥스퍼드나 케임브리지에 보내 그곳의 고전 문화를 배워 오게 했다는 것을 잊어서는 안 됩니다. 지나가면서 하는 이야기지만, 이러한 사실은 왜 그렇게 미국의 많은 작은 도시들이 그리스식 이름을 가지고 있는가를 설명해 줍니다. 미국에는 적어도 6개의 아테네, 같은 수의 시러큐스라는 이름을 가진 도시가 있습니다. 또한 1930년대에 독일 유대계 피난민들이 미국에 유입되기 시작했을 때부터 새로운 영향이 있기도 했습니다. 특히 당시에 동부에서 영국-스코틀랜드의 유산과 독일 대학의 유산 사이에 일종의 종합이 이루어졌습니다. 이러한 종합에서 유대계 지성인들은 우리가 다 알고 있는 그런 흔적을 남기고 있습니다.

●●● 미국에 도착해 그곳에서 가르치기 시작했을 때 선생님께서는 곧장 매료되셨는지요?

리쾨르 훨씬 더 유연하고 훨씬 더 비판적인 비전과 미국식 제도의 어두운 면을 발견하기 전에 저는 우선 그 제도와 동료 교수들 사이의 관계에 매료되었습니다. 사실 미국 사회에서 캠퍼스는 하나의 기포라고 할 수 있습니다. 캠퍼스 안에서는 생활의 어려움과 미국 사회에서 자리를 잡기 위한 경쟁의 어려움 등이 상당히 완화되어 있습니다. 대학 환경은 극단적으로 보호되어 있는 것처럼 보입니다. 이러한 특권적 환경은 많은 학생들에게 비판적이고 사변적인 활동을 할 수 있게끔 보장해 준다는 장점을 가지고 있습니다. 처음에 저는 학생들에게서 지적 발견에 대한 그와 같은 도취와 만족할 줄 모르는 독서열을 보고 많이 놀랐습니다. 도서관은 자정까지, 가능한 경우에는 자정 넘어까지 학생들로 꽉 들어차 있습니다. 캠퍼스가 학생들에게 생활의 완전한 환경을 제공해 주고 있다는 사실을 알아야 합니다. 그들 가운데 많은 이들이 분기나 한 학기에 한 번 내지 두 번 정도밖에 집을 방문하지 않습니다.

교수들에게 있어서 이러한 제도는 이중으로 단호한 것입니다. 한편으로는 프랑스 대학보다 미국 대학이 교수들에게 더 많은 것을 기대합니다. 그들은 실제로 일주일에 여러 시간 동안 학교에 나와 있어야 합니다. 특히 학생들을 면담하기 위해 주중에 나와 있어야 합니다. 그것이 면담시간입니다. 교수는 면담시간을 작성해 써 붙이고, 학생들이 신청합니다. 물론 몇몇 학생들은 다른 학생들보다 더 많은 지도를 받고자 합니다. 반대로 어떤 학생들은 자율적으로 공부를 하고자 합니다. 여하튼 교수들은 학교에 있어야 합니다. 게다가 미국 대학에서는 교수들이 현장에서 연구하는 것이 관습으로 되어 있습니다. 교수들은 사무실과 개인 도서관을 집이 아니라 대학 내에 두고 있습니다.

프랑스인들은 이런 규칙에 순응하는 데 종종 어려움을 겪곤 합니다. 그들은 집에서 연구하는 데 익숙해져 있기 때문입니다. 이런 이유로 그들은 미국 동료들에 비해 결함이 있는 것으로 여겨지기도 합니다. 그러나 이렇게 학교에 매여 있는 것에 대한 보상은 행정 당국에 의해 교수들에게 제공되는 서비스의 질과 양에 있습니다. 이것은 전체적으로 보아 전혀 물질적인 걱정 없이 귀찮은 일에서 해방되어 소중한 많은 시간을 연구에 할애할 수 있도록 해줍니다. 교수는 자료가 풍부한 도서관을 편리하게 이용할 수 있는 것뿐만 아니라 조교, 비서, 사무국의 업무의 일부를 이용할 수 있기도 합니다. 이미 중병을 선고받았지만 애석하게도 우리가 익숙해져 있는 프랑스 대학에서의 도서관 이용과는 전혀 다릅니다.

●●● 학생들과 함께 지내는 이러한 방식, 그들과 이렇게 가까이 있다는 점이 선생님의 마음에 드셨는지요?

리쾨르 저는 늘 스트라스부르에서의 신화로 되돌아옵니다. 저는 미국에서——제가 출국한 후에, 그리고 이것을 말해야 하는데, 소르본에서의 실망 후에——제가 스트라스부르에서 약간 경험했던 분위기를 다시 발견하게 되었습니다. 특히 미국 학생들이 교수들과 맺는 관계에서 친밀함과 존경심이 교묘하게 섞여 있다는 사실에 저는 늘 놀랐습니다. 심지어 1970년대, 즉 그들 사이의 관계가 제도와 가장 긴장 상태에 놓여 있었을 때조차도 그들은 수직적 상호인정에 대해 그들이 부여했던 의미를 항상 간직할 줄 알았습니다. 그렇다고 해서 그들 사이에 더불어 있음이라는 수평적 차원이 없는 것은 아니었습니다. 제가 보기에 미국 학생들은 교묘한 관계 속에서 방향을 잡기 위한 완벽한 기교를 가지고 있는 것으로 보입니다. 물론 우리는 극단적인 경우에 부딪히기도 했습니다. 자신들의 문제를 교수들과 나누어 갖고자 하는 학생들, 자기를 떠나 버린 여자 또는 남자 친구의 문제를 설명하는 학생들이 더러 있었습니다. 이런 경우에는 그런 고백을 일정선에서 차단시켜야 합니다. 감정을 훨씬 더 논증적 차원에서 다루는 방법으로 말입니다.

    18~20세의 미국 젊은이들에게 애정 문제로까지 연장된 그들의 청소년적 특징과 놀랄 만한 지적 활달함 사이에, 그들의 감정적 미성숙과 극단적인 지적 성숙함 사이에 특기할 만한 부조화가 있다고 하는 것은 사실입

니다. 이러한 부조화는 그들이 글을 쓰는 방식에도 그대로 나타납니다. 완벽하게 다듬어진 논증 대신에 갑자기 감정의 토로가 나타나곤 합니다. 이러한 현상은 박사과정 이전까지도 발견됩니다.

••• 선생님께서는 이와 같은 그들의 감정적 미성숙의 원인이 어디에 있다고 보시는지요?

리쾨르 우선 그들이 중등교육 과정에서 아주 강한 지적 고무의 혜택을 받지 못했기 때문입니다. 그들은 뒤떨어진 것 전부를 한꺼번에 만회해야 합니다. 그리고 아주 상당수의 가족들이 이민 2세대, 그리고 때로는 1세대에 속한다는 사실을 알아야 할 것입니다. 미국 사회에서는 프랑스와 같은 오래된 시민권의 전통을 볼 수 없습니다. 따라서 학생들은 청소년 말기에 새로운 지적 신분과 그들의 문화적 소속을 타협시켜야 한다는 어려움에 직면하게 됩니다. 이러한 문화적 소속이라고 하는 것은 특히 스페인계 가정의 경우, 그리고 심지어는 1960~1980년대에 이탈리아나 아일랜드 출신의 가정에도 아주 특징적인 것으로 깊이 각인되어 있습니다. **흑인들**(Blacks) —— 옛날에는 **검둥이**(negroes), **유색인종**(colored people)이라고 불렸던, 그리고 오늘날에는 **아프리카계 미국인**(Afro-American)이라고 불리길 요구하는 이들—에 대해서는 말할 것도 없습니다.

••• 선생님께서는 곧장 흑인 문제의 파장을 알게 되셨는지요?

리쾨르 제가 미국에 있었던 여러 해 동안의 상황은 마틴 루터 킹 목사가 주도했던 투쟁과 **시민적 자유**가 많이 발전했던 상황과 일치합니다. 미국 북부에서는 남부에서와 같은 방식으로 사태를 느끼고 있지 않았습니다. 남부에서는 금기를 깨야 했습니다. 남부와 북부 사이에 존재하는 이런 시각의 차이를 결코 놓쳐서는 안 됩니다. 역사적으로 보아 미국 흑인들은 남부에서 오랫동안 노예로 있었던 반면, 북부에서는 그렇지 않았습니다. 그러나 곧이어 남부의 노예들은 북부의 프롤레타리아가 되었습니다. 이들 프롤레타리아들은 그들이 대농장의 가부장적 제도에 몸담고 있을 때보다 냉혹한 북부 사회에서 자주 훨씬 더 심한 착취를 당했습니다. 과거 대농장의 가부장적 제도에서는 흑인 노예들도 제도의 덕택으로 정말로 대접을 잘 받던 때가 있었습니다. 그러나 그들은 북부의 공업사회에서 가장 완벽하게 버려졌습니다.

대학 내부와 흑인에 대한 대학의 정책에 대해서 보자면, 파탄이라고 말하는 것도 과장이 아닙니다. 미국 내의 30개 내지 50개 대학들은 수적으로 의미 있는 정도로 흑인들을 통합시키지 못하고 있습니다. 그 이유는 무서울 정도로 단순합니다. 가장 질이 낮은 초중등과정 교육을 받는 자들이 바로 그 흑인들이기 때문입니다. 학교들 사이에 존재하는 믿기 어려운 정도의 수준 차이 때문에 피해를 입는 자들이 바로 흑인들입니다. 흑인들 가운데 상당수가 편부모 가정에서 살고 있거나 미혼모에 의해 양육되고 있습니다. 경제적 파탄에 문화적 파탄이 더해진 것입니다. 여기에 더 안 좋은 다음과 같은 사실을 덧붙여야 합니다. 성공한 흑인들은 그들이 출생했던 공동체를 곧 떠난다는 사실이 그것입니다. 워싱턴과 미국의 대도시에 부유한 흑인 변호사, 흑인 의사들이 없는 것은 아닙니다. 그런데 이들은 흑인지역이 아니라 백인 지역에서 거주하고 있습니다. 그러니까 사람들은 흑인 공동체를 새로운 모습으로 구성하는 데 기여할 수도 있을 요소들이 끊임없이 제거되는, 중요한 부분이 계속해서 빠져나가고 있는 공동체 앞에서 있게 되는 것입니다. 성공한 흑인들이 교육 활동에 나서는 경우가 드뭅니다. 이렇게 해서 흑인 공동체는 비참한 운명에 완전히 내맡겨지는 것입니다.

예컨대 저는 해버포드에서 단 한 명의 흑인 학생도 가르치지 못했던 것으로 기억합니다. 예일에서는 몇몇 흑인 학생들이 있었습니다. 컬럼비아에서는 분명 더 많았던 것으로 기억합니다. 학교가 빈민촌의 북부 경계에, 보통 말하는 외곽 주택지구에 위치해 있기 때문이었습니다. 저는 흑인의 비율이 높은 시카고에서야 비로소 흑인 문제의 여러 차원을 이해하게 되었습니다.

●●● 미국의 중등학교는 통합 역할을 수행하지 않는지요.

리쾨르 미국은 분명 이 분야에서 아주 주목할 만한 낙후를 경험하고 있습니다. 파편화된 교육제도 자체로 인해서 말입니다. 미국인들에게는 유럽에서, 특히 국립 교육제도와 더불어 프랑스에서 행해졌던 것과 유사한 제도가 전혀 없습니다. 미국에는 프랑스의 교육부와 유사한 것이 존재하지 않습니다. 연방제도가 파생시키는 많은 부작용에도 불구하고 주정부가 교육의 주된 임무를 맡고 있습니다.

●●● 게다가 미국식 교육제도는 유상입니다. 교육비가 아주 비쌉니다. 바로 이것이 부조화를 더욱 증가시키는 것이죠.

리쾨르 현행 교육제도로 인해 가장 고통받는 사람들은 **중하층 계층**의 학생들, 프티부르주아들, 중간 부르주아들입니다. 왜냐하면 가난하지도 부유하지도 않아서 그들은 어렵게 장학금을 얻기 때문이며, 대학 등록금이 너무 버겁기 때문입니다.

이러한 속박이 미국의 정신에 비교적 잘 통합되어 있는 것은 사실입니다. 교육비가 비싸다는 사실은 미국의 가정들에서 당연한 것으로 받아들여지고 있습니다. 주립대학에서조차도 등록금은 아주 비쌉니다. 프랑스와는 비교가 안 됩니다. 이렇게 해서 한 아이가 태어나면 부모들이 그 아이의 대학 교육을 위해 돈을 따로 비축하기 시작하는 것을 볼 수 있습니다.

이와 같은 과중한 부담을 보상하는 차원에서 사립재단과 대기업의 학술 옹호에 의해 지원되는 다양한 장학금이 있는 것은 사실입니다. 시카고에서 어느 석유회사의 장학금을 받았던 한 학생을 저는 기억합니다. 철학과 학생이 석유회사를 위해 어떤 이득을 줄 수 있는가 하고 자문해 볼 수 있습니다. 대답은 간단합니다. 많은 돈을 모험적으로 분배하면서, 뛰어난 지적 능력을 보여 주는 젊은이들에게 분배하면서, 사람들은 그들에게 노벨상을 받을 수 있는 기회를 창출해 내는 것입니다. 여하튼 중등교육 과정에서 유능한 재능을 보여 준 가난한 학생은 고등교육 과정까지 나아갈 수 있는 돈을 구할 수 있다는 것은 확실합니다. 이러한 특징을 강조하지 않는 것은 옳은 처사가 아닙니다.

게다가 미국은 모든 부분에서 비영리적 관계와 가장 완벽한 수익성 제도가 공존하는 사회의 특수한 예를 보여 줍니다. 가장 분명한 예는 미국 사회에서 자원봉사가 차지하고 있는 비중입니다. 교회, 셀 수 없을 정도로 많은 문화 단체 — 박물관, 연주회, 영국식 클럽 등 — , 병원, 스포츠 클럽에서 무보수 활동에 가장 많은 시간을 할애하는 사람들이 미국인들입니다. 프랑스인들은 이런 사실을 잘 이해하지 못합니다. 저 역시 계속해서 한 사회 내에서 가장 효과적인 관용과 가장 엄격한 경제적 계산이 공존한다는 이 사실을 해석 불가능한 것으로 여기고 있습니다.

••• 선생님께서는 미국에서 주로 어떤 내용을 가르치셨는지요?

리쾨르 대학에서 교수는 학과의 책임교수와 함께 강의 주제를 상의할 수 있습니다. 이렇게 해서 시카고에서 저는 미국에서 소위 '대륙철학'이라고 불리는, 칸트와 독일의 관념주의에서 니체, 후설, 하이데거를 거쳐 레비나스와 데리다에 이르는 흐름에 일조하기로 하고 초청되었습니다. 저는 또한 스트라스부르에서 했던 것처럼 철학사의 다른 시기에 대해서도 강의할 수 있었습니다. 뿐만 아니라 대학의 자유주의적 성향 덕택으로 강의 주제를 제가 선택할 수 있는 행운을 누렸습니다. 1960년대와 1970년대부터 제 책들이 출간되기 전에 거의 항상 강의-세미나의 형식하에 미국 학생들에게 '실험'을 한 것이 바로 이것입니다. 이런 이유로 제 저작에는 지나치게 많은 교육적 특징이 드러나 있기도 합니다.

　　시카고에서 철학과는 제가 관심을 가지고 있던 철학에 호의적이지는 않았습니다. 대부분의 교수들은 논리학자였고, 논리실증주의를 표방하고 있었습니다. 저는 어느 정도 미운 양이었다고 할 수 있습니다. 그러나 결국 헤겔을 강의하기 위해, 역사학자·정치학자·법학자와 연계를 맺기 위해 누군가가 필요하다는 사실에 합의가 이루어진 것입니다.

　　시카고에서 제가 경험했던 흥미로운 것들 중의 하나는 둘이서 공동으로 하는 강의였습니다. 각자의 역할을 수행하면서 교수들은 서로를 비판합니다. 또는 토의 방식을 유도하면서 두 교수가 같은 강의를 나누어 하기도 합니다. 학생들은 두 교수가 우정 어린 태도로 대결하는 것을 보고 즐거워합니다. 이렇게 해서 저는 '분석적' 교육을 받았던 훌륭한 칸트 전문가와 함께 『판단력비판』을 강의했던 것을 기억합니다. 게다가 '분석철학자들' 이 철학사를 강의하는 방법에서 저는 많은 것을 배웠습니다. 그들은 텍스트의 주장을 강화시키려는 계속적인 배려 속에서, 그것도 그러한 주장을 손상시킬 수 없을 정도로 만드는 방식으로 강의를 했습니다. 프랑스에서 무엇인가가 이런 유형의 접근에 비교될 수 있다면, 그것은 아마 분명 마르시알 게루[3]의 연구일 것입니다.

신학교에서 두 명이서 하는 수업은 거의 규칙이었습니다. 한편에는 신학자가 있었고, 다른 한편에는 훨씬 더 사변적인 누군가가 있었거나 종교사 전문가가 있었습니다.

●●● 신학교(Divinity School)를 선생님은 어떻게 번역하실 건지요?

리쾨르 '종교학 학교'(École de sciences religieuses)라고 할 수 있겠습니다. 왜냐하면 신학교의 교육에는 여러 영역이 포함되어 있기 때문입니다. 성서(구약과 신약) 주해, 종교의 비교 역사, 기독교 신학, 유대교 연구, 철학, 심리학, 그리고 마지막으로 '문학과 종교' 등입니다. 이 마지막 분야는 아주 인기가 있는 분야입니다. 이 분야에서는 다음과 같은 두 종류의 물음이 주로 검토됩니다. 종교가 문학에 미친 영향이 무엇인가, 그리고 문학이 잠정적으로 윤리-종교적 형태의 의문을 포함하고 있는가 하는 물음이 그것

---

3) 마르시알 게루(Martial Gueroult, 1891~1976)는 1951년부터 1963년까지 콜레주 드 프랑스 교수를 역임했고, 프랑스에서 확인 과정에 대한 분석에 초점을 맞추고 있는 철학 이론에 대한 체계적 접근을 제시하고 옹호했다. 그 과정에서 그는 특히 하나의 철학 주장은 이 주장을 뒷받침하는 증명 과정과 불가분의 관계에 있다는 사실을 확신했다. 주요 저서들은 다음과 같다. *Descartes selon l'ordre des raisons*, 2 vols., Paris : Aubier, 1953; *Malebranche*, 3 vols., Paris : Aubier, 1955~1959; *Spinoza*, 2 vols., Paris : Aubier, 1968~1974.

입니다. 제게 할당되었던 강의는 철학과 신학 사이에 위치했고, '철학적 신학'(Philosophical Theology)이라는 묘한 제목이 붙어 있었습니다. 이것은 틸리히의 강의 제목이었습니다. 게다가 강의에서 제가 철학과 신학의 관계를 이해한 방식은 사실 강의 제목 자체를 부정하는 것이었습니다. 그러나 제가 시카고에 도착한 이래로 누구도 이 제목에 구속을 가하진 않았습니다. 게다가 제가 소속되었던 철학과와 '사회사상위원회'라는 두 분과는 강의를 제 방식대로 이끌어 가는 것을 허락해 주었습니다.

●●● 주로 어떤 학생들이 선생님의 강의를 들었나요?

리쾨르 두 부류의 학생들이 있었습니다. 한편으로는 신학교 또는 철학과에 등록한 학생들이었고, 다른 한편으로는 복수 등록을 한 학생들이었습니다. 예컨대 인식론, 철학사, 정치철학 등에 대한 제 강의에 사학과 또는 정치학과 학생들이 들어왔습니다. 그들 중 뛰어난 학생이었던 제프리 바라시(Jeffrey Barash)는 그 사이에 프랑스에서 우리들의 동료가 되었습니다. 그는 사학과 학생이었습니다. 자기 과에서 그는 랑케(Leopold von Ranke) 전문가이자 이념사라는 하부 분과를 창설했던 유명한 독일 사학자 레오나르트 크리거(Leonard Krieger)의 제자였습니다. 학생들은 철학 분야에서가 아니라 역사를 배우면서 헤겔이나 하이데거에 대해 말하는 것을 들을 수 있었던 것입니다.

●●● 그러니까 선생님의 학생들은 철학사의 가장 중요한 부분을 모르고 있었군요.

리쾨르 박사학위 후보자들인 대학원 학생들은 그렇지 않았습니다. 그들은 대부분이 좋은 칼리지 출신들입니다. 거기에서 그들은 훌륭한 철학사 교육을 받습니다. 지나가면서 다음과 같은 사실을 덧붙이고자 합니다. 거대한 대학에서 박사학위 준비는 학위 논문의 주제로 선택된 영역에 관련된 여러 영역을 포괄하는 길고도 폭넓은 준비를 필요로 한다는 것이 그것입니다. 종합시험은 다양하고 가끔 동떨어진 영역에서의 긴 여정을 테스트합니다.

여기에 다음과 같은 사실을 덧붙여야 합니다. '분석철학'과 '대륙철학'(다시 말해 영국이 아니라 유럽 철학)의 강한 대립에도 불구하고, 한 명의 철학자는 어쨌든 이 두 전통에 공히 속한다는 사실이 그것입니다. 이 철학자는 칸트입니다. 그러나 그들이 연구하는 칸트는 완전히 같은 칸트가 아닙니다. '분석철학자들'의 칸트는 오성의 범주적 구조의 철학자입니다. 그러니까 초월적 연역에서 분리된 철학자입니다. 특히 『순수이성비판』의 두 번째 번역본에서 그러합니다. 왜냐하면 이 번역본은 '주관주의적' 양보 또는 심리주의에로의 재추락으로 여겨지기 때문입니다. 이렇게 해서 초월적 주체에서 해방된 한 명의 칸트와, 그들의 용어를 빌린다면, '탈심리화된' 다른 한 명의 칸트를 갖게 되는 것입니다. 피터 스트로슨의 칸트 연구[4]는 그 좋은 예입니다.

●●● 미국 학생들은 대부분 캠퍼스에 머물고, 가족을 보러 가기 위해 가끔

---

4) Peter Frederick Strawson, *The Bounds of Sense: An Essay on Kant's Critique of Pure Reason*, London : Methuen, 1966. 스트로슨은 또한 다음 책으로도 유명하다. Peter Frederick Strawson, *Individuals: An Essay in Descriptive Metaphysics*, London : Methuen, 1959(프랑스어판은 *Les Individus*, trad. Albert Shalom et Paul Drong, Paris : Seuil, 1973).

캠퍼스를 떠난다고 말씀하셨지요. 그런데 선생님께서는 시카고에서 캠퍼스 밖으로 소풍을 나가 보셨는지요?

리쾨르 사실 저는 미국의 심층부를 잘 모릅니다. 의사들, 변호사들의 세계도 거의 모릅니다. 저는 사업가들의 세계도 알지 못하며, 남들을 지배하는 자들의 세계 또한 모릅니다. 학회와 강연회가 있을 때 했던 많은 여행과 단순히 즐길 목적으로 했던 여행들에도 불구하고 저는 캠퍼스와 그 주위 환경 밖에는 잘 알지 못합니다. 미국은 엄청나게 큰 나라입니다. 나라 하나가 하나의 대륙을 이루고 있습니다. 자기 대륙에 대한 정보를 흡수하고, 정확히 그 이유로 나머지 세계에 대해 거의 이해관계를 내보이지 않는, 따라서 보통 다른 세계를 잘 모르는 그런 대륙입니다. 어느 날 누군가가 저에게 다음과 같이 물었던 것을 기억합니다. 1950년대였습니다. "스트라스부르는 결국 누구에게 양도되었습니까? 스위스인들에게입니까? 룩셈부르크인들에게입니까?"

그런데 당신은 '소풍'(excursion)이라는 단어를 사용했습니다. 시카고라는 도시를 가로지를 때 발생하는 현상을 말하기에 적절한 단어가 바로 그 단어입니다. 시카고는 남북으로 40킬로미터 이상 미시간 호를 따라 펼쳐져 있습니다. 이 도시를 가로지르는 것은 한 줌의 이국주의를 맛보는 것과 같습니다. 한 구역에서 다른 구역으로 이동할 때마다 이탈리아 구역, 폴란드 구역, 슬로바키아 구역, 우크라이나 구역 등을 지나가게 됩니다. 물론 차이나타운을 잊어서는 안 될 것입니다. 상점들은 흔히 두 언어로 된 간판을 내걸고 있습니다.

정체성을 보여 주는 이러한 현상은 최근에 많이 강화되었습니다. 이와 같은 현상으로 인해 특히 미국 북부에서 분열의 위험이 나타나고 있는 것일까요? 그렇게 생각하지 않습니다. 왜냐하면 통합의 요소가 굉장하기 때문입니다. 저는 특히 개인들의 삶을 평등하게 해줄 수 있는 강력한 힘을 가지고 있는 일과 여가의 선용을 생각합니다. 이 점을 강조해야 합니다. 미국 사회는 냉혹한 평등 사회입니다. 토크빌(Alexis de Tocqueville)이 살던 시대에 '조건의 평등'이라는 특징으로 인해 그가 받았다고 하는 강한 인상을 저는 기억하고 있습니다. 반대로 남부에서 보는 스페인적 현상의 경우처럼 정체성을 요구하는 것이 대중적인 그 무엇이 될 때 분열의 위협은 심각합니다. 쿠바인들이 마이애미를 장악했습니다. 시장 자신이 쿠바계입니다. 사람들이 "쿠바는 존재하지 않는 하나의 섬이다. 쿠바의 국민은 마이애미에 있고, 정부는 모스크바에 있고, 군대는 앙골라에 있다"라고 말할 때, 묘하게도 저는 15년 전으로 이끌려 갑니다. 그 이후 많은 것이 바뀌었습니다. 불행하게도 도시는 폐허가 된 채로 남아 있습니다. 아주 흔한 일이지만 도시의 중심에는 사무실 그리고…… 가난한 사람들만이 있을 뿐입니다!

●●● 사회적 성공에 있어서 스페인계 사람들이 흑인들을 앞질렀다고들 하는데요.

리쾨르 언어로 인한 불리한 점에도 불구하고 그렇습니다. 사회학자들은 다음과 같은 사실에 커다란 중요성을 부여하고 있는데, 실제로 그들이 정확하게 보고 있다고 할 수 있습니다. 스페인계 가정의 조직이 강한 반면, 흑인들 가정은 완전히 붕괴되었다는 사실이 그것입니다. 이러한 현상은 노예제도에서 기인한 것이라고 합니다. 남자들과 여자들은 대농장에서 빈번히 떨어져 있었고, 가정은 아프리카에서 신세계로 이주할 때 벌써 와해되었습니다. 또한 남부의 흑인들이 북부의 거대 공업도시로 이주했을 때 가정은 이미 붕괴되었고, 참다운 의미에서 재구성되지 않았던 것입니다.

　이런 사실에 통합 이데올로기의 후퇴를 덧붙여야 합니다. 흑인들을 향한 백인들의 운동의 특징 가운데 하나인 시민권 확립 시대 이후 미국인들은 지금 썰물의 상황에 있습니다. 이와 같은 상황에서는 집단으로 재동화(再同和)되는 것, 그것이 규범입니다. 그리고 불행하게도 지금은 아주 강화된, 기존의 차이만을 공고히 하는 차이의 모든 이데올로기들이 이러한 상황에 더해졌습니다. "그들은 다르다. 우리도 다르다. 저것이 그들의 문화이고, 이것이 우리들의 문화이다." 이러한 종류의 담론이 눈에 띄기 시작하는 경향이 있습니다. 저는 최근 시카고에서 이러한 변화를 지켜본 증인이었습니다. 캠퍼스의 커피숍에서 흑인들은 백인들과 어울리지 않고 점점 더 자기들끼리만 모입니다. 백인들은 그들대로 이것을 용인하고 당연한 것으로 생각하는 것 같습니다. '멜팅팟'(melting pot), 즉 온갖 인종과 문화가 뒤섞인 사회에서 파편화된 사회로 되돌아온 것입니다. 소수 인종들의 문화적 재정체화에 내기를 걸면서 말입니다. 스페인계 인종에서 볼 수 있는 현상은 이러한 움직임을 더욱 강화시킬 수도 있으며 또한 슬라브계 그룹 등을 포함하여 다른 그룹에게도 적용될 개연성이 아주 큽니다. 시카고의 각 구역은 인종들 나름대로의 축제를 가지고 있습니다. 각 축제일에 슬로바키아인들은 슬로바키아 옷차림을, 폴란드인들은 폴란드식 옷차림을…… 하는 것을 볼 수 있습니다. 도시는 인종적으로 분할되어 있는 것입니다.

　세계시민이라는 생각을 항상 강하게 가지고 있던 저, 조국에서 프랑스·독일·앵글로색슨의 세 문화의 합류를 느꼈던 저도 인종적 차이를 찬미하는 미국의 현상을 보고 많이 놀랐습니다. 사실 저는 미국에서와 마찬가지로 오늘날 유럽에서 벌어지고 있는 현상 앞에 별다른 의견 없이 서 있습니다. 우리들이 다른 시대로부터 오는 인종적·문화적 소속이라는 이러한 발작적 현상에 양보를 하고 있는 중이라는 사실을 저는 아직도 믿지 못하고 있습니다.

••• 이것은 선생님이 미국에서 이른바 '다문화주의'에 반대한다는 것을 의미하는 것인지요?

리쾨르 이 질문은 모든 사회에 대해 같은 방식으로 제기되지 않습니다. 미국 사회에 대해 보자면, 이 사회는 이주자들로만 형성된 유일한 사회라는 사실을 상기해야 합니다. 단지 이러한 이유에서만 볼지라도 이 사회는 다른 어떤 사회와도 비교가 불가능합니다. 따라서 미국의 파편화는 발칸의 그것과는 전혀 관련이 없습니다. 발칸 반도에서 사람들은 과거에 오스만 제국, 오스트리아-헝가리 제국, 소비에트 제국이었던 세 개의 커다란 동화의 요소 이전의 상황으로 되돌아갑니다. 발칸의 지도를 펼쳐 봅시다. 마치 여기에 한 줌의 헝가리인, 여기에 한 줌의 체코인, 여기에 한 줌의 크로아티아인 등을 비워 낸 것처럼 보입니다. 미국의 지도는 결코 이와 비슷하지 않습니다. 미국식 이민은 지리적으로 보아 서부를 향한 개척과 더불어 사방으로 퍼져 나갔습니다. 게다가 최근 스페인어와의 경쟁에 이르기 전까지 영어는 모든 이민자들의 공통어였습니다. 이것은 거대한 통합의 요소입니다. 마지막으로 미국인들은 세 개의 커다란 종교를 나누어 가졌습니다. 가톨릭, 신교, 유대교가 그것입니다. 이들 종교는 인종적 기원과는 다른 기초 위에서 사람들을 껴안고 있습니다. 훨씬 최근에 파고든 이슬람교는 이 점에 대해 여태까지 제기되지 않았던 문제를 제기하고 있습니다.
　현재 '다문화주의'라고 불리는 것은 두세 세대까지 거슬러 올라가는 가정적·인종적 과거에 대한 긍정적인 재평가로 이루어져 있는 것입니다.

●●● 그러면 사태를 다른 쪽에서 접근해 보죠. 오늘날 미국식 멜팅팟은 어디에서 이루어지고 있습니까?

리쾨르 우선 직업을 통한 소속은 문화적 기원에 의해 아무런 특징을 부여받지 않았다는 것을 상기할 필요가 있습니다. 시장경제는 바로 이것 위에 기초합니다. 게다가 캠퍼스 생활이 갖는 통합의 특징으로 인해 대학 역시 동질화의 요소를 이루고 있습니다. 그러나 통합을 가능케 해주는 것은 특히 소비의 완벽한 명령 모델을 가지고 있는 생산사회와 광고의 전능한 힘입니다. 제가 가끔 다문화주의 현상을 긍정적으로 평가하려는 유혹에 사로잡힌다면, 그것은 전적으로 미국의 생산, 소비, 여가 사회의 가차 없는 평등을 고려한 결과입니다.

　　또 다른 하나의 통합소를 생각할 수 있습니다. 프랑스에서와는 전혀 다른 방식으로 미국에서 행해지고 있는 스포츠가 그것입니다. 캠퍼스에서 미식축구, 야구, 농구 경기는 거대한 축제의 기회입니다. 게다가 대학 스포츠 팀들은 훌륭합니다. 스포츠에 전문화하고 있다고까지 말할 수 있는 대학들까지 있는 형편입니다. 학생들이 그런 대학들에 등록합니다. 이유는 그 학생들이 스포츠 분야에서 유능하기 때문입니다. 다른 과목에서는 그다지 뛰어나지 않더라도 말입니다. 훌륭한 가톨릭 대학인 노터데임대학은 대학 미식축구팀들 중 가장 훌륭한 팀을 보유하고 있습니다. 주요 경기는 모두를 위한 축제입니다. 교수, 학생, 모든 사람들이 경기를 보러 갑니다. 대학 구성원들 ── 학생들과 교수들 ── 과 프티부르주아 ── 대학 도시 주민들 ── 사이의 긴장이 매우 강한 예일대 옆에 있는 조그만 마을인 뉴헤

이브에서 경기가 있을 때 모든 사람들이 악대가 주도하는 굉장히 즐거운 분위기에서 만납니다. 우리가 유럽에서 겪는 것과 같은 과격한 광경은 전혀 볼 수 없습니다.

••• 선생님은 **정치적 올바름**(political correctness)의 탄생을 보셨는지요?

리쾨르 사실 저는 그것의 시작을 보기는 했습니다. 그러나 그 현상을 잘 이해하지는 못한 채로였습니다. 거기에서도 역시 겉으로 보이는 것보다는 사태가 더 복잡합니다.

아마 반동적 우파의 지적 테러리즘의 시도였던 매카시즘으로부터 다시 출발해야 할 것 같습니다. 미국에서 사람들이 공산주의자라고 비난받으려면 조금만 비판적 태도를 보이면 충분했습니다. 그 시기는 자유주의자와 급진주의자 사이를 구별할 줄 알았던 시기였습니다. 자유주의자들은 정치적 의미에서 '온건주의자들'로 명명된 자들이었습니다. 그들은 성(性)과 인종의 평등에 우호적이었고, 아직도 우호적이긴 합니다. 그러나 헌법과 그 유명한 수정헌법에 명기된 권리를 보장해 주는 개인주의적이고 계약주의적인 철학에 기초해서 그렇습니다. 당시의 급진주의자들도 이와 같은 철학을 설파했습니다. 그러나 그들은 이러한 철학을 기존 질서와 위선적이고 음흉하게도 억압적이라고 여겨진 모든 형태의 제도들에 반대하는 투쟁주의를 통해 연장시켰습니다. 개인주의 ── 제도의 남용에 대항하는 나의 권리 ── 를 내세우는 이상주의자들과 여전히 가까운 이러한 형태의 급진주의는 새로운 형태의 급진주의로 대치되었습니다. 그런데 이 새로운 형태의 급진주의는 자유주의자들과 급진주의자들이 여전히 공유하고 있던 원칙의 차원에서조차 ── 그들이 어떤 원칙을 가지고 있든지 간에 ── 체제와의 단절을 모색합니다. 이렇게 해서 페미니스트들의 모임, 동성애자들의 모임, 인종에 기반을 둔 모임들에 의해 형성된 다양한 요구들이 나타나는 것을 보게 됩니다. 또한 이러한 요구들은 현재 상황에서 개인들에게 부과되고 검증된 잘못이 아니라 과거에 소속 집단에 대해 저질러졌던 부정(不正) 위에 기초하는 것입니다. 이처럼 과거에 침해를 당했던 범주에 속한다는 사실이 이와 같은 요구들의 토대가 됩니다. 새로운 논의는 우리가 요구의 정당성과 정당화의 원칙의 변화, 요약해서 말하자면 정치적·사법적 철학 차원에서 패러다임의 변화라고 부르는 것 위에서 이루어져야 합니다. 소속 집단과 과거에 집단들 중의 하나에 부과된 불의에 관련된 사실들을 끌어들이는 것, 이것은 사법적·정치적 개인주의, 또한 우리가 계약주의에 의해 이미 가정된 현대적 형태의 관계라고 부를 수 있는 것과 정면으로 배치되는 것입니다.

그런데 ── 저는 내재된 원칙들로 직접 나아가야 한다고 생각합니다 ── 정치적 올바름이라는 구호 아래 놓여 있는 실질적인 행동들은 신중하게 취급되어야 합니다. 제 생각으로는 공정성과 정확을 기하기 위해서는, 그 행동들을 단계적 차원에 위치시켜야 ── 새로운 패러다임이 나라를 창건했던 조상으로부터 유산으로 물려받은 정치적·사법적 철학에 대한 시정적인 역할 속에 포함되어 있느냐 아니면 그러한 철학이 새로운 패러다임으로 대치되었느냐에 따라 ── 할 것입니다.

이처럼 많은 대학들 ── 시카고대학이 그 중 하나입니다 ── 에서 통용되고 있는 것과 같이, 사람들이 남성으로서의 남자, 여성으로서의 여자에 대해 말하는 **포괄적 언어**를 사용해야 한다고 요구할 때, 그들은 아직은 사회에서 생활의 전통적 기초를 해치는 것은 아닙니다. 사람들은 '남자'(men)라고 말하지 않고, '남자와 여자'(men and women), '그와 그녀'(he and she) 또는 '인간'(the humans)이라고 말하게 될 것입니다. 달리 말해서 성적인 의미에서 '남자'라는 단어를 사용하지 않게 될 것입니다. 이와 마찬 가지로 사람들은 공공연히 또는 암묵적으로 여성, 아프리카계 미국인, 동성애자, 레즈비언을 배제하는 언어를 사용하지 않도록 유도될 것입니다. 물론 언어에 대한 이러한 감시는 그것 자체로는 견디지 못할 만한 것이 아 닙니다. 비록 정치적 올바름의 온건한 표현으로서 언어 감시의 위협, 그러 니까 표현의 자유의 침해를 당할 수 있다고 하더라도 말입니다.

사람들은 직업과 더불어, 많은 제도를 통해 행해지는 **소수집단 우대정 책**(affirmative action)이라고 불리는 것으로부터 훨씬 더 심각한 상황으로 옮겨 갑니다. 채용에 적용되는 관행적 기준에서 볼 때, 같은 서열에 있다 고 여겨지고, 그들 자신이 고전적인 정치적·사법적 철학에 연결되어 있는 두 명의 후보자들의 경우, 행정 당국은 예를 들어 남자보다는 여자를, 백인 보다는 흑인을, 앵글로색슨계보다는 스페인계를…… 선호할 수 있는 권 리를 갖습니다. 과거에 후보자들이 소속된 집단에게 행해진 ── 현재에 저 질러진 경우에도 사실입니다 ── 잘못이라는 이유를 대고서 말입니다. 이 러한 정책이 공동체에 의해, 최소한 암암리에 이루어진 동의에 의해 표명 되고 분명하게 내걸리는 순간, 거기에서 사람들은 추상적으로 평등한 분 배적 정의에 달라붙은 시정적 정의(justice corrective)의 표현만을 볼 뿐입 니다. 그러나 사람들은 포괄적 언어의 경우에 있어서보다 다음과 같은 사 실을 더 우려할 수도 있을 것입니다. 이러한 차별 정책이 기회 균등의 원 칙 ── 실제로 이러저러한 자들로 여겨지고, 또 그들의 현재 행동에 따라 판단되는 개인들을 서로 경쟁시키는 자격시험에 기초하고 있는 ── 을 공 개적으로 부인하게 될 것이라는 우려가 그것입니다. 바로 여기에서 두 개 의 철학이 서로 경쟁을 하게 됩니다. 이 두 철학 사이의 타협이라고 하는 것 자체가 논의되지도 않은 채 말입니다. 여기서 우리는 롤스[5]의 주장을 떠올리지 않을 수 없습니다. 그의 주장에 따르면 개인들의 법 앞에서의 평등을 보장해 주는 정의의 제1원칙은 불평등한 분배에 있어서 최소 몫의 최대화라고 하는 법칙, 다시 말해 가장 약한 자의 보호를 강조하는 제2원칙에 비해 우선권을 가지고 있다는 것입니다. 따라서 이 점에 대해 개인주의와 사법적 계약주의의 선상에 있는 롤스를 따른다면, 과거의 부정을 시정하기 위해 개인들이 현재 법 앞에서 누리고 있는 평등을 제약하는 것으로 시작될 사회 정책을 수행할 수는 없게 됩니다. 그런데 정치적 올바름은 바로 이것부터 수행하기 시작합니다.

제가 보기에는 법 앞의 평등이라는 생각에 내재된 보편성이라고 하는 이념을 공격할 때, 사람들은 패러다임의 대치라고 하는 더 과격한 차원으로 넘어가게 됩니다. 사람들은 다음과 같은 경우에 문지방을 넘어서게 됩니다. 논의의 여지는 있지만, 파문을 일으키지는 않는 시정적 정의라고 하는 이념이 직접적으로 소속 집단들(성별, 성적 지향, 인종, 사회계층 등)에게 적용되는 차이의 이데올로기의 지지를 받는 경우가 그것입니다. 결국 이 집단들에 고유한 '권리들'은 그것 자체가 다른 원칙들에 속하는 것으로 선언되고, 그 집단들에 의해 내걸리는 관습들은 비교 불가능한 것으로 여겨질 것입니다. 시정적 정의와 차이의 이데올로기 사이를 부수는 이러한 혼동에서 연유한 우려할 만한 행동들이 공공장소에서 행해지기 시작합니

5) 존 롤스(John Rawls, 1921~2002)는 『정의론』(A Theory of Justice, Cambridge : Belknap Press of Harvard University Press, 1971, 프랑스어판은 Théorie de la justice, Paris : Seuil, 1987)의 저자이다. 롤스의 핵심 저서 가운데 하나인 이 저서는 미국은 물론이거니와 전 세계에서 '정의' 개념에 대한 논의의 출발점이 되었다. 그의 『정의와 민주주의』(Justice et démocratie, Paris : Seuil, 1993) 역시 프랑스어판으로 읽을 수 있다.

다. 어떤 행동들은 단지 우스꽝스러울 뿐입니다. 예컨대 여자들만이 여성학(women studies) 세미나를, 흑인들만이 흑인학(Black studies) 세미나를 주도할 수 있다고 말할 것입니다. 수업의 커리큘럼 작성에 여성 작가 또는 소수 인종 출신 작가의 쿼터를 도입해야 한다는 시도, 게다가 성차별주의자, 남성우위론자, 식민지주의자 등으로 선언된 고전 작가들을 추방해야 한다는 시도에는 훨씬 더 많은 토의의 여지가 있습니다. 물론 극단적인 요구들도 행정 당국과 대학 공동체 전체로부터 강한 저항에 부딪히는 한 폐해가 아직은 그렇게 크지는 않습니다. 그럼에도 그러한 폐해는 잠정적으로 참담할 수 있습니다. 차이의 이데올로기는 차이를 무관심한 것으로 만들어 버리면서 비판 정신——이 비판 정신은 토의에 있어서의 동일한 원칙의 공유, 여러 집단의 역사적 형성과는 다른 토대에 의해 정립된 공동체에의 참여에 기초를 두고 있습니다——을 황폐화시킵니다. 사실 이처럼 차이에 대한 예찬이 구성된 집단의 내적 정체성을 강화해 주는 데 이를 수 있다는 것은 역설입니다.

정치적 올바름에 의해 생겨난 폐해들은 몇몇 종류의 담론을 금지하기 시작할 때 분명하게 드러납니다. 이때 자유로운 토의의 절대 조건인 표현의 자유가 위협을 받습니다. 그리고 정치적 올바름은 일종의 전도된 매카시즘으로 향합니다. 이렇게 해서 묘한 역설이 우리들의 눈앞에서 구체성을 띠기 시작합니다. 그것은 1970년대 급진주의자들이 가진 자유주의적 이상의 탄압적 충동으로의 급선회입니다.

그럼에도 저는 이런 심각한 싸움에서 다음과 같은 두 가지 사실에 주목하고자 합니다. 하나는 개인의 권리에 대한 고전 철학이, 분쇄할 수 없는 집단 정체성을 설파하는 모든 공동체들의 지지를 받고 있는 요구에 점점 더 적응을 못해 나가고 있다는 사실입니다. 다른 하나는 극단에 이른 차이의 이데올로기는 옳건 그르건 간에 고전적으로 사법적 개인주의에 연결된 보편성이라고 하는 이념을 너무 쉽게 헐값에 폐기하고 만다는 사실입니다. 개인 권리의 이념과 보편성 이념은 대립 일로에 있습니다. 이러한 이유로 저는 훨씬 더 풍성한 재판을 엿보게 하는 보편주의와 공동체주의 사이의 논쟁에 한층 더 깊은 관심을 갖고 있습니다.

••• 선생님은 정치적 올바름이라는 이데올로기가 갖는 중요성을 어떻게 설명하시는지요?

리쾨르 이러한 이데올로기가 파고들고자 하는 곳이 바로 캠퍼스라는 시각을 놓쳐서는 안 됩니다. 저는 기꺼이 미국식 캠퍼스를 하나의 커다란 군도, 미국 전체에 퍼져 있고 현실 생활의 연속된 영역으로부터 단절된 군도라고 규정짓고 싶습니다. 학생들이 5년 내지 7년을 보낸 후에 캠퍼스를 떠나게 되면 그들은 즉시 주변인 또는 보헤미안으로서의 습관을 버리고 사회생활의 모든 징후를 다시 갖게 됩니다. 양복과 넥타이가 그것입니다. 정치적 올바름은 그곳을 떠나자마자 잊어버리는 세계, 즉 교수들과 학생들의 세계에서 통용되는 것입니다. 비록 사람들이 정치적 올바름을 요구하는 논의에 바탕을 두고 일자리나 주택에 대해 진행되었던 여러 소송 사건들에 대해 언급을 하고 있기는 하지만, 정치적 올바름의 문제는 캠퍼스 이외의 다른 곳에서 훨씬 덜 심각합니다.

캠퍼스라고 하는 군도 내에서 정치적 올바름의 전개는 또한 다음과 같은 사실을 통해서도 설명됩니다. 사람들이 캠퍼스를 제외한 나라 전체에서 급진주의자와는 아무런 관련이 없는 체계, 따라서 관습의 제도화를 강화시킬 수밖에 없는 체계와 관계가 있다는 사실이 그것입니다. 주정부의 규칙이 극단적으로 허약한 곳에서 사람들은 특수주의, 역사적 전통, 중앙집권화될 수 있거나 분산될 수 있는 자기조절에 더욱더 자신을 내맡기게 됩니다. 현재 미국인들은 오히려 다시 분산되려고 하는 상황에 직면해 있습니다. 전국적인 차원에서 건강 시스템을 도입하고자 했던 빌 클린턴의 실패는 아주 좋은 예입니다. 미국에서 보편적인 것은 프랑스에서와는 전혀 다르게 기능합니다. 사법적·도덕적 분야에서 보편주의를 내세우는 롤스와 특수주의를 고려하는 것에 애착을 갖고 있는 '공동체주의자들'이라고 불리는 자들 사이의 거대한 논쟁이 전개된 것이 미국에서라는 사실은 분명 우연이 아닙니다. 그들 가운데는 마이클 샌델이나 마이클 왈저[6]와 같은 훌륭한 자질을 가지고 있는 자들도 포함되어 있습니다. 그런데 이들은 정치적 올바름과는 아무런 상관이 없는 자들입니다.

게다가 제가 조금 전에 말했던 자원봉사의 차원을 포함하고 있는 집단생활이 미국에서 차지하고 있는 중요성을 과소평가해서는 안 됩니다. 캠퍼스 밖에서 문화생활의 많은 부분에 관계되는 자율이 문제가 됩니다. 부정할 수 없을 만큼 분명하게 이것은 동질화에 대해 취약한 부분, 즉 파편화에 아주 민감할 수 있는 부분을 보여 줍니다. 이러한 집단생활은 그물 모양의 조직을 형성하고 있습니다. 물론 이 조직에서 피라미드형 요소들은 그물 형태의 요소들(네트워크)보다 더 중요하지 않습니다. 한나 아렌트는 이런 사태로 인해 심한 충격을 받았고, 그 결과 그녀는 이것을 자기 저작들

---

6) 마이클 샌델에 대해서는 그의 『자유주의와 정의의 한계』(*Liberalism and the Limits of Justice*, Oxford University Press, 1982)를 볼 것. 마이클 왈저에 대해서는 그의 『정의의 영역』(*Spheres of Justice: A Defense of Pluralism and Equality*, New York: Basic Books, 1983)을 볼 것. 프랑스어로 번역된 왈저의 저서는 다음과 같다. *De l'exode à la liberté*, Paris: Calmann-Lévy, 1986; *Critique et sens commun: essai sur la critique sociale et son interprétation*, Paris: La Découverte, 1990.

에서 논의하고 있습니다.

●●● 간단히 말해 미국은 청교도주의의 위기를 체험하고 있는 것은 아닌
지요?

리쾨르 저는 이 단어를 프랑스에서 이 단어에 부여하고 있는 공시적 의미로
사용하는 것을 단호히 거부합니다. 사람들은 너무나 일반적으로 청교도주
의가 아주 특징 있는 고급 문화였다는 사실을 잊어버립니다. 좋다면 오히
려 '근본주의'에 대해서 말합시다. 그러나 근본주의는 캠퍼스로 들어가지
못합니다. 대학 세계에서는 이미 많은 비판 요소들을 통합시킨 종교 형식
들만이 표현될 뿐입니다. 대학 밖에서 몇몇 지식인들 ── 특히 그들의 문화
가 과학적이고 기술적인 사람들, 그리고 비판의 습관을 가지고 있지 않은
자들 ── 이 성서를 글자 그대로 이해한다는 것, 7일 동안의 창조나 아담과
이브에 대한 글자 그대로의 사실을 믿는다는 것은 확실합니다. 그러나 이
것은 캠퍼스 내에서는 생각될 수 없는 것입니다. 대학이라고 하는 군도의
문화는 대륙의 문화와 완전한 불일치를 보이고 있습니다. 게다가 대학에
서 허용되고 있는 가톨릭, 신교, 유대교가 교육을 세속화시키는 요인이었
거나 가속 인자였다는 사실은 의심의 여지가 없습니다. 이런 이유로 해서
미국인들이 '제도적 종교'라고 부르는 것의 핵심은 근본주의에 의해 이루
어졌습니다. 하지만 이것은 대학에서는 대단히 주변적입니다.

●●● 프랑스식 민주주의와 달리 미국식 민주주의는 분명히 종교에 그 뿌
리를 두고 있는 것이 사실입니다. 이것이 다문화주의와 관련이 있지 않은
지요?

리쾨르 미국의 경우 이 두 문제는 분리될 수 없습니다. 프랑스에서 국가가 그 구성에서 떠맡았던 역사적·정치적 역할과 같은 것이 미국에서는 존재하지 않습니다. 또한 모든 중간 단체를 파괴시켜 버리고, 시민 개인과 국가를 직접적으로 대립시켰던(거의 그 관계를 끊어 버렸던) 혁명적 단절과 같은 것도 존재하지 않습니다. 프랑스에서 국가는 그 정치적 구성의 층위 자체에서 보편적인 것을 대표합니다. 그러나 자신들의 전통과 문화를 모두 구비하고 있는 이주민들의 끝없는 응집에 의해 구성된 미국에서와는 달리 바로 거기에 그 무엇인가가 존재한다는 사실을 결코 잊어서는 안 됩니다. 미국의 헌법이 포함하고 있는 보편주의의 특징에도 불구하고 미국이라는 나라는 프랑스와는 반대로 아래에서 위로, 그리고 강한 공동체적 경험으로부터 출발해 형성되었습니다. 미국이라는 나라가 이루어진 방식은 특이합니다. 단계별로 형성된 방식 말입니다. 우선 서부의 7~8개 주가 통합되었고, 그리고 나서 훨씬 상업적이었던 보스턴 사람들과 남부의 대농장주들 사이에 협정이 맺어졌습니다. 즉시 ── 이것은 토크빌이 잘 관찰했던 점인데 ── 연방정부를 제한된 권력으로 정의했습니다. 여러 주의 권력이 제한 없이 나열된 반면, 연방정부의 권력은 제한적이고 바닥이 드러나는 방식으로 나열되었습니다. 비록 보편적인 의미가 연방정부에 더해졌다고 하더라도, 이 연방정부는 그 하위 심급, 즉 주정부들이 가하는 제약에 의해 규정되었습니다. 제한된 권력의 이양이 문제가 됩니다. 한 번 더 말하지만 이것은 프랑스의 경우와 아무런 공통점이 없습니다.

따라서 미국식 다문화주의는 다음의 두 가지 사실에 의지하고 있습니다. 집단생활의 항구적이고 구성적인 권력과 연방 권력 속에 나타나 있는 지역적 권력의 우선권이 그것입니다. 이런 이유로 미국에서는 보편주의자들과 공동체주의자들 사이에 미국식 토의의 토대가 마련됩니다. 이런 토의는 대단히 추상적으로 보입니다. 우리와 같은 유럽인들, 프랑스인들의 눈에는 보편적인 것은 지역, 시대, 특별한 연고나 집단에의 참조도 없는, 따라서 추상적이며 초역사적인 특징을 갖습니다. 게다가 공동체주의자들과 보편주의자들 사이에 벌어지는 미국식 토의에 끼어들 때, 유럽 사람들은 이런 토의가 전혀 우리 것이 아닌 역사적 상황에 뿌리내리고 있다는 사실을 알게 됩니다. 유럽의 한 국가와 비교를 할 수 있다면, 그것은 아마 자국의 전체주의적 역사 이전으로 되돌아왔고, 낭만주의 시대 때 극점에 달했던 보편주의와 문화주의 사이의 강하고도 충실한 전통과 다시 연결될 수 있는 1945년 이후의 독일과의 비교일 것입니다. 덜 모순되고, 더 변증법적인 방식으로 보편적인 것과 문화적으로 특수한 것의 관계를 생각하기 위해 우리가 참조한 것이 미국적인 것과 독일적인 것이라는 사실은 아마도 우연이 아닐 것입니다. 프랑스의 시각에서 보면 공동체적 경험의 빈약함으로 인해 우리는 시민을 정의하기 위해 국가와 맞섰던 시민의 차원만을 이용할 뿐입니다.

●●● 선생님께서는 개인과 '국가-민족' 사이의 중간 단계의 부재를 개탄하시는 것으로 보입니다. 지방분권으로 메우고자 했던 것이 바로 이 빈틈이 아닌지요?

리쾨르 분명 그렇습니다. 그러나 국가를 파편화시키면서, 그리고 정치적 지역주의를 파생시키면서입니다. 이것은 전혀 다른 것입니다. 프랑스식 지방분권에서 국가는 실제로 국가의 주권에 속했던 여러 가지에 대한 통제를 상실해 버렸습니다. 주권의 파편화는 협동하는 생활의 충만을 제공해 주지 못한 만큼 정치적 빈틈을 만들어 냅니다. 오늘날 프랑스는 지방 차원에서 부패의 증가와 '스캔들'의 증가에 의해 그 대가를 치르고 있습니다.

그러나 또한 다음과 같은 두번째 이유로 저는 그런 빈틈을 개탄합니다. 그 이유는 바로 프랑스식 민주주의에서 대표성의 문제를 건드리는 것입니다. 이상적으로 보면 한 명의 국회의원은 정치 세계에 투사된 나 자신의 일부분입니다. 그러나 오늘날 시민들은 정치 계층에서 자기 스스로를 더 이상 인식하지 못합니다. '나'의 국회의원은 나와 같은 자가 되는 대신에, 그가 소위 정치 세계의 '소우주'에서 돌기 시작할 때 나와는 다른 자가됩니다. 대표성의 위기는 본질적으로 개인의 수준과 국가의 수준 사이에아무것도 존재하지 않는다는 사실의 결과입니다.

정치철학에서 이 문제에 대해 많은 사람들의 연구가 행해지고 있습니다. 가령 저는 왈저의 법률적 다원주의를 생각합니다. 그는 우리가 속한 다양한 '영역들'에 따라 '정의' 개념 자체를 복수화시키려고 애씁니다. 게다가 그가 나열하는 항목은 매우 흥미롭습니다. 우리는 사법적 공간뿐 아니라 필요의 체계에도 소속되어 있습니다. 민간 영역은 그것 자체로는 하나의 성좌, 하나의 망에서 포착된 영역들 중의 하나에 불과합니다.

그러나 저는 또한 장 마르크 페리의 『경험의 힘』이라는 저서와, 그가 '인정(認定)의 질서들'이라고 부르는 것을 생각합니다.[7] 이와 같은 인정의질서들은 그 안에서 우리의 정체성을 형성하는 다른 장소들을 구성합니다. 그의 어휘는 헤겔의 정치철학에서, 그것도 다음과 같은 아주 흥미로운 생각에서 빌려 온 것입니다. 실천적 도덕은 습관, 관습, 그러니까 모든 단계 ── 가정, 필요에 대응하는 고유한 체계를 가지고 있는 시민사회, 사법

---

7) Jean-Marc Ferry, *Les puissances de l'expérience: essai sur l'identité contemporaine*, Paris : Cerf, 1991.

제도, 행정제도, 그리고 소위 국가 등——가 구비된 제도적 위계질서 위에 기초한다는 생각이 그것입니다. 헤겔의 국가 개념은 모든 단계를 구비한 위계질서의 정상에 위치해 있다는 사실을 잊어서는 안 됩니다. 이러한 '인정의 질서들'은 실제로 우리가 가지고 있는 진정한 신념들입니다.

저는 다음과 같이 자문합니다. 기꺼이 반동적이라는 비난을 받는다 할지라도 우리의 여러 다른 신념 체계의 정치적 대표성을 재발견하려고 노력하는 것이 합리적 기도가 아닐 수도 있지 않는가라고 말입니다. 이것이 1969년에 드골이 실시했던 국민투표의 양상들 중의 하나였습니다. 드골은 이러한 개선과 그때 사람들이 전혀 관심을 가지고 있지 않았던 상원의 개선을 연결시켜야 한다고 생각했습니다. 이러한 개선은 그 자체로서는 완전히 정당한 것이었습니다. 그리고 저는 그 방향으로 다시 나아갈 필요가 있다는 느낌을 계속해서 가지고 있습니다. 우리는 무엇에 소속되어 있습니까? 무엇이 우리의 인정의 질서들이고, 무엇이 인정의 장소들입니까? 사회적·시민적 인정의 이러한 장소들에 대한 정치적 대표성을 어떻게 확보하는 것입니까? 예컨대 자신의 의무, 권리, 상호 교류를 가지고 있는 대학이 어떻게 우리들, 즉 교수와 학생을 위해 정치의 구성 부분들 중의 하나로서 대표될 수 있습니까? 우리의 신념이, 우리에게 있어서 인정의 수단임과 동시에 우리를 그러한 신념에 연결시켜 주는 중간 결정 기관들로부터 출발해서, 정치를 재구성할 수는 없습니까? 제게 있어서 인정이라는 단어는 정체성이라는 단어보다 더 중요하게 보입니다. 그런데 다문화주의에 대한 토의는 거의 대부분 정체성 주위를 맴돌고 있습니다. 정체성이란 개념에는 단지 동일자의 이념만이 존재합니다. 반면에 인정은 동일자와 타자의 변증법을 가능케 해주는 이타성을 직접적으로 통합시키는 개념입니다. 정체성의 요구는 항상 타자에 대해 격렬한 무엇인가를 가지고 있습니다. 반대로 인정의 추구는 상호성을 내포하고 있습니다.

게다가 사람들은 생물학적 층위에서——이 층위에서 정체성은 유기체, 차이, 자기(soi)와 비(非)자기(non-soi) 사이의 상호 보완성, 정복 등에 의해 정의됩니다——사회적·사법적·정치적 층위까지 이러한 인정의 변증법 도식을 따를 수 있습니다. 사법 질서 내에서 저는 그러한 도식을 다음의 경우에 형법 차원에서도 다시 발견합니다. 문제가 단지, 더군다나 근본적으로 처벌만의 문제가 아니라 자기 자신의 정당한 자리에 대한 각자의 인정 문제라는 생각에 제가 비중을 두는 경우가 그것입니다. 누가 죄인이냐, 누가 희생자냐, 각자를 그 자신의 합당한 자리에 다시 위치시키는 권리를 말하는 것이 중요합니다. 달리 말하자면 무엇보다도 상호 인정이 중요합니다. 그리고 종종 죄인을 처벌하는 것보다 누가 죄인인가를 말하는 것이 더 중요합니다. 왜냐하면 처벌한다는 것, 그것은 고통을 더 받게 하는 것이고, 지난번 고통을 덜어 주지 않고, 그 고통에 다른 고통을 더하는 것이기 때문입니다. 그러나 희생자는 진실로 피해를 입은 것으로 인정되어야 합니다. 그런 사실을 전달하는 '말'은 그것 자체로 치유 기능을 갖게 될 것입니다. 인정이라는 개념은 이처럼 사회적 차원에서, 그리고 민사상·형사상 권리에 의해 이루어지는 인정 질서의 여러 단계——민사상 권리는 피해에 대한 배상과 빈번하게 보상이 이루어지는 근거이고, 형사상 권리는 형사적 책임이 따르는 처벌이 이루어지는 근거이기 때문에——를 포함해 생물학적 차원에서 정치적 차원에 이르기까지 확실한 힘을 가지고 있는 것입니다.

●●● 인정에 관련된 주제에 대해 주장을 펼치고, 각 정치적 체계에 가해지는 역사성의 몫을 강조하면서, 선생님께서는 미국식 토의에서 공동체주의

자들의 편에 서는 것은 아니신지요?

리쾨르 사실을 말하자면 저는 그 문제를 다른 방향에서 거론하는 것을 더 좋아합니다. 아마 이것은 저의 화해하고자 하는 버릇일지도 모르겠습니다만…… 저는 문제를 토론의 윤리 ── 하버마스식으로 ── 의 가정에서 출발해 다시 살펴봅니다. 이러한 토론의 윤리는 시간이나 대화 상대자에 대한 구속이 없는 무한한 심사숙고를 가정합니다. 그리고 저는 초월적 실용론으로 규정되는 이러한 접근에 부족한 것이 무엇인지를 결정지으려고 노력합니다. 그때 모든 문제는 사람들이 보편적인 것을 완전히 조정적 이념으로 간직하면서 어떻게 문맥화할 수 있는가를 알아보는 것입니다. 바로 거기에 초월적 이념의 기도가 아주 잘 들어맞는 무엇인가가 있습니다. 이러한 초월적 이념의 정의는 정확히 그것이 경험적인 것과의 연관하에서만 기능할 뿐이라는 것입니다. 그러한 연관의 가장 좋은 예는 칸트의 체계 내에서 권리의 이론 ── 이 이론은 사람들이 거기에서 초월적인 것과 보편적인 것의 종합이 이루어지고 있는 것을 보는 유일한 경우입니다 ── 에 의해 제공되었습니다. 실제로 한 사회의 기능 조건들은 갈등, '비사교적인 사회성'(칸트의 표현입니다)에 의해 정의됩니다. 그리고 칸트에 의하면 권리의 기초 자체인 '나의 것'과 '너의 것'을 인정하는 기도가 이러한 비사교적인 사회성 속에 포함되도록 해야 합니다. '나의 것'과 '너의 것'을 구별하려는 기도를 '비사교적인 사회성'의 실행 조건들에 연결시켜야 합니다. 거기에서 우리는 전형적인 하나의 모델을 갖게 됩니다.

　　역으로 공동체주의에서 다시 출발한다면 다음과 같은 사실을 알게 됩니다. 자신들의 '자기 이해'(autocompréhension), **공유된 이해**(shared understanding) ── 왈저처럼 말하기 위해 ── 를 밝혀 주는 살아 있는 공동체들은 게임의 규칙에 관계된 원칙들, 또는 이렇게 말해도 된다면, 타협에 대한 원칙들의 문제를 건드리지 않은 채 방치한다는 사실이 그것입니다. 정의의 그 규칙──정의의 그 공간들을 정당한 자리와 정당한 거리에 재분배해 주는──을 세우기 위해서는 하나의 조정적 원칙을 가져야 합니다. 바로 거기에서 우리는 정의의 원칙에 대한 하버마스나 롤스의 문제를 다시 발견하게 됩니다.

이처럼 잘 알려진 보편주의와 공동체주의의 결함으로부터 출발해서 이들 두 주의 사이에 발생하는 왕복운동에 저는 흥미를 갖습니다. 이 왕복운동은 이 둘 중의 하나를 선호하는 것보다 제게는 훨씬 더 흥미롭습니다. 바로 이것들의 변증법이 제게는 풍부하게 보입니다.

●●● 그러한 변증법이 미국 밖으로 옮겨질 수도 있다는 의미에서 풍부한 것인가요?

리쾨르 그러한 변증법이 상당한 치유적 가치를 가질 수 있다고 저는 생각합니다. 우리에게 개인적 차원과 국가의 보편적 주장 사이의 중간 단계가 부족하다는 점에서만 말입니다. 우리에게 필요한 것은 정확하게 국가-민족의 자동구조화에서 공동체적 역사 또는 200년 동안 행해졌던 검열에 의해 제거되고 말소된 공동체들의 역사를 이루는 요소들을 다시 발견하는 것입니다.

다른 곳에서 통용되고 있는 조치를 프랑스에 적용시키는 것이 문제가 아닙니다. 각각의 체계는 그 나름대로의 장단점을 가지고 있습니다. 그리고 내적 능력에 따라 스스로 개선해 나가는 책무가 그 체계에 주어집니다. 이것은 사회생활의 모든 층위, 예컨대 대학에도 적용됩니다. 프랑스에서 미국식 대학을 모방할 수는 없습니다. 우리는 무상 교육, 학위의 국가적 특징이라는 가정 위에서 출발했습니다. 이 모든 것은 잘 알려진 끔찍한 단점들을 가지고 있긴 합니다. 하지만 우리 체계에 고유한 여건들에서 출발해서 이 체계를 개선해 나가야 합니다.

그런데 오늘날 프랑스에서도 보편주의와 공동체주의 사이에 벌어진 토의와 거의 비슷한 것이 나타나고 있습니다. 이러한 토의는 시민 주권의 국가에의 위임에 의해 야기된 정치적 빈틈의 문제 주위에서 행해지는 토의들과 더불어 이루어지고 있습니다. 프랑스에서 이와 같은 위임은 선거라는 수단에 의해 이루어집니다. 그러나 프랑스에서 정말로 중요한 선거는 7년마다 있습니다. 대통령 선거가 그것입니다.[8] 사람들이 많이 지적했던 것처럼, 민주주의의 결점이 있다면, 그것은 분명 그러한 결점이 가장 두드러지기 때문입니다. 그 결점은 위험하게도 여론조사 기관에 의해 보충됩니다. 그런데 제 생각으로는 여론조사 기관에 대해서는 신중하게 말해야 합니다. 왜냐하면 이 기관이 심사숙고의 대체물로 나타나고 있기 때문입니다. 여론조사는 심사숙고하지 않습니다. 사람들은 한 명씩 한 명씩 문의를 받게 되고, 그들의 의견이 합해지는 것입니다. 어떤 순간에도 토의가 없습니다. 거기에서 파생되는 수치는 어떤 방식으로든 선거가 원칙적으로 포함하고 있는 것과 같은 심사숙고의 산물이 아닙니다. 게다가 아주 종종 선거 자체는 더 이상 토의의 결과가 아니며, 선거는 실제로 상당히 규모가 큰 여론조사일 뿐입니다. 단지 정치인들이 이용하는 여론에 관한 정보의 수단일 뿐인 여론조사가 후보, 후보의 숫자, 후보의 신분 등을 결정하는 주권기관으로 변모합니다.

---

8) 2002년 이후 프랑스의 대통령은 5년 임기로 선출된다. ─ 옮긴이

●●● 이런 점들에 대해 말씀하시면서 선생님께서는 일종의 양원제를 생각하시는지요?

리쾨르 양원제가 실제로 실시되는 체제는 비교적 잘 돌아가는 체제들입니다. 여러 주(州)들이 상원에 동일한 대표를 갖고 있는——주의 크기가 어떻든 간에, 뉴욕 주나 아칸소 주나 마찬가지로, 주마다 두 명의 대표를 보냅니다——미국에서건, 연방참의원(Bundesrat)과 연방의회(Bundestag)를 가지고 있는 독일에서건, 기능이 아주 독특한 영국에서건 그것은 마찬가지입니다. 프랑스에서는 상원의 역할을 과도할 정도로 축소시켜 버렸습니다. 상원의 기능을 심의와 토의에 한정하고, 최종 결정권은 하원의 국회의원들에게 주어졌습니다.

프랑스에서 대표민주주의 기능의 위기는 이런 민주주의가 정치 계층에 대해 야기시킨 불신들과 더불어 과연 어디까지 나아가겠습니까? 비례대표제에 의해 그 체계를 보완하는 것으로 충분하겠습니까? 아니면 대표성 자체를 처음부터 완전히 재검토해야 하겠습니까? 어쨌든 이런 문제들이 다가올 수십 년 동안에 제기될 문제라는 것은 확실합니다.

●●● 선생님께서는 미국에서 공동체주의 문제가 민주주의의 종교적 뿌리내림의 문제와 불가분이라고 말씀하셨습니다. 결국 프랑스와 미국의 모든 차이가 바로 거기에 있는 것은 아닌지요?

리쾨르 토크빌은 미국의 특징들 가운데 하나가, 프랑스에서와는 반대로, 계몽과 종교 사이에 급진적이고 해결 불가능한 갈등이 미국인들에게는 존재하지 않는다는 사실에 기인한다고 완벽하게 파악했습니다. 물론 갈등이 있기는 했습니다. 하지만 이러한 갈등은 기독교 세계의 내부에서 종교적 공동체들의 민주주의적 운영과 주교단의 위계적 개념 사이에서 이루어졌던 것입니다. 따라서 사실상의 연합은——이러한 연합은 또한 심사숙고된 연합인데——교회 실천의 반권위적이라고 말할 수 있는 형식과 신의 시선 하에 있는 것으로 여겨진 국가 개념 사이에 이루어졌습니다.

게다가 미국이 그 위에 기초하는 종교적인 것과 정치적인 것의 균형은 그것 자체가 반권위적이고 다원적인 역사인 종교의 역사 속에 뿌리를 가지고 있습니다. 미국의 초기 역사에서부터 그 유명한 개척의 아버지들, 왈저가 잘 지적했던 순례자들은[9] 여러 종류의 신앙 고백이 동일한 공적 공간 속에서 경험될 수 있어야 한다는 생각을 가지고 있었습니다. 우리들이 유럽에서, 고통스럽게 신성로마제국이라는 공간에서 그리고 30년 전쟁의 말기에 갖게 되었던 확신을 그들은 단번에 당연한 것으로 여기게 되었습니다. 바로 거기에서 동일한 정치적 공간 속에 두 종교를 위한 자리가 있다는 생각——이런 생각이 아직은 아주 제한적인 것이기는 하지만——이 배태되었습니다. 물론 단세포적인 각 주마다 동질성이 존재한다는 조건이 붙어 있기는 합니다. 이것이 '각 지역에 그 지역마다의 종교'(cujus regio ejus religio)[10]라는 원칙이었습니다. 미국에서 초기서부터 기본적인 것으로 인정된 진정한 종교적 다원주의가 아니라 일종의 다원적 신앙 표명의 다양성이 중요했던 것입니다. 관용이라는 생각이 단번에 종교적 생각이었다는 점은 특별한 중요성을 가집니다. 이러한 사실은 이곳 유럽에서 '용서

---

9) Michael Walzer, *La Révolution des saints: éthique protestante et radicalisme politique*, trad. Vincent Giroud, Paris : Belin, 1988.

10) 원래 '그 나라의 종교는 군주의 종교를 따른다'라는 원칙인데, 여기에서 리쾨르는 '각 지역에 그 지역마다의 종교'라는 의미로 사용하고 있다.——옮긴이

하다'(tolérer)라는 동사가 방해하는 것을 견뎌 낸다는 의미로 쓰이는 것과는 반대되는 것입니다. 미국에서 관용은 오랫동안 다양성의 진정한 수용 위에 정립되었습니다. 어떤 한 신앙 표명에 고유한 종교적 신학의 내부 자체에서조차 진리의 일부를 가진 다른 사람들이 있을 수 있다는 가능성이 존재한다는 사실에 대한 인정이 그것입니다. 미국 정치사의 기저에는 공적 공간이 여러 종교적 전통들이 동거하는 장소라는 생각이 자리 잡고 있습니다. 토크빌에게서도 적을 갖지 않는 것은 항상 해결해야 할 전쟁과 평화의 문제를 가져서는 안 된다는 것과 마찬가지로 아주 중요했습니다.

미국인들은 민주주의 수립에 대한 문제에 이와 같이 답하고 있습니다. 왜냐하면 민주주의 내에서는 항상 헌법이 무엇 위에 세워졌는지를 아는 문제, 헌법이 무엇에 의지하고 있는지 ──내적 합의가 아니라면 악마적 상호 관계에 의지하든지 ──를 아는 문제가 제기되기 때문입니다. 합의가 없는 경우, 사람들은 빈틈 위에 선 일종의 '자동 기초'(autofondation)의 문제를 제기하게 될 수도 있을 것입니다. 미국인들, 그들은 오히려 멀고도 간접적인 기초에 대한, 그러나 여하튼 근본적인 종교적 다원주의 속에 뿌리를 잘 내린 생생한 감각을 소유하고 있습니다.

이것은 제도적 차원에서 교회와 국가가 완전한 분리를 유지한다는 것을 전혀 방해하지 않습니다. 우리가 말할 수 있는 것은 정치가 가지고 있는 대표성이 제도적 표지를 가지고 있지 않은 종교적 차원을 포함하고 있다는 것입니다.

심지어는 다음과 같은 사실을 더 지적해야 합니다. 관용이 비기독교적 종교들 ── 미국 유대인들은 절대로 차별의 희생자였던 적이 없습니다 ──뿐만 아니라 또한 종교의 합법성을 인정하지 않는 자들(불가지론자들과 무신론자들)에게도 퍼져 있다는 사실이 그것입니다. 미국의 정치사는 토의의 공적 장소에서 이들 모두가 통합된다는 특징을 가지고 있습니다.

●●● 토크빌을 자주 읽으셨는지요?

리쾨르 자주 읽었습니다. 몇 번인지를 모를 정도입니다. 토크빌이 미국 사회의 비극이 어떤 것일지를 예견했다는 점은 놀라운 일입니다. 흑인의 문제가 그것입니다. 『미국의 민주주의』(De la démocratie en Amérique)의 1권마지막 부분에서 그는 이 문제를 가장 급진적인 형태로 제기했습니다. 미국이 다인종 사회가 될 것이다, 이러한 사회는 결국 혼혈아가 지배하는 사회가 될 것이다, 이베리아 반도에서 스페인인들과 포르투갈인들에 의해 유대인들이 제거되었듯이 미국에서 흑인들이 제거될 것이다, 미국인들은 조만간 이러한 양자택일 앞에 서게 될 것이다 등입니다. 그리고 실제로 그들은 그 이후 배제와 동화 사이에서 끊임없이 왔다 갔다 하고 있습니다.

사실 길거리에서 당신이 보는 대부분의 흑인들은 혼혈아들입니다. 단순히 그들이 이주를 할 때 그들에 대한 백인들의 초야권이 행사되었기 때문이었습니다. 혼혈교배는 관습과 습관의 일부였으며 일종의 사회적 실천이었습니다.

미국의 역사는 기묘한 역사입니다. 인디언족이 이미 살고 있던 영토에 이민자들이 들어왔습니다. 인디언족의 일부를 말살시켰고, 또 다른 일부를 보호 구역에 가두었습니다. 그러나 동시에 초창기 이민자들은 다른 유입인들을 들어오게끔 했고, 그들의 노예였던 이들을 구속했습니다. 이것은 유럽에서 그 예를 볼 수 없는 특수한 역사입니다.

이런 이유로 비교 불가능한 역사라는 생각, 따라서 인종적-정치적 문제들의 특수화라는 생각으로 저는 항상 되돌아옵니다. 또한 같은 이유 때문에 이 영역에서 보편적인 것은 구성적인 것이 아니라 조정적일 수밖에 없는 것입니다.

●●● 조정적 의미에서 보편적 이념에 대한 예를 들어 주실 수 있는지요?

리쾨르 제가 좋아하는 이념 중의 하나는 칸트의 『영구평화론』(*Zum ewigen Frieden*) 안에 있습니다. 그것은 '보편적 환대'라는 이념입니다. 세번째 조항이 결정적입니다. "세계주의적 권리는 보편적 환대의 조건에 의해 제한되어야 한다. …… 따라서 여기에서 **환대**는 이방인이 타인의 영토에 도착했을 때 그 이방인이 갖는, 적으로 취급되지 않을 권리를 의미한다. …… 이방인은 접대의 권리를 간청할 수 없다. …… 그러나 그는 방문의 권리, 모든 사람이 지구 표면을 공동으로 소유하는 권리를 위해 ― 지구에 사는 자들로서 그들은 지구상에 무한정 흩어질 수는 없다 ― 스스로를 그 사회의 구성원으로서 내세울 수 있는 권리를 간청할 수 있다." 우리가 한정된 공간 속에서 살고 있다는 생각에 기초를 두고 있는 코페르니쿠스적인 이러한 형태의 주장을 사람들이 주목했던가요? 사람들은 항상 다른 곳으로 갈 수는 있을 것입니다. 그러나 우리들은 한정된 세계 안에서 살아야 하기 때문에 어디에서든지 살 수 있어야 하는 것입니다. "사람들은 다른 사람들 곁에서 참아 내야만 한다. 왜냐하면 누구도 원초적으로 지구상의 다른 장소가 아니라 오히려 이 장소에 있어야 하는 권리를 가지고 있지 않기 때문이다." 칸트는 앞의 조항들에서와 마찬가지로 문제가 되는 것은 박애가 아니라 **권리**라고 주장합니다. "환대는 이방인이 적으로 취급되어서는 안 될 권리를 의미한다……." 지리적 유한성을 내세우는 생각과 더불어 위의 대목은 정말로 아주 놀라운 것입니다. 왜냐하면 지구는 둥글고, 인간들은 참아 내야만 하기 때문에, 다시 말해 둥근 덩어리 위 어디에서든지 살 수 있어야만 하기 때문입니다. 따라서 결국 환대에 이르는 것은 다름 아닌 권리의 원칙 자체 ── 한정된 공간에서 자유 의지들의 공존 ── 입니다. 얼마나 멋있는 주장입니까!

더군다나 잘 생각해 보면 이러한 주장은 약속된 땅이라는 생각과는 반대되는 것입니다. 왜냐하면 모든 사람은 권리상으로 어디에서든지 살 수 있기 때문입니다. 이것은 각자가 그런 이유로 모든 장소의 시민이 된다는 것을 의미하지는 않습니다. 달리 말해, 이러한 주장은 어떤 식으로든 주권을 공격하는 것은 아닙니다. 오히려 공격의 대상은 외국인을 싫어하는 것입니다. 국가라고 하는 사법권의 공간이 존재합니다. 그리고 칸트는 단지 모든 사람이 이러한 사법권의 공간 속에서 살고, 거기에 받아들여질 권리를 가졌다는 것을 말하고 있을 따름입니다.

●●● 거기에서 성서의 소생을 보시지 않는지요?

리쾨르 물론 그렇습니다. 저는 유명한 세 쌍을 생각합니다. '고아, 과부, 너의 문 앞에 서 있는 이방인'이 그것입니다. 고아는 혈통의 지지를 잃은 자이고, 과부는 남편을 잃고 수혼제(嫂婚制, 형수와 결혼하는 제도)의 혜택을 받지 못한 여자이며, 마지막으로 이방인은 정확히 환대가 만들어 내는 권리가 아니라면 자기 자신의 권리를 가지지 못한 자입니다. 칸트는 성서 문화에 젖어 있었습니다. 이것은 당연한 것입니다.

이와 같은 생각은 조정적 보편성의 가치를 갖습니다. 저는 이와 같은 새로운 초월적 층위를 매우 좋아합니다. 그러나 상호 인정의 한정된 공간으로부터 출발해서 정치적 양태의 동거의 원칙을 만들어 낼 수 있을 것이라는 생각에는 반대합니다. 제가 보기에 미국에서 왈저와 같은, 프랑스에서는 볼탕스키와 테베노[11]와 같은 공동체주의자들의 약점이 드러나는 곳이 바로 그곳입니다. 왜냐하면 정치는 여하튼 상호 인정이라고 하는 이러한 층위와 비교해서 자기만의 특수성을 보호하기 때문입니다. 정치는 권력과 주권의 요소를 가지고 있습니다. 따라서 정치는 필연적인 제한의 문제를 제기합니다. 이것은 사람들이 지리적·문화적·인종적, 따라서 공동체적이라고 말할 수 있을 그 어떤 생각으로부터도 유추될 수 있는 문제입니다. 이러한 제한의 문제와 더불어 우리는 이성이 이러저러한 심급의 주장을 제한하는 데 소용되는 칸트 철학과 대등한 입장에 서 있게 됩니다. 사회 체계 내에서 종속된 '영역들'의 주장에 대한 제한의 원칙을 이루는 것은 국가의 주권입니다. 정치의 본질인 주권은 정당성을 요구하는 기회에 스스로 자동제한의 문제에 부딪히게 됩니다. 주권에 내재한 이러한 문제는 아주 집요해서 마지막에 드러내 놓고 폭력의 사용에 호소하는 국가에 대한 정의들의 한복판에서 제기될 수 있습니다. 이런 현상은 국가에 대한 자신의 정의에서 이러한 의뢰를 어쩔 수 없이 **정당한** 것으로 규정하는 베버에게서도 발견됩니다. 그런데 결국 **정당함**이란 수식어에 폭력의 최후 사용에 내재한 제한이라는 이러한 가치를 부여하는 것이 조정적 보편성이 아니라면 정확하게 무엇이겠습니까? 공동체적 원칙이 구성적이라고 말할 수도 있습니다. 반면에 환대와 같은 생각이 조정적이라고 말할 수도 있습니다. 이런 생각은 권력이 극단적으로까지 고양될 수 있는 주장을 제한하는 데 소용됩니다.

---

11) Luc Boltanski et Laurent Thévenot, *De la justification*, Paris : Gallimard, 1991.

●●● 보편성의 가치는 여전히 합의를 통해 인정되어야 하겠죠. 바로 이것이 오늘날 부인되고 있는 것이지요.

리쾨르 그러나 사람들이 적어도 게임의 부분 규칙 ──비록 그것이 갱단의 규칙이라고 하더라도── 을 인정하면서부터는, 그들은 교환의 장소에서 최소한의 인정 가능성의 조건들을 역으로 결정할 수 있습니다. 그리고 거기에서 사람들은 항상 인정의 장소들의 지역적 기능에 선행하는 보편적인 것을 다시 발견하게 됩니다. 달리 말해 제 주장에 대한 가장 과격한 비판은 ──일종의 공동체적 허무주의에로 귀착될 수도 있을 비판인데──, 아마 사람들이 어떤 종류의 사회적 연결도 인정할 수 없다는 생각일 수도 있습니다. 이것은 원시적 존재, 전혀 관계를 맺지 않는 존재에 대한 가정일 것입니다. 다음과 같은 사실을 지적하고자 합니다. 제가 보기에 이러한 문화적 상대주의가 물리치기를 바라는 가정은 보편성의 가정과 마찬가지로 추상적이라는 사실이 그것입니다. 바로 여기에서 구성적 보편성과 조정적 보편성의 구별이 그 원천을 제공하게 됩니다. 왜냐하면 그런 구별은 상호인정에 의한 기초와 인정의 상호적 게임의 궁극적인 결여 사이의 연결점을 찾는 것을 가능케 해주기 때문입니다. 순수하게 역사적이며 구성적인 원칙의 궁극적인 결여에서 출발해서 단지 조정적 보편성에 대한 필요성이 태어나게 됩니다.

　　이렇게 저는 발을 칸트 쪽에 담그면서 추론할 것이며, 그리고 보편주의자들과 공동체주의자들의 토의를 극복하려고 노력할 것입니다.

3장 /
정신분석학에서 자기의 문제까지:
또는 30년의 철학 연구

••• 1965년에 선생님께서는 이미 정신분석학의 문제를 다룬 세 권짜리
『의지의 철학』다음 저서인『해석에 관하여: 프로이트에 대한 시론』을 출
간하게 됩니다. 최소한 이 저서가 정신분석학계에서 평탄하게 받아들여지
지 않았다는 것을 말할 수 있는데요.

리쾨르 프랑스에서 이 책의 수용은 넓게는 라캉(Jacques Lacan) 편에서의
거부, 그것도 그의 세미나에서 공개적으로 그리고 그가 개인적으로 표명
한 거부를 통해 설명됩니다. 제가 라캉에게 빚진 것으로 여겨진 프로이트
에 대한 이해와 관련해 침묵을 지켰다고 해서 저는 비난을 받았습니다.

  저는 이 논쟁에 복잡하게 얽힌 여러 가지 오해가 있었다는 점을 지적
하고 싶습니다. 우선 저의 성실성을 문제 삼았던 오해로부터 시작하겠습
니다.

  사람들은 이 책을 출간하기 전에 제가 라캉의 세미나에 참석했었다는
사실을 지적했습니다. 그리고 제가 프로이트에게 가한 해석을 라캉에게서
빌려 왔다는 결론을 내렸습니다. 거기에는 제가 다시 바로잡고자 하는 일

정표의 문제가 있습니다. 우선 저는 라캉의 세미나에 참석하기 전에, 프로이트에 대한 이 책의 내용을 소르본에서 강의 형태로 벌써 발표를 했었습니다. 이 사실은 강의 제목 리스트에서 확인할 수 있습니다. 게다가 1960년에 저는 앙리 에(Henri Ey) 박사의 후원하에 보네발에서 1966년에야 출간되었고,[1] 『해석의 갈등』에서 읽을 수 있는 내용의 강연을 했습니다. 에 박사의 동료이자 친구인 라캉이 이 강연에 참석했고, 공개적으로 이 강연에 대해 찬사를 표명한 바 있습니다. 이 사건은 라캉이 파리까지 저와 함께 동행하고, 또 그의 세미나에 저를 초대하기 전에 발생했던 것입니다. 그런데 소르본에서 그전에 제가 했던 강의는 프로이트에 대한 저의 농익은 해석의 주요 내용을 담고 있습니다. 따라서 이 책은 대부분 이미 구성되어 있었고, 어쨌든 제가 라캉의 세미나에 참석하기 전에 벌써 그 주요 방향이 구상되어 있었던 것입니다.

게다가 거기에 라캉의 믿기 어려울 정도의 지적 성실성의 부족을 보여 주는 한 예가 있습니다. 왜냐하면 제 강연 이후에 있었던, 그리고 그가 참가했던 토론의 내용은 그의 요청에 의해 제 책에서 삭제되었기 때문입니다. 다른 텍스트들에는 토론 내용이 같이 실려 있습니다. 그러나 제 텍스트는 그렇지 않았습니다.

이 텍스트는 핵심이 되는 중요한 텍스트입니다. 왜냐하면 프로이트 저작 전체에 대한 저의 해석, 즉 프로이트의 담론은 혼재되어 있으며 따라서 인식론적으로 아주 취약한 담론이라는 해석을 그 텍스트가 밝혀 주고 있기 때문입니다. 프로이트의 담론이 인식론적으로 아주 취약한 담론이라는 것은, 그가 두 개의 어휘 체계를 사용하고 있기 때문입니다. 에너지에

---

1) *L'Inconscient: VIe Colloque de Bonneval*, éd. Henri Ey, Paris : Desclée de Brouwer, 1966.

관련된 어휘 ── 억압, 에너지, 충동 등과 같은 어휘 ──, 그리고 다른 한편으로 의미와 해석에 관한 어휘 ──『꿈의 해석』과 같은 제목에서 드러나는 어휘 ── 체계가 그것입니다. 게다가 저는 이처럼 얽혀 있는 특징을 프로이트의 개념성이나 인식론적 명증성의 결여가 아니라 그의 신념에 대비시켰습니다. 이러한 혼재를 저는 그의 연구 대상에 적합한 언어에 대한 심사숙고된 실천으로 보았던 것입니다. 그런데 프로이트의 연구 대상 자체는 정확히 힘과 언어라고 하는 두 체제의 연결고리 부분에 위치해 있습니다.

저의 지적 성실성을 문제 삼는 이러한 오해는『레탕모데른』(*Les Temps modernes*)지에 「해석학적 기계」(La machine herméneutique)라는 제목으로 실린 미셸 토르(Michel Tort)의 논문에서 다시 발견됩니다. 이 논문의 저자는 저를 맹렬히 공격했습니다. 그는 이 논문에서 실제로 다음과 같이 쓰고 있습니다. "리쾨르는『의지적인 것과 비의지적인 것』에서 무의식에 대해 처음으로 말했고,『해석에 관하여』에서 두번째로 말했다. 이 두 책 사이에 무엇이 있는가? 아무것도 없거나 아니면 라캉이 있다." 그런데 이 두 책 사이에는 우선『악의 상징』이라는 제 책의 범위 내에서 이루어진 상징적 언어에 대한 저만의 연구가 있었습니다. 따라서 우리가 무의식과 맺는 관계의 언어적 차원에 대한 강조가 있었던 것입니다. 이 차원은 실제로 라캉에게서 전면에 있는 것이기는 합니다. 그러나 저는 ── 라캉이 했던 것처럼 그 차원을 에너지 차원, 즉 역동적 차원과 대비시키는 대신에 ── 이 두 차원을 조화시켰던 것입니다.

●●● 선생님이 보시기에 라캉은 선생님께 무엇을 기대했는지요? 왜 선생님께 그와 같은 온정을 보였던 것인지요?

리쾨르 생각건대 라캉이 제게서 기대한 것은 결국 그가 계속해서 이폴리트[2]와 메를로퐁티에게서 기대했던 것과 같은 것이었습니다. 일종의 철학적 보증입니다. 이 점에서 제가 그를 실망시킨 것은 분명합니다.

●●● 선생님 자신은 라캉의 세미나에서 무엇을 기대하셨는지요?

리쾨르 저는 그의 여러 차례의 세미나를 의무로, 강제 고역으로, 그리고 끔찍한 욕구 불만으로 체험했습니다. 저는 제 자신에게 이것들을 정기적으로 부과했습니다. 왜냐하면 저는 항상 그가 아직까지 말하지 않은 중요한 무엇인가를 말할 것이라는 느낌, 그리고 그것은 다음번에 얘기되어질 것이라는 느낌을 계속해서 가졌기 때문입니다. 라캉은 서스펜스에 대한 완벽한 기교를 가지고 있었습니다. 저는 이것을 절대로 용인할 수 없다고 생각했습니다. 제게 있어서 그의 세미나에 무슨 수를 써서라도 되돌아가는 것, 의무의 감정을 가지고 되돌아가는 것, 또한 믿기 어려울 정도의 실망감을 가지고 되돌아가는 것은 진정한 의미에서 일종의 시험이었습니다. 어느 날 오후 제가 집에 돌아온 후 제 아내에게 "세미나에서 오는 길이오. 아무것도 이해하지 못했소!"라고 말했던 것을 기억합니다. 그때 전화가 왔습니다. 저에게 다음과 같이 묻는 라캉의 전화였습니다. "오늘 제 강의에 대해 어떻게 생각합니까?" 저는 그에게 "아무것도 이해하지 못했습니다"라

---

2) 장 이폴리트(Jean Hyppolite, 1907~1968)는 (윌름 가에 있는) 고등사범학교 총장과 콜레주 드 프랑스 교수를 역임했고, 헤겔에 대한 저서로 널리 알려져 있다. 게다가 그는 프로이트와 그의 이론에 대한 철학적 관심에 대해 개척자적인 연구를 수행했다. 여기에 대해서는 특히 그의 『철학적 사유의 모습들』(*Figures de la pensée philosophique*, Paris : PUF, 1971) 1권에 수록된 「프로이트의 부정에 대한 구두 설명」(Commentaire parlé sur la Verneinung de Freud, 1955)이라는 연구를 볼 것.

고 대답했습니다. 그러자 그는 전화를 퉁명스럽게 끊어 버렸습니다.

라캉에 대해 저는 심한 두려움을 느꼈습니다. 이 단어의 모든 의미에서 그렇습니다. 저는 소심해졌고, 또한 파문의 위협에 굴복하는 것과 같은 감정을 가졌습니다. 게다가 세미나를 지배했던 경배의 분위기 때문에 저는 숨이 막힐 지경이었습니다! 누군가가 일어나서 이해하지 못했다, 또는 그것은 말도 안 된다 등의 말을 하는 것을 상상할 수도 없었습니다. 저는 거기에서 미국식 세미나와는 완전히 반대되는 상황을 본 것입니다.

하지만 가장 '중차대한' 것은 이제부터 얘기될 것입니다. 저는 제 책의 서문에서 프로이트 이외의 다른 누구에 대해서도 말하지 않겠다는 것, 이러저러한 프로이트의 주제에 대한 해석자들의 이름만을 인용할 것이라는 점을 밝혔습니다. 따라서 저는 미리 다른 모든 프로이트 연구가들을 배제시켰던 것입니다. 게다가 정확히 라캉 자신이 비판한 자들, 실제로 특히 미국 정신분석학자들을—지나가면서 하는 말이지만, 비록 라캉이 그들 가운데 가장 흥미로운 자들, 가령 치료에 의해 통일된 역사를 회복시키면서 이야기의 서술적 측면과 이야기의 역할을 중요하게 여기는 자들을 모르고 있다는 것이 유감스럽기는 하지만—저는 배제시켰던 것입니다. 저는 이들 미국의 정신분석학자들을 뉴욕에서 만났습니다. 그곳 컬럼비아에서 1년 동안 저는 정신분석학자들이 주도했던 흥미로운 여러 세미나에 참석했습니다. 저는 또한 안나 프로이트, 어니스트 존스, 도널드 위니코트, 윌프레드 비온—제가 같은 시기에 발견했던—그리고 마지막으로 라캉, 그를 배제했습니다. 라캉을 이와 같은 후기프로이트 연구가들과 같은 부류에 넣어 버린 것, 그것이 바로 제가 저지른 용서받을 수 없는 실수였습니다! 아마 라캉은 그 자신의 저작에서 출발해서 프로이트에 대한 일종의 재해석이 될 수 있었을 한 권의 책을 제게서 기대했던 것입니다. 그런데 저는 그의 세미나에 참석하기 전에 그의 책들 중 어떤 것도 읽지 않았습니다.

••• 그리고 나서 라캉의 저작들을 읽으면서 선생님께서는 그것들에 대해 어떻게 생각하셨는지요?

리쾨르 이 주제에 대해서는 엘리자베트 루디네스코가 저를 위해 가장 유리함과 동시에 가장 고통스러운 사실을 증언해 주고 있습니다. "리쾨르는 라캉에게서 아무것도 가져올 수가 없었다. 왜냐하면 그는 아무것도 이해하지 못했기 때문이다"[3]라고 말입니다. "이것은 사실이다"라고 저는 말해야 합니다. 저는 라캉과 같은 화법과 사유법을 이해하지 못합니다. 그것은 제게 완전히 낯선 것입니다. 저는 그런 사유가 어떻게 작용하는지를 이해하지 못합니다. 때로는 저는 섬광에 의해 눈이 부십니다. 그러나 담론의 실마리를 전혀 잡지 못한 채로입니다. 저 혼자만이 아닐 것이라고 생각합니다……. 이런 사실이 저를 당혹스럽게 만듭니다. 그리고 아주 종종 저는 이것을 일종의 약점이라고 느꼈습니다. 짐작하시겠지만 저는 두려움의 포로가 되었습니다.

••• 결국 선생님께서는 선생님의 저서에서 치료의 몫을 과소평가했다는 점과 프로이트의 몇몇 이론 저작들, 특히 초심리학에 관계된 저작들을 과대평가했다는 점을 스스로 비난했다고 말씀하셨습니다. 그러나 선생님께서는 또한 많은 분석을 문명에 대한 프로이트의 해석에 할애하셨지요.

---

3) Élisabeth Roudinesco, *Histoire de la psychanalyse en France*, 2 vols., Paris : Fayard, 1994.

리쾨르 마지막 지적에 대해서는 저는 아무런 후회가 없습니다. 저는 문명에 대한 이론에 계속해서 많은 빚을 지고 있습니다. 『환상의 미래』(*Die Zukunft einer Illusion*), 『문명 속의 불만』(*Das Unbehagen in der Kultur*), 전쟁과 평화에 대해 아인슈타인과 주고받은 편지, 『모세와 일신교』(*Der Mann Moses und die monotheistische Religion*) 등과 같은 텍스트들은 제가 끊임없이 읽고 또 이해하려고 씨름하고 있는 것들입니다. 그리고 저는 이 텍스트들을 종교에 대해 아주 신랄한 니체의 저서들과 거의 동렬에 놓고 있습니다. 저는 이들 두 사람의 텍스트들을 제가 그 당시에 '의혹의 해석학'이라고 명명했던 것에 통합시킵니다.

제가 치료의 몫을 과소평가했고, 프로이트의 이론 저작들을 과대평가했다고 제 스스로에게 가했던 비난에 대해 보자면, 저는 그 사실을 벨기에에서 —— 프랑스에서가 아닙니다! —— 간행된 하나의 시론으로, 즉 알퐁스 드 발랑스(Alphonse de Waelhens)에게 헌정된 『인간이란 무엇인가』라는 책 속에서 설명했습니다.[4] 실천이 제공하는 개념성의 원천에 제 몫을 부여하기 위해 저는 정신분석의 세 가지 특징을 지적하려고 노력했습니다. 첫째, 무의식이 말을 한다는 사실입니다. 인간의 충동과 언어 사이에 일종의 근접성이 없다면 정신분석은 아마도 가능하지 않을 수도 있습니다. 이것은 인식론적인 것과 다른 용어들에서는, 역동적인 것과 해석적인 것의 결합을 다시 거론하는 방식입니다. 둘째, 충동은 ~에게로 향합니다. 충동 안에는 아버지, 어머니 등에게로의 향함이 존재합니다. 오이디푸

---

4) Paul Ricœur, "La question de la preuve dans les écrits psychanalytiques de Freud", *Qu'est-ce que l'homme?: philosophie/psychanalyse*, Bruxelles: Facultés universitaires Saint-Louis, 1982 ["The Question of Proof in Freud's Psychoanalytical Writings", *Journal of the American Psychanalytic Association 25*, n° 4, 1977].

스 콤플렉스는 실제로 구성적 타인과의 관계가 존재하지 않는다면 아마 대번에 이해될 수 없을 것입니다. 셋째, 분석적 경험의 서술 구성 부분입니다. 우선 정신분석을 받는 환자가 이야기의, 그러나 토막난 일화의 단편들을 가져다준다는 사실입니다. 그런데 환자는 이 단편들의 우여곡절을 용인하지도 이해하지도 못합니다. 어떻게 보면 정신분석학의 임무는 하나의 일화를 이해 가능케 하고, 받아들일 수 있게끔 하고, 그리고 그 일화를 바로 잡는 것입니다.

오늘날 저는 다음과 같이 말할 수 있을 것입니다. 아마 사람들이 프로이트에게서 이론을 과대평가했을 뿐만 아니라 또한 거기에다가 그 이론이 그 발견에 비해 뒤졌다는 사실을 보지 못했다고 말입니다. 그런데 이런 발견은 정확히 생물학주의, 과학만능주의로부터 동떨어진 서술의 질서에 속하는 것입니다. 제가 이해하는 한에서 이것은 라캉과는 화해 불가능한 것은 아닙니다.

어쨌든 사람들이 분석적 실천을 신중하게 고려한다면, 그리고 이 실천이 이론보다 앞선다는 것을 받아들인다면, 그때 치료에서 발생하는 것, 그리고 특히 감정전이의 사례에서 발생하는 것과 어떤 식으로든 친근성을 가질 필요가 있는 것으로 보입니다. 제 생각은 거기에서 모든 것이 이루어진다는 쪽으로 점점 기웁니다. 게다가 프로이트는 『정신분석학 기술』(*Zur Technik der Psychoanalyse*)이라는 제목하에 다시 모은 글들에서 이 사실을 지적하고 있습니다. 후에 저는 '조종'(Behandlung; maniement)이라는 개념에 대해 생각하기에 이르렀습니다. 이 개념은 순전히 언어적 의미에서 해석의 망에 스스로 포착되도록 허용하지 않는 것, 그리고 충동적 힘과의 관계, 힘의 '조종'을 지칭하는 것입니다.

••• 선생님께서는 프로이트를 다룬 선생님의 저서에 대한 여러 가지 오해를 말씀하셨습니다.

리쾨르 저는 또한 제가 저지른 다른 실수를 생각합니다. 이 실수는 제 의도였을 수도 있었던 것에 대한 주제에 관련된 것입니다. 대담 중에 저는 그것에 대해 이미 암시를 했습니다. 사람들이 저에게 정신분석학을 현상학 속에, 그리고 더군다나 소위 해석학적 현상학의 설명 속에 포함시키려고 시도할 수도 있다는 생각을 갖게끔 해주었습니다. 그러나 저는 정확하게 그 반대를 말하겠습니다. 다시 말해 거기에는 환원될 수 없는 것이 존재합니다. 현상학은 여기에서 한계에 직면한다는 사실을 지적합니다. 정신분석학과 더불어 저는 의식 이론에 저항하는 그 무엇인가에 부딪혔습니다. 그 시기에 제가 수동성과 관계있는 현상학의 여러 측면을 충분할 정도로 신중하게 여기지 않았던 것은 사실입니다. 특히 수동적 종합을 말입니다. 현상학과 정신분석 사이에는 연결 다리, 가능한 통로가 있을 수 있을 것입니다. 그러나 어쨌든 의식에 고집스럽게 집중된 이론과는 다른 통로를 통해서, 우리가 후설의 『데카르트적 성찰』(Cartesianische Meditationen)에서 보는 것과 같은 가장 관념론적 국면 속의 현상학과는 다른 통로를 통해서입니다.

••• 프로이트에 대한 선생님의 저서가 출간된 후 여러 해가 지나고 루뱅에서 3년을 보낸 후, 선생님께서는 낭테르대학에서 다시 강의를 시작하셨지요. 현상학에 대한 세미나를 하셨는지요?

리쾨르 그 세미나의 제목은 '현상학, 해석학'이었습니다. 어느 정도 시간이 지난 후에 '그리고 언어철학'을 덧붙였습니다. 제가 세미나에 분석철학(앵글로색슨적인 의미에서)의 주제를 포함시킨 시기였습니다. 또한 행위에 대한 주제를 포함시켰던 시기이기도 했습니다.

●●● 설명하는 것 ── 자연과학의 임무인 것 ── 과 이해하는 것 ── 문화와 정신과학의 사실인 것 ── 의 그 유명한 대립으로 특징지어지던 그 시기의 토의에서 선생님께서는 어느 편을 드셨습니까?

리쾨르 저는 해석학과 인식론 사이에 방법론의 차이, 이해 가능성에 대한 시도의 차이가 있다고 생각하지 않습니다. 이 두 관점은 끊임없이 교차하고 계속해서 관여합니다. 이것은 '해석학'이라는 용어가 적어도 세 가지 사실을 포함하기 때문입니다. 우선 엄격한 규칙을 포함하고 있는 정확한 방법입니다. 이것이 문헌학, 판례와 같은 위대한 고전적 텍스트들의 주해의 경우입니다. 그다음으로 이해의 본성 자체, 조건, 기능에 대한 사실입니다. 마지막으로 훨씬 야망이 있는 축으로, 이해 가능성의 다른 노선으로 나타나고 또한 과학적 과정들을 그 자체로써 가능하다고 여기는 것보다 더 잘 이해한다고 주장하는 ── '방법론주의'의 한계 내에 이 과정들을 위치시키면서 ── 일종의 '철학'입니다. 이것이 제가 어느 정도 거리를 두었던 가다머에 의해 채택된 입장입니다. 그런데 심지어는 첫번째 의미에서의 해석학, 즉 주석의 해석학도 제가 보기에는 하나의 인식론을 구성합니다. 이러한 인식론에서 '의미'의 개념은 이해 가능성을 충족시켜 줍니다.
　　게다가 과학이 그 대상, 방법 또는 원칙을 통해서 이해되는 것이 아니라 이론적 실천으로 이해될 때, 과학은 지향성에 복종하며, 이렇게 해서 의미 문제를 필연적으로 스스로 제기합니다. 따라서 이러한 의미에 대한 해석학의 정당성은 과학에서도 완전하게 정초되어 있습니다. 이 경우에 문제가 되는 것은 다른 여러 가지 것들 중에서도 실천의 과학성에 대한 해석학입니다.

이것이 저로 하여금 딜타이(Wilhelm Dilthey)에 의해 도입되고, 리케르트[5]에 의해 발전된 '설명하는 것'과 '이해하는 것' 사이의 대립을 거부하게끔 하는 것입니다. 이러한 대립에 반해 저는 방법들의 항구적 교차를 재천명합니다. 특히 언어학, 정치경제학은 설명적 방식과 이해적 방식을 불가분의 것으로 섞어 놓습니다. 예컨대 계량경제학은 설명적 방식에 따릅니다. 따라서 자연과 인간은 하나를 과학에, 다른 하나를 해석학에 일임해야 할 두 영역을 구성하지 않습니다.

이 점에 대해 저는 설명의 여러 다른 방식을 잘 분석해 놓았던 장 라드리에르에게 많은 것을 빚지고 있습니다.[6] 그는 네 가지 설명 방식을 구분합니다. 포괄에 의한 설명. 이것은 하나의 사실을 하나의 규칙하에 위치시키는 것(원칙의 예증)입니다. 환원에 의한 설명. 이것은 하나의 현상을 내재적 층위에 의해 설명하는 것입니다. 이것은 인간생물학이 인간의 이러저러한 기관의 나타남에 필요한 조건들을 표적으로 삼을 때 광범위하게 행하는 방법입니다. 그러나 이 방법은 현상의 발생을 토대에 의해 같은 정도로 설명하지는 못합니다. 발생론적인 설명. 이것은 이러저러한 현상이 조정된 일련의 변형에 의해 다른 현상을 앞지른다는 것을 보여 줍니다. 그

---

5) 하인리히 리케르트(Heinrich Rickert, 1863~1936)는 하이델베르크대학의 철학 교수를 역임했고, 빌헬름 빈델반트(Wilhelm Windelband)의 뒤를 이었다. 그는 역사에서 일반적 법칙의 발견 가능성을 부인하고 있다. 여기에 대해서는 그의 저서 『문화과학과 자연과학』(*Kulturwissenschaft und Naturwissenschaft*, Tübingen: Mohr, 1899) 참조.

6) 장 라드리에르(Jean Ladrière)의 『과학적 담론과 신앙의 말』(*Discours scientifique et parole de la foi*, Paris: Cerf, 1970)을 볼 것.

리고 마지막으로 최적조건에 의한 설명. 이것은 조절되고 집중된 하부체
계들의 기능의 최적 층위에 도달하는 것을 의미합니다.

••• 그러면 "과학은 사고하지 않는다"는 하이데거의 유명한 문장에 대해
선생님께서는 어떻게 생각하십니까?

리쾨르 사람들이 과학을 이론적 실천으로서가 아니라 계산에 동화될 수 있
는 지적 작용으로서 생각한다면, 그들은 그 경우 하이데거가 그랬던 것처
럼 "과학은 사고하지 않는다"라고 단언할 수 있습니다. 그러나 여기에는
조건이 있습니다. 사고를 근심의 존재로서 세계 내 존재인 나의 능력에 국
한시키며, 자신의 자기 이해에서 자기 스스로를 재포착하는 능력에 국한
시킨다는 조건이 그것입니다. 그러나 자연과학은 사실 이런 유형의 사고
가 아닙니다. 자연과학은 그 대상을 인간적 근심의 방식으로, 또는 저의 고
유한 용어를 사용하자면, 행동의 방식으로 절대로 사고할 수 없습니다. 실
제로 행위의 질서 속에서 객관적 체계, 경제적 체계, 정치적 체계 등의 배
후에서 어떤 동작주를 다시 발견한다는 것은 항상 가능합니다. 이 동작주
는 이러한 체계들 내에 자신을 투사했습니다. 사고하는 주체는 자신의 행
위 속에서 그 행위의 결과물에 대해 스스로를 항상 재포착할 수 있습니다.
자연의 측면에서 행위와 가장 가까운 개념은 생산성의 개념일 것입니다.
이러한 생산성에 의해 여러 현상들과 여러 사실들은 여러 원칙들하에 놓
입니다. 그리고 설명적 과정은——인과적이든, 발생론적이든, 구조적이든
또는 최적 조건의 추구에 의해서이든 간에——이러저러한 사실들이 이러
저러한 원칙들하에 놓인 방식을 설명하는 것을 가능케 해줍니다. 이미 헤
겔에 의해 전개된 생각을 다시 취하자면, 자연의 자동생산은 인간의 사고

모델에 따라 사고될 수 없습니다. 다시 말해 이 사고가 생산해 내는 것은 그 자체를 반성의 대상으로 삼는 자기반성의 모델에 따라 사고될 수 없습니다.

사실 저는 행동의 범주하에서 사고하는 것, 즉 인간이 행하는 것을 사고하는 것과 생산의 범주하에서 사고하는 것, 사실들이 원칙들 아래서 포섭되는 방식을 사고하는 것 사이의 구별을 유지하고 싶습니다. 이러한 포섭이 본질적으로 우리들 스스로가 세운 모델들, 그리고 모델화가 자연의 생산을 인간 사고의 생산물과 닮게끔 하는 모델들에 의존한다고 생각할 수도 있다는 것은 사실입니다. 그러나 이 모델이 모델화하는 영역과 비교해서 모델의 대표권이 수수께끼로 남는다는 것 또한 사실입니다. 이러한 대표권은 추정된 것입니다. 또한 하나의 행동이 만들어진다는 의미에서 볼 때 이 대표권은 만들어지지 않습니다. 따라서 자연의 생산과 주체의 자기 행동 내에서의 자기이해를 동일시하는 것은 불가능합니다. '자연-정신'의 구분으로 되돌아오는 것이 중요한 것이 아닙니다. 정신 그 자체는 그 수동성을 통해(삶의 생물학적 토대, 우리를 벗어나는 정신의 모든 메커니즘, 예컨대 발명성, 이념의 생산 등), 자연의 자동생산과 비교될 수 있는, 그리고 마찬가지로 완전히 수수께끼와 같은 일종의 자동생산을 겪는 것입니다. 거기에서 또한 비록 하나의 예정된 행동에 의해 정신 활동의 아주 작은 부분만을 우리가 통제할 뿐이어도 사정은 마찬가지입니다.

이렇게 자연의 이해 가능성과 행위의 이해 가능성을 일단 구별하고 나면, 이해 가능한 것의 의미 ── 우리에게 있어서 이러한 의미의 생산은 수수께끼입니다 ──에 대해 자문할 수 있습니다. 이러한 이해 가능성의 영역 자체 내에서 행위의 영역으로 다시 들어오는 과학적 기도의 의미, 즉 '과학을 하는 것'에 대한 물음이 제기됩니다. 이렇게 정의된 행위는 이제 그 행위의 자기이해를 추구하게 됩니다. 그러나 이렇게 해서 과학의 특수성을 음흉하게 축소시키는 것도 또한 중요하지 않습니다. 왜냐하면 그렇게 하지 않을 경우 행위의 의미를 이해할 수 없기 때문입니다. 과학적 기도와의 관계 아래서 —— 왜 우리는 자연을 이해하려 하는가? —— 자연을 분석해야 하는 것이며, 그리고 그 자체의 고유한 기도를 수행하면서 과학이 차근차근 그 의미작용의 몇몇 단편을 발견하게 되는 것입니다. 이론적 실천은 이해 가능성의 추구 속에서 자기 스스로를 이해하는 하나의 행위의 실천입니다. 하나의 행위로 환원될 수 없는 생산으로서의 자연에 대한 지식은 '알고자 하는' 행위인 아주 특별한 유형의 행위입니다. 이러한 '알고자 하는' 행위는 또한 절대로 그것 자체에 대해 투명하지 않습니다. 그러나 정신은 스스로를 전체성에서 포착할 수 없습니다. 그리고 정신은 바로 이 정신이 기도하는 여러 다른 행동들인 파편 속에서만 스스로를 인지할 뿐입니다. 과학은 과학이 생산하는 이해 가능성의 전개 자체에서만 자신의 고유한 목적을 사고할 수 있을 뿐입니다. 그때 목적성은 자신의 고유한 조작성에 내재해 있습니다.

사람들이 이러한 기도가 결국 어디로 향하느냐고 묻는다면, 그리고 다른 영역에서 우리들의 행위를 지휘하는 다른 기도들과 이 기도를 구별해 주는 것이 무엇이냐고 묻는다면, 저는 장 나베르의 다음과 같은 생각을 환기시킬 것입니다. 그에게 있어서는 수많은 사색의 방을 구성하는 정의, 진리, 미에 대한 이념들 밑에 깊이 놓여 있는 지향성의 여러 영역들이 열린 채로 남아 있습니다. 과학에는 정의(正義)의 이념이 포함되어 있습니다. 그것이 설사 여러 가정들의 필연적인 경쟁 내에서일 뿐이라고 해도 말입니다. 그런데 이러한 가정들 하나하나는 다른 주장을 경청해야 할, 토의 속에서 그것을 경청해야 할 의무를 지고 있습니다. 그리고 과학이 자연의 아름다움 앞에서 자주 드러내는 경이와 경탄을 생각한다면, 과학은 어쩌면 미의 이념에도 역시 복종할 수도 있습니다. 실제로 호기심은 단지 심리학적인 동기들에 의해 결정될 수 없을 과학적 활동을 이해하는 데 충분하지 못합니다. 이와 마찬가지로 과학적 활동은 지배의 의지일 수 있는 다른 동기에 의해서도 지휘될 수가 없을 것입니다.

●●● 현상학에 대한 세미나는 어떻게 진행되었나요?

리쾨르 저는 미국에서 세미나를 이끌어 나가는 법을 배웠습니다. 저는 세미나를 항상 거기에 능동적으로 참여해야만 하는 학생들에게 많은 것을 요구하는 아주 까다로운 과정으로 생각했습니다. 미국식 모델 덕택으로 저는 발표 기계가 되어 버린 프랑스 연구센터가 가지고 있는 경향에 저항했습니다. 게다가 제 세미나에는 거의 항상, 심지어는 프랑스에서조차도, 미국 학생들이 있었습니다. 그들이 세미나의 분위기를 주도했습니다. 저는 대서양 건너편에서 행해지고 있는 것을 적용시켜 보려고 애썼습니다. 첫 시간에 10여 권의 책과 20여 편의 논문에 대한 독서를 제시했습니다. 그리고 저는 교육자들과 세미나 구성원들의 공통되는 경험의 장일 이 텍스트들 사이를 왔다 갔다 하려고 노력할 것이라는 점을 명확히 했습니다.

　이러한 세미나의 실행으로 인해 저는 제 저서에서 항상 일반 독자보다는 학생들의 눈높이에 맞추려고 노력하게 되었습니다. 비록 제가 저의 지적 성실성을 문제 삼았던 라캉의 비판을 제외하고는 비판을 상당 부분 수용했음에도 불구하고 그렇습니다. 제가 보기에 다른 모든 비판들은 정상적인 것입니다. 저는 비판에 의해 개인적으로 상처를 입었다는 느낌을 가진 적이 없습니다. 왜냐하면 저를 사로잡는 것은 결국 하나의 사실, 즉 제 담론의 일관성이었기 때문입니다. 제게 있어서 무엇보다도 중요한 것은 제 자신의 모순과 다양한 영향들 사이의 긴장을 해결하는 것이었습니다. 문제는 늘 제가 거짓으로 창문을 만들고 있는 것은 아닌지, 제가 했던 작업이 타협에 불과한 것은 아닌지, 혹은 그 작업이 저 혼자서 갈 수 있는 제3의 위치로의 진정한 도약인지 아닌지를 아는 것이었습니다. 제 걱정은 바로 거기에 있었습니다. 그러나 저는 후에 저에 대해 제가 읽었던 것을 전혀 느끼지 못했습니다. 그리고 최근까지 '계략에' 말려들 수도 있었을 것이라는 점을 느끼지 못했습니다. 반대로 저는 항상 더도 아니고 덜도 아닌, 적당한 독자들을 가졌다는 느낌을 가졌었습니다. 또한 교육에 대한 커다란 만족감과 제 자신과의 관계에서 개념적이라고 말할 수 있을 그러한 만족감을 가졌습니다.

이렇게 해서 저는 1950년대 실존주의 이후 극단적으로 다양한 여러 철학적 풍경들을 통과했습니다. 저는 독자들의 기대일 수도 있었을 것에 대해서는 상대적으로 주의를 소홀히 했습니다. 따라서 독자들에게 충실하겠다는 배려가 없었습니다. 이것은 분명 제 잘못입니다.

어떤 한 주제에 대해 책을 쓰고 나면 저는 그후에 그 주제에 대해서는 더 이상 말하지 않습니다. 마치 제가 그것에 대해 제 의무를 다한 것처럼, 그리고 제 길을 계속 가는 데 자유로운 것처럼 말입니다. 이렇게 해서 저는 정신분석학의 문제를 떨쳐 버렸을 뿐만 아니라 또한 『살아 있는 은유』이후에는 은유의 문제를 떨쳐 버렸습니다.

●●● 이런 이유로 해서 사람들이 가끔 선생님의 지적 여정 가운데 이 책에서 저 책 사이에 일종의 단절이 있다는 느낌을 갖게 되는군요?

리쾨르 그럼에도 저는 자주 앞선 주제의 흔적에서 제가 후에 다룬 다른 주제의 위급함을 발견합니다. 정신분석과의 관계에서도 이것은 사실입니다. 왜냐하면 『해석에 관하여: 프로이트에 대한 시론』은 『악의 상징』에서 유래했기 때문입니다. 전체적으로 보아 엘리아데와 가까운 종교현상학의 노선을 택하면서 저는 프로이트, 니체, 마르크스에게서 제가 설명해야만 하는 것과 반대되는 생각이 있다는 느낌을 본격적으로 가졌었습니다.

••• 선생님의 표현을 다시 빌리자면, 그때는 또한 구조주의의 '풍경'을 통과하던 시기이기도 했지요. 이러한 통과의 종점이 바로 1975년의 『살아 있는 은유』일 것입니다. 이것은 현상학적 방법을 시험해 보는 또 다른 방식이었지요. 아마 사람들은 선생님께서 구조주의자가 되었다고 생각했을 겁니다!

리쾨르 저는 항상 구조주의 철학과 한정된 텍스트들의 구조에 대한 연구 사이에 커다란 차이를 둡니다. 두번째 접근 방식을 저는 굉장히 높게 평가합니다. 왜냐하면 그것은 텍스트의 권리를 인정하는 방식이며, 저자의 의도와 독립해서, 따라서 그의 주관성과는 별개로 텍스트를 이 텍스트의 내적 분절의 가장 훌륭한 장소로 끌어올리는 방식이기 때문입니다. 구조주의의 이러한 측면이 제게는 낯설게 보이지 않았습니다. 왜냐하면 저는 텍스트의 의미론적 자율이라는 제목하에 텍스트가 저자에게서 벗어나고, 텍스트 자신을 위해 의미작용을 한다고 항상 주장했기 때문입니다. 그런데 이러한 텍스트의 의미론적 자율이라고 하는 것은 텍스트를 이 텍스트의 객관성 ─텍스트가 말해지고 쓰여지는, 따라서 객관화된 것으로서─ 만을 고려하는 접근 방식에 문을 열게 했습니다. 저는 객관성을 아주 긍정적 의미로 포착합니다. 가장 훌륭한 이해를 위해 발화자에게로 되돌아가기 전에 설명에 의해 강제로 부과된 통과로서 말입니다.

하지만 저는 이것을 구조주의자들의 철학과는 구별합니다. 이들의 철학은 실천에서 다음과 같은 이론을 끌어냅니다. 주체가 자기 담론의 발화자라고 하는 자기의 위치로부터 제거되는 일반 이론이 그것입니다. 저는 구조주의적 실천과 친숙하면서도 동시에 레비스트로스에게서 가장 높은 수준에 도달한 것으로 보이는 구조주의와는 갈등의 관계에 있었습니다. 물론 저는 구조주의 학파에서 레비스트로스의 저서를 가장 높이 평가합니다. 『에스프리』지의 철학 서클에서 우리는 레비스트로스의 위치를 정하기 위해 제가 '초월적 주체가 없는 초월주의'라는 표현을 도입했던 아주 흥미로운 대립을 가진 바 있습니다. 레비스트로스는 저의 적이었습니다. 이 강력한 적에 대해 저는 주체 철학으로 방어하면서 저의 위엄성을 찾으려고 노력했습니다. 저는 레비스트로스를 토론 수준의 결정자로 보았습니다. 제가 보기에는 그는 최소한의 양보도 없이 이루어진 작품의 모델을 구현하고 있었습니다.

●●● 고의적으로 초월이라고 하는 수직적 차원을 잘라 낸 신화에 대한 레비스트로스의 분석은 선생님을 만족시킬 수가 없었던 것이겠지요. 선생님께서는 레비스트로스와 어디까지 동행해 나가셨는지요?

리쾨르 저는 특히 『벌거벗은 인간』[7)의 '결론' 부분을 생각합니다. 이 텍스트에 대해 저는 거리를 두면서도 존경심을 갖습니다. 전적으로 다른, 그러나

---

7) Claude Lévi-Strauss, *Mythologiques IV: L'homme nu*, Paris : Plon, 1971.

중요한 하나의 시도에 대한 경배로서 말입니다. 왜냐하면 제게 아주 낯선 다른 저자들의 많은 저작들, 그러나 제게는 중요하지 않은, 따라서 제가 그것들에 대해 전혀 말하지 않았던 저작들도 역시 존재하기 때문입니다.

레비스트로스와 함께 저는 그의 이론에서 출발해서 그가 했던 '차가운 사회'와 '뜨거운 사회'의 구별이라는 토대 위에서 논증을 하려고 노력했습니다. 그는 첫번째 사회를 그 사회의 역사가 쓰여지지 않은 사회, 그리고 그 사회의 신화들과 담론들 역시 '차가운' 대상으로서 개념적 천상계에서 쉬고 있는 것으로 포착되어야 하는 사회로 정의합니다. 그 누구에 의해서도 발화되지 않은 신화와 담론들은 그 누구에게로도 향해 있지 않습니다. 그것들은 일종의 객관성의 상태 속에서 그냥 존재합니다. 그러나 레비스트로스가 관심을 보이지 않았던 다른 사회들——첫째로 그리스 세계, 그리고 여전히 그보다 많은 셈족의 세계——속에서 역사는 자기 이해에 대해서뿐만 아니라 또한 말해진 것들의 내용 자체의 구성 요소이기도 합니다. 예를 들어 봅시다. 고대 이스라엘 신학의 상당 부분이 몇몇 이야기들을 선택된 질서 속에 포함시키는 것으로 이루어져 있습니다. 따라서 이런 사회가 그 이야기들의 의미를 서술적으로 부여했다고 하는 사실은 역사가 거기에서는 담론에 대한 외적인 영향력을 가지고 있는 그 무엇인가일 뿐만 아니라, 역사가 그 담론의 구성 부분이기도 하다는 사실을 내포하고 있습니다. 그것이 역사의 대상일 뿐만 아니라 조작 방식이기도 한 것입니다.

●●● 레비스트로스가 늘 전념했던 미국 인디언들의 신화들과 비교해서 그 자체로 형이상학적인——이 말이 여기에 적합하다면——의미를 가지고 있는 것과 같은 현저한 차이를 제공해 주는 것이 그리스 신화들, 유대교-기독교 신화들, 그리고 또한 인디언들의 신화들이라는 것은 사실입니다.

리쾨르 레비스트로스는 그의 이론에 아주 근사한 대상의 영역을 선택했던 것으로 생각합니다. 그에게 있어서 이론과 영역 사이에 일종의 상호적 선택이 있다고 저는 말할 수도 있을 것입니다. 당신이 암시한 그러한 신화들에 대해 레비스트로스가 뭐라고 할까요? 아마 다음과 같이 대답할지도 모릅니다. 실존하는 것과 초월하는 것의 관계에 대한 우리들 고유의 이해관계는 우리들로 하여금 그것들을 더 가치 있게 만든다고 말입니다. 그러나 만약 사람들이 구조적인 것이 의미화하는 특권적인 방식인 철학과 더불어 그것들에 접근한다면, 그때는 스피노자식으로 이러한 생산물들을 환상의 상상적 근원에 연결시키는 것은 자유라고 말입니다.

레비스트로스의 개념에서 지배적인 것은 분명 뇌를 그것의 뉴런적 구조화와 비슷한 것으로 여기면서 모든 구조와 적 체계를 비슷하게 여기는 것입니다. 그것은 마치 신화적 인간 속에서 계속적으로 반복되었던 한 명의 뉴런적 인간이 존재한다고 하는 것과 같습니다. '인간'이란 단어를 여전히 제거해야만 합니다…….

●●● 레비스트로스 외에 다른 사람들도 1970년대에 실제로 인간이란 단어를 제거했습니다. 선생님께서는 '인간의 죽음'이라는 푸코(Michel Foucault)의 선언에 대해 어떤 감정을 품으셨는지요?

리쾨르 인간은 최근의 발명품이라고 하는 생각은 제게는 단순히 우화적으로 보입니다. 예컨대 저는 소포클레스의 『안티고네』에 들어 있는 '인간에 대한 찬가'를 생각합니다. 거기에서 사람들은 다음과 같은 구절을 읽을 수 있습니다. "이 세계에는 많은 경이적인 것들이 존재한다(polla ta deina). 그러나 그 어떤 것도 인간보다 더 **경이적**(deinon)이지는 않다"(332~337

행). 더 경이로운? 더 끔찍한? (단어의 고유한 의미에서) 더 무시무시한? 그러나 또한 제가 아주 좋아하는 『쾌락의 활용』(L'usage des plaisirs)과 『자기 배려』(Le souci de soi)와 같은 푸코의 마지막 텍스트들에서 여러 차례 그가 정확히 되돌아오고 있는 스토아적 관심, 욕망과 열정의 통제를 어떻게 잊을 수 있을까요? 그러나 이것은 『말과 사물』(Les mots et les choses)에서 그가 전개했던 철학과는 많이 다른 철학입니다. 저는 이 책에 대해 아주 유보적인 태도를 가지고 있었습니다. 무작위의 전이와 함께 이러저러한 에피스테메(épistémè)가 대치된다는 생각은 제게 이해 불가능한 것으로 보입니다. 또한 에피스테메를 하나씩 따져 보면 그것이 아주 풍부하고 다양한 내용에 기초해 있는 것으로 저는 보지 않습니다. 17세기에 신학은 물론이거니와 수학과 법을 고려하지 않고서 재현이라는 에피스테메에 대해 어떻게 말할 수가 있을까요? 제가 보기에 푸코는 매번 너무 제한된 공제를 했기 때문에 설득력이 있어 보이지 않습니다. 제 판단으로는 17세기 이전의 모든 것을 유사성의 범주 아래에 위치시킨다는 것은, 르네상스와 16세기의 철학과 믿기 어려울 정도로 다양한 사고를 제대로 평가하지 못하는 것으로 보입니다.

이와는 반대로 저는 『시간과 이야기』 3권의 한 부분을 완전히 『지식의 고고학』(L'archéologie du savoir), 특히 '담론 형성'에 할애했습니다. 저는 아주 밀접하게 기억의 연속성, 따라서 주체의 역사의 연속성이라는 푸코의 생각이 관념론적 환상이라는 사실을 다루었습니다. 그 시기에 저는 지금 연구를 하고 있는, 그리고 지금 제게 수수께끼로 남아 있는 주제를 발견하기 시작하던 때였습니다. 그 주제란 삶의 일관성(Zusammenhang des Lebens)입니다. 이것은 의식의 밑에 위치하며, 따라서 비판에서 벗어납니다. 이와 같은 비판에 의하면 자기 자신을 위해 이러한 일관성을 요구하는 주체의 편에서 보면 푸코의 생각은 관념론적 주장일 것입니다.

　　푸코가 그의 마지막 두 저서와 더불어 이전의 그로부터 멀어진 한에서 저는 그와 가까워졌다는 느낌을 받습니다. 그러나 저는 그것을 그에게 말할 수 있는 기회를 갖지 못했습니다. 그와의 만남은 이루어지지 않았습니다. 분명 그는 이 만남에서 아무것도 기대하지 않았을 수도 있습니다만, 저는 그를 거의 만나지 못했던 여러 길 위에, 아니면 가끔은 교차점 위에 있었던 것입니다.

●●● 구조주의 이론가 중 선생님께서는 그레마스(Algirdas Julien Greimas)를 또한 존경하셨지요.

리쾨르 처음에 저는 그레마스와 대립된 관계를 가졌습니다. 우리들의 첫 만남을 기억하고 있습니다. 저는 구조주의가 저의 담론에서 한 단계, 텍스트의 객관성으로의 통과를 나타낸다고 설명하려고 노력했습니다. 그는 저에게 다음과 같이 대답했습니다. "결국 당신은 나를 감싸 버립니다. 그러나 당신이 말을 꺼냈으니 하는 말인데, 나는 당신이 주장했던 것에 대한 기호학을 하고 있습니다. 따라서 내가 당신을 감싸는 것입니다." 우리들의 관계는 이렇게 시작했습니다. 점차 갈등의 관계가 극복되었으며, 그 이후 이어지는 여러 해 동안 우리들의 관계는 깊은 우정, 상호 간의 존경과 심지어는 애정으로 바뀌었습니다. 모파상의 단편 「두 친구」(Deux amis)에 할애된 그의 저서를 저는 길게 분석했습니다. 저는 그의 기도를 이해하기 위한 노력을 통해 그를 위한 변명을 아주 멀리까지 밀고 나갔었습니다.

　　게다가 저는 이러한 단련이 구조주의자들과 제가 맺었던 비판적 관계의 전형이었다고 생각합니다. 그들의 주장에 대해 저는 많은 존경심을 가지고 있었지요. 따라서 분지점은 구조주의의 이해를 위한 저의 아주 커다란 노력에 의해 상세하게 제한되고 준비되었습니다. 일반적으로 저는 그들과의 이별이 저에게 비싼 대가를 치러야 한다고 말할 수 있을 정도로 제가 멀리까지 동반할 수 있는 저자들에 대해서만 말을 합니다. 그러나 그러한 이별은 저에게 유리한 것이기도 합니다. 왜냐하면 저는 그들의 반대파를 통과했기 때문입니다. 제가 이런 생산적인 갈등 관계를 갖지 않은 자들, 그들에 대해서는 저는 말하지 않습니다. 이것이 저의 많은 침묵을 설명해 줍니다. 이것은 무지, 경멸, 적대감에서 오는 것이 아닙니다. 단지 이것은 제가 그러한 저자들을 **만나지** 못했다는 사실에서 기인합니다. 그레마스의 범주를 빌리자면, 그들은 보조자의 위치나 적대자의 위치에 서 있는 것이 아닙니다. 그들은 중성적 상황에 있습니다. 그들은 제가 지나가지 않는 곳에 있습니다.

●●● 이러한 생산적 갈등 관계에 대해 선생님께서는 세 권으로 된 『시간과 이야기』에서 성 아우구스티누스, 아리스토텔레스, 후설, 하이데거를 철저히 논의한 것과 더불어 잊을 수 없는 많은 예를 들고 계십니다.

리쾨르 언제였던가를 말할 수는 없지만, 제게 일종의 섬광, 다시 말해 시간에 대한 성 아우구스티누스의 이론과 아리스토텔레스의 『시학』에서의 **줄거리 구성**(muthos)의 개념 사이에 도치된 평행관계에 대한 직관이 있었습니다. 그것은 『고백록』(Confessions) 11권의 **영혼의 팽창**(distentio animi)과 아리스토텔레스의 **줄거리 구성** 사이의 일종의 갑작스러운 충돌이었습니다. 이 충돌은 후에 저에게 결정적이었을 뿐만 아니라 또한 기초가 되었던 것입니다. 우리가 방금 말했던 것을 부연 설명하자면, 시간은 이야기처럼 구조화되어 있다는 것입니다. 바로 이것이 제가 이 책에서 꺼내 든 카드였습니다. 시간은 이야기될 때 인간적이 될 뿐이라는 가정 속에서 사람들은 어디까지 나아갈 수 있을까요? 서술적인 것을 통한 통과라고 하는 것이 세계의 시간의 인간의 시간으로의 고양일까요?

●●● 결국 『의지적인 것과 비의지적인 것』에서부터 시작되어 『타자로서 자기 자신』, 프로이트의 이론, 언어학, 구조주의 등을 오랫동안 우회하신 선생님의 여정을 바라볼 때, 선생님께서는 단절된 노선들이라는 느낌을 가지시는지요? 아니면 연속적인 흐름의 실마리를 뽑아내는 여정이라는 느낌을 가지시는지요?

리쾨르 당신은 저를 제 자신에 대한 해석의 영역, 바로 거기에 세웁니다. 그리고 제 해석은 한 독자의 해석보다 더 값어치가 있는 것이 아닙니다.

●●● 그럴 수도 있겠지요. 하지만 가치가 덜한 것도 아닐 것입니다. 선생님 자신에 대해 선생님께서 스스로 독자로서 가하는 해석은 어떤 것인지요?

리쾨르 저는 연속/비연속의 교차 속으로 들어가지 않습니다. 제가 생각하는 것, 어쨌든 제가 저에 대해 말할 수 있는 것은 각각의 저서가 부분적인 문제에 의해 결정되었다는 점입니다. 게다가 저는 철학이 한정된 문제들, 잘 구별된 사고들의 혼합으로 향한다는 생각에 애착을 가지고 있습니다. 이처럼 은유, 그것은 우선 문체(style)의 하나의 문채(figure)입니다. 이야기, 그것은 무엇보다도 하나의 문학적 장르입니다. 제 책들은 항상 제한된 특징을 갖습니다. 저는 절대로 '철학이란 무엇인가'라는 유형의 덩치가 큰 문제를 던지지 않습니다. 저는 특수한 문제들을 다룹니다. 은유의 문제는 이야기의 문제가 아닙니다. 비록 제가 이것들에서 의미론적 혁신의 연속성이 있는가를 관찰한다고 해도 말입니다.

저는 저의 여러 다른 책들 사이의 관계를 다른 방식으로 봅니다. 한 작업을 다 끝마치고 난 후에 저는 그 작업에서 벗어나는 그 무엇인가, 그 작업에서 튀어나오는 그 무엇인가, 제게 있어서 강박관념적이 되는, 그리고 다루어야 할 가까운 주제를 구성하는 그 무엇인가에 부딪힙니다. 저는 이러한 은밀한 관계를 설명할 수 없습니다. 왜 이야기에 대한 문제가 은유 다음에 내게 제기되었는가? 물론 저는 이것과 저것 사이에 선을 그을 수는 있을 것입니다. 이 두 책에서는, 제가 방금 말한 것처럼, 의미론적 혁신의 문제, 달리 말해 사람들은 말하면서 어떻게 의미를 창조하는가의 문제가 있습니다. 사람들은 엉뚱한 의미론적 영역들을 함께 전개하면서 ─ 이것이 은유입니다 ─ 또는 줄거리를 구성하면서 ─ 이것이 이야기입니다─의미를 창조합니다. 따라서 의미론적 혁신이라는 기호 아래에서는 이들 두 주제 사이에 동질성이 존재합니다. 그러나 그것은 어느 정도까지 돌이켜 보면서 한 발견이 아닐까요? 저는 글을 쓰는 자는 누구나 우선 의식의 한계 속에서 배회하고, 이어서 중심에 자리 잡기 위해 오며, 그리고 마지막으로는 강박관념적인 한 주제에 관해 이러한 경험을 한다고 생각합니다.

제게 이러한 생각이 들었던 마지막 시기는 1986년에 제가 기퍼드 강의에 초대되었던 때였습니다. 그러니까 『시간과 이야기』의 출간 직후였습니다. 저의 첫번째 반응은 제가 무엇에 대해서 말하고자 하는가를 찾는 것이었습니다. 결국 주체의 문제를 정면에서 다시 포착할 필요가 있다고 생각했습니다. 이것이 저로 하여금 윤리학과 존재론으로 오기 전에 언어의 영역, 행동의 영역, 그리고 서사적 정체성의 영역을 차례로 간단하게 요약하면서 거치게끔 했습니다.

한 책에서 다른 책으로 넘어가는 단계는 매번 같은 것은 아니었습니다.『해석에 관하여』는 말하자면 갑작스럽게 나왔습니다. 왜냐하면 이것은『악의 상징』에 대한 대답일 수도 있었기 때문이고, 또 프로이트에 대한 책이 되어 버렸기 때문입니다.『살아 있는 은유』는 결국『악의 상징』과 엘리아데에 대해 비판적 관계에 있습니다. 그것은 제가 거기에서 상징 ── 화학적 상징으로부터 절대 권력의 상징에 이르기까지 모든 잡동사니를 다 넣은 모호한 개념 ── 보다 더 잘 연구되고, 더 잘 알려진 언어의 구조가 존재하지 않는지를 자문했다는 의미에서입니다. 반대로 수사학의 모든 전통 덕택에 사람들은 은유가 어떻게 작동하는가를 보다 더 잘 이해합니다. 저는 그때 다음과 같이 자문해 보았습니다. 상징에 관련된 널리 퍼져 있는 모든 문제를 강하게 의미화하면서 이 문제를 일종의 수사학의 집합소에 옮겨 부을 수는 없는가 하고 말입니다. 사실 제가 거기에 부여했던 것은 상징에 대한 의미론적 이론이었습니다. 따라서 사람들은『살아 있는 은유』와 더불어 제가 한 발 후퇴했다고 말할 수도 있습니다. 왜냐하면 제가 프로이트를 거친 후뿐만 아니라, 또한 당시에 이용하고 있지 않았던, 그리고 심지어는 모르고 있었던 언어학적 도구들 ── 명제 의미론, 언어 화용론, 발화이론 ── 을 접한 후에 다시『악의 상징』으로 되돌아왔기 때문입니다. 바로 여기에서 제가 미국에서 지냈던 것이 아주 결정적입니다. 특히 막스 블랙과의 만남은 아주 중요했습니다. 왜냐하면 이 만남이 저로 하여금 지칭의 일탈이 아니라 서술의 일탈 위에 기초한 은유에 대한 이론들과 접촉하는 것을 가능케 해주었기 때문입니다.[8]

당신들은 제 책들 사이에 연속성 혹은 단절이 있는가를 알아보려고 애씁니다. 바로 거기에 제가 한 발 후퇴하면서 다시 문제를 다룬 특수한 연속의 한 유형이 있습니다. 제가 『역사와 진리』를 출간하던 시기에, 『시간과 이야기』 훨씬 전에, 그리고 심지어는——신화가 이미 이야기였기 때문에——『악의 상징』이라는 저서 때부터 제가 관심을 가졌던 서사적인 것에 대해서도 마찬가지입니다.

이처럼 사람들은 저의 새로운 책의 주제가 이전 주제들에서 벗어났다고 말했습니다. 하지만 그 주제들은 이미 만나고 스쳤던, 또는 앞선 주제들을 통해 이미 예견되었던 것들이었다고 할 수 있습니다. 부분이었던 것이 새롭게 포장되고, 그렇게 해서 전체가 된 것입니다.

그러나 저는 각각의 책이 한정된 대상을 가지고 있다는 사실에 오히려 민감합니다. 그 책들의 한계에 대한 사색으로부터 다른 주제에 대한 강박관념이 생겨납니다. 이와 마찬가지로 기억에 대한 주제가 지금 저를 괴롭히고 있습니다. 『시간과 이야기』에서도 『타자로서 자기 자신』에서도 다루어지지 않았던 것으로서 말입니다.

●●● 선생님께서는 은유 이론들과 선생님의 철학에 대한 앵글로색슨 철학들의 접목에 대해 암시하셨습니다. 미국에 계실 때 선생님께서 하셨던 강의를 통해, 그 당시에 대부분의 프랑스 대학에서는 전혀 알려지지 않았던 거대한 영역의 문이 선생님께 활짝 열렸다고 할 수 있는지요.

리쾨르 제게 있어서 미국의 대학은 거대한 도서관이자 거대한 참고문헌이

---

8) 특히 막스 블랙(Max Black)의 『모델과 은유』(*Models and Metaphors*, Ithaca : Cornell University Press, 1962)를 더 읽을 수 있을 것이다.

었다고 말할 수 있습니다! 공개된 참고문헌은 그 이후 불가피한 것이 되었습니다. 저는 그때까지 있는지조차 몰랐던 저자들, 작품들, 이론들을 발견했습니다. 『살아 있는 은유』와 『시간과 이야기』에서 언급된 참고문헌들을 훑어보는 것으로도 충분할 것입니다. 이 문헌들은 저의 게르만적 지적 형성과 균형을 유지하도록 해주었습니다. 물론 게르만적 지적 형성을 전부 삭제하지는 않았습니다. 저는 칸트에 대해서도 그만큼의 빚을 지고 있습니다. 그리고 아주 기꺼이 결국 제가 소위 후기칸트주의자가 되었다고 말할 것입니다. 비록 그것이 후설과 나베르를 통해서이기는 하지만 말입니다. 게다가 제가 즐겨 말하듯이 저는 후기헤겔주의적 칸트주의자가 되었습니다.

●●● 지나가면서이기는 하지만 선생님께서는 『시간과 이야기』의 구성에 대해 언급하셨습니다. 여기에서 이 세 권의 자세한 부분까지 거론할 수는 없을 것입니다. 물론 독자들이 이 책들을 직접 읽는 것이 가장 이상적이겠지요. 하지만 선생님께서 최소한 이 세 권의 전체 구조를 밝혀 주실 수 있으신지요.

리쾨르 저는 두 개의 주된 개념에서 출발하고자 합니다. '형상화'와 '재형상화'라는 두 개념은 제가 『살아 있는 은유』에서 '은유적 지시 대상'이라는 제목하에, 그러나 약간은 조급하게 다루었던 문제를 더 잘 제기하도록 해줍니다. 이 책에서 저는 독자의 경험을 재정돈하는——언어가 이것을 보증해 주는데——능력에 의해 제기된 문제에 직면했습니다. 이 책의 말미에서 저는 단순히 다음과 같은 사실을 가정했습니다. 언어가 은유에 의해 창조적 방법으로 재조직될 때부터 독자의 경험 속에 하나의 구멍이 뚫린다는 것이 그것입니다. 다시 말하자면 우리들은 언어의 새로운 양상들에 따라서 우리 자신의 고유한 경험을 읽도록 초대된다는 것입니다. 그러나 마지막 장에서 연결고리 하나가 빠져 있었습니다. 그것이 독자의 역할입니다.

제가 보기에 이 문제는 『시간과 이야기』에서 좀더 잘 극복된 것 같습니다. 왜냐하면 이 문제에 대해 저는 완전히 구분되는 두 부분을 할애하기 때문입니다. 한 부분은 형상화에 할애되었습니다. 말하자면 행위와 등장인물들을 줄거리화하는 형태로 언어의 내부 자체에서 일어나는 서사적 작용들을 말하는 것입니다(이것이 1, 2권에서 다루어진 것입니다). 다른 한 부분은 재형상화에 할애되었습니다. 이야기의 효과 아래에서 이루어지는 생생한 경험의 변화를 말하는 것입니다. 바로 이것이 3권 전체의 대상입니다. 형상화의 문제는 언어에 대한 세 가지 실천에서 다루었습니다. 우선 대화가 이루어지는 일상언어의 장에 제 자신을 위치시킴으로써 저는 언어의 **미메시스**(mimesis)적 특성에 대한 방대한 토론의 길을 열었습니다. 그다음으로 저는 미메시스라는 개념 자체가 변증법적 방식으로 기능한다는 것을 보여 주려고 시도했습니다. 왜냐하면 미메시스는 우선 모방이고, 그리고 재구성이며, 또한 경험을 변화시키는 능력이기 때문입니다. 이어서 역사라는 두번째 논의의 장이 논의되고, 마지막으로는 세번째 논의의 장인 허구가 논의되었습니다.

그러나 그것이 일상언어 속에서든, 역사 또는 허구 속에서든 저는 항상 언어의 환경 **속**에 있습니다. 그렇기 때문에 저는 우선 형상화만을 다룹니다. 3권 전체를 언어의 언어 밖으로의 외출이라고 하는 극도로 민감하고 극도로 모순된 문제, 하나의 경험을 재정향화하고 재구성하는 능력의 문제, 그리고 세상을 살아가는 새로운 방법을 만들어 내는 능력의 문제에 할애하면서 말입니다.

역사에 대해 말하자면, 저는 『시간과 이야기』에서 단 한 가지 문제에만 관심이 있었다는 것을 밝혀야 하겠습니다. 역사는 어디까지 이야기인가의 문제가 그것입니다. 그렇기 때문에 기억과 역사 사이의 관계에 대한 저의 현재 연구 속에서 ─조금 후에 언급할 것이지만─ 저는 이러한 접근의 명백한 결점을 메우려고 합니다. 그 결점은 앞에서 제기된 문제의 선별적이고 배타적인 특성에 의해서 결정되었습니다. 그 당시에 이 문제는 저에게 매우 긴요한 것이었습니다. 우리들은 여전히 페르낭 브로델(Fernand Braudel)과 아날학파가 획을 그은 시대에 있었습니다. 이 시대는 사건과 서사, 정치사, 외교사, 전투사 등등이 퇴보를 겪은 시대입니다. 물론 이와 같은 퇴보는 느린 변화의 힘, 따라서 오래 지속되는 힘을 고려해 좀더 구조적이라고 할 수 있는 역사에 비춰 본 것입니다. 저는 『시간과 이야기』에서 역사 분야에 양보를 해야 했습니다. 그것은 다음과 같은 확신을 위해서였습니다. 역사가 서사적이라면, 역사는 말에 대한 직접적이고 즉각적인 허구화에 기초하는 일상언어와는 아주 다른 방식으로 서사적이어야 한다는 것이 그것입니다. 다시 말해 역사와 더불어 사람들은 극도로 구성적인 이야기와 관련을 맺습니다. 이러한 명제에 대한 좋은 예로 우선 반대되는 것처럼 보이는 예를 들어 보겠습니다. 그것은 다름 아닌 브로델의 『펠리페 2세 시대의 지중해와 지중해 세계』(*La Méditerranée et le monde méditerranéen à l'époque de Philippe II*)라는 방대한 책입니다. 결국 저는 이 책에서 문제가 되는 것은 지중해가 영웅인 거대한 이야기라는 것을 보여 주려고 노력했습니다. 펠리페 2세의 죽음이 이 이야기의 종말을 나타내는 것이 아니라 역사적 영웅으로서의 지중해의 사라짐과 세상의 중심으로서의 지중해의 사라짐이 바로 종말을 나타내는 것입니다.

제가 보기에 이러한 분쟁은 오늘날 덜 맹렬한 것처럼 여겨집니다.

●●● 역사가들의 반응은 어떠했습니까?

리쾨르 그들은 저를 여러 차례 초대했습니다. 저는 정신분석학자들과는 달리 역사가들과는 좋은 관계를 맺고 있었습니다. 가령 '사회사상위원회'의 의장이 되었으며, 제가 시카고에서 자주 보았던 프랑수아 퓌레, 로제 샤르티에, 그리고 최근에는—— 현재의 역사 문제에 대해—— 프랑수아 베다리다 등과 함께 말입니다. 일반적으로 역사가들은 저의 작업을 오히려 더 잘 받아들이고 있습니다. 저에게가 아니라 역사철학으로 향했던 초기의 불신 단계가 지난 후로 더욱 그렇습니다. 물론 그들의 이와 같은 불신에는 구실이 없지 않았습니다. 철학자가 역사에 관심을 갖는다면, 그것은 필연적으로 역사에 해석을 달리하게 될 것이라는 우려가 그것이었습니다.

●●● 헤겔의 역사철학을 불신하는 것인지요?

리쾨르 아닙니다. 그보다는 아널드 토인비(Arnold Toynbee) 또는 오스발트 슈펭글러(Oswald Spengler)의 역사철학을 불신하는 편입니다. 그러나 『시간과 이야기』 1권에서 저는 단지 역사가들의 이야기에만 관심이 있었습니다. 그리고 저는 그것이 칸트적이든 헤겔적이든 혹은 후기헤겔적이든지 간에 소위 역사철학이라고 일컬어지는 일련의 문제들로부터 전적으로 거리를 두고 있었습니다. 저는 역사가들의 진영에 남아 있었습니다.

저는 다음과 같은 사실을 이해했다고 생각했습니다. 철학자가 인식론으로 역사를 공격하는 것에 역사가들이 만족했었다는 것이 그것입니다. 왜냐하면 역사가들 자신들은 인식론보다는 오히려 방법론에 대해 작업하기 때문입니다. 역사의 과학성이라는 문제는 레이몽 아롱, 앙리 마루(Henri

Marrou), 그리고 최근에는 폴 벤느(Paul Veyne) 이후로는 진정으로 토의
되지 않고 있습니다. 폴 벤느는 이 문제에 있어서 저보다는 오히려 푸코와
더 가깝습니다.

제가 역사가들과 함께 했던 연구는 충돌의 스타일로 나아가지 않았
습니다. 오히려 문제가 있는 사항들 주위에서 이루어지는 공동 연구의 스
타일을 따랐습니다. 예를 들자면 사건의 개념을 둘러싼 피에르 노라(Pierre
Nora)와 역사가들 중에서 가장 철학적인 크시슈토프 포미안(Krzysztof
Pomian)과 함께했던 스타일 말입니다. 저는 당시에 포미안의 『시간의 질
서』(*L'ordre du temps*)를 알지 못했습니다. 이 저서는 매우 중요한 저서이
며, 만약 제가 이 저서를 당시에 읽었다면, 오늘날 『시간과 이야기』를 같은
방식으로 다시 쓸 수는 없을 것입니다.

잠시 역사의 인식론이라는 문제에 대해서 언급하자면, 저는 다음과
같이 말하고 싶습니다. 저는 『시간과 이야기』 이후 현재의 논의에 있어서
는 훨씬 더 자세히 자료를 조사한 연구를 출판했다는 것입니다. 물론 이러
한 논의 속에서 저는 서사의 문제로부터 분명 거리를 두고 있습니다.[9] 저
는 역사의 과학성의 층위들을 구분하려고 합니다. 우선 기록의 역사입니
다. 사람들은 이 역사에서 사실들의 소개에 대해 **사실** 혹은 **거짓**으로 대답
할 수 있습니다. 이러한 층위는 "1789년 7월 14일에 바스티유 감옥에는 몇
명의 죄수들이 갇혀 있었는가?"와 같은 질문들이 해결될 수 있는 층위입
니다. 다음에는 설명의 역사입니다. 이것은 사회적 힘들과 경제적 힘들의

---

9) Paul Ricœur, "Philosophies critiques de l'histoire: Recherche, explication, écriture",
   éd. Guttorm Fløistad, *Philosophical Problems Today*, Dordrecht, Boston : Kluwer Academic
   Publishers, 1994.

상호 역할에 대한 토론을 포함하며, 그러한 힘들과 관계된 정치적 자리의 평가를 포함한 층위입니다. 또한 이것은 사건에 관계된 서술적 요소입니다. 마지막으로 제가 『시간과 이야기』를 썼던 시기에는 접하지 못했던 마지막 층위가 있습니다. 그 층위는 지금 여기에서 강한 의미를 갖는 역사에 대한 글쓰기, 즉 사료 **편찬**이라는 개념보다는 오히려 해석과 글쓰기에 속하는 층위이며, 르네상스와 프랑스대혁명과 같은 거대한 범주들이 형성된 시대의 층위입니다. 따라서 세 개의 층위입니다. 검증의 지표들에 속하는 기록의 역사로부터, 논쟁이 허용되는 설명의 역사, 사람들이 시학이라고 말할 수 있는 역사 —— 왜냐하면 그 역사는 근본적인 이야기들을 가로지르는 한 민족의 자기이해라는 커다란 줄거리들의 역사이기 때문 —— 까지입니다.

『시간과 이야기』의 맥락으로 다시 돌아갑시다. 2권에서 저는 허구의 이야기라는 문제에 직면했습니다. 서사적 거대 구조들의 영속성이라는 문제에 부딪히면서였습니다. 한 번 더, 그리고 더 유익하다고 생각한 방식으로 구조주의와 전투를 벌였습니다. 물론 서사 분야는 구조주의가 가장 잘 작동되는 분야입니다. 서사 이론에 대한 구조주의적 양태들은 오랫동안 저를 사로잡았고, 저는 제 책의 마지막 부분에서 세 편의 '시간에 대한 소설들'에 대해 과감히 세 가지 연습을 시도했습니다. 하나는 영어로 쓰인 『댈러웨이 부인』, 다른 하나는 독일어로 쓰인 『마의 산』이며, 세번째는 프랑스어로 쓰인 「되찾은 시간」입니다. 이러한 시도들을 통해서 저는 이야기된 스토리와 등장인물의 스토리에 동시적 줄거리화 개념을 시험대에 올렸습니다.

『시간과 이야기』 3권은 재형상화 문제에 할애되었습니다. 줄거리화에 의해 다시 구조화된 언어가 어떻게 서사의 진행에 따라 우리의 고유한 독서 경험을 이끄는가? 이 책에서 저는 『살아 있는 은유』에서 언어를 포함한 일종의 거대한 가정으로 제시된 명제를 더 유연하고 더 논증적인 방식으로 다루었습니다. 다시 말해 언어와 현실, 그리고 경험 혹은 세계 사이의 관계가 보통 말하듯이 변증법적 관계라는 것입니다. 그러니까 기호라는 것이 사물이 아닌 이상, 그리고 기호가 사물에서 빠져나온 이상, 경험과의 관계에 비춰 보면 언어는 말하자면 한계적으로 스스로를 구성하며, 언어 자체를 위해 말해진 우주가 되는 것입니다. 거기로부터 언어학자들이 자신들의 장으로부터 외(外)언어학을 제외하고, 단호히 언어의 울타리 안에 머물러 있으려는 의도의 정당성이 유래하는 것입니다. 상호텍스트성이라는 커다란 관계 속에서 기호에서 기호로, 그리고 책에서 책으로 옮겨 가는 과정에서 언어의 세계가 형성된다고 간주하는 것이 바로 소쉬르(Ferdinand de Saussure) 학파의 힘입니다. 이것은 언어의 기능의 첫 순간——유배의 순간——으로서 완벽하게 정당한 것입니다. 그런데 롤랑 바르트(Roland Barthes)의 표현을 빌린다면, 언어의 기능은 결국 '스스로가 스스로를 찬양하는' 것입니다.

에밀 벤베니스트(Émile Benveniste)의 기술에 따르면 이러한 유배의 대척점은 언어가 "우주에 옮겨 부어진" 순간입니다. 기호 그리고 기호와 기호의 시차적(示差的) 관계 위에 자신의 모든 이론을 정립한 소쉬르와는 달리, 벤베니스트는 그 자신이 '담론의 심급'이라고 부른 문장으로부터 출발하는 한에서만 이러한 순간을 언어학에서 공식화시킬 수 있었습니다. 문장——어휘적 기호가 아니라——만이 하나의 기의(記意)뿐만 아니라 하나의 의도된 것, 말하자면 현실의 목표를 갖습니다. 제가 주장하는 명제는 언어의 재형상화가 갖는 힘이 기표(記標)의 우주 속에서 이루어지는 자기구성의 순간에 있어서 거리두기의 힘에 비례한다는 것입니다. 그것이 바로 일반명제입니다. 이것은 제가 항상 싸웠던 전선입니다. 언어란 세계에 대해 말하고 싶어 한다는 것이 제 의견입니다. 왜냐하면 언어가 우선 세상을 떠났기 때문입니다. 이렇게 해서 언어는 의미화하기의 첫번째 승리에 의해, 그 자체로 그리고 그 자체를 위해서, 잃어버린 현실을 다시 정복하기 위한 일종의 운동의 장으로 넘어가게 됩니다.

이와 같은 일반명제에 근거를 두고 저는 두번째 명제를 주장합니다. 만약 과학적 언어가 직접적으로 이렇게 기능한다면, 이와는 반대로 문학적이고 시적인 언어는, 언어와 현실 사이에 훨씬 더 깊은 구멍이 파져 있음으로 해서, 좀더 미묘하고 좀더 우회적으로 기능한다는 것이 그것입니다. 정확히 언어에 고유한 줄거리 구성이라는 몫 때문에 그렇습니다. 아리스토텔레스가 우화와 관련되는 사실뿐만 아니라 이 이야기가 정돈된다는 사실을 동시에 지칭하기 위해서 줄거리 구성이라는 용어를 선택했던 것은 우연이 아닙니다. 그것은 정돈된 우화라는 이념이고, 우화로서 정돈된 것이라는 이념입니다. 이러한 것이 형상화의 순간 또는 언어가 유배당하는 순간입니다. 현실로 되돌아오는 순간에 대해서 말하자면, 그것은 재형상화의 순간입니다. 제가 매개자, 뱃사공, 다시 말해 독자를 이 두 순간 사이에 위치시켰다는 점에서 저는 그 순간을 훨씬 더 잘 다루었다고 생각합니다. 비록 독자가 우화의 비현실적인 세계에 살고 있다고 하더라도, 그는 동시에 독서 행위에 의해 변화되는 살아 있는 존재이기 때문입니다. 프루스트가 「되찾은 시간」의 끝에서 말했던 것처럼, 독자에게 시각적 도구로 사용된 책 덕택으로 독자는 자신의 고유한 삶을 읽을 수 있습니다.[10]

---

10) Marcel Proust, "Le temps retrouvé", À la recherche du temps perdu, t. III, Paris : Gallimard, 1954, p. 1033 : "하지만 나 자신에게로 되돌아오기 위해 나는 더 겸손하게 나의 책을 생각했다. 그

독자가 갖는 뱃사공의 기능에 대한 인정을 저는 한스 로베르트 야우스[11]와 소위 '수용학파'라고 일컬어지는 학파에게 빚지고 있습니다. 게다가 지나는 길에 언급하자면, 그 학파는 딜타이와 가다머의 해석학에서 파생된 다소간 이단적인 분파라고 할 수 있습니다. 저는 결국 독자가 갖는 언어와 세계 사이의 매개자로서의 역할에 대해 좀더 일찍 주의를 기울이지 않았다는 점에 스스로 놀랐습니다. 왜냐하면 성서에 대한 모든 주석뿐만 아니라 고전적 문헌학이 독서들 —— 볼프강 이저의 책의 제목을 취한다면 소위 '독서 행위'[12] —— 의 역사 위에 정초되기 때문입니다.

형상화에서 재형상화로의 전이를 보장하는 이러한 조작자를 위치시킨 후에, 저는 최초의 문제로 돌아옵니다. 바로 시간입니다. 서사에 의한 이행 덕택으로 인간 경험의 근본 구조로서의 시간은 무엇으로 재형상화되는 것일까요? 바로 이것이 제가 시간에 대한 세 가지 대이론에 기초해서 서사적인 것과 시간적인 것 사이의 최종적인 거대한 대립을 출범시킨 것입니다. 그 시간에 대한 세 가지 대이론은 성 아우구스티누스, 후설 그리고 하이데거의 이론을 말합니다. 주요 논점은 서사라는 얼개를 통과하면서

리고 이 책을 읽어 줄 자들, 즉 나의 독자들을 생각하면서라고 말하는 것은 부정확할 수도 있다. 왜냐하면 내 생각에 의하면 그들은 내 독자들이 아니라 그들 자신들의 고유한 독자들일 수도 있을 것이기 때문이다. 그도 그럴 것이 내 책은 일종의 확대경에 불과할 것이기 때문이다. 콩브레의 광학자가 구입자에게 내미는 것과 같은 것 말이다. 내 책, 이 책의 덕택으로 나는 그들에게 그들 내부를 읽을 수 있는 수단을 제공해 줄 것이다."

11) 그의 저서로는 다음과 같은 책들을 읽을 수 있다. Hans-Robert Jauss, *Pour une esthétique de la réception*, préface de Jean Starobinski, Paris : Gallimard, 1978; *Pour une herméneutique littéraire*, Paris : Gallimard, 1988. 또한 그는 다음 책을 프루스트에 할애하고 있다. Hans-Robert Jauss, *Zeit und Erinnerung in Marcel Prousts* "À la recherche du temps perdu", Heidelberg : Carl Winter, 1955.

12) Wolfgang Iser, *L'acte de lecture: théorie de l'effet esthétique*, trad. Evelyne Sznycer, Bruxelles : Mardaga, 1985 [*Der Akt des Lesens: Theorie ästhetischer Wirkung*, 1976].

각 이론이 강화되었다는 것입니다. 어떤 방향으로 강화되었을까요? 성 아우구스티누스, 후설 그리고 하이데거를 서사라는 관점에서 다시 읽는 것은 그들의 철학에 대한 이의신청이 아니라 정확히 말해 이야기된 시간이 아닌 우주적 시간에 직면한 그들 각자의 입장을 강화하는 것이라는 방향입니다. 그런데 우주적 시간은 아리스토텔레스가 이미 말했던 것처럼 운동에 대한 하나의 부록일 뿐입니다. 만약 빅뱅 이후 우주의 역사를 이야기하기 위한 사람이 한 명도 존재하지 않는다면, 우주적인 거대한 사건들에 대한 서술이 존재하지 않는다면, 결국 시간도 존재하지 않습니다. 이처럼 저는 서사를 심리적 시간과 우주적 시간을 구별해 주는 기준으로 삼습니다. 이렇게 해서 시간은 물리학에서 빠져나오게 됩니다.

●●● 세 권의 『시간과 이야기』는 거의 천 페이지가 되는 텍스트입니다. 그렇게 방대한 텍스트 전체의 집필은 어떻게 이루어졌습니까?

리쾨르 저는 미국의 한 연구소인 노스캐롤라이나의 채플힐에 위치한 국립 인문학센터에서 이 책의 주요 부분을 작성했습니다. 저는 그곳에서 꼬박 1년 하고도 한 학기를 더 보냈습니다. 그동안 저는 이 텍스트를 쓰기 위해 초대형 도서관과 조용한 환경을 마음대로 이용할 수 있었습니다.

　단지 결론만이 다른 곳에서 쓰어졌습니다. 결론은 편집자인 프랑수아 발(François Wahl)에 의해 요구되었습니다. 이 기회에 저는 그에게 고마움을 표시하고 싶습니다. 왜냐하면 그는 항상 제가 많은 빛을 지고 있는, 아주 많은 것을 요구하는 독자였기 때문입니다. 결론은 부분적으로는 자기비판적인 것이기도 합니다. 다음과 같은 의문을 던지면서 재독했습니다. 이러한 기도의 한계는 어디인가? 시간은 결국 무엇에서 이야기로부터 벗어나는가? 저는 구조화된 시간과 시간적 이야기 사이의 일종의 상호인정으로부터 출발했습니다. 따라서 저는 마지막에 무엇에 의해서 시간이 시간 자체로 되돌아오는지와 이야기의 지배력에서 벗어나는지에 대한 총체적인 평가를 해야 했습니다. 만약 제가 시간을 서사의 그물 속에서 포로로 사로잡으려는 제 의도를 성공적으로 수행했다면, 저는 어쩌면 제가 끊임없이 투쟁했던 이상적 입장들로 되돌아올 수도 있었을 것입니다. 그러니까 주체는 의미의 주인이 될 수도 있고, 그 주체는 시간이 허용하는 모든 의미작용들을 이야기 속에 붙잡아 놓을 수도 있었을 것입니다. 그런데 우주적 시간, 세계의 시간은 이야기의 생산이 아니라 세계의 생산에 따라서 구조화되어 있습니다. 이러한 고백을 하는 것은 아마도 하이데거에 대한 일종의 마지막 경의일 것입니다.

저는 항상 시간에 대한 두 가지 독서가 있을 것이라고 확신합니다. 우주론적 독서와 심리적 독서, 세계의 시간과 영혼의 시간이 그것입니다. 그리고 시간은 통일의 의도를 벗어난다고 확신합니다. 이와 같은 확신을 통해 저는 시간의 불가해성이라는 칸트적 주제로 곧장 나아갑니다. 정확히 시간은 나아가고, 흐릅니다. 그리고 사람들이 단지 은유에 의해서만 시간에 대해 말한다는 사실 자체는, 그들이 당연히 실천적으로 또는 도구적으로뿐만 아니라 또한 개념적으로도 시간을 지배하지 못한다는 것을 보여줍니다.

●●● 선생님께서는 하이데거에 대한 마지막 경의라고 말씀하셨습니다. 그러나 그것은 베르그송에 대한 경의일 수도 있지요……. 선생님께서는 이러한 사실을 결코 말씀하시지 않습니다. 이러한 침묵을 어떻게 해석해야 합니까?

리쾨르 당신은 그 점에서 제가 커다란 회한을 품고 있는 부분을 언급했습니다. 그러나 제가 제 글 속에서가 아니라 대신 머릿속에서 이 침묵을 사죄하려고 노력하더라도, 제가 아마도 하이데거에게, 어쨌든 성 아우구스티누스와 후설에게 공적을 인정했다고 생각하는 만큼 베르그송에게 공적을 인정할 수는 없었다고 생각합니다. 저는 두 가지 이유로 해서 베르그송과의 비판적 관계에서 회복될 수 없을 정도의 거리를 두게 되었습니다. 우선 다음과 같은 생각에 따른 것인데, 즉 만약 시간이 구조화되어 있다면, 그것은 바로 공간에 의한 오염에 따른 것이라는 생각입니다. 두번째로는, 만약 시간이 파편화되어 있다면, 그것은 바로 행동의 필수적인 것들의 결과 때문이라는 생각입니다. 저는 이미 순간에 대한 바슐라르의 책에 의해,[13] 구조화라는 보호 아래에서, 구분이 안 되는 시간의 흐름이라는 개념으로부터 벌써 멀리 떨어져 있었습니다. 바슐라르는 그 책에서 시작들, 단절들 그리고 완성들과 더불어 발달된 일종의 시간을 변호합니다. 그리고 그는 시간이 구조화되어 있다는 것에 전혀 결함이 없다는 생각을 옹호합니다. 저는 단번에 지속이라는 문제로부터 아주 멀리 있다고 느꼈습니다. 그러나 저에게는 여전히 의심과 후회가 남아 있습니다. 왜냐하면 저의 비판들은 단지 『의식에 직접 주어진 것들에 관한 시론』(*Essai sur les données immédiates de la conscience*)에만 반하여 가치가 있는 것이지, 제가 지금 기억의 문제에 의해서 되돌아가고 싶어 하는 『물질과 기억』(*Matière et mémoire*)에 반해서는 그렇지 못하기 때문입니다. 사실 『물질과 기억』은 다음과 같은 수수께끼적인 도입부를 지니고 있는 베르그송의 위대한 저서입니다. "일단 우리들이 물질에 대한 이론들과 정신에 대한 이론들을 전혀

---

13) Gaston Bachelard, *L'Intuition de l'instant*, Paris : Stock, 1932.

알지 못하고 있으며, 우리들은 현실이나 외부 세계의 이상에 대한 토론들에 대해서 전혀 알지 못하고 있다고 생각할 것이다. 따라서 나는 이미지들의 현존 안에……." 마치 막이 오르는 신화와도 같습니다. 결국 베르그송에게는 더 버클리적인 것이 있습니다.

●●● 선생님께서 말씀하셨듯이 『시간과 이야기』에서 『타자로서 자기 자신』으로의 연결을 이루는 것은 바로 서사적 정체성이라는 주제입니다. 그 주제는 어디에 나타나 있습니까?

리쾨르 이 개념은 단지 제가 프랑수아 발을 위해 『시간과 이야기』의 결론을 쓸 때 이 책을 재독하면서 개념화되었을 따름입니다. 제가 보기에는 바로 거기에서 그 개념이 이 연구의 중요한 소득의 표현으로서 공식적으로 등장한 것으로 여겨집니다. 이 표현이 단지 과거의 연구에 대한 일종의 성찰 속에서만 저의 눈에 나타났다는 것은 정말 신기합니다. 반면 실제로 그 표현은 '등장인물의 줄거리화'라는 개념과 더불어 이미 그 책의 중심부에 놓여 있었습니다. 『시간과 이야기』에 대해서는 이 정도로 합시다.
　　제가 지금 상당히 몰두하고 있는 '가능한 인간'이라는 주제로부터 출발하면서 약간 거리를 두고 『타자로서 자기 자신』에 대해서 말해 보겠습니다. 이 책의 윤리 부분 앞에 위치한 여섯 개 장은 "나는 할 수 있다"라는 문제에 답하고 있습니다. 나는 말할 수 있다, 나는 행동할 수 있다, 나는 이야기할 수 있다 등입니다. 이 문제는 **누구**의 모습에 대한 일련의 문제를 야기합니다. 왜냐하면 가능한 인간에 대한 문제는 연속적으로 **누가** 말할 수 있는가, **누가** 행동할 수 있는가, **누가** 이야기할 수 있는가, **누가** 자신의 고유한 행위를 책임질 수 있는가를 아는 문제이기 때문입니다. 서사 문제는 여기에서 본연의 위치를 되찾습니다. 그러나 단지 시간과 관계되어 있는 세번째와 같은 질문만이 그렇습니다. 또한 행동하는 주체와 마찬가지로 말하는 주체와도 관계를 맺습니다. 그러나 말하는 주체의 시간성은 이야기에 의해서 주제화됩니다. 바로 거기에 저는 '서사적 정체성'이라는 개념을 온전히 소유하게 되는 것입니다. 그런데 이 개념은『시간과 이야기』의 결론에서 어렴풋하게만 나타났습니다. 저는 그 부분에서 앵글로색슨 문학이라는 극도로 풍부한 탐구의 장에 머물면서 개인적 동일성 문제의 중심부를 들여다보고 있었습니다. 저는 동일성의 두 모습 사이에서 단순히 언어에 속하는 것이 아니라 심오한 구조에 속하는 것처럼 보이는 구분을 과감히 해보았습니다. 그 두 모습이 바로 제가 **동일-정체성**(identité idem)이라고 부르는 것, 즉 '동일성'(mêmeté; sameness)과 **자기-정체성** (identité ipse)이라고 부르는 것, 즉 '자기성'(ipséité; selfhood)입니다. 곧장 이들에 대한 예를 들어 보겠습니다. 동일성이라는 것은 인간의 지문(指 紋) 또는 인간의 발생적인 공식이 지닌 항구성을 의미합니다. 성격이라는 형태로 심리적 층위에서 나타나는 것이 여기에 속합니다. 더군다나 '성격' (caractère)이라는 단어는 흥미로운 것인데, 이것은 사람들이 변화하지 않는 형태를 지칭하기 위하여 인쇄소에서 사용하는 단어이기도 합니다.[14] 반면에 **자기-정체성**의 모델, 이것은 저에게 있어서는 바로 약속입니다. 비록 제가 변했다고 할지라도 저는 지속할 것입니다. 이것이 바로 변화에도 아랑곳없이 자신을 공표하고, 원하고, 지지하는 자기성입니다. 이런 의미에서 서사적 정체성이라는 개념은 이러한 구분의 망과 더불어서만 철학적

---

14) 프랑스어에서 'caractère'는 '성격'이라는 의미와 '활자'라는 의미를 동시에 가지고 있다는 의미이다.—옮긴이

으로 설명되는 것입니다. 서사적 정체성의 개념을 처음으로 예감했을 당시에 저는 아직 위와 같은 구분의 망에 대한 이념을 갖고 있지 못했습니다.

저는 다음과 같은 한계 경험들에 관심을 가졌습니다. **자기-정체성**이, 이렇게 말할 수 있다면, "나는 누구인가?"라는 자기-정체성에 고유한 질문의 형태로 쏠리게 되는 제한된 경험들이 그것입니다. 그런데 이 문제는 동일성으로서의 정체성이 제공하는 답을 가지고 있지 못합니다. 제게 있어서 이러한 경우의 모델은 로베르트 무질(Robert Musil)의 『특성 없는 남자』(*L'Homme sans qualités*)일 것입니다. 특히 이 작품 제목이 '고유성이 없는'(sans propriétés)이라고 번역될 때 더욱 합당한 모델일 것입니다. 말하자면 동일성이 없다는 것입니다.

●●● 비판의 차원, 다시 말해 철학적인 차원에서 선생님께서는 모든 환원론적이고 객관화하는 철학들에 대항해서 "나는 누구인가?"라는 질문을 완강하게 고수하십니다. 그러나 확신의 차원, 또는 영적인 차원에서는 정체성을 포기해야 하지 않을까요?

리쾨르 "나는 누구인가?"라는 질문 속에서 표현되고 있는 근심 자체를 포기해야 하는 성찰의 차원이 어쩌면 실제로 존재합니다. 만약 제가 반성철학의 노선에 머문다면, 이런 질문이 갖는 힘은 객관화와 자연주의에 저항하는 힘을 포함하고 있을 것입니다. 그러므로 저는 정체성을 위하여 철학자로서 끝까지 싸워야 할 것이며, 다른 차원에서는 그것을 포기할——이 단어의 고유한 의미에서——각오도 되어 있습니다. 우리들은 아마 종교에 대하여 말할 때 이 문제로 되돌아올 것입니다. 게다가 바로 거기에, 데렉 파피트가 "정체성은 문제가 되지 않는 것이다"[15]라고 말할 때 그가 정체성에 대해 가하고 있는 비판들의 배후 생각이 자리를 잡는 것입니다. 그렇지만 이러한 생각은 더 이상 철학자로서의 의도가 못 됩니다.

●●● 윤리에 할애된 『타자로서 자기 자신』의 마지막 세 개 장은 애당초 이 책에 들어갈 부분이 아니었는데요.

리쾨르 사실 이 책은 전혀 다른 방식으로 이루어졌던 기퍼드 강의 이후 갑자기 새롭게 전개되었습니다. 이 책의 처음 부분은 제가 방금 말한 노정을 다루고 있습니다. 그런데 마지막 세 장은 제가 데카르트와 더불어 '고양된 코기토'(cogito exalté)라고 부르는 것과 흄, 니체와 더불어 '모욕당한 코기토'(cogito humilié)라고 부르는 것에 대한 토의에 의해, 그리고 '자연적 신학론'(théologie naturelle)이라는 제목하에 기퍼드 강의의 창시자에 의해 부과된 하나의 부록에 의해 끝을 맺고 있습니다. 저의 모든 선임자들처럼 최선을 다해 우리에게 매우 낯설게 되어 버린 놀이 규칙을 만족시키기 위해 저는 두 개의 장을 기술했습니다. 하나는 예언자들의 소명에 관한 이야기에 대한 것입니다. 거기에서 저는 예언자적 정체성의 구성 속에서 정체성의 문제를 다루었습니다. 다른 하나의 장은 기독교 신자라는 주체에 의한 성서적 기술들의 아유화에 대한 문제에 관한 것입니다. 노드롭 프라이의 표현으로 '거대 코드'의 수용 속에 위치한 주체는 무엇입니까?[16] 저는 이 두 장을 제 책의 프랑스어 결정판에서는 포함시키지 않았으며, 다른 책

---

15) Derek Parfit, *Reasons and Persons*, Oxford : Oxford University Press, 1986.
16) Northrop Frye, *Le grand code: La Bible et la littérature*, trad. Catherine Malamoud, Paris : Seuil, 1984 [*The Great Code*, 1982].

에서 출판했습니다.[17] 이것은 철학적인 것과 신학적인 것을 뒤섞지 않겠다고 한 약속을 지키기 위해서였습니다. 게다가 저는 '고양된 코기토' —— 데카르트에 의한—— 와 '모욕당한 코기토' —— 흄과 니체에 의한—— 를 대립시키는 토의의 무게에서 벗어났습니다. 이 토의는 결국 '상처 입은 코기토' (cogito blessé)의 확인으로 끝났습니다. 이 사실에 대해 저는 다음과 같이 지적했습니다. 코기토도 아버지의 문제와 다름없다고 말입니다. 때로는 너무 과도하고 때로는 충분하지 않습니다. 그 순간 저는 이러한 판단이 곧 제 위에 떨어지리라는 것을 알지 못했습니다. 제가 이 논의를 '가능한 인간'(**누가 말하는가? 누구** 등)의 모습들에 대한 탐구에 자유로운 장을 넘겨주는 방식으로 제 책 『타자로서 자기 자신』의 서론 부분에 옮겨 놓은 것은 사실입니다. 그런데 이러한 탐구는 '상처 입은 코기토'의 비호 아래 놓을 수도 있을 것입니다.

그러나 저는 1986년 2월에 행해진 기퍼드 강의의 원래 텍스트에 가장 중요한 수정이 가해진 비극적 상황에 대해 말을 하지 않을 수가 없습니다.

에든버러로부터 우리 가족이 돌아오고 몇 주 후에, 포로수용소로부터 돌아와 낳은 평화의 아들인 제 둘째 아들 올리비에가 자살했습니다. 바로 그날 저는 파토치카 그룹의 친구들과 함께 프라하에 있었습니다. 청천벽력과 같은 이 사건은 제게 아직도 아물지 않은 애도 작업이 가져다준 끝없는 슬픔을 남겨 주었습니다. 지금도 여전히 저는 교차하는 두 가지 비난의 포로가 되어 있습니다. 하나는 아들이 방황할 때 적절한 시기에 조언을 해

---

17) Paul Ricœur, "Le sujet convoqué. À l'école des récits de vocation prophétique", *Revue de l'institut catholique de Paris*, n° 28, 1988; "Phénoménologie de la religion", *Revue de l'institut catholique de Paris*, n° 45, 1993(『독서 3』에 재수록).

주지 못했다는 점입니다. 다른 하나는 고통의 심연 속에서 행해진 도움의 요청을 분별하지도 듣지도 못했다는 점입니다. 이렇게 해서 저는 수많은 아버지들의 엄청난 운명과 조우하게 되었으며, 고통 속에서 평등으로부터 발생하는 침묵하는 우정을 발견했습니다. 이 엄청난 사건이 있은 후 몇 주지나지 않아서, 제가 은둔하고 있던 시카고에서 나이 많은 제 친구 미르체아 엘리아데의 임종을 지켜보게 되었습니다. 그리고 이 두 운명 사이의 대립 — 표면적이지만 강렬한 — 으로 인해 어떤 식으로든 저는 고통을 받았습니다. 그 두 운명 중 오직 하나만 작품으로 자취를 남겼을 뿐이고, 다른 하나의 운명은 최소한 인간적 관점에서 보면 전혀 그런 질서에 속하지 않는 것이었습니다. 아마 이 대담에서 제가 잠시 후에 신의 기억 — 공통된 신앙의 고백 또는 개인적인 신화로서 — 에 대해 말하게 될 것은, 너무나 인간적인 이러한 대조와 관계가 없지 않을 것입니다. 이러한 대조는 죽음과 고통에 의한 너그러운 평등화로 뚜렷하게 갈라집니다.

시카고의 봄 학기가 시작되자 저는 기퍼드 강의에서 다룬 장을 확장하는 임무에 전념하였으며, 가능한 인간과 개인적 정체성에 대한 고찰들에서 윤리학을 위한 논리적 귀결을 끌어내는 데 전념했습니다. 이것은 프랑코 비앙코(Franco Bianco) 교수의 너그러운 호의 덕분에 로마의 사피엔자대학에서 이루어진 세미나의 연구 대상이었습니다.

이렇게 해서 『타자로서 자기 자신』이 된 것의 일부분, 그리고 제가 아이러니컬하게 그리고 겸손하게 — 가장된 것인지 그렇지 않은지 저는 잘 모르겠습니다만 — 저의 '작은 윤리학'이라고 부르는 그 일부분은 세 장으로 구조화되었습니다. 사람들은 이 세 장을 훌륭한 삶이라는 생각 주위에서 목적론적이고 신(新)아리스토텔레스적인 윤리학과 의무와 복종 주위에 집중된 의무론적이고 좀더 칸트적인 접근 사이의 토론으로 급하게 환원시킵니다. 그러나 저는 실천적 지혜와 **어려운 사례들**(hard cases) ── 법과 의학 또는 일상의 어려운 경우들 ── 앞에서 새로운 결정들의 창조에 할애된 세번째 장에 더 애착을 갖습니다.[18] 저는 사람들이 "훌륭한 삶의 추구가 의미하는 것이 무엇입니까?"라는 아리스토텔레스적 질문에 대해 답하는 첫번째 수준에서 출발하여, "아주 새로운 윤리적-실천적 문제를 해결한다는 것은 무엇입니까?"라는 ── 이것은 아리스토텔레스적 **프로네시스**(phronesis)의 보호 아래 제가 '적용'의 해석학에 덧붙이는 실천적 지혜의 문제입니다 ── 세번째 수준으로 나아가기 위해, "의무에 복종한다는 것은 무엇입니까?"라는 칸트적 질문에 대해 답하는 두번째 수준으로 나아가는 것에 많은 애착을 가지고 있습니다.

　이 세 개의 장은 이중 구조로 되어 있습니다. 수평, 수직 구조가 그것입니다. 저는 방금 세 가지 층위의 수직적 구조화를 지적했습니다. 그러나 그 세 가지 층위는 각각 세 항으로 이루어집니다. 동일자, 얼굴을 가진 타인, 제3자인 타인, 즉 정의의 주체인 타인이 그것입니다. 제 문제는 한 층위에 나타나는 이 세 항을 다른 층위로 옮기는 것입니다. 그리고 우선은 그 세 항을 첫번째 층위에서 구성하는 것입니다. 윤리적 삶이란 우정이라는 덕목하에 다른 사람들과 함께 그리고 다른 사람들을 위해, 그리고 정의라는 덕목하에 제3자와의 관계 속에서 개인적 성취를 희망하는 것과 같은 것이라고 지적하면서 말입니다. 이것은 저로 하여금 정의는 이미 가장 낮은 층위에서부터 구조화하는 구성 부문이라는 사실을 지적하게 합니다. 저는 선(善)의 한 모습으로서 정의에 대한 이러한 첫번째 특징을 강조하는 것은 중요하다고 생각합니다. 그것은 타인과 함께하는, 그리고 타인을

---

18) '어려운 사례들'에 대한 더 자세한 논의는 이 책의 5장 「기억의 의무, 정의의 의무」를 볼 것.

위한——얼굴을 가진 타인이 아니라 제가 여러 기관들을 다니면서 만나게 되는 사회 신체(socius)로서의 타인을 위한——선입니다. 그 타인은 기관들에 속한 타인이지 상호 개인적인 관계에 속한 타인은 아닙니다. 두번째 층위에서 저는 자기에 대한 존중, 타인에 대한 존중 그리고 절차적인 구조들을 가로지르는 정의에 대한 모든 규범화된 형태들에 대한 존중이라는 항들 속에서 재구성된 이 세 항의 운명을 추적합니다. 세번째 층위는 비극적 상황들과의 만남에서 발생합니다. 바로 거기에서 저는 모든 당황스러움과 부딪히게 됩니다. "불확실하고 분쟁적이고 또는 위험스러운 상황 속에서 어떻게 자신의 고유한 삶을 해결해 나갈 것인가?"라는 질문과 더불어 동일성의 구성의 지지를 받지 못하는 자기(soi)의 문제가 그것입니다. 제가 보기엔 강한 부분은 특수한 상황에서 권리라는 단어가 말해져야 할 때 이루어지는 정의와 연결되는 부분입니다. 오늘날 저는 의인(義人)에 대한 연구, 고유한 것, 가까운 것, 멀리 떨어져 있는 것에 대한 문제에 대한 이러한 이중의 분할 방식 —— 수평적이고 수직적인 분할 방식 ——을 고려하는 정의에 대한 연구를 수행하고 있습니다.

●●● 선생님께서는 여러 차례에 걸쳐 기억 문제에 대해 계속 연구를 하실 의향을 밝히셨습니다. 선생님께서는 어떤 측면에서 그 문제에 착수하실 생각이신지요?

리쾨르 기억과 역사와의 관계를 통해서입니다. 제가 보기에 이 쌍은 저로 하여금 이 쌍을 제거하게끔 했던 시간/이야기의 짧은 회로, 즉 틀로부터 벗어나는 것으로 여겨집니다.

　　역사에 대해서 말하자면, 설명적 역사가 어느 정도까지 서사적인지를 아는 문제에만 저는 관심을 가졌을 뿐입니다. 그러나 역사 문제에 대한 많은 다른 양상들이 있습니다. 저는 서사의 문제의 배타주의로부터 벗어나고 싶습니다.

시간에 대해 보자면, 제 결론의 마지막 부분에서, 저는 서사와는 다르게 시간에 대해서 말하는 방식들——특히 서정시의 방식——이 존재한다는 생각을 가지고 있습니다. 오늘날 저는 세계의 시간과 영혼의 시간 사이의 심한 갈등이 가장 대중적인 시——인생은 짧고 죽음은 확실하다고 반복해서 말하는——에서도 가장 잘 다듬어진 시——말하자면 보들레르에서 이브 본느프와(Yves Bonnefoy)까지——에서와 마찬가지로 단지 시적으로 말해진다고 생각합니다. 모든 것을 서사에 걸었던 것, 그것은 결국 우리가 「시편」과 「전도서」에서 그 예를 볼 수 있는 것처럼 시간에 대해서 말하고, 시간을 노래하고, 시간을 개탄하고, 또 시간을 찬미하는 여러 다른 방식들에 해를 끼친 것입니다.

저는 후설의 방식으로, 그리고 이런 성찰을 삶의 일관성이라는 기호 아래에 위치시키면서, 수동적 종합들 속에서 이루어지는 기억의 자동구축을 통해 이런 문제들을 다시 다루고 싶습니다. 삶이 어떻게 그 삶 자체의 뒤를 이어 갑니까? 저는 여기에서 문제가 되는 것은 당연히 의식이 아니라 삶이라는 사실을 강조합니다. 저는 현재 제가 늘 회피해 왔던——초기의 후설을 따라 저는 생철학(Lebensphilosophie)이라는 이념에 대해 상당히 경계를 해왔습니다——삶이라는 주제에 대해 성찰하고 있습니다.

●●● 선생님께서는 어쨌든 『의지적인 것과 비의지적인 것』과 더불어 그 문제에 접근하셨는데요.

리쾨르 그렇습니다. 그러나 정확히 절대적으로 비의지적인 것으로였습니다. 저는 그 시기에 죽음의 문제에 의해 짓눌리고 싶지는 않았습니다. 저는 탄생이라는 주제에 권리를 부여할 수 있기를 바랐습니다.

인간의 삶의 층위는 또한 욕망의 층위이기도 합니다. 따라서 그것이 윤리학의 첫번째 층위입니다. 『타자로서 자기 자신』 속에서 저는 규범의 도덕에 앞서 잘 사는 것을 희망하는 윤리학이 존재한다는 생각을 옹호하고 있습니다. 따라서 저는 윤리학의 가장 근본 층위에서 **삶**이라는 단어를 만나게 됩니다. 그런데 이 층위는 또한 담론 아래에서, 술어 단계 이전에 기억이 구성되는 층위이기도 합니다. 이야기와 더불어 사람들은 벌써 술어의 담론 속으로 들어갑니다. 시간과 이야기 사이에 기억이라는 중심이 되는 장소가 결핍되어 있습니다.

기억은 또한 현대적 사건들이라는 비탈에 의해 집단 기억으로서 저의 흥미를 끌고 있습니다. 1994년과 1995년에 체험한 종전 50주년 기념은 제가 기억과 역사의 마찰의 시간이라고 부르는 시간을 가져다주었습니다. 이 시대의 마지막 생존자들(저도 그들 중 한 명인데)은 오직 역사가들에게만 자리를 양보합니다. 역사가 기억과 교차하는 최후의 순간이 있습니다. 이것이 바로 50주년의 순간입니다. 50주년은 생존자들의 기억과 역사가들의 작업이 마지막으로 부딪치는 장소입니다.

많은 사람들처럼 제가 철학적으로 부딪힌 문제는 집단 기억의 문제입니다. 이 문제는 암시적 간과법 또는 너무나 쉽게 획득되는 명백함을 통해 알브바슈[19]에게서 다루어졌습니다. 집단 기억에 대해 말할 때 대체 **누**가 기억하는 것입니까? 언어의 남용입니까, 아니면 은유입니까? 혹은 『데카르트적 성찰』 5장에서 볼 수 있는 후설의 범주들 ── 즉 그가 민족이

나 국가들과 같은 '상위 질서에 속하는 인격들'[20]이라고 부르는 것의 구성 — 을 이용하면서 집단 기억이라는 개념을 철학적으로 회복할 수 있습니까? 그렇게 되면 집단 기억은 개인 기억이 개인들에게 속하는 것처럼 상위 질서에 속하는 인격들에 속할 것입니다. 왜냐하면 제가 보기에 기억은 단어의 엄격한 의미에서, 단어의 첫번째 의미에서 전달할 수 없기 때문입니다. 기억이 우선 **나의 것**이라면 어떻게 집단적일 수 있습니까? 기억이 갖는 '나의 것'이라는 속성으로 인해 **나의** 기억들은 **당신들의** 기억이 될 수 없습니다. 한 기억의 다른 기억으로의 전달은 존재하지 않습니다. 이 두 개의 노선, 즉 기억의 소유적 특성과 개인적 연속성에 대한 기억의 기여라는 두 노선을 잘 포착한다면, 그때는 기억이 갖는 수수께끼의 모든 힘 속에서 집단 기억의 **일관성**(Zusammenhang) 문제가 제기됩니다. 현재 저는 이러한 문제에 부딪히고 있습니다.

---

19) 모리스 알브바슈(Maurice Halbwachs, 1877~1945)는 부헨발트 포로수용소로 이송되기 몇 주 전에 콜레주 드 프랑스 교수로 임용되었다. 그는 그곳에서 사망했다. 그에게 있어서 사회적 의식은 '집단 기억'을 통해서 표시된다. 이 집단 기억은 물질적 흔적, 의식(儀式), 전통과 같은 것 속에 구현되어 있다. 그는 특히 『기억의 사회적 범주』(*Les Cadres sociaux de la mémoire*, Paris : F. Alcan, 1925)와 『집단 기억』(*La Mémoire collective*, Paris : PUF, 1968) 등의 저서를 집필했다.

20) Edmund Husserl, *Méditations cartésiennes*, 1931, §58.

4장

정치와 전체주의

●●● '정치성의 미궁'이라고 선생님께서 부르셨던 것에 대해 이 자리에서
여러 번 반복하여 언급하셨습니다. 낭테르에서 선생님께서 직접 그런 경
험을 하시기 훨씬 전에 「정치적 역설」이라는 제목의 기조 논문을 쓰셨습
니다. 정치적 차원일 뿐이라 할지라도 그 이후 공산주의 진영의 내부 폭발
로 인해 상황이 많이 바뀌었습니다.

리쾨르 정치철학에 있어서 저의 잇따른 성찰들이 그 기조 논문에서 유래된
것은 사실입니다. 그 논문을 쓰게 된 배경이 있습니다. 저는 그 글을 소련
군의 부다페스트 점령 직후에 썼고, '부다페스트의 화염'(Les Flammes de
Budapest)이라는 표제를 단 『에스프리』지의 한 호에 실었습니다.[1] 이 끔
찍한 사태 때 공산주의자들이 ── 특히 그 당시에 우리 친구들 중에는 공
산주의자들이 많았습니다 ── 너무 쉽게 정치적 폭력을 묵인하는 것이 어
떻게 가능했는지 의아했습니다.

---

1) Paul Ricœur, "Le paradoxe politique", *Esprit*, nº 5, 1957.

어떤 면에서는 제가 그때 시도했던 해석은 마르크스에 대해 호의적이었습니다. 왜냐하면 그 해석의 내용이 마르크스의 저서에는 정치성에 대한 사유가 없고, 따라서 그에게 있어서 정치성은 백지상태라는 것이었기 때문이었습니다. 마르크스의 마르크스주의에서 저는 그 공백을 보았던 것입니다. 제 생각으로는 그 공백으로 인해 레닌에 이어 스탈린의 통치가 마키아벨리적 특징을 띠게 되었던 것으로 보입니다. 결국 마르크스는 정치적 차원을 특별한 것으로 인정하지 않았던 것입니다. 마르크스는 '경제-사회적' 차원의 역할을 지나치게 강조함으로써 마치 악의 근원은 오직 돈에 의한 노동자들의 억압뿐이라는 듯이 주장했습니다. 그것도 자본주의에 의해 물화될 수 있는 돈, 살아 있는 노동 즉 노동자로부터 비롯되었음을 망각해 버릴 수 있는 돈에 의한 억압이 그것입니다. 이러한 시각에서 보면 근절해야 할 유일한 악은 착취였습니다. 또한 어떤 정치적 도구들을 가지고 이 작업을 수행해야 하는지를 아는 것은 그다지 중요하지 않게 되었습니다. 그리고 『무엇을 할 것인가』(Chto delat'?)와 『국가와 공산주의』에서 레닌이 정치학 분야에서 이질적인 여러 주장을 섞어 일종의 혼합주의를 실행한 것은 우연이 아니었습니다. 레닌이 보기에 문제의 핵심은 거기에 있지 않았습니다. 정확히 이런 이유로 레닌은 19세기 공산주의자들의 무정부주의적 전통만큼이나 파리코뮌 또는 공동체들—플랑드르, 한자동맹, 롬바르디아 등—의 민주적 전통을 차용했던 것입니다. 하지만 레닌이 영국 민주주의에 대해 함구한 것은 주목할 만합니다. 그의 오랜 의회 활동에도 불구하고, 또 맨체스터의 예를 들어야 할 때는 그가 영국 민주주의를 기억하고 있는데도 말입니다. 만약 마르크스가 자신의 모든 저작을 계획대로 다 집필했다면, 그는 정치성을 다른 '상부구조들'처럼 다뤘을 것이라고 말할 수 있을 것입니다. 그러나 정치성을 '상부구조들' 사이에 놓는다는 사실

만으로도 자율적 정치 성찰에 대해서는 단지 닫힘판으로 작동될 뿐이었을 겁니다.

따라서 부다페스트의 충격하에서 저의 관심을 끌었던 것은 '경제-사회'보다는 정치성의 특수성이라는 문제였습니다.

하지만 지금은 오히려 정치성과 법률, 정치성과 도덕성의 관계라는 문제에 더 큰 관심을 가지고 있습니다.

먼저 저는 법률적 차원에 대한 관심을 통해 정치성의 특수성 쪽으로 다시 나아가게 되었습니다. 특히 제가 앞에서 암시했던 다음과 같은 일련의 연구를 통해 그렇게 된 것입니다. 권리 발생지들의 다원성 문제를 제기하고 있는 왈저의 연구, 정당화의 양식 문제를 제기하고 있는 테베노와 볼탕스키의 연구, 그리고 인정의 질서에 대한 문제를 제기하고 있는 장 마르크 페리의 연구 등이 그것입니다. 이들의 연구는 정치성의 제도적 통일성이라는 문제를 다시 제기합니다——그러는 한편 정치성을 국가기관들의 거대한 성좌 속에 위치시키기 어렵게 만듭니다. 왈저가 말하듯이, 정치성이란 '영역들' 중 하나입니까? 테베노와 볼탕스키가 말하듯이, 정치성이란 '도시들' 중 하나, 게다가 '세계들' 중 하나입니까? 그것도 아니라면, 정치성이란 그 어떤 국가기관도 가지고 있지 않은 특징에 의해 규정된 환원될 수 없는 총괄체, 즉 지상권(至上權)입니까? 수많은 요구들뿐만 아니라 난점들, 모순들을 포함하고 있는 지상권 말입니다. 저는 바로 이 법률적 다원주의를 통해 1950년대에 제 자신에게 제기했던 정치적 역설의 문제를 다시 검토하게 되었던 것입니다.

물론 그 이유는 법률적 다원주의에 의해 정치 문제가 해결되지 못했기 때문이 아니었습니다. 오히려 법률적 다원주의가 왈저나 프랑스인들에게 애매한 상태에 놓여 있었기 때문입니다. 실제로 그들은 '시민적 도시'를 도시들 중 하나로, 여러 소속지들 중 하나로 취급했습니다. 분배주의적 관점에서 보면 권력이란 사람들에 의해 분배될 수 있는 요소들 중 하나라는 것은 사실입니다. 이런 관점에 의하면 사회는 하나의 대규모 분배 작업 ──상품을 위시해 안전, 건강, 교육 등과 같은 비상품 자산들의 분배 작업──처럼 묘사됩니다. 가령 선거란 권력의 분배입니다. 그러나 분명 이와 같은 권력의 분배는 다른 모든 자산들의 분배와 다릅니다. 왜냐하면 분배되는 것이 결국 지상권, 즉 결정의 최종 심급에서 최고의 것이기 때문입니다.

●●● 그렇다면 왜 선생님께서는 분배되는 다른 자산들에 비해 권한은 이질적인 것이라고 말씀하시는지요?

리쾨르 저는 항상 정치권력의 양면적 성격 ──저는 이것을 정치적 역설이라고 불렀습니다── 으로 인해 큰 충격을 받았습니다.

한편으로는 정치권력의 합리성입니다. 헤겔이 고양했던 것이 바로 이 차원입니다. 헤겔은 그것을 스스로 생각하는 정신의 상징으로 삼았기 때문입니다. 이 정신은 당면한 이해관계들보다 더 많은 것을 대표한다는 점에서 **객관적** 정신입니다. 헤겔은 『법철학 강요』(*Grundlinien der Philosophie des Rechts*)에서 정치성이란 '경제-사회적' 영역(헤겔이 '외적 국가'라는 이름으로 지칭했던 이 영역을 우리는 오늘날 '시민사회'라고 부릅니다)에 접목된다고 환기시키고 있습니다. 이처럼 정치성은 다른 층위와 다른 구조에 속하는 것입니다. 바로 이것이 헤겔로 하여금 정치성은 계약으로 끌어낼 수 없다고 주장하게 만든 여러 이유들 중 하나입니다. 계약이란 용어를 사용하게 되면 시민사회의 범주들을 이용하게 되고, 이 시민사회에서 계약이란 대립과 협상의 관계를 의미합니다. 하지만 한 시민이 정치성에 소속되는 것은 협상의 대상이 아닙니다. 그러니까 시민은 선택에 의해서가 아닌 다른 방식으로 정치성에 소속되는 것입니다. 헤겔은 유기주의에 내재하는 위험에도 불구하고 정치성에 유기적 성격을 부여했습니다. 결국 헤겔은 계약주의적 전통이 지니는 개인주의의 위험들보다는 오히려 유기주의의 위험들을 선택했습니다.

정치성의 합리성은 본질적으로 국가가 헌법에 의해 다스려진다는 사실로 나타납니다. 이런 점에서 프랑스대혁명의 실패가 어떤 헌법 속에서도 폭력을 안정시키는 데 결코 성공하지 못했다는 것을 확인하는 것은 놀랍습니다. 혁명 때 제정하려 했지만 유산된 많은 헌법들은 합리성의 무덤이었습니다. 또한 공포정치는 이것과 뭔가 연관이 있습니다. 정치성의 합리성에는 많은 당위성들이 포함되어 있습니다. 먼저 국토의 통일성, 달리 말해 법률기관 관할권의 지리적 통일성을 보장한다는 사실입니다. 그다음으로 인간에게 주어진 짧은 삶보다 더 긴 생존 기간의 확보, 또는 한나 아렌트가 말했듯이 죽음의 지연을 보장한다는 사실입니다. 그리고 딜타이가 멋있게 증명했듯이, 세대 간의 통일, 즉 공인된 전통과 하나의 '전체'처럼 여겨지는 역사적 공동체의 미래를 거는 계획들의 통일을 가능하게 한다는 사실입니다. 국가의 합리성은 유산들과 계획들 사이의 교환 기능에서 기인합니다. 이 계획들은 순수한 도구적 합리성의 특징인 기억의 부재에 의해 항상 위협받고 있습니다. 왜냐하면 기술(技術)에는 과거가 없고, 기술은 발달함에 따라 그 흔적을 지우며, 또 이전의 것보다 더 나은 미래의 도구들만 겨냥하기 때문입니다. 국가는 정확히 기억 없는 기술의 지배에 저항합니다. 시장들에 의해, 곧 생산·소비·여가에 의해 조성된 현대의 기획들과 여러 세대를 거쳐 내려오는 유산을 조합시키면서 그렇게 합니다.

하지만 국가는 이것과는 다른 면도 지니고 있습니다. 더 정확히 합리성 역시 이면을 가지고 있습니다. 그것은 '초석적 폭력'의 잔재입니다. 이것 역시 부분적으로는 어떤 유산, 그러나 독특한 어떤 유산에 기인하는데, 저에게 이 유산의 본성은 갈수록 수수께끼입니다. 정치성에는 거의 기원이 없다고 할 수 있습니다. 다시 말해 정치성 이전에 항상 정치성이 있다는 것입니다. 카이사르 이전에 다른 카이사르가 있고, 알렉산더대왕 이전에 다른 전제 군주들이 있는 식입니다······. 마치 어떤 점에서는 지상권의 맹점을 이루었던 것이, 전통의 권위를 훨씬 넘어서는 권위의 전통이었다는 듯합니다. 이 권위의 전통이 어디서 왔는지 모릅니다. 한나 아렌트는 "권력은 민중으로부터 오고, 권위는 상원으로부터 온다"(Potestas in populo, auctoritas in senatu)라는 라틴어 경구를 즐겨 인용했습니다. 여기에서 '상원'이라는 용어를 선인(先人)들의 총체, 그리고 선인들이지만 여전히 동시대인들과 같이 살고 있는 자들로 이해해서는 안 됩니다. 말하자면 그것은 '선인들의 선임성(先任性)'입니다.

제 생각으로 거기에는 또 다른 본성을 가진 무엇, 즉 국가 창설자들에 의해 행사된 폭력의 흔적이 있습니다. 왜냐하면 폭력에서 태어나지 않은 국가는 없기 때문입니다. 그 형태가 정복이든, 찬탈이든, 강제결혼이든 아니면 뛰어난 몇몇 영토 통합자의 전훈(戰勳)이든 간에 말입니다. 이러한 폭력은 헌법적 합리성에 의해 최소화되었고 점진적으로 제거될 유산이라고 생각할 수도 있습니다. 하지만 헌법 자체는 정확히 군주에게 결정권을 주는 형태로 이와 같은 비합리성을 복원합니다. 헤겔은 군주제를 염두에 두고 있었기 때문에 이 같은 요소를 고려했다고 생각할 수 있습니다. 하지만 헤겔은 현재 우리의 정치 체제를 포함하여 모든 정치 체제에 대해 논의한다는 것이 저의 생각입니다. 결국 꼭대기에서 결정을 내리는 누군가가 있는 것입니다. 그 결정이 전쟁 위협, 극한의 어떤 상황에 대한 응수, 또는 단순히 힘에 의해 합법적 결정을 시행해야 되는 경우일 수 있습니다. 국가란 최종 결정 시 정당한 힘을 행사하는 것이라고 말하면서 막스 베버가 염두에 두었던 잔류 폭력을 거기에서 다시 보게 됩니다. 국가의 존재 여부를 알게 되는 것은 여하튼 이런 사실에 의해서입니다. 쿠바 미사일 사태 때 케네디 대통령의 존재를 생각해 봅시다. 핵무기를 사용하기 위해서는 암호를 가지고 있는 **누군가**가 반드시 있어야만 합니다. 국가에는 시민사회의 합리적 '공생 의지'와는 성질이 다른 결정권과 의지력 그리고 중재자가 있습니다. 저는 이 문제를 많이 검토했습니다. 왜냐하면 정치성, 즉 합리성의 진보된 형태이기도 하지만 또한 비합리성의 고풍적 형태도 포함하는 정치성에 대해 철학적으로 사유하기를 원한다면, 이 문제를 피해 갈 수는 없다고 믿기 때문입니다. 결국 정치성을 논하기 위해서는 이 비합리성을 고려하지 않을 수 없습니다. 또한 이 비합리성은 시민들에게 경계의 의무, 즉 정치성의 구조 자체에 기재된 폭력의 분출에 대한 경계의 의무를 부과하기도 합니다.

●●● 정치적 역설이라는 개념은 한나 아렌트에게도 있지 않습니까?

리쾨르 합리적/비합리적, 분별/무분별과 같은 범주들 주위를 계속 맴돌지 않기 위해 제가 한나 아렌트의 분석을 토대로 이 역설을 제시하려 했던 것은 사실입니다. 저는 그녀의 정치사상에 큰 충격을 받았습니다. 저는 이것을 정치성이란 수직면과 수평면을 지닌 직각 구조에 따라 나타난다고 이야기하며 재구성합니다. 한편에는 공생 의지의 수평적 연결이 있습니다. 그녀가 **권력**이라고 불렀던 것이 이것인데, 이 권력은 정확히 사람들이 공존하기를 원하는 만큼만 통용될 뿐입니다. 이 공생 의지는 조용히 작동하고, 보통의 경우에는 눈에 잘 띄지 않으며, 묻혀 있습니다. 사람들은 단지 이것이 분해되거나 위협받을 때만 그 실체를 알아볼 뿐입니다. 그것은 위험에 빠진 조국의 경험, 정치적 연결이 해체되는(défait) 시기이기도 한 대규모 패전들(défait)의 경험입니다. 다른 한편에는 수직적·위계적 측면이 있습니다. 막스 베버가 『경제와 사회』(*Wirtschaft und Gesellschaft*)[2]의 도입부에서 통치자들과 피통치자들의 수직적 분화에 의해 정치성을 사회 문제 속에 끌어들였을 때, 그는 정확히 이 측면을 염두에 두고 있었던 것입니다. 막스 베버가 폭력의 합법적이고 최종적인 사용을 관련지었던 것은 분명 이와 같은 정치성의 수직성입니다.

아마 정치성의 불가사의한 성격은 이 불균형한 구조에서 기인할 것입니다. 어쩌면 우리는 모든 권력이 공생 의지에서 분출되고, 수직적 관계가 전적으로 수평적 관계 속에 다시 흡수되기를 기대하는 바람——이것은 일종의 자주관리의 바람입니다——을 지닐 겁니다. 하지만 아마 이런 바람이 실현되면, 그것은 세대들의 결집 및 전통들과 계획들 사이의 총화의 영역에서 정치성의 혜택들의 종말을 포함해서, 정치성의 종말일지도 모릅니다. 결국 위계 관계와 합의 관계 사이에서 타협이 이루어지고 조절되어야만 정치성의 지도 기능이 작동될 수 있을지도 모릅니다. 이와 같은 노선을 따라가면서 사람들은 민주적 계획을 여러 가지 조치들의 총체처럼 규정할 것입니다. 그 조치들은 합리성이 비합리성을 물리치는 동시에 공생 의지라는 수평적 연결이 명령과 권위의 환원 불가능한 위계적 관계보다 우월

---

2) 프랑스어판은 Max Weber, *Économie et société*, trad. Julien Freund, Pierre Kamnitzer et Pierre Bertrand, Paris : Plon, 1971.

하도록 취해집니다.

　저는 '권위'의 개념으로부터 출발해서, 도덕적 성찰 내부에서, 다른 길을 통해 이 문제로 되돌아왔습니다. 권위는 매우 혼란스러운 개념입니다. 특히 이것이 자율과 비교될 때 그러합니다. 따지고 보면 정치적 계약주의란 도덕적 의미에서 개인적 자율의 정치체로의 전이가 아닙니까? '자율을 어떻게 규정하는가?'라고 물으면, 자유란 스스로를 규준하는 법의 원천이고, 또한 도덕은 여기서 자유의 도덕이라고 말하면서 규정합니다. 칸트의 용어로 말하자면, 거기에서 '이성의 사실', **선험적** 종합적 관계를 보게 됩니다. 하지만 이러한 자율의 개념으로도 사람들은 도덕적 차원에서부터, 따라서 정치적 사실 '아래'에서 그 무엇인가에 부딪히게 됩니다. 그런데 이 무엇인가는 스스로를 규준하는 법으로 드러난 자유에 대한 정의 속으로 완전히 흡수되는 데 저항합니다. 먼저 이 저항은 외재성의 형상 속에 나타납니다. 이것이 레비나스가 아주 잘 탐구했던 차원, 즉 보다 구체적으로 나에게 책임질 것을 요구하고, 또한 나를 책임의 주체로 만드는 타자의 외재성입니다. 그다음으로 이 저항은 스승/제자의 관계로 설명될 수 있는 우월성의 사실에서 나타납니다. 그것이 소크라테스적 전통일 수도, 아니면 율법교사라는 유대교적 전통일 수도 있습니다. 제가 보기에 이 두 전통은 성 아우구스티누스의 훌륭한 『교사론』(De magistro)에 한데 모아진 듯합니다. 마지막으로 사람들은 외재성과 우월성 다음에 선행성의 불가사의에 빠지게 됩니다. 카이사르 이전에 다른 카이사르가 있었듯이, 도덕 이전에 항상 도덕이 있었습니다. 모세의 율법에 앞서 메소포타미아 법이 있었고, 또한 이것들 이전에도 다른 법들이 있었습니다. 이처럼 우리는 일종의 '항상-이미-거기'의 차원 앞에 있게 됩니다. 이로 인해 날짜가 정해진 시작의 탐구는 기원이라는 전망 앞에서 항상 좌절합니다. 모든 것이 마치 기원과 시작의 변증법이 있는 것처럼 진행됩니다. 단지 '시작'이 문제라면, 연대기 안에서 그 날짜를 정하는 것을 바랄 수도 있을 것입니다. 하지만 '기원'은 늘 뒷걸음치는 동시에 '항상-이미-거기'라는 수수께끼의 형태로 현재 속에서 불쑥 솟아나게 됩니다.

●●● 이와 같은 변증법은 다른 예에서도 나타나는데요.

리쾨르 그렇습니다. 넓은 의미에서 '문학적' 차원에서, 그리고 법들과 신화들의 끝없는 다시 쓰기라는 불가사의한 형태하에서 이 변증법이 기이하게 발현됨을 다시 보게 됩니다. 기원 신화들의 사례를 들어 봅시다. 거기에서도 역시 하나의 기원 신화 이전에 항상 다른 신화가 있습니다. 성서에서 볼 수 있는 대홍수 이전, 노아의 방주 이전에 있었던 메소포타미아 홍수를 찾아내게 될 것입니다. 모든 것이 마치 기원의 후진에 의해 무한한 다시 쓰기 과정이 발생되는 것처럼 진행됩니다. 도덕적·정치적 영역에서와 마찬가지로 신화들의 질서 속에서도 우리는 이상적으로 날짜가 정해진 시작과 다시 쓰기 과정을 통해 포착하려는 끝없이 멀어지는 기원 사이의 이와 같은 갈라짐 같은 것을 다시 보게 됩니다.

　　그러나 우리는 제도의 다시 쓰기라고 부를 수 있는 것의 영역 속에서도 같은 현상을 확인할 수 있습니다. 영(零)으로부터 시작하려 했던 사람들은 모두 선행하는 하나의 패러다임을 생각해 내고, 또 그로부터 권위를 빌려야 할 수밖에 없는 처지가 되었습니다. 가장 눈에 띄는 예는 프랑스대혁명의 그것입니다. 혁명가들은 0년 0일로 시작하는 새로운 달력을 제정했습니다. 그러나 이는 모두 로마식 표본——그 자체도 로마의 건립을 위해 선행된 어떤 전형의 권위를 차용했던 것입니다——을 참고해서 이루어진 것입니다. 티투스 리비우스(Titus Livius Patavinus)를 기억해 보기 바랍니다.

제 생각으로는 정치성이 우주학과 윤리학의 불가사의를 자기 영역에서 되풀이하는 것은 정말 혼란스러운 일입니다. 그 하나는 다른 하나의 완벽한 표본으로 사용될 수 있습니다. 그리고 저는 누군가가 다음과 같이 말하는 것을 인정합니다. 즉 우선 정치성의 불가사의가 있기 때문에 기원 역시 하나의 시작이고, 또 이 시작이 명령의 형상을 갖는다는 것이 그것입니다. 게다가 전형적인 시작은 왕이나 주인의 명령이 아니겠습니까? 이와 같은 추론은 결국 '왕실 이념'이라 일컬어지는 스칸디나비아의 성서 주석학파의 추론입니다. 그런데 이 학파의 입장에서 보면 고대 이스라엘의 모든 윤리적·정치적·우주적 위대함은 왕의 형상 주위에 재구축되어 있다고 여겨집니다. 하지만 제 생각에 이것은 단지 가능한 여러 입구들 중 하나입니다. 왜냐하면 거꾸로 창조자의 형상과 정의의 지배자의 형상은 정치권력의 범위 밖으로 즉각 솟아오른다고 말할 수 있기 때문입니다. 따라서 저는 우주적, 도덕적 및 정치적 문제들의 이질성과 이것들의 상호 전염성을 받아들여야 한다고 생각합니다.

●●● 그러나 만약 정치성이 전제되는 무엇인가를 항상 얻게 된다면, 결국 이것은 그 문제가 전적으로 철학자의 소관이 아니라는 의미가 아닐까요?

리쾨르 이 문제에서 철학자는 두 가지 사실을 보여 주는 임무를 맡고 있습니다. 하나는 권력의 책략으로서의 정치는 인간 실재의 구조로서의 정치성을 고갈시키지 않는다는 점입니다. 다른 하나는 정치성에 의해 모든 인류학적 영역이 고갈되지 않는다는 점입니다. 왜냐하면 다른 영역들 — 도덕적·종교적 영역 ── 에서 정치성의 특별함이라고 생각했던 선행성·우월성·외재성의 문제를 발견할 수 있기 때문입니다. 그런데 우리는 이와 같은 선행성·우월성·외재성의 문제에 현혹되어서는 안 될 것입니다. 단지 **인정된** 우월성만이 있다는 가다머의 주장을 기억해 봅시다. 인정이라는 주제의 이점은, 그것이 본질적으로 비대칭적 인간관계에 상호성을 다시 도입한다는 점입니다. 그러나 이 경우, 인정이란 우월성에 대한 인정으로 남는다는 사실 또한 덧붙여야 합니다. 우월성을 인정하는 것, 그것은 스승에게 배운다는 것을 받아들이는 제자의 행위입니다. 그리고 이 지배관계는 주인/노예의 관계가 아니라 아주 고유한 다른 어떤 관계와 연관이 있다는 점에서 저는 아주 흥미롭다고 생각합니다.

●●● 시민과 권력 사이와 같은 전형적인 정치적 인정에서도 역시 비판이 가능해야겠죠.

리쾨르 저는 이와 같은 차원을 인정에 대한 논의에 전적으로 포함시킵니다. 왜냐하면 인정은 공포, 위협 또는 유혹, 요컨대 궤변 등에 의해 탈취된 어떤 것이 전혀 아니며, 그런 것들에 의해 양도된 것도 아니기 때문입니다. 결국 인정이 완전하게 인정인 것은, 그것이 비판적으로 받아들여질 때입니다.

　　민주주의의 문제가 아마 거기에 있을 겁니다. 그들 자신들로부터 출발해 결코 정치성을 낳을 수 없는 상황에 있는 시민들에게 어떻게 비판적 인정을 가르치는가의 문제가 그것입니다. 바로 이 점에서 저는 클로드 르포르와 입장을 달리합니다. 르포르는 이와 같은 권력의 기원이라는 불가사의 앞에서 민주주의에는 고유한 토대가 없다고 강조하고 있습니다. 그가 보기에 민주주의는 그 어떤 것도 아닌 그 자체 위에, 즉 공허 위에 기초한 첫번째 제도입니다.[3] 그로부터 민주주의의 극도의 허약함이 기인합니다. 저는 민주주의란 항상 그 자체에 대한 그 자체의 선행성 위에 세워진다고 주장합니다. 이것을 하나의 '창건'이라고 부를 수 있을까요? 만약 그렇다면, 이것은 '창건적 사건들'이라는 의미일 것입니다. 그렇다고 해서 이와 같이 가정된 창건적 사건들이 끝없이 후퇴하는 기원의 불가사의에서 벗어나는 것은 아닙니다. 좀더 자세히 말해, 기억에 없는 기원과 날짜가 정해진 시작의 변증법에서 벗어나는 것은 아닙니다.

그러나 '민주주의'라는 단어를 사용하면서 사람들이 당황하는 것은 사실입니다. 아롱이 했던 말을 저는 아주 잘 기억하고 있습니다. 물론 그 말로 인해 우리가 거북해졌지만, 그 말은 전적으로 옳은 것이었습니다. "민주주의＝좋은 정부라는 정의. 중요한 것은 이 단어에 딸린 형용사이다. 가령 민중민주주의, 자유민주주의……."

●●● 선생님께서 암시하신 민주주의들의 현재 위기감 속에서, 시민들이 결코 자신들로부터 출발해서 정치를 낳을 수 없다는 상황에 있다는 사실이 큰 역할을 하는 것인지요?

리쾨르 저는 사실 이 위기감은 그 중 한 모습이라고 생각합니다. 현 단계에

---

3) 1924년에 태어난 클로드 르포르(Claude Lefort)는 특히 『민주주의적 발견』(L'invention démocratique, Paris : Fayard, 1981), 『정치성의 내성』(À l'épreuve du politique, Paris : Calmann-Lévy, 1992)을 집필했다. 그는 메를로퐁티의 제자이며, 코르넬리우스 카스토리아디스(Cornelius Castoriadis)와 함께 『사회주의인가 야만인가』(Socialisme ou barbarie)지를, 피에르 클라스트르(Pierre Clastres)와 함께 『리브르』(Libre)지를 발행했다. 또한 그는 좌파 진영에서 소련 관료주의와 전체주의를 처음으로 비판했던 프랑스 사람 중 한 명이었다.

서 이 위기감은 수직적 관계의 잔류 폭력——시민은 이 폭력에 맞설 준비를 해야 할 것입니다——보다는 정치성이 자신의 표적을 찾는 데서 겪는 어려움, 혹은 시민사회와의 관계에서 현대 국가가 자리를 찾는 데서 겪는 어려움에 더 밀접하게 연결되어 있습니다.

그 까닭은 우선 '국가-민족'(État-nation)은 오늘날 지상권 차원에서 상위 지상권——유럽, 국제조약, 유엔——과 하위 지상권——지역 권력, 시 권력 등——사이에서 샌드위치가 되어 있기 때문입니다. 국가의 지상권은 위로도 아래로도 틀에 끼어 있습니다. 미국이나 독일과 같은 연방국가는 이 점에서 프랑스보다 훨씬 더 체계화된 위계질서를 갖고 있는 것은 사실입니다.

하지만 위기감은 그런 나라들에도 마찬가지로 현존합니다. 또한 이 위기감은 근본적으로 시민사회를 조종하는 소속 범위들이 복잡해진다는 사실로 인해 국가의 지상권이 그 자체의 내부에서 판독 불가능한 것이 되었다는 점에 기인합니다. 바로 거기에서 저는 앞에서 인용했던 저자들을 다시 만나게 됩니다. 이 저자들은 정치적 차원을 시민들의 소속 범위들의 하나로 축소함으로써 그것을 과소평가합니다. 이와 같은 독법이 사회적 연결과 상호작용 관계들의 현상학에 속한다는 것, 또한 외관의 기술(記述)로서의 이와 같은 현상학이 용인할 만하다는 것, 이것은 분명합니다. 실제로 우리가 항상 시민으로서 기능하는 것은 아닙니다. 사실 우리는 가끔 시민으로서의 역할을 합니다. 가령 투표를 하러 갈 때 말입니다. 하지만 우리는 그보다는 훨씬 더 자주 생산자나 소비자로서 행동합니다. 이렇게 해서 정치성이란 단지 우리들의 많은 활동들 중 하나일 뿐이라는 인상을 갖게 된다는 점이 설명됩니다. 그러나 이것은 제 생각으로, 우리가 정치성에 신경 쓰지 않을 때조차도 국가는 우리가 충성하는 모든 소속 범위들의 총괄체로 있다는 점을 놓치는 것입니다. 우리는 대학이나 축구팀에 대해 충성심을 갖는 것처럼 국가에 대한 충성심을 갖지 않습니다. 시민권 유대는 항상 다른 모든 사람들의 충성심을 전제하고 있습니다. 국가는 총괄체이면서도 피총괄체입니다. 그리고 제 생각으로는 바로 거기에 1950년대나 1960년대에 정치적 역설이 취했던 것보다 더 음험하지만, 덜 폭력적인 새로운 형태가 나타나고 있는 것입니다. 스탈린주의에서는——간략하게 말하자면——이 정치적 역설이 자의적인 권력 행사의 합리성과 불합리성 사이의 분열이라는 극적 형태로 뚜렷하게 나타났던 것입니다. 오늘날에는 이와 같은 위험은 오히려 국가의 사라짐이나 혹은 정치적 소속이라는 판독 불가능한 특징 속에 있습니다. 만약 국가가 사라진다면…….

●●● 시민권 유대의 이 '총괄체-피총괄체'에 대해 다시 말씀해 주실 수 있으십니까?

리쾨르 제가 말하고자 하는 바는, 우리들의 역할, 우리들의 권리, 우리들의 의무, 우리들의 특혜, 우리들의 책임을 규정하는 이런 또는 저런 범위에 소속됨과 정치 공동체에 소속됨은 같은 성질의 것이 아니라는 것입니다. 정치적 의미에서 '도시'는 우리가 소속되는 '도시들'의 합, 시민사회를 구성하는 충성의 '범위들'의 합으로 축소될 수 없습니다.

●●● 그렇다면 선생님께서는 왜 '피총괄체'라고 말씀하십니까?

리쾨르 그 이유는 권력을 추구하거나 행사하는 것은 단지 우리가 신경 쓰는 많은 것들 중 하나이기 때문입니다. 예컨대 우리가 정치 모임에 간다는 것은 우리가 물건을 사는 곳에 가는 것과는 다른 일입니다. 이렇게 해서 우리는 간간이 정치적 존재로서 기능할 뿐이라는 인상을 가질 수 있게 됩니다. 이것은 우리가 소비자, 생산자 또는 능력 있는 직업인으로서 때때로 기능하는 것과 같은 의미에서입니다.

사람들이 정치 공동체에 소속되는 규칙들은 이와는 전혀 다릅니다. 또한 그 규칙들은 나라들에 따라 다르게 체계화되어 있습니다. 예컨대 국적과 시민권의 관계는 혈연법이나 지연법의 기능일 수 있습니다. 독일에서는 당신이 장기 거주자라 할지라도 결코 독일인이 되지 못합니다. 이와는 반대로 당신은 어떤 선거에서는 투표를 할 수 있습니다. 프랑스에서는 외국인은 결코 투표를 할 수 없습니다. 따라서 정치 공동체에 속하는 규칙들은 완전히 고유한 것입니다. 심지어는 부차적인 결정에서조차 그렇습니다. 망명권, 소수자의 권리, 국적의 상실이나 획득, 정치 공동체의 구성원으로 간주되는 방식 등, 이 모든 것이 도시의 규칙들에 따릅니다. 도시들 중 하나로서가 아니라 소속 범위들의 지형학 속에 자리 잡은 총괄체인 도시의 규칙들 말입니다.

또 다른 예는 한 국가의 재판권의 한계들을 통해 나타납니다. 왜냐하면 영토는 지리뿐만이 아니라 법이 적용되는 공간(물론 이 공간을 넘어서면 다른 법들이 적용됩니다)도 구성하기 때문입니다. 한 국가의 재판권 공간은 정치 공동체의 소속이 정말로 중요하다는 점을 잘 보여 줍니다.

따라서 정치성의 질서에 속하는 것과 그렇지 않은 것 사이에는 상대적 불명확함이 있습니다. 포괄적 기관인 동시에 선거, 시위 등의 비연속적 행사들에 의해 간헐적 방식으로 기능하는 기관들 중 하나인 국가의 자리를 마련하는 것은 힘든 일입니다. 바로 이것이 국가의 새로운 모습이고, 또한 아마 제가 전에는 정치적 역설이라 불렀던 현상이 보여 주는 가장 두드러진 현재의 모습이라고 저는 생각합니다.

●●● 모든 것이 정치적이지 않지만, 그럼에도 모든 것이 정치적이 될 수 있다는 것에 어려움이 있는 것이 아닙니까? 얼마 전까지만 하더라도 흡연 행위는 사적 영역에 속했습니다. 그러나 이것은 오늘날 국가가 관여하는 규제의 대상입니다.

리쾨르 하지만 그 어떤 표시에 의해 흡연 행위가 정치적이라고 규정됩니까? 몇몇 장소에서의 흡연 금지는 법으로 제정되어 있다는 사실이 그 표시입니다. 만약 금연 장소에서 흡연을 한다면 당신은 처벌될 수 있습니다. 처벌이라는 조치가 입법자인 국가로부터 나왔다는 사실과 더불어 이것이 흡연 행위가 정치와 관련된다는 것을 보여 주는 유일한 표지입니다.

●●● 의회가 있어야만 하는 것도 바로 이를 위해서죠. 규칙이 자의적으로 제정되지 않도록 하기 위해서 말입니다.

리쾨르 권력의 분할, 분할된 권력들 사이의 관계는 우리가 전혀 이야기하지 않았던 정치성의 한 모습입니다. 이것은 분명히 중대한 문제입니다. 프랑스에서는 미국에서 수용되었던 몽테스키외의 삼권분립과는 다른 방향으로 나아갔습니다. 프랑스에서는 행정부, 입법부, 사법부 사이의 다른 분할이 채택되었습니다. 가령 사법부는 완전히 독립된 권력이 아니고 하나의 관할 범위, 즉 하나의 권한에 불과합니다.
　　본래의 도식을 다시 취하자면, 입법부는 법률 제정과 수정을 항상 할 수 있는 합리성의 장이라고 할 수 있습니다. 이에 반해 행정부는 힘의 최종 사용이 이루어지는 장입니다. 저는 에릭 베유의 국가에 대한 정의를 좋아합니다. 그에 따르면, 국가란 결정을 내리는 것을 가능케 해주는 역사적 공동체의 조직입니다.[4] 우선 국가에 대한 이와 같은 정의에는 역사적 공동체라는 개념이 있습니다. 이 공동체를 창조한 것은 국가가 아니지만, 국가는 그것에 틀을 제공합니다. 그다음으로 이 정의에는 결정을 내리기 위한 권력들의 조직이라는 개념이 있습니다. 이것이 바로 제가 '잔류 폭력'이라고 불렀던 예리한 면을 지닌 국가의 의지적 차원입니다.

그런데 이와 같은 폭력은 구성적이라기보다는 오히려 잔류적입니다. 왜냐하면 폭력은 정치성의 전부가 아니라 그 그림자 부분이기 때문입니다. 폭력은 항상 다시 나타날 위험이 있기는 하지만 제 생각에 그것은 국가의 구성요소가 아닙니다.

●●● 그러면 민주주의가 권력의 잔류 폭력에 대항하여 취한 조치들, 바로 거기에 민주주의의 새로움이 있다고 말씀하시는 것이 아닌지요?

리쾨르 클로드 르포르와 달리 저는 민주주의 체제들의 특수성을 이런 식으로 봅니다. 르포르가 보기에 이 특수성은 자가 창건 또는 공허 위에 창건될 수 있는 힘에 있습니다. 또한 르포르는 아마도 민주주의의 독창성과 새로움에 가치를 부여하려 합니다. 그러나 제 생각으로는 그 창건이라는 면에서 볼 때 민주주의들은 위계 구조의 체제들, 다르게 말하면 신정(神政)을 이어받고 있습니다. 고전적 신정의 시대가 지나갔다는 것은 사실입니

---

4) 에릭 베유(Éric Weil, 1904~1977)는 『헤겔과 국가』(*Hegel et l'etat*, Paris : J.Vrin, 1950)와 『정치철학』(*Philosophie politique*, Paris : J.Vrin, 1956)을 집필했다. 폭력의 문제는 그의 성찰의 중심에 있다.

다. 정치성을 신학 위에 세우려는 의도 혹은 우리의 도식을 다시 취하자면 그 자체로 신적 권위에 의존하는 권위의 유일한 수직 축 위에 정치성을 세우려는 의도는 막을 내렸습니다. 저는 바로 이와 같은 의도가 끝났다고 생각합니다. 그렇다고 해서 모든 신정이 그 의미를 상실한 것은 아닙니다. 만약 신정에서 무엇인가가 남아 있다면, 그것을 수직적 구조 쪽이 아니라 공생 의지 쪽에서 찾아야 할 것입니다. 그러니까 형제애의 실천이라는 공생 의지 쪽이라고 분명하게 말하고 싶습니다. 이런 점에서 '신의 민족' 개념과 그 구성요소——신도(信徒)들 사이에 정립되는 완벽한 상호성——속에는 정치적 모델을 사유하기 위한 진정한 어떤 요소들이 있다고 저는 확신합니다.

이와 관련하여 아주 독특한 이스라엘의 성서적 역사를 일별해 보아야 할 것 같습니다. 「이사야서」 2부를 다시 읽어 보십시오. "너희는 위로하여라! 나의 백성을 위로하여라! 너희의 하나님께서 말씀하신다. 예루살렘 주민을 격려하고, 그들에게 일러 주어라. 이제 복역 기간이 끝나고……"[5] 이 희망들은 어느 권력 위에 의지합니까? 고레스입니다! 고레스는 「이사야서」 2부에서 이름이 두 번 불립니다. "고레스를 보시고는 '너는 내가 세운 목자다. 나의 뜻을 모두 네가 이룰 것이다' 하시며, 예루살렘을 보시고는 '네가 재건될 것이다' 하시며, 성전을 보시고는 '너의 기초가 놓일 것이다' 하신다." 그리고 또한 "주께서, 기름 부어 세우신 이에게 말씀하신다".[6] 여기에서 우리가 관심을 갖는 것은 **외적** 신정입니다. 고레스가 유배자들, '골라'(gola, 유대인 포로)들이 예루살렘에 들어가는 것을 허락했던 것은, 그

---

5) 「이사야서」 40장과 55장.
6) 「이사야서」 44장 28절과 45장 1절.

가 이른바 다문화 정책을 폈기 때문이었습니다. 고레스는 그들의 것이 아닌 정치를 위해 처신했으며, 그 결과 히브리인들은 성전의 재구축에 전념할 수 있게 된 것입니다. 의심의 여지없이 이스라엘의 역사에는 특히 에스드라와 느헤미야가 다스렸던 자치의 시기들이 있었습니다. 그리고 일종의 신정제도도 있었습니다. 하지만 이것은 정치권력이 배제된 신정제도였습니다. 이와 반대로 페르시아인들, 헬레니즘 제국들, 로마인들은 차례로 정치권력을 지녔습니다. 그러므로 권위적 유형의 신정제도를 창출해 내지 않은 독특한 한 종교의 예를 이스라엘의 역사에서 볼 수 있는 것입니다. 유배의 경험을 통한 한 민족의 죽음과 부활의 모든 역사, 가부장적 전통의 수립 문제, 다시 말해 이른바 '제2이사야' 파가 수행해야 할 임무는 완전히 다른 두 전통을 다시 사유하고 화해시키는 것이었습니다. 하나는 아브라함과 야곱의 전통──아버지들의 전통──이고, 다른 하나는 모세의 전통, 즉 첫번째 출애굽의 전통입니다. 말하자면 아브라함과 모세를 융합하는 것입니다. 이 화해는 바로 다양한 전통들의 화해인 동시에 파괴의 회상을 통해 이루어진 과거와의 화해였기 때문에 단지 가능했었을 뿐입니다. 제가 보기에 신정제도적 경향을 갖는 신정이 끝난 후 이와 같은 성서적 도식──다른 한편 이 도식은 아마 근본적으로 그리스도적 도식, 즉 죽음과 부활의 그것입니다──을 오늘날 다시 검토하는 것이 가능할 것 같습니다. 우리는 거기에서 독창적인 신정의 가능성을 발견하게 됩니다. 이 신정은 권위적 신정이 사라진 후 그것을 대신할 수 있는 신정입니다. 권위적 신정에서 기독 공동체는 정치성에 영적 정당성을 빌려 주었던 반면, 정치성은 기독 공동체에 세속적 완력을 빌려 줬습니다. 즉 세속적 완력과 영적 정당성의 교환, 바로 그것이 우리의 신정이고, 죽은 것은 바로 이것입니다.

　　역사적으로 우리의 민주주의는 이와 같은 신학적 창건의 유형을 뒤이은 제도입니다. 이런 의미에서 우리는 클로드 르포르처럼 이제부터 민주주의에는 기초가 없다고 말할 수 있을 것입니다. 다만 권위적 유형의 신정이 유일한 가능성일 경우에만 그럴 수 있습니다. 그런데 제 생각으로는 실제로 이와 같은 신정은 이념화된 형태로 구성되었고, 또한 죽은 것은 오직 이와 같은 신정 이념입니다. 하지만 민주주의는 권력 전승의 현실성과 권위의 전통이라는 혜택을 계속 받고 있습니다. 이런 의미에서 민주주의는 '역설'이라는 굴레에서 벗어날 수가 없는 것입니다. 결국 민주주의의 독창성은 권위를 영적 정당성에서 빌리는 것과는 다른 방식으로 정치성을 운영하기 위해 선택된 조치들 속에 있게 될 것입니다.

우리는 신정의 **로마적** 도식이었던 '제국의 로마'와 '바티칸의 로마'라는 지나치게 협소한 이중적 의미의 도식에 갇혀서는 안 될 것입니다. 저는 방금 이스라엘의 역사에 대해 이야기했습니다. 하지만 17세기의 청교도주의라는 예도 생각해 볼 수 있을 것입니다. 실제로 이 청교도주의에서 현재 우리가 알고 있던 것과는 다른 특성을 가진 정치성과 종교를 결합하는 방식을 발견할 수 있습니다. 즉 정치적 권위를 신으로부터 물려받았다고 정당화시키는 방식이 그것입니다. 토크빌이 완벽하게 파악했고, 또 그에 따르면 미국의 특수성에 해당하는 것이 바로 이것입니다.

●●● 선생님께서는 신정과 단절한 민주주의가 신정의 권위적 형태를 계승했다고 하십니다. 그러나 오늘날 사람들은 사실 전체주의와 비교하면서 민주주의를 사유하는 데 익숙합니다.

리쾨르 민주주의적 단절은 이중의 선상에서 이루어졌기 때문에 이와 같은 이중의 기준을 유지해야 합니다. 당신이 잘 지적했듯이, 한편으로는 많은 점에서 전례를 찾아볼 수 없는 전체주의와의 단절이고, 다른 한편으로는 권위적 전통과의 단절입니다. 하지만 이 권위적 전통을 전체주의와 혼동하지 않는 것이 중요합니다. 그도 그럴 것이 권위적 전통에는 고귀한 문화가 포함되기 때문입니다. 정치적 권위를 신적 권위 위에, 우주의 주인이자 최고의 법제자의 것으로 간주되는 권위 위에 세우려는 시도 그 자체는 정확히 평가되어야 할 그 무엇입니다. 민주주의는 우선 이 권위적 전통과의 단절로 이루어졌고, 또한 그다음으로 전체주의와의 대립 속에서 정립되었습니다. 그런데 이와 같은 대립으로 인해 우리는 민주주의 자체를 다시 규정할 수밖에 없는 입장에 놓이게 되었습니다.

●●● 방금 말씀하신 것처럼, 그것이 전례가 없는 것이 사실이라면, 선생님께서는 20세기의 전체주의 도래를 어떻게 해석하십니까?

리쾨르 전체주의에는 어쨌든 많은 부분에서 크게 갱신된 무엇인가가 있습니다. 새로운 인간을 만들어 낸다는 계획, 영(零)으로부터 시작한다는 시도가 그것입니다. 이런 점에서 저 역시 한나 아렌트가 그녀의 삶 전체에서 겪은 것과 같은 혼란에 빠져있습니다. 어떻게 그런 일이 가능했을까요?

　　어느 정도 같은 사슬의 두 끝처럼 서로 대립되는 두 접근 방식을 총체적으로 사유하고 또 조절할 수 있어야만 할 듯합니다. 제가 기꺼이 '절대악'을 통한 입구라고 부르는 것이 하나이고, '역사적 설명'을 통한 입구라고 부르는 것이 다른 하나입니다. 저는 일찍이 누군가가 이 두 접근 방식을 조합하려 했었는지는 모르겠습니다.

　　조르주 상프렝(Jorge Semprún)이 그의 훌륭한 저서 『글이냐 삶이냐』(L'écriture ou la vie)에서 인용한 앙드레 말로(André Malraux)의 다음과 같은 문장을 상기해 봅시다. "나는 절대악이 형제애에 대립되는 영혼의 중요한 부분을 찾는다." 신학의 이면으로 너무 빠르게 나아가고 싶지 않다 해도, 즉각적으로 절대악에 대해 말하면서 어떻게 전체주의의 원칙을 이 절대악 개념에 전가하는 것을 피하는가 하는 의문이 듭니다. 실제로 전체주의의 원칙은 무엇으로 알아볼 수 있을까요? 그것의 자연스러운 성향은 무엇입니까? 그 원칙은 우선 다른 모든 사회적 연결들을 해체하면서 인간 관계를 전체화하는 것입니다. 또한 그것은 '인간-집단'을 창출하는 것입니다. 한 명의 '지도자' 안에 구현되는 국가 이외의 다른 조직의 원칙에는 더 이상 복종하지 않는 그런 '인간-집단' 말입니다. 전체주의에 의해 몰살, 즉 집단 살인이 저질러진 것은 결코 우연이 아닙니다. 인간 상호 관계의 파괴를 통해 인류는 유실 집단(massa perdita)이 됩니다. 이 집단에서는 반(半) 죽음 상태에 있는 자들과 죽은 자들이 거의 구별되지 않습니다. 이것은 무엇보다도 유대인들의 경우에 해당합니다. 하지만 몰살된 다른 사람들, 다른 모든 사람들 역시 생각해야 합니다. 부헨발트 수용소는 원래 독일 공산주의자들을 가두기 위해, 그리고 나치 국가 규격에 어긋난다고 여겨졌던 모든 사람들을 가두기 위해 세워졌다는 사실을 잊지 말아야 할 것입니다. 그리고 마르가레테 부버 노이만과 같은 사람을 포함해 어떤 사람들은 강제수용을 두 번 경험하기도 했습니다. 소련과 나치 수용소에 말입니다.[7] 결국 이들은 두 번에 걸쳐 몰살되었던 것입니다.

---

7) 마르가레테 부버 노이만(Margarete Buber-Neumann)은 먼저 시베리아에 유형을 갔다. 그런 연후 그녀는 1940년에 게슈타포에게 넘겨졌고, 라벤스브뤼크로 유형을 갔다. 그녀는 두 권의 책에서 자신의 삶을 이야기하고 있다. 『시베리아의 유형자』(*Déportée en Sibérie*, Paris : Seuil, 1949)와 『라벤스브뤼크의 유형자』(*Déportée à Ravensbrück*, Paris : Seuil, 1988)가 그것이다. 그녀가 카프카의 '약혼녀' 밀레나 예젠스카(Milena Jesenska)를 만나게 되었던 것은 라벤스브뤼크 수용소에서였다 (Margarete Buber-Neumann, *Milena*, Paris : Seuil, 1990 참조).

전체주의의 본질을 사회의 모든 유기적 망의 제거에 의해 가능해진 **제도적 몰살**에서 찾아야 하는 것은 아닐까요? **집단으로 죽은 자들**은 전체주의 체제에 고유한 '모든 것을 제거해 버리는' 특징을 보여 주는 기호 또는 지표입니다. 그들은 결국 죽음이 사고가 아니라, 이미 죽은 사람들에게서 반죽음 상태에 있는 사람들에게로 퍼져 가는 감염이라는 사실을 뚜렷하게 보여 줍니다. 전체주의의 원칙에는 죽음의 번식적 체험이 있습니다. **유실 집단**의 개념까지 나아가지 않는다면, 권위적 체제와 전체주의적 체제 사이의 실질적 차이는 나타나지 않습니다. 예컨대 십자군 원정에서도, 종교재 판에서조차도 당신은 제도적 죽음이라는 생각을 갖지 않습니다. 물론 거기에서도 몰살 행위를 목격하기는 합니다. 하지만 '집단 죽음'은 아닙니다. 전체주의의 정체를 잘 보여 주고, 또 그것의 도래를 잘 보여 주는 것이 바로 이 '집단 죽음'입니다.

●●● 선생님에 의하면 절대악을 통한 입구의 반대편에는 역사적 설명이 있습니다.

리쾨르 역사적 분석은 한 발 한 발씩 이루어집니다. 이 분석은 전체주의로 들어서는 입구를 단계별로 설명하면서 모든 간극들과 간극들 사이의 간극들을 메우려고 합니다. 사울 프리드란더가 히틀러 지배하에 있던 독일의 사례로 이것을 잘 보여 주고 있습니다.[8] 나치즘의 역사는 가능한 한 가장

---

8) 사울 프리드란더(Saül Friedländer)에 대해서는 그의 저서 『나치의 반유대주의: 집단 강박관념의 역사』(*L'Antisémitisme nazi: histoire d'une psychose collective*, Paris : Seuil, 1971)와 『나치주의의 반향』(*Reflets du nazisme*, Paris : Seuil, 1982)을 볼 것. 『나치 독일과 유대 인종 학살』(*L'Allemagne nazie et le génocide juif*, Paris : Seuil, 1985)이라는 논총에 실려 있는 다른 글들도 볼 것.

오랫동안 그 전체주의적 본성을 숨김으로써 독일인들에게 있는 그대로 받아들여졌던 권위적 체제의 역사입니다. 1932년 7월 선거에서 대거 '국가사회주의당'(NAZI)에 투표를 하면서 독일인들은 단지 권위적 체제에 대해 찬성한다는 의사만을 표명했습니다. 고유한 의미의 전체주의는 단지 히틀러가 수상에 임명된 후에, 그리고 단계별로 제도화되었을 뿐입니다. 히틀러는 자신이 지향했던 전체주의 성향을 권위적 병풍 뒤에 숨길 수 있었습니다. 게다가 유대인에 대한 '최후의 해결책'도 그런 식으로 부과되었습니다. 점차적으로, 단계별로 해결한다는 것이 그것입니다. 유대인들을 먼저 동부 지방으로 이동시키고, 그다음으로 마다가스카르로 이주시키는 계획이 그것입니다. 그리고 히틀러가 총체적인 몰살을 실시하게 된 것은 단지 이 계획들이 적용될 수 없다고 판명되거나 불충분한 것으로 평가됨에 따른 결과였던 것입니다.

●●● 결국 선생님께서는 『나의 투쟁』(*Mein Kampf*) 때부터 히틀러가 항상 유대인들을 집단으로 살해할 계획을 가지고 있었다고 평가하는 의도주의자들에 반해 기능주의자들의 손을 들어 주시는 거군요.

리쾨르 저는 양쪽 모두 옳다고 생각하는 편입니다……. 이를테면 '최후의 해결책'을 적용한다는 결정이 취해진 순간에 히틀러는 그 자신이 늘 하고자 하는 바를 알고 있었다고 말할 수 있을 것입니다. 그가 그것을 단호하게 정치적 의지로 표현하지 않았다고 해도 말입니다. 저의 입장에서는 그가 **정치적으로**가 아니라 **병적으로** 그것을 원했다고 말하고자 하는 유혹을 떨칠 수가 없습니다. 물론 그 시기는 『나의 투쟁』 시절과 일치합니다.

••• 선생님께서는 절대악을 통한 설명 쪽으로 너무 빨리 나아가지 말아야 한다고 말씀하셨습니다. 그렇지만 역사적 설명은 너무 느린 것이 아닙니까?

리쾨르 바로 그렇기 때문에 분석의 두 끝을 함께 붙잡으려고 해야 합니다. 악의 출현을 설명한다는 것은 악에게 면죄부를 주는 것이 아니겠습니까? **역사가 논쟁**(Historikerstreit)이라는 독일에서의 논란은 이 관점에서 매우 흥미롭습니다.[9] 그도 그럴 것이 나치즘의 도래에는 여러 원인이 있다는 점을 증명하면서 나치 주역들의 책임은 줄어들거나 사라지게 될 것이기 때문입니다. 그렇게 된다면 결국 누가 죄인인지 알지 못하게 될 것입니다. 이러한 위험을 피하기 위해서는 아무것도 설명하지 않고 또 악은 무조건 발생하고 만다는 그 절대적 특징을 받아들여야 할 것입니다. 하지만 이와 같은 관점은 역사적 분석이나 또는 예컨대 전체주의의 두 형태 —— 소련과 나치 —— 를 한꺼번에 사유하려 애쓰고, 또 이 두 체제의 공통점을 백일하에 드러내려는 정치철학의 성찰과 맞물리기가 아주 어렵습니다. 하지만 다른 측면에서는 집단 말살에 이르는 경우 순수 상태에서 서로 다르고, 본질적으로 서로 상이한 악과 마주하게 됩니다. 분명 악은 본성상 서로 닮지 않고, 악마적이고, 즉 분산이고 분리이기 때문에, 악의 형태들을 비교하고 그것들을 전체화하는 것은 불가능합니다. 악의 체계란 없습니다. 악은 매

---

9) 독일에서 역사가 에른스트 놀테(Ernst Nolte)가 제안한 나치주의 사료 편찬의 '수정'이 원인이 되어 이 논란이 불거졌다. 그 자료들은 프랑스에서 다음과 같은 제목으로 출간되었다. 『역사 앞에서: 나치 체제에 의한 유대인들의 말살의 특유성 문제에 대한 논쟁 자료들』(Rudolf Augstein et al., *Devant l'histoire: les documents de la controverse sur la singularité de l'extermination des Juifs par le régime nazi*, Paris : Cerf, 1988) 참조.

번 유일합니다.

　　정치적 계획으로서 전체주의들의 구조적 일치성과 악이 그 속에서 구현되는 형상들의 철저한 이형성(異形性)을 어떻게 동시에 붙잡을 수 있을까요? 분명 '구현'이라는 개념…… 아니면 오히려 반(反)구현 또는 뒤집어진 구현…… 아니면 반(反)사건 또는 뒤집어진 사건 쪽에서 찾아야 할 것입니다. 거기에는 감탄, 존경이 아니라 끔찍함, 가증스러움이 자리합니다. 여기에서 사유는 제가 **참상의 전율**(tremendum horrendum)이라고 불렀던 것 앞에서 멈칫거리게 됩니다.

●●● 따라서 한쪽에는 무조건적 분출로서의 절대악, 다른 쪽에는 정치적 행위들에 의한 권위에서 전체주의로의 단계적 변질이 있다는 말씀이시죠.

리쾨르 극한으로의 이행 같은 것이 있을 때까지 그렇습니다. 역사적 또는 정치적 설명의 단계주의는 공포성의 난입을 감싸는 점진적 방식을 재구축합니다. 물론 이와는 반대로 이 난입은 단계적이지 않습니다. 하지만 현실적으로 악의 진보는 항상 이렇게 이루어집니다. 악은 진보하면서 발생한다고 말할 수 있습니다. 다시 한번 함께 읽어야겠지만, 키르케고르(Søren Kierkegaard)와 카프카(Franz Kafka)는 이처럼 극한으로의 이행이라는 불가사의 주위를 계속해서 맴돌고 있습니다. 『성』(Das Schloß)에서처럼 『소송』(Der Prozeß)에서도 악은 계속해서 위로 기어오릅니다. 그 진보의 단계들은 셀 수 없이 많습니다. 그리고 악은 갑작스럽게 거기에 있습니다. 악이 가진 분류할 수 없는 성격은 그 진보의 단계주의에 의해 가려집니다. 독일에서 일어난 일은 분명히 이것입니다.

●●● 독일의 경우, 민주주의의 허약함에 의해, 이런저런 사람들의 어리석은 정치적 계산에 의해, 민주주의가 나치즘의 도래에 크게 기여했던 것이 아닙니까?

리쾨르 분명 이 부분에 대해서는 이야기할 것이 많을 것입니다. 민주주의가 전체주의의 발판이 되었다는 것은 역사의 아이러니입니다. 이성이 아니라 비이성의 간계(奸計)입니다.

왜냐하면 '인간-집단'의 진보는 그릇되게 또는 약하게 구조화된 민주주의적 체제를 통해 이루어졌다는 것 역시 사실이기 때문입니다. 바이마르 공화국이 그 좋은 예입니다. 역설적이게도 빌헬름 2세 치하의 독일의 권위적 전통에 고유한 위계 구조들을 파괴하면서 1920년대의 민주주의는 전체주의에 대한 모든 저항 요소들을 지웠습니다. 민주주의는 제가 사회의 '구조화하는 구조들'이라고 부르는 것을 쓰러뜨렸던 것입니다.

1933년 파노(Fanö) 섬에서 개최되었던 기독교 사회주의자들의 회합에서 권위적 전통의 대표들 중 한 명이고, 프러시아 지방 대귀족의 후계자이자 신학자였던 디트리히 본회퍼(Dietrich Bonhoeffer)를 만났던 것을 저는 잘 기억하고 있습니다. 히틀러가 막 권력을 장악했던 때였습니다. 하지만 본회퍼는 이미 자신이 히틀러에게 끝까지 저항할 것이라는 점을 알고 있었습니다. 본회퍼는 권위, 명료한 위계질서의 의미를 구현하고 있었습니다. 그가 살던 세계의 한편에는 명령하는 사람들이, 그리고 다른 한편에는 복종하는 사람들이 있었습니다. 물론 이것은 전체주의의 집단화, 바이마르 공화국이라는 구조들이 없는 민주주의에 고유한 '인간-집단'의 초기 모습과는 아무런 관련이 없었습니다. 그렇다면 본회퍼의 '저항'은 그를 어디까지 끌고 갔는지 아십니까? 폭군 암살입니다. 실제로 본회퍼는 히틀러에 맞선 실패한 음모의 장본인들 중 한 명이었고, 결국 그는 도끼 처형 단두대에서 머리를 잃고 말았습니다.

하지만 민주주의는 이와 같은 위험을 감춥니다. 구조화하는 구조들, 중간 단체들, 모든 공동작업 단체들을 쓰러뜨리면서 민주주의는 보편적 의지에 맞선 시민을 고립시키게 됩니다. 이것이 바로 새로운 가능성들을 내포하고 있는 루소적 세계입니다. 칼 포퍼는 플라톤에서 루소까지 모든 열린사회의 적들에게서[10] 비의지적으로 전체주의를 창안한 장본인들을 보고 있습니다.

●●● 이것은 선생님께서 전체주의를 민주주의의 병리학으로 보고 계신다는 의미인지요?

리쾨르 거기까지 나아가고 싶지는 않습니다. 저는 단지 20세기의 민주주의들, 그리고 이 민주주의들이 전체주의들에 맞서 보여 주었던 약한 저항에 대해 이야기할 뿐입니다. 독일 민주주의는 아마 반군사적 사회주의의 영향 아래 ── 저도 여기에 가담했습니다! ── 무너졌습니다. 앞에서 제가 말했듯이, 독일 민주주의는 또한 어쩌면 모든 위계적 구조들을 파괴하면서 전체주의가 투입될 수 있었던 빈자리를 남겼다는 사실 때문에 무너졌다고도 할 수 있습니다. 평화주의에 의해 여러 국가들은 무장해제를 했습니다. 하지만 '독일-국가'는 잘못된 기능에 의해 다른 나라들을 '무장해제시키는' 사회가 되었습니다. 이런 점에서 보면, 독일을 프랑스의 제3공화국과

---

10) Karl Popper, *La Société ouverte et ses ennemis*, 2 vols., trad. Jacqueline Bernard et Philippe Monod, Paris : Seuil, 1979 [*The Open Society and Its Enemies*, 1945].

비교하는 것은 당치 않은 일이 아닙니다. 프랑스의 제3공화국 역시 전체주의의 분출에 마주하여 '무장해제시키는' 역할을 맡았습니다.

전체주의의 도래에 대해 사유해야 한다면, 그것은 결국 용이성이라는 용어로서입니다. 히틀러에게 권력으로의 단계적 입성, 권위를 향해 한 발 한 발 나아감, 그리고 일종의 극한으로의 이행에 의해 권위에서 전체주의로의 위장된 도약을 용이하게 해준 것은 무엇이겠습니까?

하지만 저는 항상 다음과 같은 어려움에 부딪힙니다. **참상의 전율**이라는 차원, 그리고 설명의 단계주의 역시 어떻게 손상되지 않게 보존할 수 있는가의 문제가 갖는 어려움이 그것입니다.

●●● 전체주의에 대해 말씀하실 때 선생님께서는 거의 나치즘을 참조하고 계십니다. 공산주의에 대해서도 같은 말씀을 하시겠습니까?

리쾨르 아마 그럴 것입니다. 하지만 다음과 같은 두 가지 조건하에서 비교를 해야 할 것입니다. 앞서 지적했듯이, 저는 먼저 악의 형태들을 비교할 수 없다고 생각합니다. 하지만 훨씬 더 개인적인 이유도 있습니다. 제가 속한 공동체, 기독교, 그리고 서양 공동체는 굴락(Gulag)의 역사와 거의 관련이 없습니다. 반대로 그 공동체는 홀로코스트의 역사에 전적으로 연루되어 있습니다. 신의 살해에 대한 비난의 형태하에서 신학적 반유대주의는 이론의 여지없이 제가 전체주의 도래를 용이하게 한 요인이라고 명명했던 것의 구성요소들 중 하나입니다. 기독교도들에게 있어서 이 연관성은 ── 아무리 간접적이라 해도 ── 진정으로 그리고 무제한으로 뉘우쳐야 하는, 또한 궁극적으로는 (몇몇) 교회들의 '침묵들'보다 더 뉘우쳐야 할 죄의식의 형태로 남아 있습니다.

게다가 몇몇 성직 단체들의 '침묵들'만이 규탄받아 마땅한 유일한 것은 아닙니다. 사회단체로서, 시민사회 차원에서, 대학의 목소리를 대체 언제, 어디에서 들어 봤습니까? 사실을 말하자면 독일 대학인들은 그들의 유대인 동료들을 보호하기 위해 아무것도 하지 않았습니다. 그들은 이렇게 해서 유대인 박해에 의해 게토에서 쫓겨난 뒤 리투아니아, 폴란드, 러시아로부터 독일로 돌아온 유대인들을 통합하려는 시도에 종지부를 찍는 데 한몫했던 것입니다. 물론 그 당시에 이와 같은 통합의 시도는 성공적이었습니다. 유대성과 게르만성의 종합——유대주의에 대한 그 자신의 고유한 사유를 전개하기 전에 헤르만 코엔[11] 스스로 생각했던 종합——은 그 완성을 눈앞에 두고 파괴되었습니다. 이것은 오래전부터 유대인들과 비유대인들 사이의 관계들의 씨줄과 날줄이었던 서양에서의 사랑과 증오, 동화와 거부의 복잡한 역사의 구성적 요소입니다.

●●● '인류에 대한 범죄'라고 하는 범주는, 선생님께서 **참상의 전율**이라고 명명하신 것을 법률적으로 잘 형식화시킨 것이라고 보십니까?

리쾨르 이것은 아마 전쟁 범죄들과 집단 말살 사이의 비연속성에 법률적 가교를 놓는 데 필요불가결한——그러나 논란의 여지가 있는——시도일 것입니다. 전쟁을 할 때 전쟁 당사국들은 '친구-적'이라는 슈미트(Carl Schmitt)식 범주들[12]에 따라 서로가 서로에 대해 권위적 체제들로 기능합

---

11) 마르부르크의 신칸트학파 선발 주자인 헤르만 코엔(Hermann Cohen, 1842~1918)은 말년에 유대주의의 영감을 받은 체계적 종교 철학을 전개하였다. Hermann Cohen, "Germanité et judaïté", *Pardès*, n° 5, 1987 참조.

니다. 이 국가들은 이런 유형의 관계들에 해당하는 행위들을 저지르게 되는데, 그것들이 바로 살인 행위들입니다. 이른바 **전쟁 범죄**라고 하는 것은 권위적 체제들의 기능에 관련된 힘의 남용에 해당합니다.

하지만 전쟁 범죄들은 집단 학살 행위들이 아닙니다. 후자의 경우 표적이 되는 것은 이러저러한 자로 태어났다는 사실, 학살은 태생의 이면이라는 사실입니다. 레지스탕스 대원의 아들은 레지스탕스 대원이 아닙니다. 하지만 유대인의 아들은 유대인입니다.

그러면 '인류에 대한 범죄'라는 명칭은 어떤 경우에 적합하겠습니까? 그것은 아주 정확히 홀로코스트의 경우에 적합합니다. 유일한 경우는 아니라고 할지라도 최소한 하나의 예로는 그러합니다. 왜냐하면 홀로코스트에서는 아주 특별한 방식으로 희생자가 출생에 의해 지목되기 때문입니다. 하지만 다른 인종 학살의 경우들도 이와 마찬가지일까요? '인종 학살'이라는 용어가 종종 오용되고 있다는 것은 사실입니다. 실제로 이 용어가 부풀려져 사용되기도 합니다. 하지만 학살당하는 자들은 인종 학살을 인종 학살로 볼 권리를 가진 것 역시 사실입니다. 왜냐하면 그들은 그들 자신들이 무엇을 했느냐가 아니라 그들 자신의 출신 때문에 희생자들로 지목되기 때문입니다. 범죄는 결국 그들 개개인에게 개별적으로 가해지게 됩니다. 여기에서 우리는 위에서 제가 '악의 분산'이라고 불렀던 것의 발현, 말 그대로 악마적인 악의 불연속적 분출과 다시 조우하게 됩니다. 악의 사건적 모습들이 갖는 이와 같은 쌓이지 않는 불가사의한 특징은 아마 전체화할 수 없는 분산의 성질을 갖는 인종 학살의 개념에 영향을 주지 않을 수

---

12) Carl Schmitt, *La notion de politique*, trad. Marie-Louise Steinhauser, Paris : Calmann-Lévy, 1972 [*Der Begriff des politischen*, 1932] 참조.

없습니다.

보시다시피 저는 인종 학살이라는 개념에 대해서 아주 망설이는 태도를 취하고 있습니다. 이론의 여지없이 이 개념은 투쟁적이라고 할 수 있는 사유의 틀에서는 막대한 힘을 가지고 있습니다. 하지만 개념적으로 체계화된 철학적 성찰의 입장에서 보면 그다지 선명하지 못한 개념이기도 합니다.

게다가 인류에 대한 범죄라는 범주 속에는 형법 전통에 대한 위반이 존재하기도 합니다. 특히 이와 같은 범주가 소급되어 적용되었을 경우에 그러합니다. 법률이 정해지기 전에 저질러진 행위들에 대한 사후적 규정이 그것입니다. 당연히 이 행위들은 이미 인류에 대한 범죄들이라고 할 수 있습니다. 하지만 그렇게 되면 우리는 존재론의 차원에 있게 됩니다. 물론 그럴 만한 이유가 없는 것은 아닙니다. 그도 그럴 것이 이 행위들 자체가 희생자를 태생에 의해 지목하면서 그를 존재론화하기 때문입니다. 희생자의 본성이 행위의 규정이 되는 존재론적 이동처럼 형성됩니다. 그렇지만 법률적 전통은 이와 같은 이동에 저항합니다.

●●● '시효 비소멸'[13]을 도덕적 범주화의 방향에서 추구할 수도 있고, 또한 얀켈레비치(Vladimir Jankélévitch)가 했던 방식으로 그것을 내세울 수도 있을 것 같습니다.

---

13) '시효 비소멸'이라는 표현은 '시효에 의하여 소멸되지 않음'을 의미한다. 즉 일반적인 범죄의 경우에는 시효의 가능성(예컨대 형사시효, 공소시효 등)이 있지만, 특별한 범죄(이를테면 인류에 대한 범죄)는 시효에 걸리지 않음을 뜻한다. ──옮긴이

리쾨르 엄밀하게 말해 시효 비소멸은 도덕적 범주가 아닙니다. 그것은 시효 소멸 대상이 될 수 없다는 의미에서 법적 범주입니다. 그런데 시효 소멸 개념과 더불어 법의 사각(死角) 지점을 건드리게 됩니다. 처벌권에 대해 시간이 행사한 일종의 훼손이 개입된다는 척도에서 그렇습니다. 시간에 의해 획득된 형벌 면제를 제외하고 저는 다른 용어들의 사용은 무시하도록 하겠습니다. 특히 소유권에 관련된 시효 소멸 대상을 말입니다. 실제로 법학자들은 이 시효 소멸 대상을 범죄와 형법에 관련된 시효 소멸 대상과 구별하기 위해 '취득시효 대상'이라고 부릅니다. 이런 의미에서 시효 소멸은 부당한 특권입니다. 사회가 범죄자들을 무한정 추적할 수 없다는 구실로 범죄자가 혜택을 누릴 수 있는 그런 특권이 됩니다. 따라서 시효 비소멸을 내세운다는 것은 어떤 의미에서는 시간이 지배하지 못했을 권리 개념으로 되돌아오는 것입니다. 하지만 그렇게 되면 권리는 그 자체와 반대되는 것을 닮아 갈 겁니다. 가령 게걸스럽고 변함없는 복수가 그것입니다. 이렇게 해서 지적으로 터무니없는 특징에도 불구하고 시효 개념은 일종의 명망을 얻게 되는 것입니다. 『오레스테스』(Orestie)와 괴테의 『이피게니에』(Iphigenie auf Tauris)는 시들해진 복수의 역설과, 넓게는 인과응보가 관대한 정의로 바뀌는 역설의 좋은 예가 됩니다.

　시효 비소멸에 대한 토론을 다시 시작해야 하는 것은 바로 이와 같은 배경 위에서입니다. 시효 비소멸은 다음과 같은 사실을 부정하는 것과 같습니다. 어떤 유의 범죄자들에게 법으로 정한 기한을 넘어 소추하고, 재판하고, 형벌을 가하는 것의 금지에 의해 상징되는 형벌의 면제를 시간이 제공해 줄 수 있다는 사실이 그것입니다. 문제를 복잡하게 하는 것은 다음과 같은 두 행위 사이의 특정한 감염이 대중 의식 속에 발생한다는 것입니다. 하나는 시효 소멸의 고의적 중지(이미 시효 소멸이란 침해된 권리를 복수할

목적으로 소추하는 의무의 부정이므로 결국 이중 부정의 가치를 갖는 것)입니다. 다른 하나는 타고난 것으로 간주되는 어떤 권리들은 부동의 가치를 가지고 있다는 사실, 그리고 정확히 이런 이유로 이 권리들은 양도할 수 없으며 따라서 시효 비소멸이라 선언되었다는 사실에 대한 완전히 긍정적인 주장 사이에 발생합니다. 우리 모두 루소의 저작을 읽으면서 이와 같은 것을 보게 됩니다. 하나의 의미에서 다른 의미로의 미끄러짐은 이와 같은 두 종류의 시효 비소멸성에 공통된 행위, 즉 시간에서 권리의 힘을 제거하는 행위에 의해 용이해지는 것으로 보입니다.

괜찮으시다면 저는 이미 복잡해진 이와 같은 도표에 또 하나의 다른 혼동의 원천을 보태도록 하겠습니다. 대중의 의식은 시효 비소멸과 불용(不容) 사이에 전혀 차이를 두지 않습니다. 시효 개념이 법적인 것에 속하는 것과 마찬가지로, 용서는 제가 **기부의 경제**라고 한 것, 따라서 종교적인 것, 말하자면 가장 넓은 의미에서 '은총'이라는 것에 속합니다. 그런데 시효 비소멸은 법제화될 수 있지만, 불용은 그렇게 될 수 없습니다. 왜냐하면 용서란 정확히 희생자들만이 해줄 수 있는 것이기 때문입니다. 또한 그들만이 용서를 거절할 수 있기 때문이기도 합니다. 그들을 대신해 그 누구도 흉포한 범죄가 그들의 친족들이나 또는 참상의 생존자들에 의해 언젠가 용서되어야 한다고 선포할 수 없습니다. 그 누구도 고통의 시간과 애도의 시간을 통제할 수 없습니다. 그렇다면 침묵을 지키고 시간이 훼손 작업을 완수하게 될 때를 기다리는 것밖에 달리 방도가 없겠습니까? 저는 그렇게 생각하지 않습니다. 용서를 청하는 것 또한 하나의 열린 **선택**입니다. 그리고 최근의 역사적 행동들이 증명해 주듯이 정치적인 면에서도 그것은 마찬가지입니다. 저는 빌리 브란트(Willy Brandt) 수상, 후안 카를로스(Juan Carlos) 왕, 그리고 다른 국가 원수들을 생각합니다. 한나 아렌트가 요청하고 있는 것처럼, 용서에 대한 요청을 정치적 범위에 포함시킴으로써 이 용기 있는 행동들의 장본인들은 분명 시효 비소멸과 불용 사이에 하나의 돌파구를 여는 데 공헌했습니다. 그것은 고통뿐만 아니라 정의 자체의 시간에 의한 단순 훼손에 의존할 수 없는 그런 하나의 돌파구입니다. 진정으로 기억의 **작업**과 애도의 **작업**과 용서의 **요청**이 결합된 작품이 될 수 있는 그런 하나의 돌파구를 연 것입니다.

5장 /
기억의 의무, 정의의 의무

••• 선생님께서는 법에 대한 성찰에 의해 '정치적 역설'의 문제를 다시 검토하시게 되었다고 말씀하셨습니다. 선생님의 지적 여정에 있어서 법률에 대한 관심은 상당히 최근의 일입니다. 그것을 선생님께서는 어떻게 설명하시겠습니까?

리쾨르 제 자신의 철학적 소양에 있는 믿기 힘들 정도로 큰 공백을 채운다는 느낌입니다. 제가 받았던 교육이든 아니면 제가 몇십 년간 해왔던 교육이든 간에, 돌이켜 보면 깜짝 놀랄 정도로 법적 분야에 대한 성찰이 부족했던 것으로 보입니다. 우리가 철학에서 법에 할애한 부분은 매우 적습니다. 그리고 기꺼이 '법치 국가'에 대해 말하면서도 프랑스에서는 일상적으로 도덕에서 곧장 정치로 넘어갑니다.

이와는 반대로 자연법주의 학파[1] ── 그로티우스(Hugo Grotius), 푸

---

1) 신권주의와는 달리 자연법주의라고 불리는 학파는 기원을 배제한 채 인간의 본성에서만 유래하는 권리를 인간에게 인정한다.

펜도르프(Samuel von Pufendorf), 뷔를라마키(Jean-Jacques Burlamaqui)
— 그리고 라이프니츠, 칸트, 『법철학 강요』라는 제목의 저서를 집필한 헤
겔에게서 법이 차지하고 있는 위치에 대해 생각해 보시기 바랍니다. 이와
같은 위대한 철학적 전통 속에서 법은 항구적인 어떤 자리를 차지하고 있
고, 이것은 아마 법은 도덕과 동시에 정치로 환원될 수 없는 개념적·규범
적·사변적 영역을 구성하고 있다는 강한 확신에 의해서일 것입니다.

우선 법은 도덕으로 환원될 수 없습니다. 왜냐하면 의무가 갖는 내재
성에 비교해 법은 외재성을 드러내 보이기 때문입니다. 법은 실제로 우리
의 행동이 외재적 규칙에 부합해야 한다는 것을 내포하고 있습니다. 게다
가 법은 정당한 강제권을 전제로 합니다. 이것이 바로 칸트가 도덕에 비해
규정한 법의 두 가지 기준입니다. 예컨대 거짓말을 했다고 해서 처벌되지
는 않지만, 명예훼손은 처벌을 받습니다.

그다음으로 법은 정치로도 환원되지 않습니다. 왜냐하면 법적 정당성
은 결코 권력에 흡수되지 않기 때문입니다. 권력 자체는 항상 법적 정당성
을 필요로 합니다. 따라서 권력은 법률에 대하여 뭔가를 요청하는 자의 처
지에 있습니다. 헌법이라는 개념이 이와 같은 사실을 잘 보여 줍니다.

●●● 선생님께서 법에 대한 철학 수업을 계획하셔야 한다면, 그것은 어떤
모습으로 구상될 수 있을까요?

리쾨르 제 생각에는 동심원을 통해 이루어져야 할 듯합니다. 우리가 시민의
자격으로 처음 만나게 되는 법 — 이를테면 이것이 법률적 첫번째 원입니
다 —, 저는 그것이 형법이라는 사실을 보여 주고자 할 것입니다. 왜냐하
면 정의는 아주 강한 정념인 복수의 갈망 속에서 그 첫번째 적을 만나기 때

문입니다. 정의는 복수를 **하지 않는 것**으로 이루어집니다. 흔한 범주를 예로 들자면, 죄와 벌 사이에 정의가 있으며, 따라서 제3자가 거기에 개입하게 됩니다. 제일 먼저 이 제3자가 되는 것은 당연히 국가입니다. 그도 그럴 것이 국가가 없다면 법도 없기 때문입니다. 또한 명문화된 **법규집**도 존재합니다. 그다음으로 법원과 같은 기관이 제3자가 됩니다. 이 기관 또한 능력과 독립성을 가진 재판관들과 같은 사람들로 구성됩니다. 국가, 명문화된 법, 법원, 재판관 등이 바로 법률적 첫번째 원의 외재성을 구성합니다. 게다가 정의의 구현은 심의라는 과정을 통해 죄와 벌 사이에 적절한 거리를 마련합니다. 즉 희생자와 가해자 사이에 거리 두기가 이루어지는 것은 재판에서입니다. 소송 당사자들이 되지 않는 한 이들은 아직 법률적으로 규정되지 않은 희생자와 가해자에 불과합니다. 이들은 재판을 받으면서 원고와 피고가 됩니다. 결국 법적 소송을 통해 이들의 위상이 바뀌게 되는 것입니다.

철학적으로 보아 소송에서 이루어지는 담론의 양식이 '논증'임을 보는 것은 매우 흥미롭습니다. 최근에 저는 논증과 해석 사이의 관계에 관심을 가졌습니다. 어떻게 새로운 사건에 적용시킬 수 있는 적절한 법을 찾습니까? 이 문제는 특히 로널드 드워킨[2]의 용어를 다시 쓰자면 **어려운 사례들**(hard cases)에서 제기됩니다. 감염 혈액 사건이 시사적인 좋은 예입니다. 사건 초기에는 변질된 생산물 판매에 관련된 아주 미약한 법만이 있었습니다. 하지만 지금은 분명 죄목 규정이 아주 강한 쪽으로 이뤄졌습니다.

---

2) 로널드 드워킨(Ronald Dworkin)에 대해서는 그의 저서인 『법과 권리』(*Taking Rights Seriously*, Cambridge : Harvard University Press, 1977)와 『원칙론』(*A Matter of Principle*, Oxford : Clarendon, 1985)을 볼 것.

'독살'이라는 죄목 규정이 그것입니다. 따라서 죄목을 조정해야 될 것이고, 그 결과 예를 들어 '비고의성 독살'을 죄목으로 거론하게 될 것입니다.

법률 분야에서 이루어지는 위법성의 결정은 상당한 해석 작업을 전제로 합니다. 이 위법 행위, 이것을 어떻게 부를 것입니까? 과실치사? 살해 의도가 없는 살인? 이 행위의 위법성에 맞는 법률 조항을 찾아야 합니다. 그리고 종종 각 사건에 적용될 규칙을 고안해야 합니다.

자세히 검토해 보면 사실 이와 같은 죄목 규정에는 세 번의 해석적 계기가 있다는 것을 알게 됩니다. 무엇보다 먼저, **사건**이라고 불리는 것은 실제로 한 이야기의 해석입니다. 누군가가 발생한 일을 이야기하는 것입니다. 그런데 같은 사실을 이야기할 때도 항상 여러 가지 방식이 있다는 것은 주지의 사실입니다. 둘째, 일련의 법규들 중에서 사건과 상응한다고 추정되는 어떤 법규를 찾아야 합니다. 이것은 그 사건에 어떤 법규를 적용하는 것이 적절한지를 알기 위해서입니다. 그 결과 여기에는 사건의 변화에 따르는 법규의 해석 작업이 있는 것입니다. 하지만 또한 사건과 법규의 부합성과 관련되는 사건 제시 작업도 있습니다. 셋째, 법과 사건을 서로 맞춰 가는 해석 — 법규의 해석 과정과 사실의 해석 과정의 상호 조절 —, 간단히 말하자면 이 두 해석 사이의 적합성 여부에 대한 해석입니다.

철학적으로 보아 소송 사건은 다른 측면에서도 또한 흥미롭습니다. 왜냐하면 이와 같은 소송 사건을 통해 아주 시사성이 높은 하버마스적 '열린 토론'의 문제가 제기되는 것이 가능하기 때문입니다. 과연 법률은 한계도 장애도 없는 열린 토론의 모델에 어느 정도까지 근접할 수 있습니까? 이 모델과 소송의 현실 사이에는 극복할 수 없는 거리가 있다는 것을 곧 알 수 있습니다. 그도 그럴 것이 법정에서는 결코 누구도 무한정 열린 토론을 할 수 있는 상황에 있지 않기 때문입니다. 제가 보기에 이 토론에는 최소한 세 개의 제약이 있습니다. 먼저 원고는 전적으로 자신의 의지로 법정에 서는 것이 아닙니다. 그다음으로 법정에서는 각자 말을 하고 싶을 때 발언하는 것이 아니라 자기 차례에 발언을 하게 됩니다. 마지막으로 재판 결정은 한정된 시간 안에 이루어지고, 재판관들은 결론을 내릴 의무가 있다는 사실입니다.

우리는 거기에서 합리성의 아주 특유한 작동 방식과 대면합니다. 미리 말하자면 이것은 수사학의 작동 방식입니다. 하지만 **수사학**이라는 단어를 그 본연의 의미로 받아들인다는 조건에서입니다. 그러니까 여기서 문제가 되는 수사학은 개연적이고 논란의 소지가 있는 논증을 이용하는 궤변과 뚜렷이 대립되는 수사학입니다. 발언 공세와 논박이 이루어지는 소송에서 문제가 되는 것이 바로 이와 같은 작동 방식입니다. 철학에서 토론된 심의의 범주와 결정 채택 범주의 원형적 사례가 법정에 있습니다. 법정에서는 그 범주들이 축소되고 재판 과정의 규칙들에 의해 한정됩니다. 철학을 가르치면서 이와 같은 교육 재료를 놓치는 것은 정말 놀랍습니다.

도덕적 합리성과 지나치게 폭력이 섞인 국가의 합리성 사이에서 이와 같은 법률적 첫번째 원을 통해 중간적 합리성 영역이 구성됩니다. 『철학의 논리』(*Logique de la philosophie*)의 시작 부분에서 볼 수 있는 에릭 베유의 유명한 대립 개념을 차용하자면, 이 영역은 당연히 담론과 폭력 사이의 단절이 전제되는 영역입니다. 이런 점에서 보면 재판은 질서정연하고 의식화된 토론이 이루어지는 특권적인 장소입니다.

법률적 두번째 원은 훨씬 더 큽니다. 소송, 특히 형사 소송은 실제로 법의 한 부분을 이룰 뿐입니다. 말하자면 이것은 재판을 전제로 하는 법입니다. 하지만 법의 범위는 훨씬 더 넓습니다. 지나친 비극화로 인해 사람들은 너무 자주 법의 모든 것이 마치 형사적 처벌에 있다는 듯이 생각합니다.

민법은 형법으로 축소될 수 없는데도 말입니다. 손해 보상 책임은 형벌을 받게 되는 책임으로 축소되지 않습니다. 이처럼 형법에서 민법으로 넘어가면서 법은 이미 현저하게 넓은 영역으로 확장됩니다.

사실 '손해' 개념은 **계약들**의 원인에 해당하는 이 두번째 원 안에 위치되어야 합니다. 왜냐하면 사회에는 단지 사람들 사이의 충돌만 있는 것이 아니라 언약과 말의 교환도 있기 때문입니다. 그리고 정확히 말의 단절이 있을 때 충돌이 있습니다. 가령 한쪽이 다른 쪽에서 약속을 지키지 않았다고 생각하는 경우에 그렇게 됩니다. 이 원에서 우리는 서로를 묶는 거대한 상호적 의무들의 영역에 있는 것입니다.

●●● 어떤 점에서 이것이 철학적으로 교훈적입니까?

리쾨르 제 생각으로는 인간관계를 순전히 갈등으로 바라보는 시각을 고치게 해주는 하나의 중요한 윤리적 핵심에 대한 일종의 무대화와 극화를 거기에서 볼 수 있습니다. '약속'이라는 핵심이 그것입니다. 단지 언어 수준에서이겠지만, 약속 관계들은 근본적인 그 무엇에 가닿습니다. 언어는 자체로 온전히 하나의 신탁 기관입니다. 누군가가 '나'에게 말을 건넬 때, 나는 '그가 말하는 바가 곧 그가 전달하고자 하는 바'라는 것을 믿는 것입니다. 그러니까 언어 행위에 대한 앵글로색슨 이론가들의 주장처럼 "당신이 말하는 것이 당신의 뜻이다"(you mean what you say)라는 것을 믿는 것입니다. 결국 저는 '말'과 '의미' 사이에 합치가 있다고 **믿는** 것입니다. 이것이 바로 '자비'(慈悲)의 선택입니다. 이것은 또한 우리가 서로서로 맺는 거대한 계약 덩어리 속의 중요한 신탁적 핵심이기도 합니다. 이렇게 해서 우리는 가장 근본적이고, 풍습들의 모든 변화에도 아마 축소되지 않을 여러 확신들 중 하나를 생생하게 포착하게 되는 것입니다. 그것은 자신의 말을 지켜야만 한다는 확신입니다. 요컨대 "계약은 지켜져야 합니다"(Pacta sunt servanda).

이와 같은 신탁적 관계는 법률성 공간의 내부에서 차츰 계약들과 의무들은 물론 국제적 차원에서 맺어지는 조약들의 문제와 더불어 국가들 사이의 관계에도 적용됩니다. 그리고 사람들의 권리가 갈등의 대안인 계약에 대한 이와 같은 유형의 성찰에서 기인하는 것은 분명 우연이 아닙니다. 여기서도 역시 갈등과 계약의 변증법은 극히 유력한 철학 교육의 장을 이룰 수 있을 것입니다.

이와 같은 과정을 통해 법률적 두번째 원보다 훨씬 더 넓은 원에 이르게 됩니다. 이 세번째 원에서 총체적으로 포착된 사회는 역할들, 과업들, 임무들의 분배 체계라는 사실이 이해될 것입니다. 여기에서 분배란 생산에 대립되는 의미에서가 아니라, 몫을 나눈다는 의미에서의 분배입니다. 이 몫이 상품 자산들, 보수들, 재산들, 재무적 원천들의 형태로 나누어지든지, 아니면 안전과 건강 또는 교육처럼 비상품 자산들의 형태로 나누어지든지 말입니다. 하지만 이 분배 개념에는 시민권이 포함됩니다. 하나의 사회는 환대의 규칙들, 이민자들에 대한 법들, 국가화의 과정에 대한 법들을 공들여 제정하면서 시민권을 분배합니다. 여기에는 결국——그리고 이것이 가장 실천하기 어려운데——권한과 명령 지위들의 분배가 포함됩니다.

●●● 왜 이것이 가장 어렵습니까?

리쾨르 왜냐하면 이렇게 해서 정의의 규정 문제와 분배적 정의에 대한 단순 산술적 개념 정립의 불가능성을 건드리기 때문입니다. 순수한 산술적 개

넘은 모든 곳에서 기능하지 않고, 또한 모든 사회 영역에서 적용되는 것도 아닙니다. 왜냐하면, 물론 롤스와 더불어 정의의 첫번째 원칙이 법 앞의 평등이라고 말할 수 있겠지만, 대부분의 사회적·정치적 문제는 어쩔 수 없이 불평등 분배를 해야만 하기 때문입니다. 대학이라는 기관을 예로 들어 봅시다. 모두가 행정위원회에 소속될 수 없고, 모두가 권력을 행사할 수 없습니다. 단지 ─ 또한 반드시 ─ 주권이라는 정치적 의미의 권력만이 문제가 되는 것은 아닙니다. 실제로 한 기관 내에서의 권한 행사가 문제가 되는 것입니다. 그러니까 권한은 평등한 방식으로 나누어질 수 없는 것입니다. 그 결과 문제는 여전히 다른 분배들에 비해 더 올바른 분배 혹은 덜 부당한 분배들이 있는지를 아는 데 있습니다. 게다가 저는 플라톤이나 아리스토텔레스에게서 불의(adikos)라는 단어는 항상 정의(dikaïosunè)보다 먼저 온다는 점을 추가로 지적하고자 합니다. 아마 이런 이유로 '불의'라는 감정을 통해, 부당한 분배들이 있다는 감정을 통해, 정의에 관련된 문제 영역으로 들어서게 되는 것입니다. 따라서 부당하게 느껴지는 것 앞에서 우리가 표출하는 '분노' ─ "이건 부당해!"라는 외침 ─ 는 정의에 대한 우리의 첫번째 지각의 표현인 것입니다. 하지만 분노에는 한계가 있으며, 분노는 특히 산술적 평등의 요구로 굳어집니다.

우리 모두는 평등 분할이라는 꿈을 꾸었습니다. 하지만 평등 분할에 의해서는 아주 적은 사회 문제들만이 해결될 수 있을 뿐입니다. 왜냐하면 획일화된 평등주의는 폭력적 사회에 의해 특징지어지기 때문입니다. 실제로 이 사회에서 모든 사람을 매 순간 평등한 위치로 유도하기 위해서는 극히 강한 권력이 있어야 합니다. 평등주의 사회는 자유로운 사회가 될 수 없습니다. 우리는 거기에서 자유와 평등 사이의 아주 놀라운 변증법을 발견하게 됩니다.

따라서 정의의 원을 분할 역학의 차원으로 확장시키면서 우리는 중요한 핵심 ── 형법으로 해결되는 갈등 ── 을 교환들에 대한 더 넓은 성찰에 포함시키게 됩니다. 이는 결국 분할에 대한 더 넓은 시각에 이르기 위함입니다. 인간들 사이에 발생하는 수많은 갈등, 교환, 분할 중에서 갈등은 가장 눈에 잘 띄고 가장 협소한 핵심에 해당되는 반면, 분할 ── 몫을 할당한다는 의미에서 ── 은 가장 넓고 가장 포괄적인 핵심에 해당되는 것입니다.

●●● 선생님께서는 첫번째 원에서 감염 혈액의 사례와 이 사례에 의해 제기되는 특수한 문제, 가령 사례를 규칙에, 규칙을 사례에 맞추는 조절 문제를 지적하셨습니다. 그러나 책임이라는 어려운 문제 역시 제기됩니다. 책임은 어디까지 미치는지요?

리쾨르 우리는 거기에서 하나의 모호한 용어에 접하게 됩니다. 이 용어 아래 최소한 두 개의 다른 문제가 놓입니다. 먼저 책임이란 그 결과를 예견할 수 있는 행동들, 그리고 민법에서 손해 배상의 대상이 되거나 형법에서 처벌의 대상이 되는 행동들의 직접적 원인이라는 사실입니다. 이 도식은 의도에서 행동을 거쳐 결과에 이르는 흐름을 거의 직선적으로 따라갈 수 있음을 가정합니다. 일반적으로 그렇듯이, 행위들의 여러 과정, 여러 대립자가 있게 되면 문제는 곧 복잡해집니다. 국가기관의 사례에서 사정은 더 복잡해집니다. 국가기관이 전제하는 위계 현상 때문입니다. 단순히 얽히고 설킨 책임들의 사슬만 문제가 되는 것이 아니라, 거기에 더해 서로 맞물려 있는 위계적 관계들도 문제가 됩니다.

이렇게 해서 '책임'이라는 단어의 또 다른 의미에 다다르게 됩니다. 방금 지적한 의미에서 출발해서 이 다른 의미에 이르게 됩니다. 하나의 행동의 진정한 원인이라는 개념으로부터 이 행동을 계산하는 자, 셈을 치르는 자로 여겨질 수 있다는 사실로 넘어가게 됩니다. 회계의 '공제'(控除)에서 계산(compte), 계산하다(compter)에 관련된 은유가 저의 흥미를 끕니다. 라틴어에서 'putare', 독일어에서 'Rechnung', 영어에서 'accountability', 프랑스어에서 'rendre des comptes'는 모두 '셈을 치르다'라는 행위를 가리킵니다. 책임이 있다는 것, 이것은 당신에게 책임을 요구하는 사람에게 셈을 치를 수 있다는 것을 의미합니다. 제 생각으로는 책임을 '대답하는' 능력에서 찾을 때 사람들은 잘못된 길을 가게 됩니다. 더 정확하게 말해 책임이 있다는 것은 질문에 대답하는 것이 아니라, 셈을 치르라는 요구에 응하는 것입니다.

따라서 문제는 위계적 구조의 사례에서 셈을 치를 수 있다는 것이 무엇이 되는지를 아는 데 있습니다. 이런 의미에서 한 부서의 장관은 말단 부하 직원들의 하찮은 행동에 대해서도 책임을 져야 하는 것입니까? 권한 기능을 진지하게 생각하는 상관은 자기 부하들의 행동 결과들을 감당할 수 있다고 할 수 있습니다. 이 문제와 더불어 우리는 책임 개념의 두번째 의미를 만나게 됩니다. 이 점과 관련하여 대중은 하나의 기대를 가지게 됩니다. 이 기대는 예방의 의미가 아니라 경계의 의미에서 신중함에 대한 기대입니다. 진지한 관리 기능을 원한다면 아마 거기까지 나아가야 할 것입니다. 그리고 이것이 아마 명령 구조에서 수장이 되기 위해 지불해야 할 대가일 것입니다. 수장이란 자기 부하들의 행동들에 대해 셈을 치르는 자로 여겨질 수 있어야 하는 것입니다. 게다가 이것은 위에서 제가 정의의 어려움에 대해 지적했던 분배적 정의의 어려움들과 무관하지 않습니다. 왜냐하면 분배적 사회에서는 권한을 가진 지위들과 더불어 책임을 가진 지위들도 분배되기 때문입니다.

●●● 그렇게 된다면 형법적 책임, 범죄적 책임을 규정하는 것이 아주 어렵게 되지 않겠습니까?

리쾨르 예전에 야스퍼스가 독일인의 유죄성 문제에 대해 논의했던 것이 바로 이 문제입니다.[3] 하나의 정치 체제와 그 통치자들에게 요구되는 정치적 책임과 범죄적 책임 — 항상 개인들과 연루되는 것 — 을 구분해야 하는 것입니까? 이 통치자들이 직접 법에 반하는 행동을 하지 않았다는 의미에서 그들 자신이 범죄자들이 아닌 경우에도 말입니다. 저는 이 구별에 충실해야 한다고 생각하며, 또한 이것을 견고하게 유지해야 한다고 생각합니다. 범죄적 책임은 항상 개인적입니다. 그리고 예컨대 만약 어느 날 보스니아에서 범죄를 저질렀던 자들을 재판하게 된다면, 그 대상은 개인들이어야 할 것입니다. 이 책임은 범죄 행위를 가능케 했고, 때로는 허락했으며, 어쨌든 범죄 행위를 방치했던 기관들의 총체인 국가의 정치적 책임과는 다른 것입니다. 이런 국가는 시정의 의무를 지고 있습니다. '독일-국가'는 학살에서 살아남은 자들 앞에서 갖게 되는 이와 같은 시정의 의무를 잘 이해했던 것입니다. 그러니까 독일은 민족의 연속성이라는 이름으로 스스로를 '나치-국가'가 저지른 범죄들의 정치적·시민적 책임자로 간주합니다. 그런 만큼 '독일-국가'나 현재의 독일 시민들은 — 만약 그들이 개별적으로 범죄를 저질렀던 경우를 제외하면 — 범죄자처럼 간주될 이유가 없는 것입니다. 형벌의 개별화는 근본적으로 개인 행위에 관련됩니다. 게다가 제 기억으로는 나치당이 범죄 집단으로 선포될 수 있는가의 여부를 가리

---

3) Karl Jaspers, *Die Schuldfrage*, Zürich : Artemis-verlag, 1946(프랑스어판은 *La question de la culpabilité*, Paris, 1948).

는 문제가 뉘른베르크 법정에서 격렬하게 토의되었던 것 같습니다. 전체적으로 집단적 혐의 개념은 거부되었습니다. 그리고 재판관들은 범죄자들 각자에 대해 매번 그들의 죄를 규정하면서 열거하는 식으로 재판을 진행해야 했던 것으로 보입니다.

●●● '프랑스-국가'가 비시 정부의 이름으로 저지른 범죄에 대해 용서를 구할 필요가 없다는 점을 확증하기 위해 프랑수아 미테랑 대통령이 끌어들인 논거에 대해서는 어떻게 생각하십니까?

리쾨르 체제들의 단절을 내포하는 그 논거의 일관성에 대해 저는 매우 회의적입니다. 그것은 페탱이 정식으로 정부 수반으로 선출되어서라기보다는 같은 역사적 공동체의 연속성이라는 사실로 인해서입니다. 체제의 단절이 있었기 때문에 정확히 역사적 공동체인 민족의 연속성이 없는 것이 아닙니다. 물론 민족은 국가에 의해 에워싸인 광활한 시민사회의 조직망 속에 구현됩니다. 저는 이런 이유로 국가가 전체 프랑스 역사에 대해 책임질 의무가 있다고 느끼고 있습니다. 클레망소(George Clemenceau)에 따르면 혁명에 대해서도 이것은 마찬가지입니다. 즉 혁명에 대해서도 책임을 덩어리로 떠안아야 합니다. 프랑스의 역사 또한 덩어리로 안아야 합니다. 그리고 덩어리로 떠안게 되는 프랑스의 역사 속에 비시 정부에 의해 이루어진 역사의 한 단면이 있는 것입니다. 만약 우리가 우리 자신을 판결한다면, 우리는 더 정직해질 뿐만 아니라 더 자유로워질 것입니다. 그 누구도 프랑스 역사에 대해 요구하는 것을 개인의 삶에 대해서 요구하지 않을 것입니다. 즉 누구도 다음과 같이 말하지 않을 것입니다. "나는 그때 지금과 같은 사람이 아니었습니다. 나는 다른 사람이었습니다." 사람들이 주장하는 것과 달리 프랑스 국가의 연속성은 특히 공직에 있어서 논란의 여지가 없습니다. 1948년 고위 공직자들의 연감을 펼쳐 본다면, 그들 중 3분의 2가 1942년부터 이미 직무를 수행했다는 것을 확인할 수 있을 것입니다……. 벨 디브(Vel' d'Hiv') 유대인 감금지에 붙어 있던 현판을 보셨습니까? 비시 정부를 지명하기 위해 사람들은 다음과 같은 완곡한 표현을 찾아냈습니다. '프랑스-국가로 명명된 주무 정부'가 그것입니다. 보통 비시의 '프랑스-국가'는 우리의 공화국과는 아무런 관련이 없다고들 합니다. 하지만 공화국은 하나의 실체가 아닙니다. 그것은 단지 국가 형태입니다.

●●● 집단적 실수라는 개념을 거부하는 경우 독일에 대한 고발은 큰 논쟁의 여지가 있는데요.

리쾨르 이 문제는 어쨌든 수정처럼 투명하지 않습니다. 비록 그것이 위에서 책임에 대해 말했던 것 때문이라고 할지라도 말입니다. 경계의 의무에 의해, 또한 지휘 사슬로 인해 한 명의 상관은 그의 부하직원들의 행동에 대해 책임이 있습니다. 아마 여기에서 다시 한번 후설의 '법인격'(personne morale) 개념, 즉 집단 주체, 다시 말해 일종의 객체화에 의해 맺어지는 상호 주체적 관계들에서 기인한 '상위층 인격' 개념을 도입할 필요가 있습니다. 사람들은 제대로 확립된 유사성의 자격으로 '법인격' 개념을 지지할 수 있다고 저는 봅니다. 집단적 실체들의 모든 물화에 적대적인 진정한 명목주의로까지 나아가지 않고, 또한 『경제와 사회』의 도입부에서 볼 수 있는 막스 베버의 분석의 도움을 받으면서 말입니다. 이 경우에, 법인격은 권리의 주체인 까닭에, 법인격이 저지를 수도 있는 실수를 형법으로 규정하려고 노력할 수도 있지 않겠습니까? 법인격이 하나의 실수를 저지를 수 있겠지요? 만약 그렇다면, 우리는 집단적 범죄가 아니라 집단적 실수에 대해 말할 수 있을 것입니다. 그도 그럴 것이 범죄는 매번 특수한 개인에게 전가되어야 하기 때문입니다.

이 문제는 저를 많이 동요시키는 다른 한 문제에 가닿습니다. 우리는 앞에서 이 문제를 살짝 언급했습니다. 바로 집단 기억의 문제가 그것입니다. 저는 이 문제를 다른 동기를 가진 두 가지 범주와 관련해서 지적한 바 있습니다.

먼저 앞에서 말했듯이, 저는 사라지는 세대, 1933년에서 1945년 사이에 벌어진 참상들의 증인들이었던 그 마지막 세대에 속하기 때문입니다. 그런데 그것들은 전혀 개인적 범주에 속하는 회상이 아닙니다. 그것들은 정말로 굴욕, 사회적 요구, 죄의식, 찬양, 따라서 증오와 경배의 장소였던 집단 기억에 속합니다. 우리는 여기에서 '집단 기억'의 개념을 필요로 합니다. 왜냐하면 역사가들이 비판적으로 재구성하는 것이 바로 이 개념이기 때문입니다. 우리는 역사에 대한 비판적 작업을 시작하기 위해 이와 같은 집단 기억의 개념이 필요합니다. 역으로 집단 기억은 기억의 **어떤** 상태, 즉 이데올로기적 기억을 공식화하는 역사의 경향을 거부할 수 있습니다. 예컨대 19세기의 역사의 대부분은 정치권력의 역사였습니다. 그 당시 역사는 국가의 위대함에 대한 봉사, 집단 기억에 대한 봉사로서 생각되었습니다. 역사는 집단 기억에 대해 자신의 비판적 경계 기능을 행사하지 않고 오히려 그것을 강화하기에 이르렀습니다. 공식 역사는 말하자면 비판되는 대신에 공식화된 집단 기억이라고 할 수 있습니다. 저에게 있어서 역사와 집단 기억의 이와 같은 변증법은 매우 흥미로워 보입니다. 그리고 이 두 요소는 서로 번갈아가며 주도권을 쥐게 됩니다.

기억은 다음과 같은 두 가지 기능을 갖습니다. 기억은 시간의 축 위로 이동하면서 시간적 연속성을 보장해 줍니다. 또한 기억은 나를 알아보도록 해주고, '나', '나의'라고 말하게 해줍니다. 역사에 대해 말하자면, 역사는 물질적 매체 위에 보존된 자료들에 의지하여 동일한 시간적 의식의 장에 속한다는 것과는 다른 느낌을 가져다줍니다. 정확히 이것 덕택에 사람들은 역사를 다르게 이야기할 수 있고, 또한 다른 사람들의 관점에서 출발해서 이야기할 수 있습니다.

●●● 그러나 역사가 이뤄졌을 때, 선생님께서 말씀하시는 비판 작업을 집단 기억이 겪었을 때, 역사는 집단 기억에 다시 통합되어야 하고, 집단 기억에 의해 재조정되어야 합니다.

리쾨르 아마 거기에서는 **역사**라는 단어의 다른 의미가 중요합니다. 즉 더 이상 완결된 사건들의 역사가 아니라 진행 중에 있는 역사, 주인공들의 역사, 달리 말해 미래를 가진 역사가 중요합니다. 연대기적 의미에서의 역사——이것은 단지 지나간 시간의 파편에만 관련됩니다——를 우리가 체험하는 역사, 현재 형성되고 있는 역사, 그리고 미래를 지닌 역사 속에 다시 위치시키는 것은 매우 중요합니다. 저는 1938년 레이몽 아롱이 자신의 학위논문에서 역사적 객관성의 한계에 대해 주장했던 바[4]를 생각합니다. 아롱은 그때 역사가의 과업을 과거에 대한 '비숙명화'로 규정했습니다. 달리 말해 역사가가 스스로 미래를 가진 역사의 주역들이 처해 있는 상황 속으로 들어가는 것으로 규정했습니다. 또한 역사의 주역들이 기다렸고, 두려워했고, 희망했고, 어쨌든 그다음에 벌어지는 일을 몰랐던 순간에 경험

---

4) Raymond Aron, *Introduction à la philosophie de l'histoire*, Paris : Gallimard, 1986.

했던 불안한 상황 속으로 역사가 자신이 들어가는 것이 바로 역사가의 과업이라고 규정했습니다.

　이렇게 해서 기억은 역사가들의 역사 위에 발을 딛고 나아갈 수 있는 것입니다. 왜냐하면 기억은 항상 계획을 갖는 누군가의 기억이기 때문입니다. 혹은 코젤렉[5]의 용어로 말하자면, 기억과 역사를 다시 위치시켜야 하는 곳은 정확히 기대지평과 경험 공간 사이의 관계 속입니다. 그래도 기억에는 미래가 있습니다. 이에 반해 과거가 미래를 지녔다는 것을 망각한 역사는 과거의 단편을 해석할 뿐입니다.

　이런 이유로 저는 과거의 비숙명화 개념에 지키지 못한 약속의 해방이라는 개념을 덧붙이고자 합니다. 왜냐하면 과거의 사람들은 많은 사람들을 실망시켰던 희망들과 계획들을 가졌기 때문입니다. 우리들의 많은 유토피아는 실현되지 못하고 방해된 또는 파괴된 옛사람들의 약속들로 채워질 수 없다면 텅 비게 될 것입니다. 결국 각각의 시대는 그 주위에, 그 시대에 채워지지 않을 희망의 아우라를 가지고 있습니다. 미래에 다시 시작할 수 있게 해주는 것은 이 아우라입니다. 또한 유토피아가 영(零)에서 시작해서 다시 시작될 수 있다고 믿게 되는 타고난 병으로부터 치유될 수 있는 것도 아마 이 아우라를 통해서일 것입니다. 유토피아는 무엇보다도 재탄생(re-naissance)입니다.

••• 선생님을 집단 기억의 문제에 대해 성찰하게끔 이끌었던 것은 두 가

---

5) 1923년에 출생한 라인하르트 코젤렉(Reinhart Koselleck)은 빌레펠트대학 교수였으며, 무엇보다도 그의 책 『비평과 위기』(*Kritik und Krise*, Freiburg : K. Alber, 1959)로 알려졌다. 이 책의 프랑스어판은 『비평의 지배』(*Le règne de la critique*, Paris : Minuit, 1979)이다.

지 부류의 동기들이라고 말씀하셨습니다. 두번째는 무엇인가요?

리쾨르 공산주의가 끝난 후 최근 유럽에서 일어난 사건들입니다. 우리는 75년 전 그대로인 사람들을 다시 보게 됩니다. 이것은 어느 정도는 그들을 마치 냉동고에서 꺼낸 듯합니다. 그런데 이 사람들은 때로는 과도한 기억을, 때로는 상실된 기억을 보여 줍니다. 저는 이 사례가 혼란스럽게 여겨집니다. 그들의 기억이 과도한 기억이거나 상실된 기억이라면, 그것이 정말 같은 기억인지 저는 의아하게 생각합니다. 예컨대 저는 영광스러웠던 시절만을 꿈꾸는 사람들을 생각합니다. 위대한 세르비아, 위대한 헝가리……등을 말입니다. 그들의 기억은 커다란 희망을 잃고서 겪은 치욕들의 기억에 의해 짓눌립니다. 결국 이것은 프로이트가 '반복 강박'이라고 불렀던 것, 그리고 프로이트가 기억의 작업이 결핍될 때 행동으로의 이행이라고 규정했던 것에 잘 부합되는 기억입니다. 이러한 결핍에서 유래한 망각의 한 형태가 존재합니다. 이 형태의 망각에 능동적 망각이 대립됩니다. 전자와 반대로 후자에는 공들여 만들어 가는 작업이 함축되어 있습니다. 이 능동적 망각은 선별적입니다. 이와 같은 능동적 망각을 통해, 이해하기 쉬운 역사가 구축됩니다. 망각을 반대하는 것 ──너무 자주 그렇게 믿고 있듯이── 이 아니라 망각을 전제하는 용서를 가능케 하는 것 역시 이와 같은 능동적 망각입니다. 그렇다면 용서는 어떤 망각을 전제하는 것입니까? 그것은 사실들의 망각이 아니라 부채의 망각입니다. 기억을 치료하려면 도리어 사실들의 흔적을 간직해야 합니다. 치유해야 하는 것은 이 기억들이 갖는 파괴력입니다.

　그럼에도 요구 또는 주장이 되어서는 안 될 '용서'의 범주를 적용할 때에는 아주 신중해야 합니다. "뭐라고요? 당신은 나를 용서하고 싶지 않다고요?" 여기서 첫번째 개념은 요청의 개념이고, 모든 용서에 대한 요청은 거절, 즉 불용을 마주할 수 있어야 합니다. 이것이 없다면, 용서는 의미가 없을 것입니다. 하지만 용서가 행해지면, 그것은 범죄자에 대해서뿐만 아니라 희생자들에 대해서도 또한 커다란 치유 가치를 갖는다는 것은 분명합니다. 왜냐하면 분석적 치료에서 환자가 이해할 수 있고 받아들일 수 있는 기억을 재구축하는 방식 그대로, 용서를 통해 기억이 재구축되기 때문입니다. 용서는 부채를 파기하지만 망각은 그렇지 않습니다.

프랑스의 법제도에서는 사면제도가 망각의 캐리커처에 해당합니다. 그도 그럴 것이 이 사면제도는 부채와 사실을 지우고자 하기 때문입니다. 사면제도는 제도화된 기억상실의 한 형태라고들 합니다. 예컨대 오늘날 당신은 알제리에서 주둔했던 어떤 장군이 범죄자였다고 말할 권리가 없습니다. 만약 그렇게 말했다면 당신은 명예훼손으로 고소될 수 있습니다. 왜냐하면 그 장군은 이미 사면되었기 때문입니다. 우리가 거기에서 종교적 영역이 아니라 정치적 영역에 속해 있다는 것은 사실입니다. 하지만 이 정치적 영역 속에서 사면이 국가의 책임들 중 하나인 공공의 평화에 기여한다는 것 역시 사실입니다. 이렇게 해서 몇몇 경우에는 공공의 평화가 사면제도를 내포할 수 있게 됩니다. 결국 모든 것을 지워 버리는 것입니다. 하지만 거기에는 망각, 지속되는 망각, 기억상실에 의해 제시되는 모든 위험들이 동반됩니다. 요컨대 사면제도는 되도록 적게 이용해야 하는 헌법적 장치인 것입니다.

6장 /
교육과 정교분리원칙

●●● 대서양의 양편 곧 유럽과 미국에서의 대학 경험을 통해 선생님께서는 종교성과 정치성의 분리가 국가의 전통에 따라 어느 정도 다른가를 볼 수 있는 기회를 가지셨습니다. 이른바 **정교분리원칙**에는 사실 아주 다양한 것들이 포함되어 있습니다.

리쾨르 정교분리원칙이라는 문제에 있어서 보편적 주장의 영역에 속하는 것과 프랑스적 특수성의 영역에 속하는 것을 서로 구분한다는 것은 대단히 어려운 일입니다. 우리의 정교분리원칙은 가톨릭 교회와 국가와의 관계라는 역사와 직접적인 연관이 있다는 사실을 잊어서는 안 될 것입니다. 프랑스에서 정치가 자율성을 획득할 수 있었던 것은, 신정에 기반을 둔 권위적 체제——이 체제에서는 교회가 국가의 정당성을 보장하였습니다——에 반대함으로써 가능했습니다. 이렇게 해서 칸트가 도덕적 차원에만 한정했던 자율성이라는 개념과 동등한 의미를 공공영역에서도 찾을 수 있게 되었습니다.

하지만 정교분리원칙 문제에 있어서 프랑스의 특수성은 부분적인 것일 뿐이라는 사실을 덧붙여야 할 것입니다. 왜냐하면 프랑스의 상황을 보다 큰 문제인 유럽의 문제 — 하지만 프랑스인들에게 이 문제는 늘 중요한 것으로 인식되지 않습니다 — 와 분리해서 생각할 수 없기 때문입니다. 문제에 대한 논의는 1648년 아우크스부르크의 평화와 함께 도래한 중앙 유럽 종교전쟁의 종결로부터 시작해야 합니다. 비록 연약하고 극도로 느슨한 형태이기는 하지만 이때 처음으로 연방국가(신성로마제국)가 출현했습니다. 특히 이 신성로마제국 영토 안에서는 다양한 종교가 허용되었습니다. 유럽에서 이 사실은 매우 중요한 의미를 갖게 되었지만, 프랑스 역사에서는 그다지 큰 의미를 갖지 않았습니다. 이것은 우리와 전혀 다른 공간, 즉 정치성과 종교성에 있어서 전혀 분쟁이 없는 공간을 개척한 비영국국교도들(청교도들)에 의해 세워진 미국이 우리의 역사의식에 별다른 영향을 미치지 않았다는 점과 마찬가지입니다. 우리들의 해결책을 최상의 것으로 여기려는 유혹에 빠지지 않으려면 이러한 사실을 시야에서 놓쳐서는 안 될 것입니다. 그리고 이와 같은 해결책들은 다른 해결책들이 존재하는 범세계적인 공간에서 재검토되어야 할 사항입니다. 우리가 추구하는 보편 지향적 의도는 부분적인 주장이라는 점을 항상 기억해야 합니다. 또한 우리가 추구하는 보편 지향적 의도라는 목표가 정당성을 부여받기 위해서는 다른 사람들로부터의 인정을 필요로 한다는 사실 역시 기억해야 합니다.

그런데 공공토론에서 **정교분리원칙**이라는 개념의 두 가지 용법상의 차이를 잘못 이해하는 경향이 있는 것 같습니다. 같은 단어가 실제로는 전적으로 다른 의미로 사용되고 있습니다. 국가의 정교분리원칙이라는 의미가 하나이고, 시민사회의 정교분리원칙이라는 의미가 다른 하나입니다.

첫번째 의미는 불간섭으로 정의되며, 프랑스 헌법 조항의 하나입니다. 즉 국가는 어떠한 종교 의식도 인정하지 않고 지원하지도 않습니다. 이 조항에서 문제가 되는 것은 국가의 종교적 자유에 대한 부정입니다. 그리고 이 부정의 대가는 국가가 종교를 갖지 않는다는 것입니다. 이 사실은 좀 더 확장되어 결국 국가는 스스로 종교적인지 아니면 무신론적인지를 '생각'하게 됩니다. 여기에서 우리는 제도적 불가지론을 봅니다.

엄밀히 말해 이와 같은 불간섭의 정교분리원칙은 국가가 종교들을 관리하고 있다는 사실을 내포하고 있습니다. 이것은 우편통신부 장관이 있는 것과 마찬가지입니다. 국가는 특별히 종교시설 ── 정치와 종교가 분리된 이후 국가의 소유로 귀속된 ── 을 유지·관리해야 할 의무를 지고 있습니다. 국가가 이 의무를 실행한다는 것은 다음과 같습니다. 즉 두 심급(종교와 국가)의 분리는 상호적 무지로 이루어지는 것이 아니라, 각자의 역할을 엄격하게 경계 짓는 것으로 이루어진다는 것이 그것입니다. 그러니까 종교 공동체는 문화단체의 형태를 취해야 합니다. 다시 말해 공적 규약에 따라야 하고, 특별한 법, 곧 안전에 대한 법, 질서에 대한 법, 타인을 존중해야 하는 법 등을 지켜야 합니다.

다른 한편, 역동적이고 능동적이고 논쟁적인 정교분리원칙이 있습니다. 이것을 지배하는 정신은 공적 토론 정신과 연결되어 있습니다. 프랑스 사회와 같은 다원주의 사회에서는 신앙에 대한 의견들, 확신들, 각자의 신앙들을 표현할 수 있을 뿐만 아니라 출판도 할 수 있습니다. 여기에서 정교분리원칙은 공적 토론의 질(質), 다시 말해 표현권의 상호인정을 통해 규정되고 있는 듯합니다. 물론 이 원칙이 타자의 논거 수용성에 의해서도 규정된다는 것은 말할 나위가 없습니다. 저는 이것을 기꺼이 롤스가 최근에 발전시킨 '합리적 불일치' 개념과 연결시키고자 합니다. 제 생각으로 다원주의 사회는 사회적 통합에 필요한 '공통점에 의한 합의'에 기초할 뿐만 아니라, 또한 쉽게 풀리지 않는 갈등들이 존재한다는 사실에 대한 동의에 근거하기도 합니다. 내 편과 다른 편이 제기한 논거들을 수긍할 수 있음을 인정하고, 상반된 관점들의 품격과 존중을 인정하고, 토론에 참여하고 있는 쌍방 간의 합리적 성격을 인정함으로써 쉽게 풀리지 않는 갈등들을 처리할 수 있는 기술은 존재합니다. 이와 같은 관점에서 내가 타인에게 요구할 최대치는, 내가 사실이라고 믿는 것에 동조하라고 하는 것이 아니라, 그가 가진 가장 합리적인 논거를 제시하라는 것입니다. 바로 그 지점에서 하버마스의 의사소통 윤리가 완벽하게 적용된다고 할 수 있습니다.

제가 아직까지 학교에 대해 말하지 않은 것은, 사람들이 정교분리원칙의 두 형태(국가의 불간섭이라는 부정성과 시민사회에서의 대결이라는 긍정성)를 명확하게 구분하는 신중함 없이 너무 성급하게 이 문제에 접근하기 때문입니다. 그렇지만 학교 문제를 어렵게 만드는 것은, 학교가 국가──학교는 공공서비스의 한 형태입니다. 이 점에서 학교는 국가의 고유한 불간섭 요소를 포함하고 있어야 합니다──와 시민사회──이 사회는 가장 중요한 기능 가운데 하나인 교육을 학교에 위임합니다──사이의 중간적 지점에 위치하기 때문입니다. 롤스의 범주를 다시 한번 이용하면, 교육은 그 분배가 반드시 보장되어야 하는 근원적인 사회적 자산의 하나입니다. 이 과제는 국가에 속하지 않습니다. 교육은 역할과 권리와 의무와 특혜와 책임을 분담하는 사회적 기능 속에서 사회가 분배하는 것들 중 하나입니다. 따라서 교육을 분배한다는 것은 시민사회와 관계되는 사항입니다. 시민사회는 국가의 정교분리원칙과 더불어 '교육의 자유'를 받아들여야만 했습니다. 그렇다면 **교육의 자유**라는 표현은 어떤 의미를 갖습니까? 이 표현은 물론 교육을 실시한다는 것이 시민사회의 기능 중 하나임을 의미합니다. 하지만 또한 이 교육이 특정한 조건들 아래 이루어진다는 것을 의미하기도 합니다. 가령 다른 분야(법 또는 의학)에서 볼 수 있는 것처럼 자격시험에 합격해야 한다는 조건이 그것입니다. 다시 말해 헌법에서 교육의 자유를 인정한다는 사실은, 교육이 전적으로 공적 기능에 의해 규정되지 않는다는 것을 잘 보여 줍니다.

그 결과 공교육의 내부에서조차 시민사회를 위해 근대사회에 고유한 의견들의 다양성과 타협해야 할 의무——이는 지혜의 문제이기도 합니다——가 있는 것으로 보입니다. 저는 이 타협의 필요성을 두 가지 면으로 구분합니다. 우선 정보적 측면입니다. 저는 다음과 같은 사실을 정말로 믿기 어렵습니다. 즉 정교분리원칙에 따른 국가의 불간섭주의를 이유로 공교육에서 유대교와 기독교의 깊은 의미를 알리는 위인들에 대한 교육은 전혀 찾아볼 수 없다는 사실이 그것입니다. 그래서 어린이들이 예수의 비유들이나 이스라엘의 선지자들보다 그리스, 로마, 그리고 이집트의 신들에 대해 더 잘 아는 모순에 빠지게 되는 것입니다. 어린이들은 제우스의 사랑에 대해서 속속들이 알고 있고, 또 율리시스의 모험에 대해서도 잘 알고 있지만, 「로마서」와 「시편」에 대해서는 전혀 들어 보지도 못했습니다. 그런데 「로마서」와 「시편」과 같은 텍스트는 우리 문화의 형성에 그리스 신화보다 훨씬 더 많은 영향을 미쳤습니다. 바로 이 부분에서 해결해야 할 어려운 문제와 직면하게 됩니다. 누가 이 과목들을 가르쳐야 합니까? 역사가들입니까? 종교인들입니까? 의심할 여지없이 참으로 어려운 문제입니다. 하지만 이와 같은 문제가 제기되지도 않는 것이 비정상입니다. 학생들이 그리스의 유산 이외에도 유대교와 기독교의 기원을 포함하고 있는 그들 자신들의 과거와 문화적 유산에 접근하지 못했다는 것 역시 비정상입니다. 학생들에게 종교전쟁의 역사에 대해 말하기는 합니다. 하지만 어떤 쟁점들——예컨대 루터의 예정조화와 가톨릭의 성찬과 관련된 문제들, 그리고 사제들의 서품에 대한 갈등들——때문에 종교전쟁이 일어났는지는 명확하게 설명했습니까?

학교가 담당해야 할 정보적 측면 곁에 토론식 교육적 측면이 있습니다. 만약 시민사회의 정교분리원칙이 비중 있는 확신들 사이에 이루어지는 대결의 정교분리원칙이라면, 아이들이 훌륭한 토론자들이 되도록 준비시켜야 합니다. 전문가들에 의해 진행되는 상반된 논증들을 들으면서 아이들이 현대사회의 다원적 문제성을 깨닫기 시작하도록 해야 합니다. 물론 몇 살 때부터 이런 교육을 시작하고, 또한 이런 교육이 어느 선까지 이루어져야 할 것인지를 정해야 합니다. 어쨌든 이 문제를 영원히 피할 수 없다는 것은 분명합니다. 이와 같은 문화적 책임의 회피에 대한 다른 예를 하나 더 들어 봅시다. 지금도 아이들은 종종 박물관에 갑니다. 하지만 아이들이 그곳에서 감상하는 그리스도의 매장, (성령으로) 아이를 수태한 처녀, 예수의 십자가 책형 등에 대한 작품을 이해한다는 것은 전적으로 불가능한 일입니다. 그런데 이런 종교적 주제는 서양의 많은 회화 작품 — 비잔틴의 모자이크와 로마의 프레스코 벽화에서부터 고갱의 황색의 그리스도와 달리의 십자가 책형까지 — 을 수놓고 있습니다. 바로 이것이 믿을 수 없을 정도로 심한 문화적 단절의 좋은 예입니다.

달리 말해 학교의 불안정하고 어려운 위치는 있는 그대로 인정해야 할 문제이며, 따라서 이 문제에 대한 협상이 당연히 시작되어야 합니다. 우리가 생물학에 의해서 촉발된 여러 문제를 논의하기 위해 윤리자문위원회를 두는 것과 마찬가지로, 학교에서의 종교 교육 문제를 논의하기 위한 위원회 — 국가와 시민사회의 대표들이 참석하는 — 를 구성해야 할 것입니다.

게다가 불간섭의 정교분리원칙이 그 자체로 충분한 의미가 있다고 믿는 것은 잘못된 일입니다. 불간섭과 대결로 대표되는 두 형태의 정교분리원칙 사이에는 순환성이 존재합니다. 좀더 자세히 설명하면, 불간섭에 기초한 정교분리원칙은 오직 대결에 기초한 정교분리원칙 덕택에 의미를 갖게 될 뿐입니다. 왜냐하면 대결에 기초한 정교분리원칙은 확신들의 일치를 통해 더불어 살아가기를 바라는 역사적 순간을 만들어야 하는 책임을 지니게 되기 때문입니다. 세속화된 국가는 결코 불간섭의 정교분리원칙을 완벽하게 실행할 수 없습니다. 이 국가는 롤스에 의해 '공통점에 의한 합의'라고 명명된 것에 근거하고 있기 때문입니다. 롤스에 따르면, 민주주의 국가는 역사적으로 결정된 어떤 상황들 가운데서만 올바르게 작동합니다. 이러한 상황들은 다음과 같은 세 가지 요소들로 설명됩니다. 첫째, 종교에 대한 자유주의적 개념입니다. 다시 말해 진리의 수탁자이기는 하지만, 진리의 모든 영역을 채우지는 못한다는 것을 받아들이는 종교들이 그것입니다. 그러니까 관대함이나 제약에 의해서가 아니라 자기 종교 이외에도 진리가 있다는 확신에 의해 자유주의적인 종교들이 그것입니다. 둘째, 종교는 볼테르의 표현처럼 '비열한 것'으로 축소되지 않고, 수용 가능하고, 수긍할 수 있는 의미가 있다는 것을 받아들인 계몽주의 전통입니다. 셋째, 자연과 생명과 창조를 소중하게 여기는 근원적 가치와 결합된 낭만주의적 요소입니다. 이 가치는 생태주의적 운동에서 조금도 고갈되지 않으며, 종교적 확신의 요소와 계몽주의적 합리성의 요소 곁에서 생명론적인 요소, 즉 열정적 요소를 형성합니다.

••• 오늘날 정교분리원칙을 재설정하고, 학교 안에 종교를 재도입하는 문제에 있어서 선생님께서 원하시는 방향으로 우리가 나아가고 있다는 느낌을 갖고 계십니까?

리쾨르 아직까지 뚜렷하게 그렇다고 말할 수는 없습니다. 그렇지만 우리는 차분한 가운데 아주 극단적인 태도는 대부분 버리고 있다고 생각합니다. 교회권력, 어쨌든 가톨릭은 기독교의 진리를 혼자만 가르친다는 주장을 포기하였습니다. 신부들 이외의 다른 사람들이 종교에 대해 말하는 것에 대한 오랜 염려가 제가 언급했던 후퇴의 원인들 가운데 하나였음이 분명합니다. 이 점에 대해 저는 근원적인 태도의 변화가 있다고 생각합니다. 게다가 세속화 진영 쪽에서 또한 개방적인 태도를 확인할 수 있습니다. 교육 분야에서 개선해야 할 무엇인가가 있다는 견해 ── 비록 아직 구체적으로 무엇을 해야 할지 모르지만 ── 가 나타나고 있습니다. 분명히 프랑스인들은 다른 분야에서처럼 교육 분야에서도 비교 연구를 시작해야 합니다. 또한 그들은 다른 나라에서 어떻게 교육적 문제를 해결했는지 살펴보아야 합니다.

서방국가에서 채택된 여러 가지 교육적 해결책들을 두루 살펴볼 때 놀라운 것은 그 다양성의 폭이 아주 넓다는 것입니다. 이 다양성은 한편으로는 노동과 생산 정책, 다른 한편으로는 여가 정책에 대한 사회의 평준화와 대조를 이룹니다. 인종적 이데올로기 정책의 차원뿐만 아니라 교육체계를 방어하는 문화 정책 차원에서 보이는 일종의 움츠림은 아마 이와 같은 평준화에 대한 반동일 것입니다. 다른 교육체계 사이의 순환성을 확립함에 있어서 유럽에 비해 프랑스가 얼마나 뒤처졌는지를 확인하는 것은 놀라운 일입니다. 제 생각으로는 프랑스에서 더 많은 교사들과 학생들이 영국과 독일의 교육체계를 개인적으로 실행할 때 변화가 일어날 것 같습니다. 학교에서 교리를 가르칠 것인지 아닌지, 전문화된 교사에 의해 교리를 가르칠 것인지 아닌지에 대한 가능하고 상상할 수 있는 모든 해결책이 존재합니다. 나라에 따라 공교육과 사교육의 비율은 현저하게 다양합니다. 교육체계가 나라에 따라 확연히 다른 역사의 산물이라는 것을 고려한다면, 그리고 교회권력 없이 혹은 교회권력과 더불어 교회 안에 있는 분리파들과 이교도들의 지지 없이 혹은 그들의 지지와 함께한 근대국가의 완만한 생성이 교육체계와 연결되어 있음을 고려한다면, 그들의 교육체계의 극단적 다양성을 이해할 수 있습니다. 바로 이것이 우리가 이 나라에서 도식화시킨──이 도식화가 보편적이라는 생각과 함께──아주 복잡한 한 역사입니다.

정확히 프랑스 공화국, 특히 제3공화국은 교회와의 대립 속에서, 그리고 그 대립에 의해 설립되었습니다. 그리고 아마 1914~1918년 전쟁은 그 역사에 있어서 중요한 전환점이 되었습니다. 왜냐하면 이 전쟁을 기화로 1900~1904년에 격렬하게 대립했던 사람들이 애국의 기치 아래 하나로 뭉치게 되었기 때문입니다. 그리고 교황청이 (늦게이기는 하지만) 민주주의를 인정했다는 사실을 잊어서는 안 될 것입니다. 19세기 내내 민주주의를 비난한 후에 말입니다. 이 모든 것을 통해 개신교 국가들이 경험하지 않는 특별한 어려움을 가톨릭 국가들 또는 옛 가톨릭 국가들이 겪는 이유가 설명됩니다. 그렇다고 해도 이 개신교 국가들이 항상 그런 어려움을 더 잘 모면한다고 생각해서는 안 될 것입니다. 몇몇 국가들은 제도적으로 심각하게 뒤처져 있습니다. 예컨대 스웨덴의 국가 종교는 여전히 루터교입니다. 이 점에서 우리는 종교성과 정치성이 어느 정도까지 역사와 연관되어 있는지 알 수 있습니다. 각각의 역사는 이미 복잡하고, 이 역사의 교차점들은 더 복잡합니다. 정교분리원칙에 관련된 문제에 접근하기 위해 더 많은 역사적 판단력을 가져야 하는 반면, 더 적은 이데올로기적 판단력을 가져야 한다고 저는 믿습니다.

예컨대 프랑스가──아마도 일반적으로 라틴 국가들도 마찬가지인데 —— 직면하고 있는 문제들 중 하나는 다음과 같은 사실에서 기인합니다. 즉 가톨릭 교회가 군주제 구조를 가지고 있었고 또 그렇게 남아 있다는 점, 또 그 결과 전제적 정치 모델을 이룬다는 사실이 그것입니다. 게다가 정치성이 모든 신학적 준거에서 완전하게 벗어났다고 믿는 것은 환상일 것입니다. 정치성의 근저와 그것의 토대에는 권력의 기원이라는 수수께끼가 있습니다. 대체 권력은 어디에서 오는 것입니까? 이것은 여전히 해결되지 않은 문제이며, 신학의 그늘과 유령이 정치성 주변에 계속적으로 배회하는 것 같습니다. 그 결과 프랑스에서 볼 수 있는 것과 같은 정교분리원칙을 수립하기 위해, 더 이상 군주정치적이지 않은 모델과 교회에 남아 있는 군주제적 모델을 건설적인 대화 속에서 조합시켜야 했습니다. 공립학교와 사립학교에 대한 토론은, 만약 우리가 이 문제에 대한 역사적 준거들을 복원해 낸다면, 분명히 해결해 나갈 수 있을 것입니다.

더군다나 **사적인**(privé)이라는 용어는 그 자체로 혼란의 원인입니다. 이 용어에는 두 가지 의미가 있습니다. 먼저 사적인 것은 공적인 것이 아니라는 의미를 갖고, 이런 의미에서 학교가 이른바 사립 학교일 수 있습니다. 그러나 사적인 것은 개인적 확신의 영역에 속하는 것이라는 의미일 수도 있습니다. 어떤 교회도 영혼의 내재성이라는 의미의 사적인 것 속에 억압되어지는 것을 받아들이지 않는다는 것을 저는 잘 이해하고 있습니다. 모든 교회는, 교회가 공적인 —— 개인적인 것이 아니라는 의미의 —— 영역에 있다고 생각합니다. 그리고 사적인 것은 다음의 두 가지 뜻을 갖습니다. 국가의 관할에 속하지 않는다는 것과 집단의 관할에 속하지 않는다는 것이 그것입니다. 이처럼 다양한 의미를 가진 이 용어를 사용하면서 어려움을 겪습니다. 그리고 항상 그렇듯이 철학적 반성의 과제의 하나는 개념들을 명확히 하는 것입니다. 앵글로색슨 사람들이 끊임없이 우리에게 다음과 같이 말하고 있는 것처럼 말입니다. "여러분 언어를 이해하기 쉽게 하시오. 단어 사용법을 (바르게) 구별하시오……."

●●● 이슬람 히잡[1] 사건과 더불어 정교분리원칙의 문제가 프랑스에서 다시 주목을 받게 되었습니다. 이 문제에 대해 선생님께서는 어떤 입장이십니까?

리쾨르 먼저 이슬람교가 가톨릭 다음으로 프랑스의 두번째 종교가 되었다는 점부터 말씀드려야겠습니다. 또한 우리는 환대의 의무 차원에서 이슬람교도들을 이해해야 한다는 점을 말씀드리고자 합니다. 그러나 우리는 지나치게 그들을 오직 극단주의적 위협의 시각하에서만 보는 경향이 있습니다. 반면 우리가 그들에게 역으로 가하는 위협, 곧 해체의 위협——적어도 이것은 저와 친한 이슬람 친구들이 제게 하는 말입니다——은 잊고 있습니다. 그들은 우리를 옛 식민지 지배자들, 다시 말해 정복과 복종의 관계에 있는 자들로 여기지는 않지만, 해체의 위협으로 여깁니다. 그들은 우리 사회가 해체의 도상에 있다고 진단하고 있으며, 자신들이 이 해체의 피해자가 되는 것을 거부하고 있습니다. 이슬람교의 문제 **역시** 바로 그것입니다. 즉 분해의 위협에 직면해 몇 가지 점에서 볼 때 공황에 사로잡힌 일종의 보호의 문제가 그것입니다. 시 외곽에서 종교 덕택에 생명력 있는 공동체 구조를 유지하고 있는 이슬람교도 가족의 저항 능력은 우리 자신의 문화에서 분리된 주변인을 위한 기회라고까지 저는 말하고 싶습니다. 이른바 '온건파 이슬람'과의 인접성을 고려해 보면, 이 파에 속하는 자들의 집

---

1) 이슬람 여성이 머리를 가리기 위해 쓰는 쓰개.—옮긴이

단적 존재는 통합의 기회를 쇠퇴시키는 요소들이 될 수도 있고, 또 반대로 우리 사회에 실질적으로 좋은 기회가 될 수도 있을 것입니다. 침해되지 않은 채 그들에게 남아 있는 것은 우리에게 유망한 요소가 될 것입니다.

당신이 제기한 문제의 어려움, 그리고 이 문제에 관련된 모든 문제는, 우리가 처음 접하게 되는 새로운 상황과 연결되어 있습니다. 이슬람교와 더불어 우리는 프랑스 정치 공간에서 고대와 중세, 그리고 르네상스 시대 동안 우리의 역사에 포함되지 않았고, 우리나라 헌법의 기초가 된 종교적 기원들에도 속하지 않는 새로운 종교의 뜻하지 않은 출현에 직면하게 된 것입니다. 여기에서 놀라운 것은, 좋든 싫든 간에 이것은 기독교 세계가 이뤘던 고유한 확신들 안에서의 비판적 차원의 통합을 이루지 않았던 새로운 동반자와의 만남이라는 사실입니다. 유대교와 기독교가 확신과 비판의 매우 어려운 결합을 이루어 냈다는 것은 아주 특별한 일입니다. 그러나 이슬람교가 신학과 정치를 구분하는 우리의 방식에 편입되지 못한 것 ── 왜냐하면 이슬람교는 조직의 통일성이라는 그들 사상에 기초를 두고 있기 때문입니다 ── 역시 아주 특별한 일입니다. 그들에게 정치성과 종교성을 비판적으로 구분할 날이 올 수 있을까요? 우리의 세속화 과정 ── 그럼에도 불구하고 기독교 교회 공동체가 살아 남으려 애쓰는 과정 ── 을 이들도 반드시 거쳐야만 할까요? 저는 우리의 세속화 과정을 유일한 모델로 삼는 것과 이 모델을 즉각적으로 이슬람교에 적용하는 것에 대해서는 망설여집니다. 이슬람교를 연구하는 한 친구가 제게 이렇게 말했습니다. 중간적인 정통파 ── 달리 말해 과격주의자가 아닌 ── 이슬람교도는, 비록 서양이 비기독교화되었고, 그러니까 하나의 **허위적** 종교가 기능하는 지역이 되었다고 해도, 여전히 서양을 기독교와 동일시할 것이라고 말합니다. 그 까닭은 이슬람교의 종교 교육의 핵심적 토대가 다음과 같은 내용으로 이루어지기 때문이라는 것이었습니다. 즉 분명 유대교와 기독교에는 하나의 진리가 있었지만, 이 진리는 그들의 경전에 의해 왜곡되었으며, 따라서 이 진리는 오직 이와 같은 왜곡과 함께 이슬람교에 통합될 뿐이라는 내용이 그것입니다. 그 결과 우리의 정교분리원칙은 이슬람교도들에게 허위적 종교에서 나온 비정상적인 사상으로밖에 보이지 않는 것입니다. 그리고 이슬람교 종교 지도자는 공화국의 법이 종교의 법보다 상위에 있다고 말하는 것을 들을 때, 아주 단순하게 이것을 상상할 수도 없는 일이라고 이해합니다.

또한 공동체들 간의 관계에 대한 미래를 숙고할 때 다음과 같은 사실을 제대로 평가해야 합니다. 시장경제가 우리 세계를 관통했던 것과 같이 오늘날 이슬람 세계를 관통하고 있다는 사실이 그것입니다. 그 결과 이슬람 세계 역시 기독교 세계의 근대화의 고유한 생산물인 시장경제의 보편성에 직면하고 있습니다. 기독교 세계는 그 해체 과정에서 시장경제 이데올로기를 생산했습니다. 그런데 이 이데올로기가 이슬람 사회의 배후 혹은 밑 부분을 공격하고 있습니다. 그 공격이 단지 석유라고 하는 수단을 통해 이루어지고 있다고 해도 말입니다. 이처럼 이슬람 사회는 전쟁에 의해, 국제법에 의해, 국가들의 공존을 내포하는 최소한의 이데올로기에 의해 세계 경제와 국제정치 공동체에 속하게 되었습니다.

어쨌든 우리는 이제부터 매우 제기하기 어려운 문제를 갖게 됩니다. 왜냐하면 이것은 우리에게 전적으로 색다른 문제이기 때문입니다. 물론 서양과 이슬람교의 관계는 아주 오래된 일입니다. 또한 서양과 이슬람교는 서로 적대적이지 않았을 때 지적으로 아주 높은 수준의 교류 관계에 있었습니다. 예컨대 의사들, 변호사들, 신학자들 또는 철학자들 사이에 말입니다. 유대교-이슬람교-기독교의 황금기가 있었습니다. 하지만 이것은 중

세 때의 일이었습니다.

오늘날 이슬람교도들은 체류증과 체류할 권한을 갖고 정착한 외국인 신분으로, 혹은 속지법에 근거하여 이슬람교도이자 프랑스 시민의 신분으로 프랑스에 있습니다. 이런 상황에서 어떠한 양보도 없이 우리의 잣대에 따라 그들을 학교에 받아들여야 합니까? 아니면 학교는 정확히 불간섭과 대결 사이의 매개적 정교분리원칙 —— 제가 제3의 정교분리원칙이라 명명하는 것 ——의 장이라는 사상에서 출발해서 그들과 협상을 해야 합니까? '제3의 정교분리원칙'이라는 개념을 심사숙고하여 구상하지 않았기 때문에 우리는 속수무책인 상태이고, 우리에게는 오직 억압적인 해결책만이 있다는 것이 저의 생각입니다. 이 사실은 매우 유감스런 일입니다. 히잡 사건에 있어서 이슬람교도 소녀들에게 다른 해결책을 제시하지 않았다는 사실로 인해 제가 충격을 받았다는 사실을 고백합니다. 유대교나 기독교에 대한 일이라면, 종교를 드러내는 은밀한 징표와 과시적 징표로 간주하고 선택할 수 있게 했을 것입니다. 히잡을 위한 대안은 어디에 있습니까? 게다가 가톨릭 징표의 과시적 형태는 무엇이 될 수 있습니까? 등에 십자가를 메고 등교하는 학생입니까?

이슬람교인 소녀는 자신의 머리를 감출 수 있는 권리가 없는 반면, 기독교인 소녀는 학교에서 자신의 엉덩이를 보여 줄 수 있다는 사실은 정말 웃음거리라고 생각하지 않을 수 없습니다. 바로 이 지점에서 다른 나라 사람들이 어떻게 대처하는지를 보기 시작해야 합니다. 영국인들은 이 문제를 어떻게 처리했습니까? 그들은 히잡을 은밀하게 착용할 것을 요구하면서 그것의 착용을 허락했습니다. 이와 함께 학교 방학 문제에 대해 생각해 봅시다. 프랑스에서는 기독교에 근거한 종교 축제일에 맞춰 방학을 하지만, 미국에서는 유대인 대속죄제와 유대교 설날(로시 하샤나)에 수업을 하지 않습니다.

●●● 유대인 공동체의 중요성 때문입니까?

리쾨르 그렇습니다. 또한 미국인들은 융통성 있는 협상에 익숙하기 때문이기도 합니다. 프랑스는 아직까지 이 문제들을 협상으로 푸는 방법을 배우지 못했습니다.

본능적으로 저는 히잡을 허락하자는 쪽에 찬성할 것입니다. 만약 우리가 히잡 착용을 받아들였다면 오히려 히잡 착용이 많지는 않았을 수도 있었을 것입니다. 히잡에 대한 거부로 인해 그것을 착용하고 등교하는 학생들의 수가 늘어날 것입니다. 그 결과 다음과 같은 모순에 직면하게 될 것입니다. 이슬람교 소녀들이 교육을 받지 못하게 될 것입니다. 그런데 그들에게 학교는 사회적 지위를 향상시키고 가족에게서 독립할 수 있는 중요한 수단일 것입니다. 이것이 바로 히잡 금지 결정에 따르는 역효과입니다. 혹은 이슬람교 소녀들을 사립교육으로 내몰 수도 있습니다. 물론 이와 같은 사립교육은 오랜 협상의 산물인 사립종교학교처럼 보장도 받지 못하고, 동일한 구조도 갖추지 못한 교육입니다. 예컨대 다른 사립학교와의 계약과 동일한 계약을 이슬람 학교와도 맺을 수 있겠습니까? 같은 종교 교육에 있어서도 종교적 다원주의를 만족시키는 매우 구체적인 규칙들이 있습니다. 과연 이 같은 규칙들이 이슬람 학교에서도 지켜지겠습니까?

이슬람교를 믿는 자국민들에 대한 프랑스의 상황은 다음과 같은 요인으로 더 복잡해집니다. 그들 가운데 특히 개혁 반대주의자 성향을 가진 자들에 대한 다른 나라들의 영향력이라는 요인이 그것입니다. 현재 서방국가들은 이슬람 근본주의와 분쟁 관계에 있습니다. 이런 상황에서 이슬람교도인 프랑스인 누구도 정치적·종교적 강국들의 첨병이 되지 않을 것이라고 상상이나 할 수 있겠습니까? 예컨대 하산 2세 왕은 믿음의 기사(회교 국왕의 칭호)이고, 요르단의 후세인 왕은 선지자의 후손임을 잊어서는 안 됩니다. 물론 그들의 밀사들은 이슬람 사원의 사제들인데, 이들이 이슬람교 소녀들에게 "히잡을 쓰라, 물러서지 말라!"라고 말한다고 해봅시다. 이 경우 그 결과에 대해 무엇을 생각해야 할지를 모르게 됩니다. 이 문제가 극단적으로 우회되지 않는다면 말입니다. 우회의 경우 다음과 같은 두 가지 가능성을 생각할 수 있을 것입니다. 하나는 조금 경직된 판단기준들을 갖는 세속화된 국가와 마주하는 것이고, 다른 하나는 이 국가의 저항 능력을 시험하고 과오를 범하도록 몰아치는 이슬람교도의 압력에 마주하는 것입니다.

나폴레옹 이래로 프랑스는 다양한 종교를 교리와 권위에 따른 구조가 아니라 종교 사회의 고유한 법적인 형태 속에서 다룰 준비가 되어 있었습니다. 이렇게 해서 가령 유대인들을 위한 종무국이 만들어졌습니다. 프랑스에 이슬람교도를 위해 만들어져야 할 것은 바로 기독교인들과 유대인들이 나폴레옹 치하에서 얻은 것과 동등한 것입니다.

●●● 그래도 가톨릭 신자들은 20세기 초까지 그것에 대해 강렬하게 저항하였습니다. 콩브 법[2]이 발효되었을 때, 프랑스는 헌병을 대동하여 학생들을 찾으러 농가에까지 갔습니다…….

---

2) 1902년 5월 총선에서 상대적 다수를 이룬 좌파 급진당의 에밀 콩브(Emile Combes)는 내각을 구성하였다. 콩브를 중심으로 한 급진 공화정(République radicale)은 교회세력의 반대를 극복하고 1905년 정교분리법을 통과시켰다. ─옮긴이

리쾨르 당신이 그 사건들을 언급한다는 사실 자체가 지금 우리가 처한 상황의 퇴행적 성격을 잘 보여 줍니다. 당신이 언급한 시대로부터 많은 발전이 있었습니다.

한 번 더 말하자면, 모든 어려움은 이 상황의 낯선 성격에 있습니다. 19세기와 20세기에 프랑스가 경험했던 대규모 이민의 주인공들은 유럽의 기독교인들과 유대인들이었습니다. 대부분의 이민자들은 별다른 문제를 야기하지 않았던 폴란드, 이탈리아, 스페인 출신들이었습니다. 이슬람교도들의 이민은 순수한 흐름을 가졌던 역사와 특정한 균형에 도달했던 역사 사이에 삽입된 형태로 들어왔습니다. 이를테면 이슬람교도들의 이민은 일종의 분쟁적인 합의의 모습으로, 다원주의 사회들에서 볼 수 있는 바람직한 합의 형태를 보입니다.

●●● 선생님께서는 결국 서양 국가들의 정교분리원칙 속에 종교의 총체적 퇴출에 대한 환상이 있다고 생각하는 것은 아니신지요?

리쾨르 앞에서 말한 것처럼, 모든 유럽인들은 라틴화되고 기독교화된 이방인들입니다. 이 말이 의미하는 바는, 종교가 개인들을 교육하는 기능을 가졌을 뿐만 아니라 또한 제도화하는 기능을 가졌다는 것입니다.

저는 이 점에 대해 마르셀 고셰에 전적으로 동의합니다.[3] 그가 말한 것처럼 종교는 교회 밖에서도 제도적인 것을 생산하였습니다. 중세의 역사는 우리의 주요한 제도들 —— 그것이 대학이든, 시(市) 당국이든, 시장(市

---

3) Marcel Gauchet, *Le désenchantement du monde: une histoire politique de la religion*, Paris : Gallimard, 1985.

場)이든, 아니면 사유(思惟) 공동체이든 간에 ──대부분이 교회 모델을 기초로 생성되었음을 완벽하게 보여 줍니다. 그 결과 근대국가들과 근대 문화들의 자기 이해에서 종교가 완전히 제거된 극한 상황을 상상하는 것은 불가능합니다. 종교는 국가와 문화 **형성**에 전적으로 포함됩니다. 이런 의미에서 정교분리원칙은 세속화이고, 이 세속화의 과정에 연결되어 있다고 말할 수 있습니다.

그러나 제가 조금 전에 암시했던 것처럼 정치성은 그 자체 안에 그 고유한 기획의 끝에 도달하는 것을 방해하는 무엇인가를 지니고 있다고 생각합니다. 정치성에는 단순히 그 역사적 근원으로부터 기인된 것만은 아닌 일종의 배경 또는 잔유물이 있습니다. 즉 이와 같은 배경이나 잔유물이 종교로부터 파생된 것만은 아닙니다. 하지만 그것은 정치성의 형성, 즉 연대기와 토대라는 이중의 의미에서 이 정치의 '고고학'에 속합니다.

이와 같은 이유로 특별한 역사적 상황에서 특히 사회적 관계의 붕괴의 시기에서 정치성과 종교성의 결합이 다시 이뤄질 수 있다는 것은 이해할 만한 것입니다. 세르비아의 경우가 그렇습니다. 하지만 머지않은 장래에 러시아의 경우도 그렇다고 말할 수 있을 것입니다. 러시아에서 교회들이 권력에 정당성을 부여하고 허락하는 ──정치성에 **권위를 부여한다**는 순수한 의미로── 심급처럼 기능하기 시작하는 것을 다시 볼 수 있습니다. 현재 우리는 정치성이 종교성에 의해 성유(聖油), 곧 영적 정당성을 부여받는 시절로 돌아가는 시점에 있습니다. 이것이 요컨대 스탈린이 명명했던 것처럼 '위대한 애국적 전쟁'을 하기 위해 러시아 정교회에게 참여를 요청했을 때 그가 계획했던 것이 아닙니까? 이것은 아주 두려운 일입니다. 그도 그럴 것이 교회에서 죽는 것을 배우는 것이기 때문입니다. 여기에서 문제가 되는 것은 정치가 재적용하는 근원적 동기들 ──정치의 역사는 그럼에도 불구하고 순수한 자율성을 쟁취하기 위하여 교회들을 배제시키는 데 있었습니다──의 강탈입니다.

　　현재의 경우 이 표류는 또한 다른 문제──즉 국가의 국경들과 민족의 범위들 사이의 관계의 문제──에 대한 안정적인 해결책을 제공함에 있어서 정치의 무능력에 의해 설명됩니다. 결국 정치의 한계를 바로잡도록 민족에 비중을 주기 위해 종교가 제3의 위치를 갖게 되는 것은 이런 맥락에서입니다.

●●● 구(舊)유고와 러시아의 상황이 유일한 것은 아닙니다. 중동에서, 이스라엘과 인접한 중동국가들 사이에서 이런 상황, 즉 종교와 민족이 정치에 지나친 영향을 미치는 상황을 다시 발견합니다.

리쾨르 이와 같은 상황은 아주 복잡합니다. 지금 **이스라엘인**이 우선적으로 '시민권'의 한 유형으로 지칭되기 때문에 더욱 그렇습니다.[4] 그런데 이 시민권은 어느 정도까지 성서적·종교적 유산의 기준으로 정의됩니까? 또한 이 시민권이 어느 정도까지 기독교 국가들에서 박해의 희생자들인 유럽 유대인들의 역사적 기준으로 정의됩니까? 이것은 정말 말하기 어려운 문제입니다. 더군다나 팔레스타인인들을 전부 이슬람교도와 동일시해서는 안 됩니다. 그들 가운데 상당한 비율은 기독교인들입니다. 이와 마찬가지로 **이스라엘인**을 **유대교도**와 동일시해서는 안 되는데, 유대교도는 정통파와 자유주의자로 나눠질 수 있습니다. 정도의 차이는 있겠지만, 현재 이스라엘은 20세기 초에 프랑스가 겪었던 것과 같은 상황, 즉 종교인들과 속인

---

4) '이스라엘인'이라는 개념은 이미 '이스라엘'이라는 '국가'의 일원을 가리킨다는 의미.──옮긴이

들 사이의 분쟁 상황에 처해 있음을 잊어서는 안 됩니다.

중동에서 종교와 정치 중 어떤 것이 더 중요합니까? 종교와 정치를 찢어 놓았던 — 이편저편에서 성지화한 땅과 관련된 — 전쟁의 배경에는 종교가 있다는 것은 의심의 여지가 없습니다. 유대인들에게 이스라엘 땅은 평범한 장소가 아닙니다. 그리고 그들이 마다가스카르나 다른 곳으로 추방될 수도 있었다는 생각에 머리가 쭈뼛해집니다. 어떤 점에서는 이 민족과 이 땅 사이에는 역사적 관계, 그렇지 않다면 점유 관계, 최소한 상호적 합목적성의 관계가 있습니다. 하지만 유대인들은 그들의 땅에 의해서가 아니라 언약의 말씀에 의해서 정의되는 것도 역시 사실입니다. 그와 마찬가지로 예루살렘의 알아크사 이슬람 사원은 모든 이슬람교도에 의해 그들의 성지들 가운데 하나로 인식되고 있다는 것 또한 사실입니다.

절망적인 순간에 저는 종종 두 번 약속된 땅, 두 번 주어진 땅이라는 사상에는 일종의 신학적인 또는 반신학적인 아이러니가 있다고 생각합니다……

7장 /
성서 독서와 성서 묵상

●●● 선생님께서는 철학 작업과 종교 분야에 대한 연구를 동시에 수행한 몇 안 되는 철학자이십니다. 어떻게 두 사유 방식을 조정하셨습니까?

리쾨르 아주 오래전부터 저는 늘 이 두 버팀목 위를 걸어왔던 듯합니다. 다른 양식을 서로 섞지 말자는 단순한 방법론적인 신중함 때문이 아니라, 저에게 절대적으로 중요한 이중적인 준거를 주장하고 싶었기 때문입니다.

　　저는 계속된 성찰 속에서 이 주장을 연이어 표명해 왔고, 아마 그 가운데 가장 정확하면서 제가 지금 중요시하는 것은 비판과 확신의 관계입니다. 게다가 저는 이 관계에 민주주의적 삶의 관점에서 매우 강조되는 정치적 의미 역시 부여하고 있습니다. 우리는 이렇게 해서 특정한 비판적 순간들이 서로 교차하는 강한 확신들이 늘 있어 왔던 문화를 이루게 됩니다.

　　그러나 이것은 단지 비판과 확신의 극점을 표현하는 하나의 방법에 지나지 않습니다. 왜냐하면 철학은 단순히 비판만이 아니기 때문입니다. 철학은 또한 확신의 영역이기도 합니다. 그리고 종교적인 확신 그 자체 내에도 비판의 차원이 있습니다.

●●● 선생님께서는 종교적 확신을 경험의 영역으로 보십니까?

리쾨르 저는 연구 과정 내내 '경험'이라는 단어에 저항했습니다. 직접성, 감정의 토로, 직관주의에 대한 경계심 때문이었습니다. 이와는 반대로 저는 언어적 매개와 성서적 매개를 선호했습니다. 이와 같은 구상에서 제가 추구했던 두 노선이 대립되었습니다.

　　다음과 같은 점을 단도직입적으로 말하고 싶습니다. 즉 제가 같은 텍스트들을 토대로 철학을 하거나 기독교적 전통을 가진 한 공동체에 속해 있다고 느끼는 것은 아니라는 점을 말입니다. 제가 균형을 잡고자 한 것은 텍스트와 텍스트 사이의 문제라고 할 수 있습니다. 철학 텍스트에 대해 보자면, 비록 의견이 다를 수 있지만, 우리 모두는 최소한의 공통된 목록을 가지고 있습니다. 가령 플라톤, 아리스토텔레스, 칸트, 그리고 아마 헤겔이 바로 그들입니다. 또한 근대철학자들에 대해서 보자면, 우리는 니체, 베르그송, 후설, 하이데거, 나베르, 야스퍼스 등 사이에서 망설이게 됩니다. 철학의 기본 텍스트들의 목록은 종교적 자료를 형성하는 텍스트들의 목록이 아닙니다. 저는 텍스트 하나하나 —— 읽어 보면 서로 비슷하지만 —— 에 대한 성찰을 강조하는 편입니다. 성서에 대해 말하자면, 저는 히브리어 성서, 초대 교회의 신약성서, 그리고 보다 신학적이고 주석적인 교부들의 작업을 떠올립니다. 제가 보기에는 성 아우구스티누스는 특별히 선호되는 사람이었습니다. 위상학적 의미로 철학과 종교라는 두 분야의 텍스트들 사이에 교류가 없었다고 볼 수는 없습니다. 그리고 성 아우구스티누스의『고백록』11권에 나오는 시간의 분석을 이용했을 때 제가 그랬던 것처럼, 그를 철학자로 분류할 수도 있습니다. 역으로 호메로스나 헤시오도스, 그리고 그리스의 비극 작가들은 일종의 중간의 체제에 —— 한편으로는 이스라엘의 선지자들 사이에, 다른 한편으로는 소크라테스와 소크라테스 이전의 철학자들 사이에 —— 위치해 있는 것 같습니다.

성서 해석의 세계로 들어설 때 주의해야 할 것은 독서와 이해의 다른 유형들을 분명하게 구분해야만 한다는 것입니다. 그렇지 않으면 귀머거리들끼리 대화를 하고 있다는 인상을 받게 됩니다. 각각의 독서 유형, 즉 해석의 유형들은 다른 목적들에 사용되기도 합니다. 그리고 종종 서로 구별될 뿐만 아니라 완전히 상반된 전제들에서 출발하기도 합니다. 역사적인 순서에 따른 독서는 교리상의 편견들에 의해 방해받지 않습니다. 하지만 교회의 공식적인 주석은 고고학적 작업 —— 이를테면 사해사본(死海寫本)의 해독 —— 이 밝힌 것을 전적으로 무시할 수 없습니다. 성서에 대한 철학적 독서에서도 종파적 측면이나 역사적·문헌학적 탐구들을 무시할 수 없습니다.

그럼에도 그리스어로 된 텍스트들과 성서 원전들 사이의 차이는 조율되어야 합니다. 저는 이와 같은 사실을 구약성서 연구 분야에서 일어난 최근 몇 년간의 주석학적 혁명에 즈음하여 얼마 전에 발견했습니다. 거의 한 세기 동안 이 구약성서 연구는 7, 8세기에 걸쳐 작성된 문서라고 추정되는 네 편의 자료들[1] —— 「야위스트」, 「엘로이스트」, 「듀트로노미스트」, 「제사

---

1) 성서비평 학자들 —— 특히 율리우스 벨하우젠(Julius Wellhausen, 1844~1918) —— 은 모세 5경(토라, Torah) —— 「창세기」, 「출애굽기」, 「레위기」, 「민수기」, 「신명기」 —— 이라 불리는 구약성서 첫 다섯 권에 대해서 전통 신학자와는 다른 이론을 제시한다. 즉 이 다섯 권은 모세가 저자가 아닐 뿐만 아니라, 유대 사회에 오래전부터 전승되어 온 여러 편의 기록물들을 편집한 것에 불과하다는 것이다. 성서비평 학자들에 따르면, 모세 5경의 토대가 된 문서들로는 「야위스트」(Jahwist), 「엘로이스트」(Elohist), 「듀트로노미스트」(Deuteronomist), 「제사장의 기록」(Priestly Source) 등이 존재한다. 첫째, 「야위스트」는 기원전 950년경에 집필되었다고 본다. 구약성서의 원 본문인 히브리어 성서를 보면, 야훼(여호와)라는 말이 자주 나오므로 「야위스트」라고 부른다. 이 문서를 간단히 J문서라고 칭한다. 둘째, 「엘로이스트」는 기원전 850년경에 집필되었다고 추정된다. 이 문서에 엘로

장의 기록」——의 가설에 기초를 두었습니다. 그런데 이 이론은 아주 오랫동안 역사적 비평 방법과 신학 주석학자들의 첨병이었습니다. 그것은 구약성서 신학——유대주의의 궁극적인 케리그마(kerygma)[2] 속에 통합된 일련의 선언들, 즉 케리그마들의 축적으로 세워진——의 일관된 비전을 구축하게 해주었습니다. 이렇게 가정된 일관성 덕분에 유대주의와 헬레니즘 사이의 전면적 대립은 당연한 것으로 보였습니다. 오늘날 이 체계는 붕괴의 과정에 있습니다. 바빌론 유배의 위기는 유배 이전의 다양한 전통을 모으기 위한 첫번째 계기가 되었습니다. 현재 시점에서 볼 때 유대인들의 문서들과 다시 쓰인 문서들은 아주 짧은 시간에 작성되었던 듯합니다. 그리고 유배에서 돌아온 후 그것들을 모은 것은 어느 정도 페르시아 권력의 강요에 의해서인 듯합니다. 천천히 발전하고, 집중적이고, 통일된 유대인들의 비전은 보다 더 대조적이고 논쟁적인——그 자체가 다원적인 독서를 필요로 하는——히브리어 성서의 비전으로 대체되었습니다. 가장 흥미로운 독서 방법은 거꾸로 읽는 것인 듯합니다. 「신명기」——스피노자는 이 텍스트의 기이함을 지적한 첫번째 사람들 중 한 명이었습니다——와 더불어 다윗 왕국과 바빌론 유배 사이의 이야기를 포함하고 있는 유다와 이스라엘의 역사부터 읽도록 합시다. 특히 이 역사는 신명기적 낙인이 찍혀 하

힘(Elohim)——'하나님'이라는 의미——이라는 말이 자주 나오기 때문에 이 제목을 붙이게 되었다. 이 문서를 간단히 E문서라고 칭한다. 셋째, 「듀트로노미스트」는 기원전 621~650년경, 즉 유대 왕 요시아 시대에 집필되었다고 본다. 이 문서를 간단히 D문서라고 칭한다. 넷째, 「제사장의 기록」은 기원전 550~400년경, 즉 이스라엘 사람들이 페르시아 제국의 포로로 생활하던 시대에 집필되었다고 본다. 이 문서를 간단히 P문서라고 칭한다.——옮긴이

2) '케리그마'는 복음에 대한 말씀 선포를 의미한다. 그리스어 '케루세인'이라는 동사에서 유래되었고 전령관으로서 임무를 행하는 것을 의미한다. 즉 어떤 공적인 임무를 위임받은 사자(使者)가 어떤 일정한 소식을 공중 앞에서 외쳐 선포하는 행위를 말한다. 이런 의미에서 일반적인 설교와는 구별하여 이해할 수 있다.——옮긴이

나님의 분노가 강조되어 죄의식을 느끼게 하는 역사입니다. 그다음 여기에서부터 모세에게 주어진 대대적인 율법 이야기로 거슬러 올라가면서 읽도록 합시다. 그리고 더 안쪽으로, 계명과 참회라기보다는 축복과 언약의 징표로 대표되는 족장들의 이야기들로 거슬러 올라가도 좋을 것입니다. 마지막으로 「창세기」1장에서 읽는 것과 같은 비전, 즉 인간에 의해 훼손된 선한 창조에 대한 제사장적 비전으로 독서는 끝이 납니다.

이와 같은 거꾸로 하는 독서에서 문제가 되는 것은 결국 구약성서가 여러 다른 책들로 구성되어 있다는 가설입니다.

●●● 이처럼 '유동적인' 독서는 선생님께 어떤 의미가 있습니까?

리쾨르 여러 가지 점에서 의미가 있습니다. 우선 그것이 경쟁적인 신학들이 사실 서로 관련이 있다는 것을 보여 주기 때문입니다. 이 신학들은 유배의 대재앙과 바빌론으로부터의 귀환 후 재건 계획에 의해 제기된 문제와 밀접하게 연결되어 있습니다. 이와 같은 유대인의 쟁점을 다룬다는 것은 선택적인 합의들에 의해 자극받은 사고력 깊은 성서 독서를 한다는 것입니다. 이 합의들은 예를 들어 「듀트로노미스트」의 유산과 「제사장의 기록」의 유산 사이, 또는 모세의 영향하의 율법의 신학과 아브라함의 영향하의 축복과 언약의 신학 사이에서 이루어집니다. 그다음으로 이런 식의 독서가 이스라엘이 그의 타자 —— 다소 외부적인 타자(바알 숭배 사상), 보다 외부적인 타자(페르시아 문화), 그리고 완벽히 외부적인 타자(헬레니즘 문화) —— 와 대면할 때 발생하는 긴장들과 쟁점들의 징표라는 의미를 갖기 때문입니다.

이스라엘과 헬레니즘 문화의 마찰은 우리 철학자들에게 매우 중요한 요소입니다. 사실 여기서 문제가 되고 있는 문서들은 유대주의 율법학자들이 '토라'와 선지자들의 항목 ── '예언서'(Nebiim) ── 과 다른 항목으로 정리한 문서들입니다. 즉 「잠언」, 「시편」, 「전도서」, 「욥기」입니다. 이 문서들이 헬레니즘 문화의 토대가 되는 문서들 ── 호메로스, 헤시오도스, 비극시인들, 소크라테스 이전 철학자들의 문서들 ── 과 경쟁적 입장에서 읽혀져야 한다는 구상은 매우 흥미롭습니다. 정통 「야위스트」가 유배의 위협에 직면한 유대주의 내부의 논쟁에 종속되는 것만큼, 이 문서들은 방금 인용한 그리스 텍스트들과 비교할 수 있어야 합니다. 몇몇 주석학자들은 더 멀리 나가 「듀트로노미스트」의 '역사가들'과 헤로도토스를 수평적으로 비교하고자 합니다. 저는 여기서 분리된 두 세계의 비전으로부터 멀어지는 듯합니다. 아테네의 맞은편에 있는 예루살렘이 그것입니다!

●●● 그러면 선생님께서는 서로 다르지만 어쩌면 양립할 수 있는 두 방식의 사유와 직면해 있다고 말씀하시는 것입니까?

리쾨르 예, 분명 그렇습니다. 포괄적인 독서가 문제가 되거나, 아니면 몇몇 사람들이 말하듯이, **기술적(記述的) 신학이** 문제가 되는 한에서 그렇습니다. 고대 이스라엘 문헌들 전반에 걸쳐 펼쳐진 광대한 신학적 노고의 기원이 되는 성서적 **사유**에 대해 말할 권리가 있다는 사실을 저는 강조하고자합니다. 그리고 사변적 언어의 부재로 인해 이 성서적 사유가 활용할 수 있는 표현 수법들이 단지 서술적·법적·예언적·제사장적 양식들뿐이라는 사실에 대해서도 마찬가지입니다. 그럼에도 다양하게 '하나님을 이야기하는 것'이 이번에는 내적 또는 외적인 비판의 쟁점이 됩니다.

하지만 저는 이 쟁점에 머물러 있지 않을 것입니다. 왜냐하면 그리스에서 형성되었던 대로의 철학적 사유는 제가 방금 언급했던 포괄적인 독서와 정면으로 맞서지 않기 때문입니다. 그러나 성서적 문헌들에서 작동하던 **고백적** 신학에 의해, 그리고 무엇보다도 유대교 회당과 교회의 중요한 역사적 전통들이라는 간접적인 수단에 의해 주어진 케리그마적 해석들에만 정면으로 맞서게 됩니다. 역사적·비평적 방법을 통해 포괄적인 독서가 다양한 것이라고 인정받게 될 때부터, 다른 사람의 말에 대한 인정은 당연한 일이 아니게 됩니다. 유대인들과 기독교인들의 공동체 역사를 통해 항상 동일한 조직 기관과 동일한 지침이 규범적인 것으로 간주된 것은 아니라는 점이 증명됩니다. 이처럼 기독교인들의 초대 교회에서는, 다른 경쟁자들——특히 넓은 척도에서는 초대 교회의 다양한 신학들이 이어 온 종말론 운동과 연결되어 있었던——을 물리치며 본래 의미의 유대주의를 만들었던 유대교 율법학자 그룹과는 다르게 유대인의 문헌들을 읽었습니다. 오늘날 하나님의 말씀을 식별한다는 것은 넓은 의미로 '선포'에 집중적으로 적용된 해석학에 속합니다. 이 점에서 저는 칼 바르트[3]의 다음과 같은 주장을 받아들입니다. 즉 신학자들에 의해 교조주의라고 명명된 것은 선포의 개념적이고 논증적인 정리라는 것입니다. 그런데 이 선포를 통해 창건적이라고 간주되는 말씀과 고백적 공동체의 현재와 미래에 대한 상세한 심판 사이에 관계가 정립됩니다.

---

3) 칼 바르트(Karl Barth, 1886~1968)는 스위스 발(Bâle) 출신의 칼뱅주의 신학자이다. 그는 슐라이어마허(Friedrich Schleiermacher)의 해석학에 지배되던 개신교 신학에 전환점을 제공하였다(그의 새로운 『로마서 주석』*Petit commentaire de l'Epître aux Romains*, Genève: Éditions Labor et Fides, 1956 참조). 이를 위해 그는 부정(否定)을 강조하고 인간과 신을 분리하는 무한한 거리를 강조하는 '변증법' 개념을 이용하여 당시의 인간중심적 비전을 단절시켰다. 이 변증법에서 유일하게 가능한 매개는 경험이나 역사가 아닌 십자가이다. 또 이 변증법은 세계와 교회, 인간과 신 사이를 종합하려는 모든 개념을 거부한다.

그렇다면 기술적 독서와 고백적 경청 사이의 균열을 열린 채로 내버려 둬야 하겠습니까? 저는 그렇게 생각하지 않습니다. 저는 정경(正經)에 합치된 독서로 대표되는 중간자, 다시 말해 최후의 집필에 기인해 생겨난 것과 같은 종류의 명료함에 몰두하는 독서에 대해서는 아직까지 아무런 말도 하지 않았습니다. 이와 같은 집필은 유대교 회당과 교회의 특별한 역사의 기원이 된 공동체의 권위자들에 의해 체계화되고 승인되어 전승되었던 그대로의 마지막 텍스트 구성입니다. 정경에 합치된 독서는 역사적·비평적 방법 그 자체가 성서 텍스트들을 모든 다른 종교와 문화 텍스트들에 맞춘 독서에 불과하다는 사실을 경고합니다. 정경에 합치된 독서는 성서를 궁극적으로 구성한 마지막 집필자들이 전달하려 했던 메시지를 중요시하는 그 자체의 고유한 규칙을 갖습니다. 여하튼 이 성서 텍스트는 역사적으로 효과적이었습니다. '모세 5경'이라 불리는 텍스트——히브리어 성서 첫 다섯 권에 「여호수아」를 추가하여 '6경'이 되었다——의 경우가 어느 정도 그렇습니다. 그리고 만약 병합적인 일치, 유비, 재해석이 이 텍스트에서 지배적이라면, 정경에 합치된 이해는 오직 이와 같은 해석의 방법들로만 축소되어서는 안 될 것입니다.

저는 여기서 정경에 합치된 독서와 근접한 보샹[4] 신부의 주목할 만한 저서를 인용하고자 합니다. 그는 역사적·비평적 방법을 무시하지 않으면서 랍비들에 의해 제안된 세 '문헌'의 구조를 채택하였습니다. 보샹은 교부와 중세인들——이들에게 있어서 '다른' 성서는 첫 성서의 재해석이었습니다——의 기독교 해석학에 정경에 합치된 독서를 합치시켰습니다. 그는

---

4) 그에 대해서는 특히 Paul Beauchamp, *L'un et l'autre Testament: essai de lecture*, Paris : Seuil, 1977 ; *Le récit, la lettre et le corps: essais bibliques*, Paris : Cerf, 1992를 볼 것.

자신의 접근을, 구약성서에 제한된 정경에 합치된 독서에 동일한 약속과 동일한 언약의 병합적인 해석, 재해석, 재표명이 풍성하다는 사실로 정당화시킵니다. 이렇게 해서 그는 기독교 해석학을 히브리어 정경 내에서 이미 작동하고 있던 해석학의 실재적 연장으로 만듭니다.

제 판단으로는 신학과 철학이 분열되기 시작한 것은 정경에 합치된 이 주석학의 단계에서입니다. 정경의 폐쇄는 다른 텍스트들과 공동체에서 권위가 있는 텍스트들을 구별하는 중요한 현상이 되었습니다. 그 대신에 다른 모든 텍스트들과 구별되는 설립자의 텍스트들——가장 충실한 역사적 기록들을 포함하여——덕택으로 공동체는 그 자체로 이해됩니다. 비(非)철학적 순간은 바로 거기, 고백적 신학의 케리그마적 해석을 인도할 만한 정경들의 권위에 대한 인정 속에 있습니다. 텍스트들이 권위를 갖기 때문에 그것들이 '계시'된 것들이라고 말해졌던 것이지, 그 반대가 아니라는 주석 신학자들의 해석에 저는 동의합니다. 그뿐만 아니라 '계시' 개념 그 자체가 정경의 권위에 심리적인 요소를 부여하는 해석입니다. 어쨌든 이 개념은 엄밀하게 예언적인——실제로 한 인간의 목소리가 다른 목소리, 곧 야훼의 목소리의 이름으로 말한다고 선포하는——텍스트들에만 어울립니다. 오직 선지자의 지위가 화자, 입법자, 현자, 율법학자로 확장되었다는 것을 고려할 경우에만, 성서는 '양분된' 말씀의 개념과 연결된 모든 논리적 난점들과 더불어 계시된 것으로 간주되었습니다. 분명 권위 개념은 그 고유한 어려움을 갖고 있습니다. 그러나 성서 세계와 그리스 세계를 대면시키는 토론에서 정면으로 부딪쳐야 할 것이 바로 이 어려움입니다. 정경에 합치된 독서의 범위 내에서 케리그마적 신학들은 서로 구별됩니다. 그리고 거기에서 케리그마적 신학들은 철학 텍스트의 자유로운 독서와 대립합니다. 그로부터 출발해서 독서의 두 가지 태도는 서로 구별되고 서로 마주하게 됩니다.

　　그러나 이 대립에서 좀더 앞으로 나가야 합니다. 예루살렘과 아테네의 대립이 훨씬 더 뚜렷해지는 것은 케리그마적 독서를 할 때 또는 어쩌면 고백적 신학을 할 때입니다. 그런데 케리그마적 해석들——시대의 특징이 반영된 문화적 환경으로부터 영향을 받은 독자의 기대에 따라 변하는——이 다양하고, 부분적이고, 편파적이라는 것을 이해해야 합니다. 앞에서 당신에게 말한 것처럼, 유대교 내부에서 주도적인 랍비 학파는「듀트로노미스트」측면과「제사장의 기록」측면의 독서를 완전히 제거하지 못한 채 그들의 역사적 비전과 율법 개념을 강조한 것 같습니다. 기독교 교회에 대해 말하자면, 초대 교회가 지혜롭게 나란히 배열한 4복음서에 함축된 신학의 차이, 그리고 바울과 요한의 신학 사이의 차이를 강조할 필요도 없습니다. 뒤이어 루터가 다른 가능한 해석들을 배제하며「로마서」를 정경 중에 정경이라고 한 것도 사람들은 알고 있습니다. 그리고 이집트에서 벗어나는 것과「출애굽기」를 최고의 패러다임으로 만들려던 마틴 루터 킹의 시도를 누가 기억하지 못하겠습니까? 대립과 병합을 번갈아 해오던 재해석들의 내적 작업은 몇 세기에 걸쳐 우리 시대까지 지속되고 있습니다.

　　그래서 저는 결국 텍스트들의 차이를 독서 태도의 차이로 귀결시키고 싶습니다. 비판적 태도는 오히려 철학적 측면에 속할 것입니다. 그도 그럴 것이 종교적 순간은 그 자체로 비판적 순간이 아니기 때문입니다. 종교적 순간은 나보다 더 멀리, 더 높은 곳에서 오는 것으로 여겨지는 말씀에 동조하는 순간이고, 이것은 케리그마적이고 고백적인 독서에서 이루어집니다. 이렇게 해서 우리는 이 단계에서 '선행적'인 말씀에 대한 복종과 의존의 개념을 발견합니다. 하지만 우리는 플라톤의 조망까지 포함하는 철학적 영역에서——이데아의 세계가 우리를 앞선다 할지라도——비판적 행위를 통해 '먼저 있음'의 의미를 갖는 '레미니상스'(réminiscence, 무의식적인 과거 체험의 재현)를 자기 것으로 삼게 됩니다. 제가 보기에 종교를 구성하는 것은 특정한 규칙에 따라, 즉 특정한 정경의 범위 내에서, 말씀을 신뢰한다는 사실입니다. 저는 이 점을 발전시키기 위해 기꺼이 해석학적 '순환'의 개념을 제안합니다. 제가 그 말씀을 아는 것은, 그 말씀이 기록되어 있기 때문입니다. 제가 그 문헌을 아는 것은, 그 문헌이 받아들여지고 읽히고 있기 때문입니다. 그리고 제가 그 독서를 아는 것은, 그 독서가 공동체에 의해 받아들여지기 때문입니다. 결론적으로 그 독서는 공동체의 창건적 텍스트들에 의해 해독되는 것을 받아들입니다. 그런데 그 공동체는 공동체의 창건적 텍스트들을 읽습니다. 따라서 어떤 면에서 종교 주체가 된다는 것, 그것은 커다란 순환——설립자의 말, 즉 중재적 텍스트들과 해석의 전통들 사이의——안에 들어가는 것 또는 이미 순환 안에 들어갔다는 것을 받아들이는 것입니다. 제가 전통들이라고 말하는 이유는, 유대-기독교의 영역 내부 자체에 해석의 다양성, 따라서 일종의 다원주의, 경청과 해석의 전통들 사이의 모종의 경쟁이 있었다는 것을 항상 확신해 왔기 때문입니다.

해석학적 순환으로 들어간다는 것에 대해 저는 그것이 지속적인 선택에 의해 운명으로 변화된 우연이라고 말했던 적이 있습니다. 그것이 우연인 까닭은, 만약 제가 다른 곳에서 태어났다면, 지금까지 일어난 일들이 같은 방향으로 흐르지 않았으리라고 제 자신에게 말할 수 있기 때문입니다. 그러나 저는 이 추론에 대해 전혀 관심이 없습니다. 왜냐하면 다른 곳에서 태어난 저를 상상한다는 것은 저 아닌 다른 저를 상상하는 것이기 때문입니다. 저는 다음과 같이 말하는 것을 최대한 받아들일 수 있을 것 같습니다. 종교는 태어난 곳의 언어 또는 유배되거나 망명된 곳의 언어와 같다는 것을 말입니다. 종교가 있다는 것은 어쨌든 집에 있는 것과 같습니다. 이것이 함축하는 의미는 다른 사람이 말하는 다른 언어가 있다는 것을 또한 인정하는 것과 같습니다.

●●● 그 속에 '산다'고 선생님께서 말씀하신, 언어 그 너머의 무엇인가를 보게 될 수 있을 어떤 독특한 상황들이 있을 것이라고 생각하십니까?

리쾨르 최근에 죽음의 경험에 대해, 그리고 전문의들이 제게 이야기해 줬던 에이즈 환자와 암 환자의 생의 마지막 경험에 대해 숙고하게 되었습니다. 그러면서 저는 죽음을 맞이하는 순간에 용기와 신뢰의 원천에 대한 요청이 이런저런 언어보다 더 먼 곳에서 온다는 것을 확인할 수 있다는 느낌을 갖게 되었습니다. 오늘 제가 '경험' 개념을 다시 끌어들이고자 하는 것은 정확히 이와 같은 차원에서입니다. 죽어 간다고 해서 누구나 죽은 것이나 마찬가지인 것은 아닙니다. 그는 분명 살아 있습니다. 그리고 죽음 앞에서 언어의 장막, 그 한계, 그 기호 체계가 사라지는 순간이 아마 있을 것입니다. 실제로 경험의 질서에 속하는 **근본적인** 그 무엇이 나타나도록 하기 위해서 말입니다. 저에게 이와 같은 순간이 오기를 희망합니다. 죽음 앞에 선 삶은 위대한 삶입니다. 그것은 죽기 전까지 살아 있음을 드러내는 용기입니다. 하지만 이와 같은 경험은 드물고, 아마도 신비주의자들이 겪는 경험과 유사하다고 생각합니다. 저는 이런 체험을 해보지 못했습니다. 의무는 물론이거니와 '잘 살기'를 바라는 것을 넘어 더 멀리, 더 높은 곳에서 오는 '사랑하라'는 요청이 들릴 수 있다는 사실을 기꺼이 인정한다 할지라도, 저는 오히려 텍스트 해석과 윤리적 권유에 더 민감했습니다.

●●● 잠시 후에 우리는 선생님께서 죽음의 행위와 연결한 한계적 경험으로 돌아올 것입니다. 그러나 그 이전에 선생님께서 역사적 종교들 ─ 그리고 무엇보다도 우리가 아직 논의하지 않은 기독교와 관련된 것들 ─ 과의 관련 속에서 '근본적인 것'이라고 말씀하신 것에 대해 더 알아보고 싶습니다. 왜냐하면 결국 선생님께서 물려받으신 언어는 그 언어로 말을 시작함에 따라 그 언어를 받아들여야 하기 때문입니다. 선생님과 같이 이중성 또는 양극성을 겪는 사람들은 종종 이중적인 것 중 하나를 약화시키거나 그것에서 떠나기 위해 다른 하나를 사용하기도 합니다.

리쾨르 그렇습니다. 그렇지만 저는 그런 사색 태도를 비난할 생각이 전혀 없습니다. 저는 조금 전에 '지속적 선택에 의해 운명으로 변화된 우연'이 문제가 된다고 말했습니다. 바로 거기에서 저는 비판적인 선현들 ─ 즉, 루크레티우스에서 스피노자, 흄, 볼테르를 거쳐 니체까지 ─ 을 만납니다. 그러나 저는 결국 더 강인하고 더 깊은, 그리고 비판 그 자체보다 더 먼 곳에서 오는 더 깊은 질문의 본질을 늘 신뢰했습니다. 비판은 어쨌든 제가 항상 통제할 수 있는 힘에 의해 조절됩니다. 반면 저는 '의미 부여'를 통해 수용 주체뿐만 아니라 비판 주체로 구성되는 것 같습니다. 찬성과 비판의 양극성 그 자체는 선행적 의미 부여의 영향을 받습니다. 따라서 저는 역사적으로 한정된 제 상황의 성격을 인정할 준비가 되어 있습니다. 그리고 언어와의 비유를 다시 하자면, 저는 자연어를 벗어나서 말할 수 있는 방법은 없다고 주장할 것입니다. 언어의 다원성에 대해서 우리가 가진 유일한 원천은 '번역'입니다. 오늘날 우리의 문제는 아마 우리가 여전히 유대교, 기독교의 유산과 다른 유일신 종교들 사이의 번역 관계 속에 있는지를 아는 데 있을 것입니다. 즉 여기에서는 알라가 되고 저기서는 야훼가 되는 신의 본성, 정체성 ──이것들은 성서 밖에서 제기할 수 있을 문제입니다──에 대해서조차 저는 여전히 큰 의심이 듭니다. 왜냐하면 저는 신의 호칭 자체는 앞에서 언급한 '언어들' 하나하나의 설립과 연관되어 있다고 생각하기 때문입니다. 그도 그럴 것이 '신'이라는 단어는 불확실한 단어이고, 다른 사람들이 '신'이라고 부르지 않을 다른 어떤 것을 지칭하기도 합니다. 아마 이것은 불교에서 무상보리(無上菩提)의 영역에 속하는 어떤 것일 겁니다. 이렇듯 '신'이라는 단어가 전혀 통하지 않는 언어들이 있습니다. 그렇지만 구성적인 말의 선행성, 기록물의 매개, 해석의 역사라는 세 가지 기준을 충족시킨다면, 저는 그것을 종교 언어로 받아들입니다.

●●● 모세의 유산 가운데 계시적 사실 자체가 이원성 같은 것을 구성하지 않습니까? 그 이원성은 한편으로는 선행된 말씀이 선포되었고, 다른 한편으로는 이 말씀이 직접적으로 전달될 수 없다는 것입니다. 모세라는 한 사람의 중재가 필요할 뿐만 아니라 십계명 또한 필요합니다. 후자의 것은 단번에 이해될 수 없습니다. 그래서 이것은 깨져야 할 것입니다.

리쾨르 예, 그렇습니다. 저는 이 해석의 관계가 유대교의 기원과 불가분의 관계가 있다는 것을 자주 강조하는 편입니다. 십계명을 기록한 판들은 기록되었고 또 깨졌습니다. 누구도 이 십계명 판들을 **보여 주려고** 결코 노력하지 않았습니다. 그리고 기록물 안에서 우리는 그것에 대해 말하고, 그 기록물 또한 판 위의 기록물입니다. 그래서 우리는 기록물의 매개로 돌아오게 됩니다. 제가 앞에서 언급한 것처럼, 만약 성서 자료집에 대한 다양한 독서가 불가피하다면 그만큼 기록물의 매개는 절실합니다. 그 성서 자료집에서 시나이 산의 기록물이 히브리어 성서의 전부가 아닙니다. 예컨대 부족장들의 전통은 분명 그들의 축복과 언약의 신학과 더불어, 명령과 복종과는 다른 것을 말합니다.

그러나 저는 통상적으로 '계시'라고 불리는 것에 붙어 있는 '기원'의 개념에 집중하고자 합니다. 이 '기원' 개념 그 자체는 강박관념 ── 정신분석학자들에 의해 제대로 해석된 ── 에서 벗어나야 합니다. 또 이 개념은 날짜를 정할 수 있는 '시작'의 개념과 완전히 분리되어야 합니다. 제가 보기에 최초의 어떤 것을 향해 시간을 거슬러 올라간다는 것은, '시작'을 연대기적인 선행성처럼 소개하는 것이고, 또한 우리가 명확하게 구분할 수 있는 최초의 것처럼 소개하는 것이기도 합니다. 그래서 우리는 불가피하게 칸트의 이율배반에 갇히게 됩니다. 제 생각에 기원은 최초의 것, 즉 날짜를 정할 수 있는 시작과 같은 일련의 최초의 것처럼 작용하지 않고, 현재의 말씀 가운데 항상 거기에 존재하는 것처럼 작용합니다. 그러므로 이것은 연대기적인 것의 영역이라기보다는 오히려 근본적인 것의 영역의 선행성과 관계됩니다. 물론 이 선행성은 연대기적 흔적을 갖습니다. 예컨대 모세는 시간상 우리에 앞섭니다. 하지만 우리가 메소포타미아 사람들과 관련지을 수 있는 전통들뿐만 아니라 아주 오래된 모든 법전들은 모세 자신보다 선행합니다. 이 법전들은 모세의 시대보다 적어도 2천 년이나 앞선 사색과 매개를 담고 있습니다. 그러나 특히 시간적 선례를 따르는 연대기적 순서 속에 있지 않은 선행성은 모세보다 앞섭니다. 그리고 부족장의 전통들은 '모세 5경'의 마지막 집필에 있어 모세보다 선행합니다. 이 전통들이 「창세기」 1장에서 11장 사이의 위대한 서문 ── 아브라함의 선택 이전의 인류에 대한 내용이 담긴 ── 의 내용이 되었습니다. 이처럼 거꾸로 하는 독서 속에서 거슬러 올라가는 흐름은 대단히 인상적입니다. 이것은 마치 정해진 시작을 탐구하는 기원의 후퇴와도 같습니다. 이렇게 해서 우리는 창조에 대한 장엄한 제사장의 이야기에 도달합니다. 이 이야기로부터 정경에 합치되는 주석을 위한 기록과 동시에 독서가 시작됩니다. 철학자가 취할 수 있는 것은 연대기적 순서에 속하지 않는 선행성의 개념입니다.

'기원'의 개념이 '시작'의 개념과 일치하지 않는다는 것을 보여 주는 방식은 성서 안의 '지혜의 책'(Sapiential Books)에 대한 위치에 대한 강조입니다. 저는 이 '지혜의 책' 양식이 그것과 같은 범주 아래 놓이는 문헌들 너머 훨씬 더 멀리까지 영향력을 미친다고 생각하는 사람입니다. 특히 이 '지혜의 책'은 서술적 형식 아래 쉽게 감춰집니다. 저는 (인간의) 타락의 이야기들을 서술된 '지혜의 책'으로 간주합니다. 이 이야기들은 서술성이라는 활용될 수 있던 유일한 전달 수단에 의해 매개된 현자의 묵상들입니다. 사람들은 다음과 같이 이야기합니다. "옛날에 한 착한 사람이 있었는데, 그는 어떤 사건 때문에 나쁜 사람이 되었다." 이것은 서술적으로 전개하는 방식이자, 칸트가 제대로 이해했듯이, 두 가지를 동시에 지각하는 것입니다. 다시 말해 인간의 본래적 선은 악의 근원보다 더 본질적입니다. 칸트처럼 말하자면, 악의 근원은 (악으로서의) **성향**에 영향을 미치고 오염시키는 근원이며, 선의 본질적인 **자질**과 같아질 수 없습니다. 이와 같은 동시 지각은 실존의 심연 안에 위치하는 이야기에 의해 연대기적 방식으로 설명됩니다. 이것이 소위 말하는 서술체로 기능하는 '지혜의 책들'입니다. 죽음의 메시지이면서 동시에 재건에 대한 희망의 메시지인 신의 말씀에 의해 파괴의 위협에 직면했던 에스겔, 이사야, 예레미야 등과 같은 역사적 인물들을 만날 수 있는 예언서들 또한 있습니다. 이 파괴와 재건의 리듬, 죽음과 부활의 리듬은 수난의 도식 — 십자가, 죽음, 부활 — 에서 재발견되는 중요한 모델입니다. 하지만 이 리듬은 구약성서의 위대한 예언자적 전통 — 파괴의 고지(告知), 실질적인 유배, 복원의 약속 — 의 리듬에 이미 존재했었습니다. 이런 종류의 리듬은 계시의 범주 아래 놓일 수 있습니다. 제가 그것을 읽을 때 단언-파괴-복원의 리듬에 맞춰 제가 세워진다는 의미에서 그렇습니다. 제가 이 리듬을 끌어내는 것이 아닙니다. 그리고 저는 이 리듬이 저 이전부터 이미 새겨진 것이라고 봅니다. 종교철학을 위해 제가 늘 선호하는 철학자인 칸트에 다시 한번 의지하고자 합니다. 하나님을 기쁘게 하는 인간이면서 친구들을 위해 자신의 삶을 희생하는 예수의 형상을 말하면서, 칸트는 자신에게서 이런 형상을 끌어낼 수 없었을 것이라고 선언합니다. 그리고 그는 이 형상이 일종의 상상 속에 또는 종교를 구성하는 일종의 도식화 속에 기록된 것이라고 주장합니다. 계시를 대신하여, 저는 종교 언어의 원천들——서술, 입법, 찬가의 언어, 그리고 아마 그 무엇보다도 지혜의 언어가 번갈아 말해지는——에 의한 구성적 상상에 의거한 상황에 대해 말하기를 선호합니다.

●●● '계시'(révélation)라는 말은 선생님께서 쉽사리 사용하지 않는 용어입니다. 왜 그렇습니까?

리쾨르 우선 제가 앞에서 설명한 것처럼, '계시'는 특정한 텍스트에만 들어맞는 '영감'(inspiration)으로 너무 자주 축소되기 때문입니다. 또 성서 자료 전체로 확장된 이 개념을 통해 정경의 권위에 대한 심리적 해석이 도입되기 때문입니다. 그런데 이와 같은 정경의 권위는 철학자, 그리고 그보다 먼저 케리그마적 신학자가 설명해야 할 참으로 중요한 개념입니다. 아울러 '계시'라는 어휘는 케리그마적 독서에만 적합할 뿐입니다. 반면 이 어휘는 역사적·비평적 독서에는 물론이거니와 독자에게 필연적으로 '실천'을 요구하지 않는 정경에 합치된 독서에도 적합하지 않습니다. 그리고 '말하는' 텍스트들 사이의 우선적 선택과 결정을 제외한다면, 케리그마적 독서 그 자체도 다양합니다. 케리그마적 독서는 복종——이것이 '믿음에 대한 복종'이라고 할지라도——에 대한 요청으로 환원되지 않습니다. 하지만 숙고와 묵상, 그리고 독일인들이 'Andenken'(사색의 질서에 속하는 묵상과 숙고)이라고 부르는 것에 대한 요청, 또는 교육, 즉 학습——랍비들이 그렇게 말하기를 좋아하는 것처럼 '토라'를 읽고 토의하고 해석하는 것——으로 간주되는 요청입니다. 이것은 수많은 이야기들처럼 명백하게 '지혜의 책들'의 경우에 해당됩니다.

●●● 철학과 종교의 관계를 숙고한다면 '모세 5경'의 텍스트 중「출애굽기」3장 14절은 반드시 고려해야 할 구절입니다.

리쾨르 저도「출애굽기」3장 14절의 이 '에피소드'에 관심을 가졌습니다. 'être' 동사——부버(Martin Buber)와 로젠츠바이크(Franz Rosenzweig)가 이 단어를 독일어로 번역한 식으로 프랑스어로 번역하자면, "Je suis celui qui est"(나는 스스로 있는 나다), "Je suis qui je suis"(나는 스스로 있는 자다) 또는 "Je deviendrai qui je deviendrai"(나는 장차 내가 되는 자가 될 것이다)입니다——의 특별한 사용 때문에, 철학자들이 이 에피소드에 대해 많은 글을 썼습니다. 거기에서 문제가 되는 것은 일종의 사변(思辨)의 서술적 환경 안으로의 침입입니다. 그도 그럴 것이「출애굽기」3장은 다른 사명(使命)의 이야기들과 아주 비슷한 하나의 사명에 대한 이야기로 이뤄지고 있기 때문입니다. 그 이야기들은 기드온(Gideon)의 이야기로 시작되는데, 가장 장엄한 이야기는 에스겔의 이야기——웅대한 성전의 비전과 여섯 날개의 천사들, 그리고 입술 위에서 타는 숯불의 이야기로 시작되는——입니다. 따라서 「출애굽기」 3장 14절의 사명에 대한 이야기의 서술적 맥락은 일종의 사변적 침입, 즉 일종의 상징에 의해 찢겨졌습니다. '70인역 성서'(Septuaginta)[5]에는 (그리스어 동사 'être' 이외의) 활용할 수 있는 다른 동사가 없었기 때문에, 히브리어 동사 'être'의 사용은 후에 그리스어 동사 'être'와 동일시되었습니다. 성서에서 그런 식으로 사변적 어조가 대체되어야 합니다. 이렇게 해서 저는 철학과 종교의 두 언어 체계의 이원론을 상기시키면서 분명 성서적 사유가 존재한다고 말합니다. 'Denken'(사유하다)은 'Erkennen'(깨닫다) 안에서 고갈되지 않습니다. 그리고 이것은 비철학적 존재방식이자 사유방식이라고 말하고 있기 때문에, 저는 이 점에 대해 여전히 칸트주의자로 남아 있습니다. 이것은 정말 선지자, 그리고 모세의 전통과 다른 전통의 수집가들이 전달해 주는 다른 사유(그리고 존재) 방식이자 비철학적 방식입니다. 그리고 히브리 사람들이 속한 동양의 현인들에 의해 '말해진' 것에서 표출되는 방식입니다.

　　제 인생의 언제인가, 그러니까 30년 전쯤에, 칼 바르트의 영향을 받아 저는 이원론을 아주 멀리까지 밀고 나가 철학에 신이 머물러 있는 것을 금지한다고까지 공포한 적이 있습니다. 왜냐하면 저는 '존재–신학'이라고 불리는 사변을 항상 불신했었고, 「출애굽기」 3장 14절에도 불구하고 그리스어 동사 'être'와 신과의 융합 시도에 대해 비판적으로 저항했었기 때문입니다. 신의 존재 증거들에 대한 불신으로 인해 저는 철학을 '인간학' (anthropologie)으로 간주하게 되었습니다. '인간학'이란 단어는 『타자로

---

5) 구약성서 최초의 번역으로, 히브리어 성서 원문을 그리스어로 번역하였다. 약자로는 LXX라고 부른다. 라틴어 septuaginta에서 '70인'이라는 말이 유래되었다. 이스라엘 12지파에서 6명씩 뽑아 총 72명에게 독자적으로 구약성서를 번역하게 했는데, 그들의 번역이 모두 동일했다는 전설이 있다. ―옮긴이

서 자기 자신』에서 제가 채택한 단어입니다. 이 책의 「의식의 목소리」(Voix de la conscience)라는 장의 거의 마지막 부분에서만 저는 종교에 접근했습니다. 제가 "도덕적 의식은 나보다 먼 곳에서 내게 말한다"라고 했던 부분입니다. 그런데 그것이 제 조상들의 목소리인지 아니면 죽은 신 혹은 살아 있는 신의 언약인지는 말할 수 없습니다. 이 경우 저는 철학적인 면에서 불가지론자의 입장에 있습니다.

　종교가 철학 안으로 너무 즉각적이고 직접적으로 난입하는 것, 침입하는 것으로부터 저를 보호해야 할 다른 이유들 역시 있었습니다. 그것은 문화적 ── 저는 심지어 제도적이라고 말하고 싶습니다 ── 인 이유들이었습니다. 저는 공적 제도에서 철학을 가르치고, 공동의 담론을 논하는 철학 교수로 인정받기를 바랐습니다. 거기에 전제되는 완전한 정신적 신중함을 지니고서 말입니다. 게다가 저는 철학하는 가면을 쓴 신학자로, 또는 종교에 대해 사유하게 하거나 혹은 사유하도록 방임하는 철학자로 주기적으로 비난받을 것을 각오했습니다. 저는 지금도 이와 같은 상황의 모든 어려움 ── 실제로 제가 그 이원성을 그렇게나 견고하게 유지할 수 없으리라는 의심을 포함해서 ── 을 받아들이고 있습니다. 그리고 『타자로서 자기 자신』의 앞부분에서 철학적 논거와 저의 철학적 참여, 그리고 개인적이고 공동체적인 실존의 본질적 동기(motivation)를 구별했을 때, 저는 중간 단계의 언어, 이를테면 '휴전의 언어'를 제안했었습니다. 이때 '모티바시옹' (motivation)이란 표현은 반드시 이유가 있는 동기들(motifs)을 뜻하는 심리학적인 의미가 아닙니다. 오히려 찰스 테일러가 『자신의 근원들』[6]에서 '근원들' ── 내가 통제할 수 없는 어떤 것으로 이해되는 것 ── 이라고 칭한 것과 같은 의미입니다. 또한 '근원'이라는 단어는 신플라톤주의의 함축적 의미를 갖습니다. 그리고 그것은 살아 있는 근원의 개념을 암시하는 특수하고 종파적이고 종교적인 것과 비슷하게 나타날 수 있는 종교적·철학적 언어에 속하기도 합니다. 그 결과 두 영역에서 '친화력'이 될 수 있는 '유비'(analogies)를 재발견하는 것은 놀랄 만한 일이 아닙니다. 그리고 저는 이것을 받아들입니다. 왜냐하면 제가 유희의 주도자도 의미의 주도자도 믿지 않기 때문입니다. 이처럼 철학과 종교에 대한 저의 충성은 항상 저를 벗어납니다. 비록 이 두 영역들 사이에 상호적인 교감이 있다고 해도 말입니다.

●●● 성서 주석이나 해석에서 선생님께서 앞에서 지적하신 방법들 —— 역사적·비평적 방법에서 케리그마적 독서까지 —— 은 필연적으로 철학 분야의 개념들과 논거들이 섞이지 않습니까?

리쾨르 그렇습니다. 그것은 피할 수 없는 일입니다. 특히 특정 시대에 사용 가능한 문화적 언어에 당연히 의존하는 고백적 신학에서는 더욱 그렇습니다. 그래서 성서 케리그마는 차례로 헬레니즘 시대, 신플라톤주의, 칸트주의, 셸링주의 등의 언어 속으로 전파되었습니다. 고백적 신학에 의해 사용된 철학적 언어의 매개에 대해 저는 『독서 3』에서 설명한 바 있습니다.[7] 그 책에서는 성서 해석학의 **오르가논**(organon)[8] 역할을 하는 흥미로운 혼합

---

6) Charles Taylor, *Sources of the Self: the Making of the Modern Identity*, Cambridge : Harvard University Press, 1989. 테일러의 이 책은 다음의 프랑스어판으로 읽을 수 있다. *Le malaise de la modernité*, Paris : Cerf, 1994. 그의 저작들에 대해서는 James Tully, *Philosophy in an Age of Pluralism: The Philosophy of Charles Taylor in Question*, Cambridge : Cambridge University Press, 1994 참조.

7) Paul Ricœur, *Lectures III: Aux frontières de la philosophie*, Paris : Seuil, 1994 참조.

적 기능의 양식이 소개되었습니다. 이것이 바로 슐라이어마허적 의미에서 일반 해석학, 즉 '이해하는 것', 독자의 위치와 역사성 등에 대한 숙고와 같은 것입니다. 그러나 이와는 반대의 의미로 종교의 특수성은 순수한 철학 오르가논의 덮개 역할을 합니다. 종교와 철학의 오르가논은 서로 변갈아 가며 감쌉니다. 이와 같은 상호적 감쌈이 이루어지는 상황은 그다지 드물지 않습니다. 앞에서 당신에게 말한 것처럼, 저는 이와 같은 상황을 철학적 담론의 내부에서도 경험하게 되었습니다. 철학자는 자신의 언어이론에 기호학자의 이론 부분을 포함하고 있다고 말할 것이고, 기호학자는 그의 입장에서 자신이 철학적 담론을 포함하는 기호학을 하고 있다고 철학자에게 답할 것입니다. 신학적 담론과 신학의 철학적 오르가논——해석적 철학의 오르가논을 포함해—— 사이에는 이와 유사한 현상이 발생할 것입니다.

●●● 이제 기독교와 선생님의 관계에 대해 이야기해 보고자 합니다. 우리가 히브리어 성서에 집중하면서 아직 본격적으로 거기에 대해서는 말하지 못했습니다. 철학자로서 부활의 신비를 받아들이는 데 어떤 어려움이 있지 않습니까?

리쾨르 우리가 모세와 아브라함, 그리고 「시편」과 「욥기」에 대해 한동안 이야기한 것을 후회하지는 않습니다. 이 텍스트들에 대해 역사적·비평적 독서, 정경에 합치된 독서, 그리고 신앙의 독서의 마지막 힘이 되는 케리그마적 독서가 그 나름대로의 몫을 하고 있습니다.

---

8) 아리스토텔레스의 『오르가논』에서 보듯이, 학문의 실질적인 부분이 아니라 그 도구 또는 기관, 즉 논리학이란 의미이다. ——옮긴이

이제 신약성서와 그 핵심인 부활의 선포에 대해 이야기를 나누도록 합시다. 부활에 대해 본격적으로 말하기 전에 저는 예수의 수난, 즉 그의 죽음의 의미가 드러나는 복음서의 한 에피소드를 환기시키고자 합니다. 우선 잘 이해해야 할 것이 바로 이 수난의 의미입니다. 제가 생각하는 성서 구절은 「누가복음」 22장 31절[9]인데, 예수가 누군가를 사탄으로 취급하는 유일한 구절입니다. 이 구절에서 예수는 베드로에게 말을 건네고 있습니다. 베드로는 복음서의 해석과 독서에서 가톨릭의 첫번째 기준 인물이 되는 자입니다. 그렇다면 예수는 베드로에게 왜 이처럼 '격노'했을까요? 베드로가 예수에게 겟세마네(Gethsemane)를 거치지 않고 영광에 도달하자는 일종의 계약을 제안했기 때문입니다. 그렇지만 반드시 치러야 하는 대가가 바로 겟세마네였습니다. 바로 여기에서 철학과의 관련하에 비중 있는 첫번째 결정이 내려져야 합니다. 이 결정은 예수의 수난과 죽음에 대한 의미 부여와 무관하지 않습니다. 신약성서에 그 토대를 두고 있는 대다수의 전통——특히 바울의 입장에서의 전통——은 예수의 죽음을 희생의 개념, 즉 신의 분노의 대리만족 개념으로 이해합니다. 우리 대신 벌을 받은 예수라는 뜻입니다. 하지만 제의적 희생의 종교보다 더 본질적이고, 더 혁명적인 다른 소수의 전통——르네 지라르(René Girard)가 웅변조로 보여준 것——이 있습니다. 이 전통에서는 예수가 그의 목숨을 내준 은혜의 선물이 강조되고 있습니다. "아무도 내게서 내 목숨을 빼앗아 가지 못한다. 내가 스스로 원해서 내 목숨을 버린다." 이와 같은 제의적 희생을 배제하는 해석은 예수의 가르침들 가운데 하나인 다음의 내용과 일치합니다. "사

---

9) "시몬아, 시몬아, 보아라. 사탄이 밀처럼 너희를 체질하려고 너희를 손아귀에 넣기를 요구하였다"(「누가복음」, 22:31).——옮긴이

람이 친구를 위하여 목숨을 버리면 이보다 더 큰 사랑은 없다"(『요한복음』, 16:13). 저는 이와 같은 십자가 신학의 해방을 제의적 희생의 해석보다 더 선호합니다. 이 점에서 저는 뛰어난 주석학자인 그자비에 레옹 뒤프르 신부와 같은 노선에 서 있습니다. 그는 『요한복음 읽기』와 『죽음에 맞서: 예수와 바울』의 저자이기도 합니다.[10]

그렇다면 이 첫번째 결정이 부활에 근거를 둔 이야기들을 재해석하는 길을 어떻게 열어 줍니까? 여기에서 저는 지배적인 해석뿐만 아니라 최소한 교조주의 신학자들 사이에서 이루어진 암묵적 합의에 대해서도 어느 정도 거리를 두고 있다는 사실을 고백합니다. 하지만 아마 이 지점에서 철학자로서의 제가 초보 신학자로서의 저를 자극합니다. 제가 보기에, 텅 빈 무덤의 발견과 부활한 그리스도의 출현을 상세히 기술한 이야기들의 상당한 서술적 무게로 인해, 죽음을 이겨 낸 부활의 신학적 의미가 제대로 이해되지 못하게 되었습니다. 제게 있어서 "주께서 확실히 살아나셨다"(『누가복음』, 24:34)는 누가의 선언은 그 자신의 상상적 신앙으로의 투사를 단호한 확신으로 바꾼 것으로 보입니다. 부활의 의미의 실마리는 이 죽음의 성격 안에 있는 것이 아닐까요? 저는 여기에서 그리스도의 '고양'은 십자가에서 시작된다는 사도 요한의 지지를 발견합니다. 죽음을 넘어서는 '고양'의 개념은 십자가형, 부활, 승천, 성령강림의 이야기들 사이에 서술적으로 흩어져 있는 듯합니다. 그리고 이 이야기들은 각각 서로 구분된 기독교의 네 가지 절기[11]의 기원이 되었습니다. 여기에서 다시 한번 철학자로서

---

10) Xavier Léon-Dufour, *Lecture de l'Evangile selon Jean*, 3 vols., Paris : Seuil, 1988~1993; *Face à la mort: Jésus et Paul*, Paris : Seuil, 1979.
11) 고난주일, 부활절, 승천절, 성령강림절. — 옮긴이

의 책임을 느끼는 저는 헤겔을 계승해 기독교 공동체——살아 있는 그리스도의 육체가 된 공동체——가 다시 살아났다는 의미로 부활을 이해하고자 합니다. 부활은 물리적 육체가 아닌 다른 육체를 갖는 것입니다. 즉 부활은 역사적 육체를 얻는 것입니다. 이렇게 해석한다고 해서 제가 완전히 이단에 속하는 것일까요? 살아 있는 예수의 다음과 같은 몇몇 말씀들이 제 생각을 뒷받침해 주는 것 같습니다. "누구든지 제 목숨을 구하고자 하는 사람은 잃을 것이요." 이 말씀은 희생적 관점이 전혀 없는 경이로운 말씀입니다. 그리고 다른 말씀은 다음과 같습니다. "인자는 섬김을 받으러 온 것이 아니라 섬기러 왔으며……." 이 두 텍스트 사이의 유사성은 제게 죽어 가는 행위에서 죽음을 이겨 낸 승리는 다른 사람들을 섬기는 것과 다르지 않다는 것을 암시해 줍니다. 그런데 이처럼 다른 사람들을 섬기는 것이 그리스도 정신의 인도하에 약자에 대한 공동체 복음의 실천으로 이어지는 것은 당연합니다. 고백건대 이와 같은 해석은 '기독교 철학'(philosophie chrétienne)——말브랑슈가 주장하는 기독교 철학——과 구분하기 위해 레옹 브룅슈비크가 '철학자가 본 기독교'(christianisme de philosophe)라고 지칭했을 수도 있을 것을 잘 보여 줍니다.[12]

●●● 만약 십자가를 받아들이지 않았다면, 그리스도가 실제로 세계의 왕이 되었으리라는 생각은 베드로의 타락과 같은 종류의 것이 아닙니까?

---

12) Léon Brunschvicg, *La raison et la religion*, Paris : F. Alcan, 1939 참조. 1927년 에밀 브레이에(Émile Bréhier)의 저서 『철학사』(*Histoire de la philosophie*) 1권에 의해 촉발된 "기독교 철학은 존재하는가?"라는 질문에 관한 토론에 대해서는 Henri Gouhier, *La Philosophie et son histoire*, 2e éd., Paris : J. Vrin, 1948 참조.

리쾨르 그렇습니다. 게다가 복음서들에서 사탄 그 자체가 거론되는 유일한 다른 부분은 세 가지 유혹 이야기가 행해지고 있는 부분입니다. 결국 이 세 가지 유혹——최근 교황의 회람들에 의해 야기된 불필요한 논쟁들이 그렇게 생각토록 하듯이, 이 유혹은 성(性)과는 전혀 관련이 없습니다——을 권력의 문제들에 대조해 보아야 할 것입니다. 그것이 돈의 문제이든지, 정치적 권위의 문제이든지, 또는 성직 권위의 문제이든지 간에 말입니다. 이 문제들이 성적인 문제들보다 훨씬 더 심각합니다. 성은 단지 성적 대상으로 삼는 타인에게 모종의 권력을 행사한다는 점에서만 해롭고 위험할 따름입니다. 달리 말해 더 이상 상호인정 없이, 즉 서로의 동의 없이 한 육체가 다른 육체와 연결될 때만 그럴 뿐입니다.

그건 그렇고 저는 십자가와 부활은 같은 것이라는 견해로 다시 돌아오고자 합니다. 예수가 막 죽었을 때 그를 가리키면서, "참으로 이 분은 하나님의 아들이셨다"(「마가복음」, 15:39)라고 말한 것이 로마인 백부장(百夫長)이라는 것 역시 놀랍지 않습니까? 백부장은 그런 식으로 「시편」 22장의 도입부이기도 한 예수의 다음과 같은 외침을 보완하게 됩니다. "나의 하나님, 나의 하나님, 어찌하여 나를 버리셨습니까?" 동일한 「시편」의 두 순간, 즉 거의 비난이라고 할 순간, 하소연의 순간과 찬양의 순간(게다가 우리는 어떤 방법으로도 기도의 두 주요 부분을 이루는 하소연과 찬양의 관계를 넘어설 수 없습니다) 사이에 일종의 결탁과 유착이 있습니다. 십자가 책형의 이야기 속에서 예수는 「시편」의 도입부를 낭송합니다. "나의 하나님, 어찌하여 나를 버리셨습니까?" 그리고 백부장이 나머지 반을 찬양합니다. "참으로 이분은 하나님의 아들이셨다." 이처럼 이 두 말은 중첩되고, 예수가 죽는 순간 그 말을 통해 십자가에 못 박힌 자의 타인 속에서, 즉 그 공동체 속에서의 부활이 완벽하게 이루어지게 될 것임이 예견됩니다. 하소연과 찬양의 결합에는 성령강림절부터 시작하여 역사에 편입하게 될 초기 공동체의 형태가 이루어져 있습니다. 마가가 예수는 계속 하소연을 하고 있다고 여기는 것은 놀랄 만한 일입니다. 이와는 달리 누가는 예수가 다른 반을 찬양하고 있다고 간주합니다. "아버지, 내 영혼을 아버지의 손에 맡깁니다"(「누가복음」, 23:46). 「누가복음」에서는 같은 인물이 하소연과 동시에 찬양을 합니다. 「마가복음」의 장점은 「누가복음」과 다른 가르침을 대담하게 제시하거나 그것을 따른다는 데 있습니다. 극단적으로 말하자면, 예수는 그 자신이 그리스도였음을 모르고 있습니다. 이 사실을 인정하고 전하고 있는 것은 이 무지에 의해 세워진 공동체입니다. 이렇게 해서 저는 결국 십자가 고행일과 성령강림절 사이에 무슨 일이 일어났는지를 모른다고 말하게 됩니다. 이 점에 대해 저는 모종의 신학적 의미가 텅 빈 무덤에 대한 서술에 의해, 그리고 예수의 출현들에 대한 서술에 의해 전달된다는 사실을 전적으로 받아들입니다. 하지만 이와 같은 신학적 의미는 이야기라는 상상적 세계 속에 묻힌 바나 다름없습니다. 텅 빈 무덤은 고양으로서의 예수의 죽음과 그 공동체 속에 그리스도로서의 실제적 부활 사이의 엇갈림을 의미하지 않겠습니까? 또한 예수 출현들의 신학적 의미는 도망쳤던 자들, 교회를 이룬 자들, 그리고 한 줌의 제자들을 움직이게 한 것이 자신의 친구들을 위해 자신의 삶을 바쳤던 예수의 정신 그 자체라는 것에 있지 않겠습니까? 저는 역사적 사건, 사건의 급변, 반전으로서의 예수의 부활에 대해서는 아무것도 모릅니다. 여기에서 저에게 실증적 부활의 이야기 전체는 부활의 신학적 의미 ——더군다나 그 자체로도 다양한—— 를 보기보다 더 흐려지게 하는 듯 보입니다. 복음서들의 다원성, 바울과 요한의 일관성 없는 이야기들이 증명하는 것처럼 말입니다.

••• 모든 문제는 미래의 한 공동체에 기억되기 위해 어떻게 할 것인가를 아는 데로 돌아오게 되는 것 같습니다. 종교적 변론과 성인으로 미화하는 방법에 의지하지 않으면서도 절대적인 본보기로 남으면서 말입니다.

리쾨르 부활은 불가피하게 역사적이고, 따라서 그 제도적 기구――그것이 아무리 왜소해도――들에 의해 한계 지어진 하나의 공동체에 의해 얘기됩니다. 이것은 독일 낭만주의자들에게 매우 중요했던 본질적인 논쟁입니다. 비가시적 교회를 가시적 교회와 분리할 수 있습니까? 저는 이 질문을 다음과 같은 질문에 비교하겠습니다. 자연어들의 하나가 아닌 원시어를 발견할 수 있겠습니까? 이 문제에 대한 답은 부정적입니다. 언어는 오직 여러 언어 속에서만 현존합니다. 문제는 이 역사적 제약을 폭력 없이 수용하는 데 있습니다. 저는 '폭력 없이'라고 말하면서 불교 쪽을 바라봅니다. 왜냐하면 역사적 기독교 세계에서 이와 같은 관계가 수용된다는 것은 아주 어려웠기 때문입니다. 기독교 세계는 자주 극도의 폭력 속에 빠졌습니다. 예컨대 십자군 원정, 종교재판, 종교전쟁, 아일랜드 천주교도들의 신부 양성을 금지시킨 영국 청교도들 등이 그 좋은 예입니다. 폭력의 피해를 보지 않은 역사적 공동체는 하나도 없습니다. 예전에 폭력에 대해 숙고하면서 저는 다음과 같은 사실을 알게 되었습니다. 즉 우리가 소망의 정점이자 권력의 정점에 다가설 때부터 폭력은 자라나며 치솟는다는 사실이 그것입니다. 폭력의 정점과 희망의 정점은 일치합니다. 특히 이 희망을 통해 정치적이거나 종교적인 의미를 총체화하려는 시도가 있을 때 그러합니다. 그런데 종교 공동체가 정치의 범위 밖에서 이뤄지고, 또 정치권력의 계획이 아닌 갱생의 계획을 통해 사람들을 모으려고 해도, 이번에는 이 종교 공동체 자체가 권세와 폭력의 '협로'를 겪게 됩니다. 교회는 갱생의 한 제도로서 모종의 지위를 확보합니다. 종교성의 높은 위치와 정치에 대한 종교성의 초월성조차 해로운 결과들을 동반할 수 있습니다.

••• 종교가 정치에 대한 초월성을 갖고, 정치와 유착되지 않을 때는 어떻게 됩니까?

리쾨르 그것이 역사적으로 가장 빈번한 가설이었음은 사실입니다. 정치가 성직 권력에 '성유'(聖油, 종교적 정당화)를 요구했고, 또 성직 권력은 정치에 세속적 힘을 지원해 달라고 요청했기 때문입니다. 이 점에 대해 저는 지옥에 대해 한나 아렌트가 지적했던 것을 다시 생각해 봅니다. 그녀에 의하면 '지옥'이란 하나의 정치적 범주, 인간들을 다스리기 위해 만들어 낸 하나의 개념입니다. 저도 그렇다고 생각합니다. 중요한 것은 공포심을 갖게 하는 것입니다. 장 들뤼모가 그의 저서 내내, 특히 서양에서의 공포에 대한 역사에서 멋지게 분석해 낸 것이 바로 이 메커니즘입니다.[13] 저는 지옥에 대한 설교가 거의 사라졌다는 것을 다행으로 생각합니다. 그것이 사라진 이유는 어쩌면 우리가 우리 주위를 지옥으로 만들었기 때문일 수도 있습니다. 사람들이 읽을 수 있는 지옥에 대한 이야기들은 아우슈비츠의 참혹함에 비교해 보면 이제 하찮게 보입니다. 역사적으로 보아 지옥이 극복되었다고 해도 모순은 아닐 것입니다. 어느 때인가 저는 칼 바르트가 누구에게도 지옥은 없다고 이야기했던 것에 매료되었고, 또 그 사실을 수긍하게 되었습니다. 그러니까 지옥과 무관한 비신자에게나 신자에게나—신자는 이미 지옥에서 풀려났기 때문입니다—지옥은 없다는 것입니다. 이

---

13) Jean Delumeau, *La Peur en Occident*, Paris : Fayard, 1978.

것은 여전히 염두에 둬야 마땅한 하나의 역설이기도 합니다······.

●●● 선생님께서는 육체적 부활 문제의 '판단 중지'에 대해 이야기하십니다. 그 첫번째 윤리적 귀결점은 영생체에 있어서 자기 자신의 구원에 대한 무관심뿐만이 아니라 더 깊이는 내세를 의미하는 단순한 구원에 대한 무관심이 될 것입니다. 선생님은 거기까지 나아가시려는지요?

리쾨르 예, 분명 그렇습니다. 저는 점점 더 죽음까지의 삶이라는 문제를 제기하기 위해서 그런 것에 관심을 두지 말아야 한다고 생각하게 됩니다. '자기'와 '자기 속의 이타성'에 대해 제가 말하고자 했던 모든 것, 저는 그것을 철학적 측면에서 계속 옹호할 것입니다. 하지만 종교 영역에서 아마 저는 '자기'를 버리라고 요청할 것입니다. 저는 예수에게서 빌린 명구를 이미 인용했고, 그것은 분명 예수가 **직접 한 말**(ipsissima verba) 중 하나입니다. "누구든지 제 목숨을 구하고자 하는 사람은 잃을 것이다." '자기'를 폄하하려는 의도에 맞서 '자기'를 지키는 데 제가 철학적으로 매달릴 가능성은 충분합니다. 저는 반성적 철학자, 그러니까 '자기'의 철학자, '자기성'(ipse)의 철학자로 남게 될 것입니다. 하지만 칸트의 용어로 도덕과는 달리 갱생 ──저는 갱생을 도덕적으로, 법적으로, 정치적으로 말하고, 행동하고, 책임질 능력, 그런 능력이 있는 인간을 회복하고 세우는 것이라고 해석합니다──을 배타적 주제로 삼는 종교적 문제로의 이행, 즉 정신에서 종교로의 이행에는 다음과 같은 사실이 전제됩니다. "나는 누구인가?"라는 문제에 대한 모든 답의 포기가 그것입니다. 그리고 아마 종교로 넘어가는 것에는 그 문제 자체가 위급하지 않다고 하는 사실, 아무튼 그 문제에 끈질기게 매달리지 않거나 강박관념을 버린다는 사실이 내포됩니다.

제가 보기에 점점 더 그 '초탈' —— 마이스터 에크하르트(Meister Eckhart)의 훌륭한 글의 제목을 다시 사용하고, 그와 더불어 플랑드르 신비주의 전통을 받아들이자면 —— 의 도야에는 개인적 부활에 대한 관심의 판단 중지가 내포되어 있다는 점이 분명합니다. 여하튼 제 생각에 그러한 관심의 '상상적' 형식, 즉 '내세'를 매개로 하여 죽음 너머로 자기를 투사하는 것은 포기되어야 합니다. 내세는 경험적 시간에 갇혀 있는 하나의 표상입니다. 삶의 '이후'(以後)와 같은 시간에 속하는 하나의 '이후'로서 말입니다. 시간에 내재하는 이 '이후'는 단지 유족들과 관계될 뿐입니다. 이 유족들은 어쩔 수 없이 이런 질문을 하게 됩니다. "나의 선인들은 어떻게 되었을까?" "그들은 지금 어디에 있을까?" 내세에 살고자 하는 소원에 그처럼 극복하기 어려운 힘을 준 것, 그것은 나 자신이 살아가는 동안 나의 유족들이 제기할 문제를 내가 예견하고 내면화하는 것입니다. 그런데 내가 살아 있는 한은 언제까지나, 나는 나 자신을 '내일의 죽음'으로 간주해서는 안 됩니다. 저는 여기에서 죽음의 순간에 역사적 계시들 아래에 묻힌 근원성을 감추는 장막들이 뜯겨 나가는 소망에 대해 언급했던 우리 대담의 한 부분으로 되돌아가게 됩니다. 그러니까 저는 '죽음-이후'가 아니라, 삶의 마지막 긍정과 같은 '죽어 감'을 염두에 두고 있습니다. 삶의 끝을 경험하고 있는 저는 죽어 가는 행위를 살아가는 행위로 삼으려는 가장 깊은 소망을 품고 있습니다. 저는 이 소망을 삶에 항상 내재하는 죽어 감과 같은 소멸성 그 자체로까지 확장합니다. 이렇게 해서 소멸성 그 자체는 **죽음의 그늘** 아래가 아니라 **삶의 그늘** 아래에서 사유되어야 합니다. 이것이 바로 제가 '죽음을 향해 있는 존재'라는 하이데거의 용어를 좋아하지도 사용하지도 않는 이유에 해당합니다. 저는 오히려 '죽음까지의 존재'라고 말하겠습니다. 내세에 대한 관심이 없어지도록 초탈에 애쓰고, 죽는 날까지 활달하게 지내는 것이 중요합니다. 저는 여기에서 마이스터 에크하르트와 프로이트의 어휘, '초탈'과 '애도 작업'이 융합되는 것을 봅니다. 요컨대 삶은 단지 버리면서, 그리고 포기하면서 나아갈 뿐입니다. 태어나면서부터 자궁 내의 편안한 삶을 버려야 합니다. 가령 저는 스물다섯 살 때 장거리 경주 선수가 될 수 없음을 알았습니다. 또한 더 개인적이고 더 고백하기 어려운 이유로 저는 경력과 사회적 성공이라는 면에서 고등사범학교 학생이 되는 꿈을, 그다음으로 콜레주 드 프랑스의 교수가 되는 꿈을 버려야만 했습니다.

이렇게 말하면서도 니체와 그의 계승자들이 기독교에 습관적으로 가한 비난——기독교는 단지 고통을 키웠을 뿐이었고, 삶을 경멸하고 비방하도록 부추겼다는 비난——에 의해 제가 상처받았다고 느끼지는 않습니다. 더 정확히 말하자면, 이와 같은 비난에 흔들리지 않기 위해 저는 모든 것을 버릴 때도 역시 기쁠 수 있다는 확신을 그 애도 작업에 덧씌워야 합니다. 바로 이 점에 대해 고통이라는 대가를 지불해야 하는 것입니다. 고통을 위한 고통이 아니라, 지불해야 할 대가로서의 고통을 받아들여야 하는 것입니다. 이것을 다르게 말할 수도 있을 것입니다. 가령 제가 나베르의 저서——그는 '존재 욕망'과 '실존을 위한 노력'이라는 표현을 항상 붙여서 사용합니다——를 다시 읽을 때, 저는 '노력'이라는 단어가 '욕망'이라는 단어에 흡수되지 않는다는 것을 깨닫습니다. 그도 그럴 것이 노력에는 항상 치러야 할 대가, 즉 고통이 있기 때문입니다. 하지만 이와 같은 대가는 삶을 위해, 그리고 이 삶에 따르는 여러 번의 시작과 재시작들을 위해 지불되는 것입니다. 이와 같은 논의를 통해 저는 50여 년 전에 죽음보다 탄생에 대해 성찰하고자 했던 『의지적인 것과 비의지적인 것』에서 썼던 것을 떠올립니다. 그 이후에 저는 놀랍게도 유대인 한나 아렌트의 다음과 같은 외침을 들었습니다. 그녀는 「이사야서」에 인용된 복음서를 인용하고 있습니다. "한 아기가 우리를 위해 태어났다. 우리가 한 아들을 모셨다" (8:23~9:5).[14] 그녀에게도 역시 죽음보다는 탄생이 더 큰 의미가 있는 것입니다. 바로 이것이 죽을 때까지 활달하게 지내기를 바라는 것입니다.

●●● 그렇다 해도 선생님께서는 내세의 상상적인 세계로 환원되지 않을 '저 너머'에 대한 다른 우연적 의미들을 배척하시는지요?

리쾨르 저는 이 점에서 아주 망설여집니다. 그것도 우리의 욕망, 우리의 소원, 우리의 염원의 운명을 넘어서는 모종의 이유 때문에 그렇습니다. 초탈, 애도 작업은 여전히 포기의 대상, 즉 유족들의 시간성과 평행한 일종의 제2의 시간성 속에 펼쳐질 수도 있을 내세와 같은 시간 속에 위치하고 있습니다. 그 이유는 우리에게 영원과 시간 사이의 관계를 사유하기 위해 이용할 수 있는 담론이 없기 때문입니다. 우리는 이 관계를 상상만 하고 있을 뿐이고, 그 방법도 복잡합니다.『시간과 이야기』에서 제가 그것을 너무 빠르게 암시했듯이 말입니다.[15] 이 책에서 저는 '영원한 현재'라는 아우구스티누스의 도식 속에 갇히지 않는 다양한 영원의 경험들을 다루었습니다. 아주 단순한 경험들——아이의 탄생, 기부의 수락, 우정을 나누는 행복 등——일 수도 있는 이 극한 경험들을 통해 제가 '시간 밖'(hors-temps), '시간 이상'(plus que temps)의 유추적 도식화라고 부르기를 감수한 것이 이야기됩니다. 물론 칸트에게서 보는 것처럼——그가 이러한 담론의 수준에 의존할 때——이 도식화는 단순한 상상적 세계와 구별하기가 아주 어

---

14) Hannah Arendt, *Condition de l'homme moderne*, Paris : Calmann-Lévy, 1961, p.278 참조.
15) Paul Ricœur, *Temps et récit I*, p.41 이하.

렵습니다.[16] 그런데 저는 가능한 도식화들 중에서 기꺼이 한 가지 도식화로 향합니다. 저는 이 도식화에 대한 연상을 신의 기억에 대해 말하는 다음과 같은 성서의 한 구절을 통해 뚜렷이 갖게 되었습니다(그 기억에 대해, 제가 좋아하는 예루살렘 성서의 번역을 인용합니다). "사람이 무엇이기에 주께서 이렇게까지 생각하여 주십니까? 사람의 아들이 무엇이기에 주께서 이렇게까지 돌보아 주십니까?"(「시편」, 8:5) 저의 사변을 위해 물음표를 그대로 두겠습니다. 사실 저는 성서 언어에서 '기억'은 역사의 시간으로 다시 돌아가지 않고서는 '회상'으로 환원되지 않는다는 것을 모르지 않습니다. 하지만 저는 성서에서 '기억'이 관심, 염려, 동정과 같은 것을 의미한다는 것을 알고 있습니다. 제 생각에 이 '기억-관심'은 위에서 지적했던 근원성의 차원, 그것도 우리를 향해 있는 근원성의 차원에 속하는 것입니다. 그런데 이 성서 구절의 선상에서 저는 시간의 범주(과거, 현재, 미래)를 넘어 저를 기억하는 한 신에 대해 생각하기 ──기억하라(andenken)! ── 시작합니다. 이 여담에 정확한 의미를 주기 위해 저는 화이트헤드[17]에게서 유래한 과정신학(process theology)의 궤적 위에서 위험을 무릅쓰고 이 여담의 뒷부분을 사변적으로 검토해 보도록 하겠습니다. 물론 그의 과정신학에서 중요한 것은 '생성'되는 신입니다. 이 신은 아우구스티누스가 종속되어 있던 그리스 철학의 정적이고 불변적인 의미에서 '존재'하는 신이 아닙니다. 여하튼 신의 기억에 대한 도식화에 의지한 채 저는 사색을 하면서 더 이상 존재하지 않지만 **존재했던** 인간 존재는 어떤 식으로든 그에 대해 아

16) François Marty, *La naissance de la métaphysique chez Kant: une étude sur la notion kantienne d'analogie*, Paris : Beauchesne, 1980 참조.
17) Alfred North Whitehead, *Procès et réalité*, Paris : Gallimard, 1995 참조. 화이트헤드(1861~1947)는 신의 개념과 생성의 개념을 화합시킬 수 있는 자연 신학을 정립하려 애썼다.

파하는 한 신의 기억 속에 남는다고 '상상해' 봅니다. 화이트헤드의 수제자 핫션[18]이 말하고 있는 것처럼, 신의 기억에 남게 된 인간은 결국 신에게서 '차이를 만듭니다'. 저는 이와 유사한 개념을 한스 요나스의 『아우슈비츠 이후의 신의 개념』[19]이라는 훌륭한 에세이에서 다시 발견했습니다. 그는 어찌 보면 사람들이 선행을 통해 (유대인의 시각에서) 도와야 할 번민하는 한 신을 상상했던 것입니다. 요컨대 개인적 내세에 대한 저의 태도는 그리스도의 부활에 대한 저의 해석과 전적으로 일치합니다. 저는 지금 문제가 되는 사변이 바로 이 부활의 징표라고 간주합니다. 그것은 자기 자신의 삶의 기부와 타인들의 봉사를 묶는 부활입니다. 그리고 이러한 사변이 주류 신학들에 비해 아무리 주변적인 것이라 해도, 제가 이러한 사변을 기독교적이라고 여기는 것은 바로 이런 의미에서입니다. 있는 그대로 인정된 이 사변——'저 너머'에 대한 시간 개념에 비시간적인 몇몇 내용이 주어진 사변——이야 어찌 되었든 간에, 저는 이 사변이 내세 개념에 대한 포기가 요구하는——에크하르트의 '초탈'과 프로이트의 '애도 작업'이라는 이중의 영향 아래에서——엄격함을 줄이기 위한 구실로 사용되기를 원치 않습니다. 아주 신화적인 언어를 사용하자면, 저는 이렇게 말할 것입니다. "하나님, 제가 죽을 때, 저를 당신의 뜻대로 하소서." 저는 아무것도 요구하지 않습니다. 그 어떤 '이후'도 요구하지 않습니다. 저는 타인들, 저의 유족들에게 살아 있는 자들의 시간 속에서 저의 존재 욕망, 저의 실존하려는 노력을 계속해 나가는 임무를 넘깁니다.

---

18) 하버드대학에서 화이트헤드의 공동 연구자였던 찰스 핫션(Charles Hartshorne)에 대해서는 Charles Hartshorne, *Man's Vision of God and the Logic of Theism*, Chicago : Willett, Clark & Co., 1941 참조.

19) Hans Jonas, *Le concept de Dieu après Auschwitz*, Paris : Payot & Rivage, 1994.

●●● 우리가 잃은 사람들, 그리고 우리가 함께 살고 있고 또 잃을 수 있는 사람들을 기억하는 의무에 완전히 몰두하는 것은 개인적 부활에 대한 관심의 판단 중지에서 유래하는 결과입니까?

리쾨르 그 가운데 하나입니다. 왜냐하면 경험적이고 역사적인 면에서 유일한 내세는 유족들의 삶이기 때문입니다. 타인의 내세, 그리고 타인 속의 내세라는 주제와 더불어 우리는 여전히 삶의 지평 아래 있습니다. 저의 기억 속에서 저의 선인들의 죽음을 저는 어떻게 할 수 있을까요? 이것은 이제는 살아 있지 않는 자들에 대한 살아 있는 자들의 문제입니다. 제 아들 올리비에의 죽음에 대한 이야기에서 제가 당신에게 털어놓은 것 다음으로 이 문제는 저에게 직접적으로 와 닿습니다. 하지만 저에게는 이를테면 제 자신의 내세의 표상으로 변환시키기 위해 제가 유족들에 대해 갖게 될 이 예견을──제 실제 삶의 연속선상에서──내면화할 권리가 없습니다. 제가 죽은 후에도 살아갈 타인들, 후손들, 그리고 친구들 속에 저를 투영하면서 저는 미리 기억의 의무를 나누고 있습니다. 마치 제가 미래완료형으로 제 죽음을 벗어나 생존한다는 듯이 말입니다. 하지만 이것은 내세라는 상상적인 세계로 우리를 데려가지 않을 것입니다.

●●● 그렇게 되면 단지 개별적인 타인의 환원될 수 없는 고통에 관여할 수 없는 모두에게 공통된 것, '자기', '그'만 고려하게 될 도덕이 다다른 한계에서 종교적 차원의 필요성을 본 헤르만 코엔이 제기한 문제를 만나게 되지 않습니까? 이 문제에는 두 영역이 포함되어 있습니다. 하나는 철학적·윤리적 영역이고, 다른 하나는 종교적 영역입니다.

리쾨르 어쨌든 우리는 선택을 하지 않았지만 그 교차점에 있습니다. 우리에게 있어서 정해진 임무는 전혀 다른 영역들을 서로 소통하게 하는 것입니다. 철학적 도덕의 영역과 제가 '기부의 경제'라고 불렀던 것의 연속선상에서 고유한 도덕적 차원을 지니고 있는 종교의 영역이 바로 그것입니다. 제가 오늘 얘기하고자 하는 것은 바로 몇십 년간 때때로 공격적으로 두 영역의 구별이 지켜졌다가 이제는 서로 소통을 추구한다는 것입니다. 이 두 영역의 교차점들에 대해 감히 말해 볼 만큼 저는 충분히 나이가 들었고, 또 이 두 영역 각각의 전통에 대한 해석도 충분히 했다고 생각합니다. 그 교차점들 가운데 하나는 '동정'의 행위일 듯합니다. 저는 철학적 관점에서 타인의 우선권 개념에서 제법 멀리 나아갈 수 있습니다. 그리고 제게 있어서 윤리는 타인들과 함께, 그들을 위한 선한 삶의 염원에 의해, 그리고 정의로운 제도들의 염원 속에서 규정된다는 사실을 저는 충분히 말했습니다. '염려'란 모든 문화적 비관주의에 맞서 제가 온정의 힘들을 신용한다는 사실을 전제합니다. 이것이 바로 18세기 앵글로색슨 철학자들이 홉스에 맞서 주장하고자 했던 바입니다. 다시 말해 인간이 인간에 대해 단지 늑대인 것만은 아니라는 사실, 그리고 측은지심이 존재한다는 사실이 그것입니다. 물론 이와 같은 사실들이 아주 깨지기 쉬운 감정들이라는 것은 사실입니다. 또한 이 감정들을 다시 떠맡는 것이 종교의 한 기능이라는 것도 사실입니다. 말하자면 어떤 경우에는 「이사야서」 2부의 노선에서, 또 어떤 경우에는 예수의 죽음을 다루고 있는 복음서들의 노선에서 그 감정들을 다시 체계화하면서 떠맡는 것입니다. 하지만 다음과 같은 조건하에서입니다. 즉 예수의 죽음이 분노한 한 신을 만족시켜야 했다는 이념과 결별해야 한다는 조건이 그것입니다. 그런데 이 이념에 따르면 신의 분노를 만족시키기 위해서는 한 인간으로는 충분하지 않고 하나의 신적 존재가 있어야 합니다.

희생제의 전통 전체를 '기부'에서 출발해서 다시 사유해야 할 필요가 있습니다. 어쨌든 '기부' 개념은 피의 대가가 필요하다는 보복 개념보다 우월합니다. 「이사야서」 2부에서 출발해서 히브리어 성서 속에 이미 존재하는 복음적 독특성을 완벽하게 본 자는 바로 르네 지라르입니다.

●●● 자기 자신의 삶을 의지적으로 '주는' 행위가 반드시 도덕과 연관된 것은 아닙니다. 거기에는 도덕 이상의 무엇이 있어야 하지 않습니까?

리쾨르 바로 거기에 장 나베르가 『윤리학의 요소들』과 악에 대한 그의 책에서 탐구한 바 있는 철학적 측면의 경계들 중 하나가 있습니다.[20] 앞의 책에서 이 경계는 '숭배의 원천들'로 불리고 있고, 뒤의 책에서는 '정당화의 근거들'이라고 불립니다. 나베르는 제 눈에 교차점의 하나인 '증거'의 범주를 도입하고 있습니다. 실상 나베르는——저는 그에게 전적으로 동의하는데——다음과 같은 용어들로 문제를 제기하고 있습니다. 그 취약성과 한계와 더불어 경험적 인식은 어떻게 기저 인식과 합체할 수 있게 되는가? 분명 거기에는 자기에 대한 비판 작업이 있어야 합니다. 하지만 이 비판 작업은 소박한 사람들의 '증거'에 의해 매개될 수 있습니다. 이 사람들은 결코 철학자들이 아니고, 태연하게 겸손을 선택했으며, 관대함과 연민의 길을 걷고자 결심한 자들입니다. 그리고 그 길에서는 사변이 '증거'에 뒤지고, 또 이 소박한 자들이 저보다도 훨씬 더 앞서 가고 있습니다. '증거'가 성찰에 앞서 있는 것, 이것은 말하자면 종교가 '증거'를 철학에 대가 없이 빌려

---

20) Jean Nabert, *Éléments pour une éthique*, Paris : PUF, 1923; *Essai sur le mal*, Paris : PUF, 1955(2ᵉ éd., Paris : Aubier, 1970).

주면서 전해 주는 선물이라고 할 수 있습니다. 바로 거기에 철학이 종교에 대해 지고 있는 빚, 즉 자기에게 '증거'의 범주를 잘 쓰도록 빌려 준 종교에 대해 지고 있는 빚이 자리합니다.

●●● 그것은 오늘 선생님께서 아주 강하게 강조하시는 삶이라는 주제로 다시 돌아오는 또 다른 하나의 방식입니다.

리쾨르 비생물학적 의미 또는 어쨌든 생물학적 이상의 의미에서 삶에 대해 이야기할 것은 분명 많을 것입니다. 요즘 사색을 하면서 저는 삶을 거의 종말론적으로 '죽어 감'에서 드러나는 것으로 여기고 있습니다. 제3자에게는 이미 죽은 바나 다름없는 사람에게서도 삶의 마지막 섬광이 빛나는 생생한 삶이 여전히 존속합니다. 이 섬광은 모든 경험적 실존 시간 내내 자기 속에 **근원성**을 감싸고 있는 부호들의 장막을 찢습니다. 이것은 아마 일종의 환상일 수 있습니다. 하지만 지금 제게 깃들어 있는 것은 내세의 섬광 대신에 이와 같은 삶의 섬광입니다. 내세에는 다음과 같은 문제가 내포되어 있습니다. 살아 있는 자들의 시간적 실존과 연대기적으로 중복된다고 할 수 있는 그 시간 속 "어디에 나의 선인들이 있는가?" 선인들이 과연 어떻게 평행한 길 위에서, 살아남은 자의 연대와 중복될 수도 있는 다른 곳에서 계속 현존하고 있겠습니까? 죽음과 제 자신의 관계 ── 이 관계는 여전히 살아 있는 자와 살아남은 자의 시선입니다 ── 를 사유하기 위해 제가 예견하거나 내면화해서는 안 되는 것이 바로 이것입니다. 하지만 이 관계는 다른 살아 있는 자들, 즉 저의 유족들이 저에 대해 가지게 될 예견된 회상을 통해 사유되어야 하는 것입니다. 그렇다고 해서 회고적 시선 ── 저의 지인들, 제 친구들이 저에 대해 가지게 될 시선 ── 에 대한 이러한 예견이

다가올 저의 죽음에 대한 저의 살아 있는 시각을 흐릿하게 하거나 덮어 버려서도 안 됩니다. 제가 계속 부활에 대해 말할 수 있는 것은 이와 같은 엄격한 조건하에서입니다. 부활은 다음과 같은 두 가지 의미에서 삶이 죽음보다 더 강하다는 것을 의미합니다. 삶이 나의 내세인 타인 속에서 수평적으로 연장된다는 의미와 '신의 기억' 속에서 수직적으로 스스로를 초월한다는 의미가 그것입니다.

••• 인간이 아주 일찍부터 선인들을 매장했고, 인류의 역사에서 아주 일찍부터 묘지들이 있었다는 것은 놀랍습니다.

리쾨르 예, 그렇습니다. 하지만 그것은 곧 죽게 될 저에게 있어서는 문제가 되지 않습니다. 그것은 저의 선인들에 대한 저의 문제, 유족의 문제이지, 예견된 내세의 문제가 아닙니다. 그러니까 유족들의 기억을 위한 문제이지, 내세의 예견과 관계되는 일이 아닙니다. 묘지는 언어, 제도, 도구와 더불어 인류 그 자체를 특징짓는 네 가지의 특별한 차이점들 중의 하나입니다. 그러나 저는 제 자신을 단지 저의 유족들의 고인이 될 뿐인 '내일의 죽음'으로 다뤄서는 안 될 것입니다. 묘지의 개념 뒤에는 모든 것이 거기에서 멈추지 않는다는 생각이 있지 않습니까? 시간의 '저 너머'에 주어진 의미가 없는 탓에, 그것은 매장 행위와 모든 장례 의식에 의해 구체화된 고인들의 제식입니다. 이 제식에는 이해력 또는 오히려 제가 조금 전에 영원의 '종교적 도식화'라는 어휘로 표현했던 선(先)이해력이 따릅니다. 여기에다가 다시 이야기해야 할 것은 내세의 상상적 표상에서 '저 너머' 개념을 분리하는 것은 어렵다는 것입니다. (시간의) '저 너머'와 (시간 속의) 내세를 혼합시키는 묘지의 관습에 의해서도 이루어지지 못한 것이 바로 이 분할입니다.

●●● 이 관습은 어쨌든 세계주의적 지평인 다시 화합된 인류의 지평을 하나의 심상 속에 암호화하는 방법이 아닐까요?

리쾨르 그것으로 개인적 미래라는 관념에서 분리된 세계주의적 관념을 만든다는 것입니까? 인류의 미래라는 개념을 개인의 **죽음 이후**의 미래라는 개념에서 떼어 낼 정도까지 나아갈 수 있겠습니까? 그것은 엄청난 문제입니다. 저는 이 문제에 대해서는 개인적 욕심을 부리지 않겠습니다. 저는 죽을 때까지, 살아 있는 존재의 문제를 올바르게 제기하는 데 방해가 될 수 있는 그런 문제에 의해 현혹당하고 싶은 생각이 조금도 없습니다. 철학에서 '유한성'이라 부르는 것은 '끝'과 '한도'의 구별과 관련이 있습니다. '한도'가 있을 때, 사람들은 그 두 측면인 '그 가까이로', 그리고 '그 너머로' 향합니다. '끝'이 있을 때, 사람들은 단지 '이쪽' 안에 있을 뿐이고 '저 너머'를 채울 뭔가를 갖고 있지 않는 것입니다.

주석자들을 믿자면, 유대교적 의식(儀式)들과 기독교적 의식들은 민족적 생존 계획에서 출발해 개인적 부활 계획에 이르는 긴 여정을 마무리했습니다. 기독교는 예수의 부활을 문화적으로 지니고 있던 내세의 도식 속에 다시 위치시켰습니다. 사람들은 십중팔구 민족적 예언이었던 '마른 뼈'라는 에스겔의 예언을 다시 해석했고 또 그것을 개인적 부활의 예언으로 만들었습니다. 분명 「에스겔서」에는 계산된 애매함이 있습니다. 이 텍스트에 대해 단순히 민족적이라거나 세계주의적 —— 칸트의 어휘를 역사 외적 방법으로 이용하자면 —— 이라고도, 인격주의적이라고도 말할 수 없습니다. 하지만 기독교인들이 파악한 후기 유대주의는 유배의 대재앙 '그 너머'에 고유한 주제였던 부활의 개념을 개인화하였다는 것은 분명합니다. 그러니까 기독교인들은 유배와 파괴의 끝, 그다음에 재건을 읽어 낸 것입니다. 이것은 다시 다음과 같은 삼원 도식을 보여 줍니다. "나는 살아 있다, 나는 죽는다, 나는 다시 태어난다." 이 도식은 이미 후기 유대주의의 한 전통의 구성요소였고, 어떻게 보면 기독교는 우리들 자신의 부활을 예견하는 예수의 육체적 부활과 더불어 예수라는 위격(位格)을 거기에 정착시켰습니다. 지배적 신약 사상이 구축된 것은 이런 식인 듯합니다.

이와 관련하여, 만약 제가 저의 문화적 유산을 통째로 받아들이려는 의지가 있다면, 저는 어떤 태도를 취해야 할까요? 제가 그것을 여과하고, 체로 걸러 낼 권리가 있을까요? 제가 마음속 깊이 믿는 것은 무엇일까요? 지금으로서는 제가 하나의 거대한 전통에 속한다는 것을 아는 것으로 충분합니다. 제가 거리감을 느끼는 교리들을 대담하게 그리고 진실로 설파했던 많은 남자들과 여자들이 이 전통에 속해 있기도 합니다. 그들 모두와 함께 저는 저 자신을 위해 다음과 같은 베르나노스(Georges Bernanos)의 인용문을 수용할 수 있습니다. "자기 자신을 미워하는 것은 생각보다 더 쉽다. 자신을 잊는 것은 은총이다. 하지만 만약 우리들에게서 모든 교만함이 사라졌다면, 은총 중의 은총은 예수 그리스도의 번민하는 일원들 중의 그 누군가로서 경건하게 자기 자신을 사랑하는 데에 있을 것이다."

사변이야 어찌 되었든 간에 저는 '애도 작업'에 쾌활함을 연결시키고자 합니다. 그렇습니다, 어느 날 사람들이 저에 대해 이렇게 말했으면 좋겠습니다. "그 사람, 아주 유쾌한 자였어. 엄격하기만 한 교수만은 아니었지."

●●● 선생님께서는 거기에서 아무리 그것이 끔찍하다 해도 죽음이 실존 속에 자리를 잡았던 어떤 주어진 순간이 있다고 말씀하시고 싶은 겁니까?

리쾨르 예, 그렇습니다. 게다가 모든 것이 받아들일 만합니다.「창세기」의 마지막 말을 저 자신에게 적용해 봅니다. "하나님이 보니 그것은 보기에 좋았다. 그렇다, 매우 좋았다."

••• 그것은 하나의 축사(祝辭)입니다. 우연성이 잘 맞아떨어져 준다면 사람들이 다른 차원에 들어가게 된다는 축사 말입니다.

리쾨르 단지 그 차원으로 나아갈 수 있기를 희망할 수 있을 뿐입니다. 사람들은 짧은 섬광에 의해 그 차원에 접근합니다.

••• 양자택일을 어떻게 피하느냐의 문제는 어떻습니까? 즉 신을 사유하는 데, 한 인격의 형태로 하느냐 아니면 칸트의 방식으로 조정적 개념의 형태로 하느냐 하는 문제 말입니다.

리쾨르 조정적 개념은 매우 진보된 철학적 구상에 속합니다. 저는 가능하면 철학하면서가 아니라 종교의 장 내에서 그 문제를 다루려고 애씁니다. 왜냐하면 종교 분야와 철학 분야 사이에는 삼투현상이 있기 때문입니다. 가장 인격화된 종교 영역에서, 예컨대 마르틴 부버에게서, '너'이지만 또한 중립적인 '너'를 만납니다. 그것도 운명적인 것의 익명적 형태, '~을 해야 했다'의 형태하에서 말입니다. 이와는 달리 불교의 모습을 보면 정말 놀랍습니다. 우리가 문화적으로 알고 있는 것과 같은 불교는 가장 사변적 형태 속에서 인격화된 신들이 있는 문화적 장들은 물론이거니와 심지어는 미신에까지 항상 통합됩니다. 저는 이처럼 다양한 구성요소들이 어떻게 통합되고 기능하는지를 모릅니다. 하지만 제 생각으로는 그러한 신성(神聖) 속에서 전적으로 비인격화된 것은 우상들의 극단적인 인격화 속에서 보상을 받는 것 같습니다. 우리에게 있어서 이와 같은 형상은 아마 거꾸로일 겁니다. 유대교의 언어학 영역에서 예언성과 서술성은 매우 인격화되어 있는 반면, 입법권은 비인격성에 더욱 가까울 듯합니다. 그렇지만 입법권은 잘 알려진 여러 텍스트 속에서 서술성에 가까워지면서 인격화됩니다. "나는 영원한 자, 너의 신이다"(「신명기」, 5:6). 계명을 감싸고 있는 것은 해방의 선언이고, 예언적 말씀입니다. "너는 살인하지 말라"라는 계명에서 '너'는 '나' 없이도 발화될 수 있습니다. '너'라고 말하는 '나'가 드러나지 않은 채, '너'는 '~에게 말을 건넸던' 자처럼 기능합니다.

저는 주석자적 시각에서 1950년대에 발생했던 논쟁에 대해 큰 관심을 가졌습니다. 이 논쟁은 혹시 시나이의 이야기가 아주 다른 두 개의 영역을 조정한 것은 아닌가 하는 의심을 품게끔 했습니다. 강하게 서술된 해방이라는 영역이 그 하나이고, 메소포타미아 법제들 위에 부각되는 입법권이라는 영역이 그 다른 하나입니다. 흥미로운 것은 결과적으로 이 두 전통의 교차에서 나온 성서 정전들을 우리가 읽고 있다는 점입니다. 그 정전들에서는 석방의 언약——"이집트에서 너를 구해 낸 나, 내가 너에게 여기 이 법을 준다"——에 의해 입법권이 서술되고, 그리고 이와는 반대로 자유로운 민족에게 주어진 그 법에 의해 서술성이 윤리로 변환됩니다. 이 법은 해방의 헌장이자 서술성을 입법권에 완벽하게 통합시키는 법입니다. 이렇게 해서 예언성과 서술성 속에서 강하게 인격화된 것이 '율법' 속에 잠재적으로 중립성이 있을 수도 있다는 사실에 결합됩니다. 그 이유는 입법자를 모름에도 '율법'을 말할 수 있기 때문입니다.

••• 선생님께서는 방금 종교 자체에 대해 신의 지목이 구성적이라고 말

쓰하셨습니다. 선생님께서는 이 사실을 유대교와 기독교의 관계 문제에 어떻게 적용하십니까?

리쾨르 '신'은 기이하게도 보통명사와 고유명사 사이에서 추처럼 흔들리는 단어입니다. '야훼'와 '너의 신'이 그것입니다. 신이라는 단어는 신들의 이름이고, 야훼는 신의 이름입니다. 하지만 야훼는 그 독특성 속에서 유일자가 되기 위해 단지 하나의 개별적인 신이 되기를 그만두었습니다. 그런데 히브리어에서 네 글자로 된 야훼는 고유명사입니까? 신인동형론(神人同形論)에 대한 비판은 우리로 하여금 신에게 어울리지 않는 호칭들이 있다고 말하게끔 합니다. 이것은 크세노파네스(Xenophanes of Colophon)와 함께 시작되었고, 그 뒤로 신의 이름들에 대한 반(半)철학적, 반(半)신학적 사변을 통해 계속 이어졌습니다. 신에게 적절하지 않은 이름들에 대한 비판은 종교 내부로 투사된 철학에 속하는 것과 동시에 신에게 어울리지 않는 것을 제거하려는 종교에 내재된 일종의 고행입니다.

   분명 유대교와 기독교 사이에는 아주 특수한 관계가 있습니다. 유대교가 기독교에 의해 대치되었다는 사실로부터 유대교의 시대는 지났다고 말하려는 기독교의 내재적 경향에 저는 강하게 맞섭니다. 저는 기독교 이후 유대교의 항구성을 믿습니다. 왜냐하면 기독교와 유대교의 해석학적 관계는 유대교의 견고함을 전제로 하기 때문입니다. 제가 보기에는 그리스와 라틴의 교부들은 구약성서의 근본주의를 지향했던 듯합니다. 왜냐하면 형상들, 유형들이 되기 위해서는 구약성서의 사건들, 제도들, 인물들이 그 나름대로의 무게를 지녀야만 하고, 또 역사적으로 그것을 보존해야 하기 때문입니다. 유대교에 본래의 안정성을 주는 두번째 요소는, 이 해석학적 관계가 구약성서의 내부에서 이미 기능하고 있다는 것입니다. 그도 그럴 것이 우리가 거기에서 이미 한 더미의 결합들 전부를 갖고 있기 때문입니다. 그러니까 거기에서는 각각의 결합이 앞선 결합의 재해석이고, 「에스겔서」와 「예레미야서」와 더불어 '새로운 결합'[21]의 토대가 되는 사상이기조차 합니다. 그러니까 율법은 더 이상 돌 위에 기록되지 않을 것이고 가슴에 새겨지게 될 것입니다. 저는 특히 축적된 재해석 현상이 나타나는 부분인 노아, 아브라함, 다윗의 연쇄 결합에 주목합니다. 저는 유대교에 대한 기독교의 해석학적 관계를 결합의 재해석 관계 ── 이 관계는 히브리어 성서와 내적 관계에 있습니다 ── 의 연장선상에 놓을 수도 있다고 봅니다. 세번째 연속성 요소는 다음과 같습니다. 기독교가 유대교의 부차적인 한 지류인 종말론적 지류에 접목된다는 사실이 그것입니다. 따라서 이 요소는 유대교 내부에 이미 존재하는 다음과 같은 두 종파 사이의 변증법적 관계를 가리킵니다. 복원(예컨대 유대인 여성들로 하여금 이교도들과의 결혼을 파기하도록 강요하는 몇몇 억압적 모습들을 드러냈던 복원입니다)과 관련된 제2성전의 랍비주의와 유대교의 다른 한 분파가 그것입니다. 이렇게 해서 기독교는 유대교에 내재하는 다원주의의 연장선상에 놓이게 되는 것입니다.

    불행하게도 이것들 모두 1세기 말, 특히 2세기에 있었던 충돌에 의해 다시 묻혀 버렸습니다. 그 시기는 기독교가 유대 교회당 밖으로 나왔고, 그렇게 해서 서로를 배척했던 시기입니다. 예컨대 예수에 대한 재판이 로마 소관의 재판이었음에도 불구하고 「마태복음」이 반유대적 성향을 보이게 되는 것이 바로 그때입니다. 예수에 대한 재판의 주된 책임이 로마에게 있다는 주장은 신학적으로 아주 중요하다는 것이 제 생각입니다. 예수가 유

---

21) 신약성서라는 의미. ── 옮긴이

죄선고를 받은 것이 권력과의 관계에서라는 점을 제대로 파악하기 위해 그렇습니다. 그렇게 함으로써 유대인들에게 가해진 신의 살해라는 비난을 배척할 수 있게 되는 것입니다. 신의 살해 혐의는 유대인들에 대한 기독교 세계의 매우 오랜 확신이었습니다. 당신에게 이미 말했듯이, 누군가가 그 책임을 져야만 합니다. 제 생각으로는 이 비극을 교단과 권력의 관계가 청산해야 할 부채로 두어야 할 것 같습니다. 우리는 종교들이 쉽게 전제주의 성향으로 흐르고 마는 수수께끼를 지적한 적이 있습니다. 이 점에 대해 역사적으로 보아 기독교 세계의 책임은 무겁습니다. 어쨌든 저는 대교회가 마르키온(Marcion)에게 반대했던 것에 대해 아주 고맙게 생각합니다. 실제로 그는 구약성서를 제거하려 했고, 또 기독교를 근간으로부터 잘라내려 했던 장본인이었습니다. 그것도 기독교의 새로운 점은 전제된 기반 없이 현재 있는 그대로 받아들여질 수 있다는 구실하에 말입니다.

유대 교회당에서와 마찬가지로 교회에서도 찬송된 「시편」의 뛰어난 계통성은 유지됩니다. 가장 신도가 많은 여러 교파에서는 심지어 「시편」 150편에 대한 주간(週刊) 독서를 진행하기도 합니다……. 히브리어 성서에서 「시편」의 위치가 문제가 되는 것은 사실입니다. 왜냐하면 경전 획정을 주재했던 랍비들이 「시편」을 '토라' 및 '예언서'들 다음에, 그리고 '지혜의 책들', 「전도서」, 「욥기」 이외의 제3그룹 속에 위치시켰기 때문입니다. 유대교와 기독교 사이의 훌륭한 계통성의 원천인 「시편」은 교회 구성에 관련된 모든 권력관계들의 보완물로 기능했습니다. 물론 이 관계는 다음과 같은 유대교의 문제와도 무관하지 않습니다. 성전의 파괴 이후 (유대교가) 어떻게 살아남을 것인가? 유대 교회당을 중심으로 한 유대교의 재구축은 제도화된 종파로서의 기독교 교회의 구성과 평행으로 이루어졌습니다. 경쟁하고 평행선을 달리는 두 개의 제도화 과정이 있었고, 이것이 큰 진통을 일으켰습니다. 어쨌든 서력 기원 초기에는 기독교도들, 적어도 '유대교-기독교인들'이 유대 교회당에서 모인 순간이 있었음을 잘 기억해야만 합니다. 하지만 '유대교-기독교인들'과 '이교-기독교인들' 사이의 큰 논쟁에서 '이교-기독교인들'의 영향력을 막을 수 없었음은 사실입니다. 저는 유대교와 기독교의 관계에 대한 로젠츠바이크[22]의 현대적 해석에 크게 주목했습니다. 그 자신 역시 기독교로 거의 개종할 뻔했었기 때문에, 로젠츠바이크는 이 두 종교에 대해 새로운 상호보완성의 시각을 지니고 있었습니다. 즉 유대인 거류지(ghetto)와 동화되기를 일거에 거부하면서 유대교가 기독교와의 공존 속에서뿐만 아니라 더욱이 보완성 속에서 스스로를 다시 생각하도록 유도될 수도 있다는 시각이 그것입니다. 로젠츠바이크는 이렇게 말합니다. 사람들은 유대인으로 태어나 기독교인이 된다고 말입니다. 달리 말해 기독교는 역사 속에 기재되는 반면, 유대교는 타고난 뿌리내림을 누린다고 말입니다. 결국 유대교가 가진 그 자체의 독특성을 보편성으로 발전시키는 능력은 기독교적 매개를 통과할 수 있는가 하는 것입니다. 물론 기독교의 매개가 유일한 것은 아니겠지만, 여하튼 현재로서는 그것이 필요할 듯합니다. 저는 다음과 같은 아브라함의 축복을 다시 생각합니다. "모든 민족이 너로 말미암아 복을 받을 것이다." 기독교의 역사적 중계를 통해서가 아니라면, 어떻게 모든 민족들이 아브라함에게서 축복을 받을 수 있겠습니까? 로젠츠바이크는 유대교와 기독교의 공존을 매우 멀

---

22) 프란츠 로젠츠바이크(1886~1929)는 거의 동화된 유대인 부르주아 집안에서 태어났다. 그는 1913년에 베를린의 유대 교회당에서 신비론적 경험을 하면서 기독교로 개종하려 했다. 하지만 그는 결국 유대인으로 남기로 결정했다. 그의 중요 저서로는 『속죄의 별』(*Der Stern der Erlösung*, Frankfurt a. M. : J. Kauffmann, 1921)이 있고, 프랑스어로도 번역되었다(*L'Étoile de la Rédemption*, Paris : Seuil, 1982).

리까지 밀고 나갔습니다. 그리고 『속죄의 별』의 가장 멋진 부분은 유대인과 기독교인의 모든 축제 ── 유대교 설날을 제외한 ── 사이의 교감에 할애되고 있습니다. 아우슈비츠 이후, 아우슈비츠 이전의 유대인의 사유를 이어가는 것은 하나의 의무입니다. 특히 아우슈비츠 이후 더 이상 사유할 수 없다고 단언하는 사람들에 맞서서 말입니다. 그렇게 단언하는 것은 오류가 아니라 실수일 것입니다. 그렇게 말하는 것은 유대교에서 모든 미래를 없애 버리려 했던 히틀러가 옳았다고 인정하는 것과 같은 것이 될 것입니다. 요컨대 유대교와 기독교 사이에는 일종의 형제애가 있는 것입니다.

●●● 선생님께서 기독교에 대해 포괄적으로 말씀하셨기 때문에, 신교와 구교의 관계에 대해 선생님께서 어떻게 해석하는지를 여쭙지 않을 수 없습니다.

리쾨르 거기에서도 역시 제게는 현대의 역사는 16세기의 그것과 전적으로 달라 보입니다. 왜냐하면 단절의 동기들이 더 이상 거의 존재하지 않기 때문입니다. 뤼시앵 페브르가 루터에게 할애했던 그의 저서[23]에서 아주 통찰력 있게 기술했던 루터 자신의 역사를 살펴 보면, 우리는 다음과 같은 사실을 알게 됩니다. 즉 그 역사는 중세 말기의 한 현상이라는 사실, 그리고 본질적인 문제는 사람들이 '형을 선고받았는지'의 여부와 어떤 기준에서 사람들이 '구원을 받았다'고 말할 수 있는지를 아는 것이었다는 사실이 그것입니다. 오늘날 우리가 제기하는 문제는 '의미'와 '무의미'의 문제입니다. 바로 거기에서 오직 죄의식, 죄 또는 속죄라는 단어들만으로는 더 이상

---

23) Lucien Febvre, *Un destin: Martin Luther*, 4ᵉ éd., Paris : PUF, 1968.

표현될 수 없는 후기 니체적 문제가 제기됩니다.

거기에 더해 제가 보기에 수도원 제도의 문제가 갖는 의미 역시 아주 달라졌습니다. 루터는 소명의 소지자였던 것이 세속적 소명, 즉 기독교 평신도였다는 사실을 주장하면서 수도원 제도에 반대했습니다. 반면 저는 수도원 제도가 우리 시대에 모종의 반증의 의미가 있다고 말하고자 합니다. 즉 수도원에는 돈, 성(性) 그리고 권력관계 밖에서 살아갈 수 있는 인간 존재들이 있다는 것이 그것입니다. 하지만 분명 불교 사원들에서도 또한 심호흡, 침묵——현대 사회, 즉 소음·탐욕·소유로 특징지어지는 사회에서 얻기 어려운 모든 것들——의 공간을 볼 수 있습니다. 기독교 수도사는 더 이상 실천적 삶 위에 명상적 삶을 더 중요시하는 그리스 수도사의 연장선에 있지 않습니다. 기독교 수도사는 생산·소비·여가 사회에 대한 일종의 반증이 됩니다.

제가 보기에 구교와 신교의 단절 문제는 결국 권한의 문제와 관련되는 듯합니다. 또한 현재에도 여전히 극복 불가능한 심연이 놓여 있는 것 역시 사실입니다. 하지만 저는 제도적 종교 통합주의에는 전혀 관심이 없습니다. 왜냐하면 저는 원래 기독교의 다원적 사명을 믿기 때문입니다. 제가 가톨릭 신자가 아닌 것은 아마 그래서일 것입니다. 저는 구교에 대해 가깝게 이해하고 있습니다. 저는 이 이해를 두 가지 방식으로 체험합니다. 한편으로는 지역적·교구적 생활의 측면이고——인접한 공동체 생활——, 다른 한편으로는 지적·주석적·신학적·철학적 작업의 측면입니다. 이처럼 저는 세브르 가(街)의 예수회 수도사들과 파리 가톨릭 연구소의 친구들에게서도 아주 편안함을 느낍니다. 그들은 저와 같은 문제들, 의미와 무의미의 문제들을 가지고 있고, 또한 그들 역시 그들 자신의 권한, 그들 자신의 성직 위계의 문제들을 가지고 있습니다. 제가 자리한 가까운 이웃 관계에서 제 나름대로 느끼는 것을 그들은 단지 내적으로 체험하고 있을 따름입니다.

●●● 정교분리원칙에 대해 말씀하시면서 선생님께서 지적하셨던, 우리에 대해 이슬람이 제기하는 어려움들 중 하나는, 분명 유대교와 기독교가 현존하는 사회들은 세속화된 사회들이라는 사실입니다. 세속화 현상을 선생님께서는 어떻게 해석하십니까?

리쾨르 모든 교회는 가시적 교회입니다. 따라서 교회는 권력에 고유한 문제들을 해결하면서 제도들의 장으로 들어섭니다. 성직 사회 역시 일반 제도의 장 속에 자리 잡고 있습니다. 세속화의 첫번째 특징을 다음과 같이 묘사할 수 있을 것입니다. 우선, 교회 제도가 다른 제도들에 대해 영향을 행사하는 것의 제한으로서입니다. 그다음으로, 다른 모든 제도들이 그 자체로 작동하고 또 그 자체의 권한을 행사할 때, 교회 공동체들을 고려하지 않을 수 있다는 사실로서입니다. 결국 세속화의 눈에 띄는 특징은 무엇보다도 먼저 교회 사회라는 매우 특수한 사회와의 관계에서 시민사회 제도들의 모든 구속으로부터의 해방입니다. 세속화의 두번째 특징은 이 제도들의 구성원들 각자에게 있어서 이 해방 과정의 내면화입니다. 장 마르크 페리의 용어를 빌리자면, 이 제도들이 '인정의 질서들' 속에서 작동하는 한에서 그렇습니다. 그도 그럴 것이 각자는 한 체계와의 관계에서 항상 한 명의 동작주이기 때문입니다. 또한 이 관계 역시 종교의 영역 밖에서 펼쳐집니다. 사람들은 **자율적인** 체계들에 개입할 수 있는 사회적 동작주로서의 실효성 속에서 자신이 인정받는다고 생각합니다. 하지만 종교의 영역은 타율적입니다. 세속화의 세번째 특징은 모든 제도적 총체의 역사적 지평의 변형, 이 총체에 의해 구성되는 망(網)의 변형, 그리고 종교에 의해 주어졌던 종말론적 지평이 소실된 미래를 향한 이 총체의 미끄러짐일 것입니다. 이 특징에는 먼저 칸트식으로 목적들의 문제가 되어 버린, 이 종말론적 차원으로부터 이성적 언어로의 전이 ── 이른바 '대향연', 교회와의 궁극적 화해 ── 가 있습니다. 이와 같은 상태에서 항구적인 문제는 바로 국가 대 국가 관계의 지평입니다. 이 역사적 지평의 변동 ── 종말론의 정교분리적 형태들에 의해 이루어진 매개의 손실과 연결된 ── 의 두번째 단계는, 궁극적 종말이 없는 한 역사 속에서 살아가는 방식의 출현으로 이루어집니다. 물론 종말이 없는 역사는 연속되는 짧은 기간들로 분절되고, 또 여러 다른 공동체들에 의해 수립된 통제 가능한 단기적 계획들에 따라 움직이는 역사입니다. 세속화의 마지막 징조는 포괄적 재검토 기능의 부재, 따라서 우리가 소속된 도시들의 원(圓)들의 분산일 듯합니다. 오늘날 정의 개념의 다원론에 대한 아주 많은 저서들이 집필되는 것은 결코 우연이 아닙니다. 이것을 통해 포괄하는 역사적 계획의 부재뿐만 아니라 현재에서 이 계획에 대한 요약의 불가능성 역시 증명됩니다.

••• 선생님께서는 그 어떤 종말론적 전망도 갖지 않는 사회를 생각할 수 있다고 보십니까?

리쾨르 지성인들이 세속화처럼 묘사하는 것이 우리 사회의 심오한 진실이냐의 여부를 아는 것이 문제입니다. 이것은 제가 질 리포베츠키의 『공허의 시대』[24)]와 같은 저서를 읽으면서 자문해 보는 문제이기도 합니다. 그런 방

---

24) Gilles Lipovetsky, *L'ère du vide: essais sur l'individualisme contemporain*, Paris : Gallimard, 1989.

식으로 이루어진 묘사들이 이 세속화 현상에 기여하는지 여부를 전혀 알 수 없습니다. 이 현상을 가속화시키면서, 그리고 심지어는 이 현상의 모든 부분을 꾸며내면서 말입니다. 이것은 마치 우리가 일종의 거꾸로 된 **자기 실현적 예언**에 마주한 것과 같습니다. 실상 종말론 부재라는 이 반(反)예언은 발화됨으로써 실현되는 것은 아닙니까? 한 사회가 종말론 없이 지낼 수 있느냐를 아는 문제에 대해서는…… 아마 아닐 겁니다. 하지만 우리는 또한 대체(代替) 종말론의 위기 속에 있습니다. 예컨대 후기 계몽주의 속에서 이 역할을 했던 공산주의가 그것입니다. 이 거대한 이야기들의 끝이 **모든** 위대한 이야기들의 끝이었다고 믿는 것은 아마 우리의 착각일 것입니다. 이것은 아마 단지 대체 이야기들의 끝, 분명히 이 이야기들 뒤에 아주 커다란 공허를 남기는 이야기들의 끝일 것입니다.

저는 권력의 유혹을 떨쳐낸 우리 사회에서 교회의 핵심 요소로 남아 있는 것에 대한 목적론적 투영에 대해 비판은 항상 득이 된다고 마음속 깊이 믿고 있습니다. 약하고 무장 해제된 말, 그러니까 말해지고 들을 수 있는 능력 외에는 다른 힘이 없는 말이 남아 있습니다. 이런 종류의 말은 일종의 내기에 근거를 두고 있습니다. 과연 이러한 말을 경청할 사람들이 아직도 있습니까?

이와 같은 내기가 가능한 까닭은 다른 한 현상——이것이 세속화의 과정 속에 들어가는지, 아니면 세속화가 그 효과인지 저는 모릅니다——이 있기 때문입니다. 중세에 이용할 수 있던 매우 적은 수의 텍스트들과 비교해 우리가 사는 사회에서 순환하는 기호들의 무한 증식이라는 현상이 그것입니다. 성서의 작은 소리는 모든 교환되는 신호들의 믿을 수 없이 큰 소란 속에 묻혀 버립니다. 하지만 성서의 말의 운명은 모든 시적 목소리의 운명입니다. 과연 그 목소리들이 공공 담론의 수준에서 들리겠습니까? 저의 소망은 시인들과 그것을 듣는 귀들이 항상 있으리라는 것입니다. 강한 말이 가진 소수적 운명은 단지 성서의 말이 가진 운명만이 아닙니다.

●●● 확신과 비판의 이원성에 대한 선생님의 애착을 상기하시면서 선생님께서는 결국 세속화의 문제에 대해 그것이 불가능하다는 이야기로 답하십니다.

리쾨르 저는 보다 넓은 사회에서 세속화가 불가능했었는지의 여부를 알지 못합니다. 저는 세속화가 저에게 있어서, 그리고 제가 그 속에 뿌리내렸다고 느끼는 공동체들이나 또는 친근함이나 이웃으로서의 관계를 통해 제가 결부되어 있는 공동체들에 대해서 불가능하다고 여깁니다. 그로 인해 제가 다른 종교들과 유지하고 있는 관계의 문제가 다시 제기됩니다. 저는 종파적 중립성 위에 정립되었다고 주장하는 비교주의에는 정말 아무런 관심이 없습니다. 우리는 단지 한 언어의 내부에서만 다른 언어를 만날 뿐입니다. 대부분의 경우 우리는 '모국어'에 뿌리를 내리고 있습니다. 기껏해야 우리는 하나의 다른 '언어'를 배웁니다. 하지만 하나의 언어를 배우는 것처럼 배웁니다. 다시 말해 모국어에서 출발해서, 그리고 번역을 통해서 그것을 배우는 것입니다. 거기에는 단일 언어 구사에서 다중 언어 구사에 이르는 모든 단계들이 포함되어 있습니다. 항상 '내부의 종교' —— 한 명의 신앙인의 자기 교파에 대한 필연적인 관계는 아닌 —— 에서부터 출발해서 실행되는 하나의 종교에 대한 이해에 있어서도 상황은 마찬가지입니다. 저는 자주 '상상력으로, 그리고 호감 가는'이라는 표현을 사용했습니다. 이는 하나의 교파, 하나의 종교의 교파적 구조가 수긍될 수 있는, 다시 말해 변호될 수 있는 능력을 지칭하기 위해서였습니다. 또한 이웃하는 하나의 종파, 그리고 이 종파를 지나 그것에 가깝게 있는 또 다른 종교에 대한 이해는 이처럼 차츰차츰, 그리고 추측을 통해 이루어지는 것입니다. 저는 기독교 공간의 내부에서, 개신교 종파에서 출발해서, 그리스 정교나 구교, 게다가 다소간 불분명한 구석진 곳에 있는 몇몇 기독교 이단들을 이해할 수 있습니다. 제가 유일신 종교라고 불리는 종교들——유대교, 기독교, 이슬람교——의 삼각형 역시 이해할 수 있는 것은 이와 같은 상황에서부터입니다. 이와 마찬가지로 불교처럼 신이 없는 종교들——저는 이러한 종교들 역시 '종교'라고 규정합니다——역시 저는 이해할 수 있습니다. 제가 이와 같은 신이 없는 종교들을 '종교'라고 규정하는 것은 다음과 같은 이유에서입니다. 그 종교들에서 선행성, 외재성, 우월성에 대한 참조를 다시 만나게 되기 때문입니다. 실제로 이 세 개의 개념이 의미의 세계 속에서 제가 따르는 방법을 구성하는 주요 요소들입니다.

●●● 그러면 이슬람교는 어떻습니까?

리쾨르 저는 이슬람교를 순수하게 문화적·역사적 방식으로 인식합니다. 하지만 저는 이슬람교에 대해 충분히 알지 못합니다. 게다가 유대교와 기독교의 다양한 변종에서 제가 발견하는 여러 요소들에 이슬람교가 특별한 뭔가를 더하는 것 같지는 않아 보입니다. 하지만 이것은 저의 무지의 탓일 것입니다. 이슬람교에는 특별한 영적 힘이 있다는 사실을 고려해야 합니다. 과거에 수백만의 사람들이 이슬람교를 따랐던 것은 단순히 폭력이나 정복에 의해서가 아니기 때문입니다. 이와 같은 무지는 수정되어야 할 것입니다. 왜냐하면 이슬람교는 아주 오랫동안 우리들 곁에 있었고, 또한 우리들 가운데 있었기 때문입니다.

앞에서 한 대담 중 한 부분으로 되돌아가야 하겠습니다. 그때 저는 하나의 언어에서 다른 언어로의 번역 작업(제가 다른 종교의 언어 속에 번역된 한 종교에 대한 점진적 이해의 전형으로 삼았던 작업) 속에 근원적·기초적·본질적 차원 —— 저로 하여금 이슬람교도들게도 우리들에게와 같은 본질적인 것이 있다고 말하게 하는 —— 이 나타날 수 있는 틈이 있다는 점을 암시했습니다. 하지만 저는 단지 죽음과 같은 한계 상황들, 또는 비탄의 상황들에서만 이와 같은 본질적 차원을 알아볼 뿐입니다. 가령 전쟁터에서의 형제애, 파토치카가 말한 바 있는 '동요한 자들 사이의 형제애' 차원이 바로 그것입니다.

●●● 누구나 하는 실존의 가장 소박한 행위들, 가령 극한적인 경험인 사랑, 타인과의 관계들, 지인의 죽음, 아기의 탄생 등과 같은 행위들에서도 역시 이와 같은 본질적 차원이 나타나지 않습니까?

리쾨르 당신의 말이 맞습니다. 그리고 저는 이와 같은 성찰을 오직 비극적 경험들에 대해서만 적용하고 싶지는 않습니다. 저는 삶의 종말 경험에 대한 저의 성찰 때문에 주제를 그런 방향으로 몰고 갔을 뿐입니다. 저의 것과 다른 언어 속에서 근본적인 경험들을 다루는 방식에서 출발해서 다른 종교들과 다른 중요한 문화들과 접하는 것 역시 중요합니다. 외재성, 우월성, 선행성에 대해 말하면서 제가 조금 전에 말하려 했던 것, 우리는 분명 이것을 삶과 창조의 경험들 —— 이것들 역시 나눔의 경험들입니다 —— 을 바탕으로 재발견할 수 있을 것입니다.

8장/
미학적 경험

●●● 선생님의 삶에서 예술은 항상 중요한 자리를 차지했습니다. 선생님께
서는 규칙적으로 미술관에 가시고 많은 음악을 들으십니다. 그에 반해 『시
간과 이야기』에서의 문학 분석들을 제외하면, 선생님의 작품에는 기이하
게도 이러한 인간적 경험의 차원은 부재하는 것 같습니다. 우선 선생님의
취향은 어떤 것들입니까?

리쾨르 저는 20세기 예술을 아주 높게 평가합니다. 음악 분야에서 저는 쇤
베르크(Arnold Schönberg), 베르크(Alban Berg), 베베른(Anton Webern)
등과 같은 비엔나학파를 특히 좋아합니다. 미술 분야에서 저는 기꺼이 술
라주(Pierre Soulages), 마네시에(Alfred Manessier), 바젠(Jean Bazaine)을
꼽겠습니다. 그러나 이들은 즉시 생각난 예들이고, 다른 많은 사람들의 이
름도 곧바로 거명할 수 있을 겁니다. 가령 몬드리안(Piet Mondrian), 칸딘
스키(Wassily Kandinsky), 클레(Paul Klee), 미로(Joan Miro)⋯⋯. 얼마 전
에 저는 베네치아의 페기 구겐하임 미술관을 다시 방문했습니다. 거기에
서 폴록(Jackson Pollock)의 여러 훌륭한 작품들, 베이컨(Francis Bacon)

의 작품, 그리고 샤갈(Marc Chagall)의 작품 등을 보았습니다. 저는 샤갈에 대해 정말 열광적입니다. 그의 그림들 앞에 서면 저는 매번 존경심을 갖게 됩니다. 오직 그에게만 있는 성스러움과 아이러니의 혼합에 대한 존경심입니다. 공중에 떠 있는 부부들, 비행하는 랍비, 구석 어딘가에 있는 나귀 한 마리, 바이올린 연주자…… 그 어떤 것도 감탄의 대상이 아닐 수 없습니다. 어떤 관점에서는 모든 것을 좋아해야 할 정도입니다. 저는 오랫동안 고전 미술을 멀리했습니다. 그러다가 저는 1994년 파리에서 있었던 푸생(Nicolas Poussin)의 대규모 전시회에 갔었습니다. 당연히 그것은 폴록이나 바젠의 전시회와는 아주 달랐습니다. 저를 조심스럽게 한 것은 대다수 그림들이 전제하는 서술성이었습니다. 장면화된 이야기들이 어떤 것인지 알아볼 수 있어야 합니다. 그러나 비구상 미술로 훈련된 눈에는 단지 색과 데생의 뛰어난 유희와 이 두 요소의 완벽한 균형만이 보일 뿐입니다. 게다가 저는 전시회 카탈로그에서 피카소가 항상 푸생에게로 되돌아갔다는 사실을 알게 되었습니다. 마치 회화 예술의 대가에게로 되돌아오듯이 말입니다.

저는 또한 조각도 무척 좋아합니다. 립시츠(Jacques Lipchitz), 아르프(Hans Arp), 페프스너(Antoine Pevsner), 그리고 감탄할 만한 브란쿠시(Constantin Brancusi)입니다. 많은 경우 조각 예술에서 구상성(具象性)을 떨쳐 내기가 어렵다는 것은 사실입니다. 그러나 이 예술이 그 경지에 이르면, 그 결과는 아주 놀랍습니다. 예컨대 저는 헨리 무어(Henry Moore)의 대작들을 생각합니다. 그의 작품들에서 인체 ─ 특히 여체 ─ 는 한결같이 암시적으로 다뤄집니다. 그리고 단번에 그것이 사물들의 형체 위에 나타납니다. 이 사물들은 해부학적 묘사에 들어맞지 않습니다. 그러나 그 대신 여태까지 탐구되지 않은 가능한 관계들을 끌어들일 뿐만 아니라 또한 참신한 느낌들이 펼쳐질 수 있게 합니다. 물론 그 느낌은 풍만과 풍요입니다. 하지만 이런 표현으로는 부족합니다. 더 기이하게도 사람들이 지나갈 수 있도록 뻥 뚫린 형상들의 경우 공허한 느낌마저 듭니다. 무어의 조각 세계는 다의성이 지배하는 세계입니다. 저는 특히 그의 조각들 중 하나인 「원자 조각」(Atom Piece)을 생각합니다. 그 작품은 시카고에 있는 대학 도서관 근처, 즉 처음으로 핵통제 연쇄반응 실험이 실행되었던 곳에 놓여 있습니다. 그 조각은 터진 구형으로 되어 있습니다. 그것은 폭발하는 원자 또는 지구 자체만큼이나 학자의 두개골도 잘 재현할 수 있는 형상입니다. 그 작품의 경우 당연히 다의성을 염두에 두고 있습니다. 그 작품에서 느껴지는 의도는 핵통제 실험이라는 사건 너머 아주 멀리까지 나아가고, 또 여러 묘사들에 흩어져 있을 모든 모습들을 끌어모으려는 것입니다. 예컨대 대립되는 요소들 —— 핵폭발과 학자(원자폭탄의 사용을 찬성 또는 반대하는) —— 의 묘사, 핵폭발 관련 사건들 —— 핵폭발 또는 아직은 불활성인 원자 —— 의 묘사 등을 말입니다. 그 작품 속에는 이런 모습 모두를 압축시킴으로써 더 밀도 있고 더 강렬하게 하는 힘이 있습니다. 그 작품에 대해 말하면서 우리는 단지 서로 다르고 흩어져 있는 언어 축들에 따라 다의성을 분배할 수 있을 뿐입니다. 오직 작품을 통해서만 이 다의성이 모아집니다.

●●● 그러나 바로 그 경우 조각은 구상성 ——선생님께서는 조각이 그로부터 해방되기를 바라시지만 ——을 다시 갖게 되지 않겠습니까?

리쾨르 그렇다고 할 수 있습니다. 그러나 그것은 오히려 다중 구상성 쪽일 듯합니다. 조각이 구상성의 고전적 원천들을 넘어선다는 점에서 그렇습니다. 그렇게 해서 우리는 조각을 통해 마치 은유처럼 언어의 밀집된 몇몇 측면들에 가까워지게 됩니다. 그런데 은유에서는 동일한 하나의 표현 속에 여러 층위의 의미가 함께 있습니다. 예술작품은 은유의 효과에 비교될 만한 효과를 낳을 수 있습니다. 그러니까 쌓이고, 억제되고, 함께 들어 있는 의미 층위들을 통합시키는 효과가 그것입니다.

저에게 있어서 예술작품은 이처럼 언어의 여러 양상들을 발견하게 되는 기회가 됩니다. 그 양상들은 일반적으로 언어의 일상적 활용, 소통의 도구가 된 기능에 의해 감추어져 있는 경우가 대부분입니다. 예술작품은 다른 방식으로라면 비가시적이고 답사되지 않은 채로 남게 될 언어의 속성들을 속속들이 보여 줍니다.

●●● 선생님께서는 분명 지난번 대담에서 말씀하셨던 『시간과 이야기』의 분석들을 생각하고 계시는 것 같습니다.

리쾨르 사실 지금까지 제가 미학에 다가섰던 것은 서술성이라는 주제를 통해서입니다. 제가 당신에게 말했듯이, 서술성은 제게 인공언어나 일상어로조차 해결할 수 없는 기호의 이중적 측면이라는 문제에 대한 제 나름대로의 태도를 취할 기회를 주었습니다. 먼저 기호는 사물이 아닙니다. 기호는 사물에서 떨어져 있으며, 그리고 이 사실로 인해 기호는 상호텍스트성으로 정리되는 새로운 질서를 낳게 됩니다. 그다음으로 기호는 무엇인가를 가리킵니다. 이 두번째 기능에 특히 주의를 해야 합니다. 이 기능은 첫번째 기능에 보상처럼 개입합니다. 왜냐하면 이 두번째 기능을 통해 기호 그 자체의 고유 영역 속에서의 배제가 보상되기 때문입니다. 저는 다음과 같은 벤베니스트의 멋진 표현을 상기합니다. "문장은 언어를 우주에 다시 붓는다"는 표현이 그것입니다. '우주에 다시 붓는다', 저는 이 표현을 다음과 같이 이해합니다. 즉 기호는 사물들에서 물러서고, 문장은 언어를 '세계'에 다시 붓는다고 말입니다.

기호의 이 두 기능, 저는 이 기능을 서술성에 특히 적합한 어휘 속에 고정하겠다고 당신에게 말했습니다. 고유한 공간 속에서 스스로 형상화되는 언어의 능력인 **형상화**와, 독자들의 기대를 흔들고 부정하고 재편하면서 그들의 세계를 재구축할 작품의 능력인 **재형상화**를 구별하면서 그렇게 했습니다.

저는 '재형상화' 기능을 **모방적**이라고 규정합니다. 그러나 그 본성을 혼동하지 않는 것이 대단히 중요합니다. 그 기능은 실재를 재생산하는 데 있는 것이 아니라 독자를 작품의 세계와 마주하게 하면서 독자의 세계를 재구축하는 데 있습니다. 그리고 일상적 경험을 내부로부터 재작업하기 위해 그 일상적 경험의 세계 속에 침투하는 예술의 창조성은 바로 그것으로 이뤄집니다.

적어도 콰트로첸토(Quattrocento)[1]에 이루어진 원근법의 발명으로부터 지난 세기들의 미술은 거의 항상 구상적이었습니다. 따라서 **미메시스**의 의미를 구상성으로 오해해서는 안 될 것입니다. 그리고 저는 이 역설을 지지할 것입니다. 20세기에 미술이 더 이상 구상적이기 않기 시작했을 때 드디어 **미메시스**의 의미를 제대로 이해할 수 있게 되었습니다. 이 개념은 대상들을 알아보도록 우리를 돕는 기능이 아니라, 작품 이전에 존재하지 않았던 경험의 차원을 발견하게 하는 기능을 지닌 개념입니다. 술라주나

---

1) 이탈리아에서 벌어진 최초의 르네상스 운동으로, 밀라노, 베네치아, 피렌체 등에서 이루어진 이탈리아의 문예부흥기를 말한다. '콰트로첸토'는 이탈리아어로 숫자 400을 뜻하며, 여기서는 1400년대, 즉 15세기를 의미한다. ―옮긴이

몬드리안의 작품은 우리로 하여금 우리 자신의 경험 속에서 여태까지 모르고 있던 모습들을 발견하게 하는 힘을 가지고 있습니다. 왜냐하면 그들은 제한적 의미에서의 현실을 모방하지 않고 현실의 모조품을 만들지 않기 때문입니다. 그 결과 철학적인 면에서 보자면 진실 ──실재와의 합치로서── 에 대한 고전적 개념에 대한 문제제기가 이루어집니다. 왜냐하면 예술작품에 대해 진실을 말할 수 있다면, 그것은 이 진실이라는 개념을 통해 이를테면 **작품에 따라** 실재를 경신하면서 그 실재 속에 새로운 길을 여는 것이 예술작품의 능력이라고 할 수 있기 때문입니다.

하지만 똑같이 비구상적이라 해도 미술에 비해 음악은 우리로 하여금 그 방향으로 더 멀리 나아가게 해줍니다. 그 까닭은 미술에서는 많은 경우 구상적 잔존물들이 남아 있기 때문입니다. 저는 예를 들어 마네시에의 네 편의 멋진 그림을 생각합니다. 「성 마태의 수난」, 「성 누가의 수난」, 「성 요한의 수난」, 「성 마가의 수난」이 그것입니다. 이 작품들에는 현실에 대한 암시가 있습니다. 붉은색, 오렌지색 또는 분홍색 배경 위의 십자가 모양들이 그것입니다. 이 작품들에서 구상성은 암시적, 열성(劣性)적이기까지 합니다. 하지만 이 구상성이 결코 부재하는 것은 아닙니다. 이와는 반대로 음악에서는 전혀 그렇지 않습니다. 각각의 곡에는 그 나름대로의 '기분'이 있습니다. 그리고 음악은 있는 그대로, 실재의 그 어떤 부분도 재현하지 않으면서 감상자의 내부에 기분 또는 그에 해당하는 음조를 만들어 냅니다.

●●● 음악에도 역시 「성 마태의 수난」 또는 「성 요한의 수난」과 같은 예가 있습니다.

리쾨르 성가가 종교적 내용을 암시한다는 면에서, 제가 구상 미술에 대해

지적했던 것을 이 성가에 대해서도 지적할 수 있을 것입니다. 음악이 우리의 개인적 경험을 재생하거나 재구성하는 온전한 힘을 가질 때가 있습니다. 음악이 언어적 의미를 가진 가사를 이용하지 않을 때, 음악이 단지 그음조, 그 기분, 그 영적 색깔일 때, 음악의 외적 의도가 사라졌을 때, 그리고 음악이 더 이상 기의(記意, signifié)를 가지고 있지 않을 때가 바로 그때입니다. 음악은 이름이 없는 감정들을 우리에게 일으켜 줍니다. 음악은 우리의 감성적 공간을 넓혀 주고, 우리의 내부에 지금까지 결코 없었던 감정들이 나타날 수 있는 영역을 열어 줍니다. 우리는 그런 음악을 들을 때, 그 작품을 듣지 않고서는 탐구될 수 없는 영혼의 한 영역으로 들어가게 됩니다. 결국 각 작품은 진정으로 영혼의 한 양태이고, 영혼의 변화이기도 합니다.

　게다가 현대철학은 이와 같은 감정이라는 주제에 대해 부족하다는 점을 인정해야 합니다. '정념'(passions)에 대해서는 많은 연구가 행해졌지만, '감정'(sentiments)에 대해서는 거의 연구가 행해지지 않았고, 또한 이 '감정' 중에서도 정말 일부분에 대해서만 연구가 이루어졌을 뿐입니다. 그런데 각각의 음악 작품은 이 작품 이외에는 그 어디에도 존재하지 않는 감정을 솟아나게 합니다. 음악의 본연적 기능들의 하나가 '감정'의 질서에 속하는 독특한 본질들의 세계를 구축하는 것이라고 말할 수 있지 않겠습니까? 감동을 받은 우리 인간 존재에 대한 탐구가 순수 상태에서 실현된 것은 음악에서라는 생각에서 저는 그다지 멀리 있지 않습니다. 미셸 앙리가 이런 인간 존재에 대해 아주 중요한 연구를 수행한 바 있습니다.[2]

---

2) 미셸 앙리에 대해서는 Michel Henry, *L'essence de la manifestation*, 2 vols., Paris : PUF, 1963을 볼 것.

●●● 선생님께서는 예술작품에 대해 '세계'라는 용어를 사용하셨습니다. 또 조금 전에는 작품의 세계가 관객 또는 청취자의 세계와 마주한 상태에 있다고 하셨습니다. 앙드레 말로에게도 이 세계의 개념이 중심에 있고, 다음과 같은 그의 유명한 말을 이끌어 낸 것도 바로 그 개념이었습니다. "위대한 예술가들은 세계의 등사자(謄寫者)들이 아니라, 그 경쟁자들이다."[3]

리쾨르 저는 항상 그 용어를 양보나 편리성 때문이 아니라 아주 중요한 의미를 가진 용어로 사용했습니다. 더군다나 후설, 하이데거 그리고 가다머를 통해 이 용어의 전개를 따라가 볼 수 있습니다. 대체 '세계'란 무엇입니까? 이것은 사람들이 살 수 있는 어떤 곳입니다. 환대될 수 있고, 이상하고, 적대적인…… 곳입니다. 따라서 확정된 어떤 사물 혹은 어떤 대상과 아무런 관계도 없지만, 작품이 출현하는 세계에 종속되는 근본적인 감정들이 있게 됩니다. 요컨대 이 감정들은 그 세계에서 살아가는 순수한 방식들입니다. 예컨대 저는 '그리스 세계'에 대해 말하는 것은 호의나 수사학에 의해서가 아니라고 생각합니다. 그것이 매번 개별적인 한 작품에 대한 것임에도 불구하고 말입니다. 그 자체로 하나의 특유한 세계인 작품은 이 '그리스 세계'의 한 모습 또는 한 면모를 더욱 두드러지게 합니다. 다시 말해 작품은 그 자체 이상의 가치를 지니고 있습니다. 작품은 일종의 둘레를 가리킵니다. 작품은 퍼져 가는 능력, 그리고 고찰이나 명상의 공간——관객이 그것과 마주하여 자리할 수 있는——전체를 차지하는 능력을 보여 줍니다. 분명 관객은 작품 앞에, 작품과 마주한 자리에 있습니다. 그러나 이와 동시에 관객은 이 마주섬에 의해 창조된 세계의 한복판에 있습니다. 이것은 완

---

3) André Malraux, *Les voix du silence*, Paris : Gallimard, 1951, p.459.

벽하게 보완되는 두 양상입니다. 그리고 한 세계에 잠겨 있다는 사실을 통해 작품과의 단순한 대면 속에서 이 작품에 대한 지배 의도가 보상될 수 있습니다. 즉 하나의 세계는 나를 둘러싼, 나를 그 안에 잠기게 할 수 있는 무엇인가입니다. 어쨌든 이 무엇인가는 나를 통해 만들어진 것은 아니지만, 그럼에도 내가 있는 곳입니다.

따라서 아주 엄격히 말해 '세계'라는 용어는 다음과 같은 경우에만 사용될 수 있을 뿐입니다. 즉 작품을 통해 관객이나 독자의 기대와 지평이 전복될 때 이루어지는 재형상의 경우가 그것입니다. 작품 스스로 능히 하나의 세계로 드러날 수 있는 것은 단지 이 작품이 이 세계를 재형상화할 수 있는 점에서입니다.

저는 이 점을 상당히 중요시합니다. 그 이유는 이렇습니다. 만약 예술 작품을——문학적, 조형적이든 또는 음악적이든 간에——그저 비실재적 질서의 구성 본거지로 삼게 되면, 이 작품에서 그 신랄함, 실재에 대해 작용하는 힘을 앗아 가는 것이기 때문입니다. 기호의 이중적 본성——세계 밖으로의 물러섬과 세계에로의 다시 붓기——을 잊지 말아야 할 것입니다. 만약 이러한 물러섬에도 불구하고 예술이 우리들 사이에, 즉 우리의 세계 한복판에 다시 출현할 능력이 없다면, 이 예술은 전적으로 평범할 것입니다. 즉 이 예술은 무의미에 치이게 되고, 순수한 오락으로 축소되며, 또한 우리의 관심 밖에 위치하게 될 뿐일 것입니다. 저는 이 방향, 즉 물러섬의 방향으로 가능한 한 멀리까지 나아가야만 한다고 생각합니다. 또한 예술에 의해 우리의 세계에로 돌아오는 능력이 더욱 생생해진다는 사실을 지지해야 한다고 생각합니다. 왜냐하면 정확히 예술에 있어서 물러섬은 그 기능이 둔해지고 약해진 일상어에서보다 무한히 더 급진적이기 때문입니다. 작품 속에서 재현의 기능이 희미해질수록——비구상 미술과 묘사적이지 않을 때의 음악이 이런 경우입니다—, 실재와의 간격이 벌어질수록, 우리의 경험 세계를 물고 늘어지는 작품의 힘이 강화됩니다. 물러섬의 폭이 넓으면 넓을수록, 실재로의 돌아옴은 더욱 더 생생합니다. 왜냐하면 더 먼 곳에서 돌아오기 때문입니다. 마치 우리의 경험이 작품보다 무한히 더 먼 곳을 방문한 듯이 말입니다. 이 가설에 대한 일종의 검증물은 아마추어들이 찍은 사진의 예입니다. 이 사진에서 우리에게 돌아오는 것은 단지 실재의 한 복사물입니다. 이것은 지나치게 짧은 순환 후에, 따라서 이 사실로 인해 우리의 세계에 무한히 하찮게 작용하는 힘이 되어 그 기원으로 돌아옵니다. 이와는 달리 예술 사진에 대해 말하자면, 이것 역시 단순 모방, 단순 재현에서 해방되고자 합니다. 또한 이 예술 사진은 경계선에서 일종의 실재의 '이중 복사' 대상을 구성하기도 합니다. 하지만 아마추어 사진에 비해 훨씬 더 많은 것을 요구하면서입니다. 실제로 얼마 전에 저는 뉴욕에 사는 마리아나 쿡(Mariana Cook)의 훌륭한 사진 모음집인 『아버지와 딸』(*Fathers and Daughters*, 1994)을 보고 탄복한 적이 있습니다. 이 모음집은 아주 섬세한 관계의 단층들과 말로 표현되지 않는 뜻들을 잘 보여 주고 있습니다.

오랫동안 회화 예술에서 재현 기능은 표현 기능이 충만하게 펼쳐지는 것을 방해했습니다. 또한 그 기능은 작품 스스로 모든 실재의 '다른 곳'에서 실재와 경쟁하는 세계를 이루지 못하도록 방해하기도 했습니다. 그리고 앙드레 말로의 소원대로 하나의 '상상의 박물관'이 구성될 수 있었던 것은, 재현과의 단절이 성취되었을 때인 20세기에서였을 뿐입니다. 이 박물관에서는 여러 다른 스타일의 작품들이 공존하게 됩니다. 물론 한 양식의 작품들 가운데 가장 뛰어난 작품만이 이 박물관에 들어갈 수 있다는 조건 하에서입니다. 모든 양식이 연합될 수 있습니다. 마치 우리가 사는 도시에서 로마네스크 교회와 마천루가, 고딕 성당과 퐁피두 센터가 연합되듯이 말입니다. 이것이 가능해지기 위해서 기호들은 그것들이 가리키는 것에 비해 텅 비어 있어야 할 것입니다. 그 경우에만 기호들은 다른 기호들과 모든 종류의 상상적 관계들을 맺을 수 있을 것입니다. 이제 그것들 사이에는 기상천외한 조합들이 무한히 이용될 수 있을 것입니다. 앙드레 말로와 더불어 한 양식에서 다른 양식으로의 진보란 없지만, 단지 각 양식의 내부에 완성의 순간들이 있다고 받아들이는 순간부터 모든 것이 어우러질 수 있을 것입니다.

●●● 20세기의 미술과 조각을 특징짓는 재현과의 단절은 어떤 문제보다도 예술의 한계라는 문제를 제기합니다. 작품에 대해 어디까지 말할 수 있습니까?

리쾨르 저는 그 방면에서 그다지 편치 못합니다. 하나의 의자가 계단 위에 놓이는 것으로, 달리 말해 의자가 그 일상적 용도에서 벗어나는 것으로 그것이 예술작품이라고 생각하기에 충분하겠습니까? 이 점과 관련하여 미술의 경우에 액자의 사라짐은 매우 중요한 역할을 합니다. 액자는 작품을 배경과 구분했고, 그 한계 내에서조차 무한한 하나의 세계가 열린 일종의 창문을 이뤘습니다. 액자가 가진 이러한 기능이 더 이상 작동하지 않을 때, 사람들은 매우 혼란스러운 경우들과 마주하게 됩니다. 예컨대 저는 완전히 검은색으로 덮인 애드 라인하르트(Ad Reinhardt)의 커다란 판들을 생각합니다……. 저는 이런 종류의 예 앞에서 아주 부족하다고 인정합니다.

●●● 선생님께서는 예술사에서 진보란 없다고 말씀하십니다. 그럼에도 미

술 재료들의 역사가 있고, 또 거기에는 진보가 없지 않습니다. 이탈리아 프레스코 벽화에서 르네상스풍의 그림으로의 변형은 바탕 소재들의 변형과 안료들을 위해 새로운 혼합물을 기획하던 화가들의 능력에 폭넓게 의존했습니다.

리쾨르 분명 그렇습니다. 하지만 오늘날 화가는 칼 또는 심지어 손가락들을 위해 얼마든지 붓을 버릴 수 있습니다. 이런 방식으로 질료 속에 두께, 울퉁불퉁함을 만들기를 원할 수 있고, 미술과 조각 사이의 경계를 지워 버릴 수도 있습니다. 저는 거의 음각으로 파낸 듯한 이브 탕기(Yves Tanguy)나 안토니 타피에스(Antoni Tàpies)의 작품들을 생각합니다.

●●● 하지만 여하튼 오늘날에는 더 이상 발자크(Honoré de Balzac)나 졸라(Émile Zola)처럼 소설을 쓸 수는 없습니다.

리쾨르 그렇습니다. 하지만 왜 그렇습니까? 마침 그 예는 아주 흥미롭습니다. 예전에 소설이 맡았던 기능 가운데 하나 —— 사회학을 대신하던 —— 는 더 이상 있어야 할 이유가 없습니다. 이와는 반대로 소설은 언어에 고유한 '묘사-너머'의 재료를 이용할 수 있습니다. 즉 극단적으로 소설은 인지적 영향력을 미칠 수 있습니다. 확인이라는 절차를 거치는 묘사적 기능에서 독립된 언어의 표현력을 믿음으로 해서 그렇게 되는 것입니다.
　　포로수용소 경험에 대한 책들, 그리고 아주 최근에 집필된 조르주 상프렝의 『글이냐 삶이냐』의 경우를 들어 보겠습니다. 이 작품 전체가 절대악을 재현하는 가능성/불가능성 주변을 선회합니다. 그 어려움은 분명히 극한적입니다. 왜냐하면 서술 규범들을 극한 경험에 가하는 것이 문제이기 때문입니다. 그러니까 끔찍함이 이야기 속으로 옮겨지지 않거나, 옮겨지기는 하지만 이야기가 깨지고 또한 침묵에 빠지게 되기도 합니다. 그러나 이 작품에는 여러 번 지명되는 한 요소, 서술성의 극한인 동시에 그 불가능성인 강박관념적 요소가 있습니다. 그것은 냄새, 살 타는 냄새입니다.

프리모 레비(Primo Levi)는 『이것이 인간인가』(*Se questo è un uomo*)에서 다른 길을 택했습니다. 그것은 『이반 데니소비치의 하루』(*Odin den' Ivana Denisovicha*)에서 볼 수 있는 솔제니친(Aleksandr Solzhenitsyn)식의 순수 묘사성의 길입니다. 그의 작품은 냉정한 보고서, 극단적으로는 다큐멘터리와 비슷합니다. 마치 그러한 끔찍함은 일종의 **조심스레 말하기**(understatement), 즉 일종의 완서법(緩敍法) 속에서만 말해질 수 있다는 듯이 말입니다. 그것은 참상의 완서법입니다. 언어의 헐벗음을 그대로 느껴지게 하면서 상황의 헐벗음을 보여 주는 것입니다. 레비가 원하던 효과를 얻은 것은 말해진 '것'에 의해서가 아니라 헐벗은 어조에 의해서입니다.

●●● 독자에게 일으킨 그 효과는 분명 선생님께서 위에서 말씀하셨던 '기분'이나 선생님께서 창작자의 그것과 유사한 상태로 전제하신 '감동'과도 같은 것입니다.

리쾨르 울림이라는 의미에서의 유사성이지 비례라는 의미에서의 유사성이 아닙니다. 독특함을 지닌다는 점에 있어 작품은 그것을 음미하는 사람에게서 그것을 낳았던 감정과 유사한 감정을 해방시킨다고 저는 말하겠습니다. 이것은 독자가 자신이 가졌는지 모르면서도 가질 수 있는 감정입니다. 그리고 독자가 그것을 느낄 때, 그의 정의적(情意的) 영역을 넓혀 주는 감정입니다. 달리 말하자면 작품이 유사한 감정까지의 길을 개척하지 못하는 한, 그것은 이해되지 못한 채로 남게 됩니다. 그리고 이런 일이 빈번하게 발생한다는 것을 우리는 잘 알고 있습니다.

　미학적 경험의 주체는 창작자의 감정과 그것을 옮기는 작품 사이에 있는 합당성 관계에 비교될 만한 관계 속에 놓입니다. 이 주체가 느끼는 것은 이 독특한 적절함에 대한 독특한 감정입니다. 저는 예술작품의 독특성 문제에 대해 질 가스통 그랑제의 『스타일 철학론』[4]에 크게 빚지고 있다고 느낍니다. 그에 따르면 예술작품의 성공은 다음과 같은 것에 의해 결정됩니다. 즉 예술가가 한 국면, 한 문제의 독특성 —— 유일한 어떤 점에서 그와 연결된 —— 을 파악했다는 사실, 그리고 그가 그것에 유일한 행위로 응수한다는 사실이 그것입니다. 그 문제를 어떻게 해결하겠습니까? 예컨대 저는 생빅투아르 산을 마주한 세잔(Paul Cezanne)의 고집을 생각합니다. 왜 그는 항상 같은 풍경으로 다시 시작합니까? 그것은 결코 같은 풍경이 아니기 때문입니다. 마치 세잔으로서는 산의 개념이 아닌, 일반적 담론 속에서 말하는 산이 아닌, 지금-여기에 있는 그 산의 독특성에 해당하는 무엇인가를 인정해야만 했던 듯합니다. 묘사되기를 요구한 것, 그 화가만이 오직 그것에 줄 수 있는 도상적(iconique) 증가를 받고자 요구한 것은 바로 이 독특성입니다. 생빅투아르 산이나 샤토 누아르 앞에서, 그 아침 그 시간 그리고 그 햇빛 아래에서 세잔을 옥죄인 문제는 바로 독특한 것으로서의 문제입니다. 그리고 이 독특한 문제에 대해 독특한 답이 주어져야 하는 것입니다. 천재성은 정확히 거기에 있습니다. 문제의 독특함에 독특하게 답하는 능력 속에 말입니다.

---

4) Gilles-Gaston Granger, *Essai d'une philosophie du style*, Paris : A.Colin, 1968(1988년 오딜 자코브 Odile Jacob 출판사에서 재출간).

제가 『살아 있는 은유』에서 보다 더 나은 무기들을 가지고, 시나 이야기의 재형상화 힘이라고 명명했던 은유에서 지시 문제를 다시 검토하려는 것은 바로 그런 방법으로입니다. 왜냐하면 지시 기능은 예술가의 생생한 경험을 통해 인정받게 되는 것과 한 작품이 갖는 관계의 독특성 속에서 발휘되기 때문입니다. 작품은 감동의 자격으로 사라진 하나의 감동, 그러나 작품 속에 보존되어 있는 감동에 **의지**합니다. 작품이 보장해 주는 이와 같은 감동을 어떻게 이름 짓습니까? 제가 보기에 영어에는 아주 좋은 단어가 있는데, 그것은 **무드**(mood)라는 단어입니다. 프랑스어의 '기분'(humeur)으로는 그 단어의 의미가 불완전하게 전해집니다. 예술가가 복원한 것, 그것은 어느 대상이 세계 속에 처한 상황과 더불어 선(先)반성적이고 형용되기 이전인 독특한 연관성에 대응하는 무드입니다. 무드는 '자기'를 벗어난 어떤 관계, 여기 그리고 지금 한 세계에 깃드는 어떤 방법과 같은 것입니다. 만약 어떤 작품이 성공적인 작품이라면, 세계와 일치 관계에 있을 그 작품 속에 그려질 수 있는 것, 음악화되거나 이야기화될 수 있는 것이 바로 이 무드입니다.

그러나 독특한 대답을 요구하는 독특한 질문이 되는 데에 있어서 이 무드는 그 자체로 문제가 될 수 있습니다. 그리고 말해져야 한다는 제약을 포함하고 있는 예술가의 생생한 경험은 미술이나 다른 수단들에 의해 해결되어야 할 독특한 문제의 형태 아래로 이전될 수 있습니다. 어쩌면 이것이 예술 창조의 불가사의일 것입니다. 예술가의 겸손이나 그의 자긍심──결국 같은 것이 됩니다──, 그것은 아마도 모든 사람이 하면 좋을 행위를 정확히 바로 그 순간에 예술가가 할 줄 안다는 데 있습니다. 문제의 독특성의 파악 속에는 믿기 힘든 의무감이 있습니다. 세잔과 반 고흐의 경우, 그것이 대단히 무겁게 작용했다는 것을 우리는 알고 있습니다. 이것은 마치 예술가가 독특한 무엇인가에 대하여 독특하게 말해지기를 요구하는 지불되지 않은 빚의 위급함을 느꼈다는 것과도 같은 것입니다.

●●● 그렇기는 하지만 이러한 독특한 경험이 작품 속에서 그리고 작품에 의해 소통될 수 있음은 그대로입니다.

리쾨르 사실 가장 놀라운 것이 그것입니다. 달리 말하자면 이 독특성 속에 보편성이 있다는 사실입니다. 그도 그럴 것이 최종적으로 화가는 보이기 위해, 음악가는 청취되기 위해 창작을 하기 때문입니다. 예술가가 경험한 무엇인가는 분명 작품에 의해 전해졌기 때문에 소통될 수 있게 됩니다. 날 것인 채로의 그의 경험은 소통될 수 없습니다. 하지만 그런 경험 역시 독특한 질문의 형태로 문제화될 수 있는——또한 독특한 대답의 형태로 적절하게 답해진——바로 그 순간에 소통 가능성을 얻고 또 보편화될 수 있는 것입니다. 작품은 말로 다 할 수 없고, 소통될 수 없으며, 스스로 닫혀 있는 체험을 도상적으로 증가시킵니다. 소통될 수 있는 것, 그것은 증가로서의 이 도상적 증가입니다. 이렇게 해서 하나의 예를 들자면, 반 고흐의 「오베르 쉬르 우아즈의 교회」에서 소통될 수 있는 것, 그것은 이 유일한 사물을 만들기 위해 작품화한 수법들의 완벽한 합당성입니다. 이 사물은 오늘날 오베르 쉬르 우아즈에 가면 볼 수 있는 마을 교회를 재현하지 않습니다. 이 사물은 가시적인 한 작품 속에 비가시적으로 남아 있는 그것, 즉 반 고흐가 그 교회를 그렸을 때 그가 거기서 겪었던 유일한 그리고 아마도 미칠 것 같았던 경험을 물질화하는 것입니다. 예술가에게 제기된 독특한 문제의 완벽한 해결은 선(先)반성적이고 즉각적인 방식으로 미학적 경험 속에서 획득됩니다. 칸트의 용어를 빌리자면, 소통될 수 있는 것은 상상력과 오성(悟

性) 사이의 '유희'——이것이 그 작품 속에 구현되는 한에서——라고 말해야 할 것입니다. 규정적 판단에 고유한 객관적 보편성이 부재할 때, 반성적 판단——미적 경험이 거기에 속합니다——은 보편성에 대해서는 단지 이 '유희'만을 갖습니다. 공유할 수 있는 것이 바로 이것입니다.

하지만 예술에 대한 성찰의 온갖 어려움을 만드는 것이 거기에 있다는 것은 의심의 여지가 없습니다. 그 이유는 미학적 경험에 의해 매번 한 명의 관객, 한 명의 청취자, 한 명의 독자 역시 작품의 독특성과 더불어 독특한 관계 속으로 끌려 들어가기 때문입니다. 하지만 이와 동시에 미학적 경험이란 작품이 다른 작품들, 그리고 잠재적으로 모든 작품들과 소통하는 첫번째 행위입니다. 작품은 작품 자체에서 나오는, 나에게 이르고 나를 넘어서 사람들의 보편성에 다다르는 화염과 같은 것입니다.

독특성이 요구하는 끝까지 간다는 것은 최고의 보편성에 대한 최고의 기회를 주는 것입니다. 이런 점이 아마 지지되어야만 할 역설입니다.

●●● 그러나 구성의 형식적 규칙들——고전 비극에서 3요소, 18세기와 19세기 음악에서 평균율 음계, 미술에서 형상화와 원근법의 규범들 등——쪽에서 작품의 보편성을 찾는 것이 가능하지 않겠습니까?

리쾨르 미학적 규칙들은 단지 상식과 일반성에 가까운 미약한 보편만을 구성할 뿐입니다. 관례들, 따라서 틀에 박힌 어떤 것들만을 말입니다. 그러나 작품이 의도하는 보편성은 완전히 다른 것입니다. 사실 보편성은 단지 작품의 극한적 독특성에 의해 매개되는 경우에만 가능하기 때문입니다. 비구상 미술의 예를 들어 보겠습니다. 거기에서 소통된 것은 독특한 경험의 가식 없음입니다. 이 가식 없음이 하나의 전통 내에서 인정될 가망성이 있는 규칙들의 매개 없이, 규범 요소 없이 소통됩니다. 비구상 미술에서 일반성들의 미약한 보편성은 깨지지만 소통성은 완벽하게 작동됩니다.

　　이런 이유로 저는 이미 구상 예술에서도, 어떤 작품의 아름다움, 어느 초상화의 성공은 그 재현의 질, 그 모델과 닮았는가의 여부, 보편적이라고 주장하는 규칙들과의 부합 여부가 아니라 모든 재현과 모든 규칙에 대한 어떤 가중(加重)에 달려 있다고 생각합니다. 작품은 어떤 대상 또는 어떤 얼굴과 닮은 식으로 재현될 수 있고, 또 미리 약속된 규칙들에 복종할 수도 있었습니다. 그러나 작품이 오늘날 우리의 '상상의 박물관'에 자리할 가치가 있는 것은, 그 작품이 가중에 의해 그 진정한 대상에 완전히 합치했다는 데 있습니다. 게다가 이 대상은 과일 그릇이나 터번을 두른 처녀의 얼굴이 아니었고, 자신에게 제기된 독특한 질문에 대한 세잔이나 베르메르(Johannes Vermeer)의 독특한 파악이었습니다. 이와 같은 관점에서 구상 예술과 비구상 예술의 단절은 생각보다 미미한 것이라고 말할 수 있을 겁니다. 그 이유는 이렇습니다. 고전 미술에서 분명 어느 작품 —— 모델과 닮은 많은 다른 작품 중에서 —— 에 대해 감탄의 대상이었다고 말하게 했던 것은 이미 재현에 대한 이 가중이었기 때문입니다. 비구상 미술은 사실 이미 구상성 고유의 미학적 차원 —— 회화 예술에 부과된 재현의 기능에 의해 가려진 채 남아 있던 차원 —— 이었던 것을 해방시켰다고 말할 수 있을 것입니다. 그리고 세계의 발현 기능이 명시화되었던 것은 작품의 유일한 내적 구성의 관심이 재현의 기능을 거둬 냈을 때입니다. 재현이 일단 폐지되자, 작품은 세계를 재현하는 것과는 다른 방식으로 그것에 대해 이야기한다는 것이 명백해집니다. 작품은 세계에 대한 예술가의 독특한 감성적 관계를 도상화하면서 세계를 이야기합니다. 이것을 저는 작품의 무드라고 불렀습니다. 또는 한 번 더 칸트의 용어를 빌리자면, 재현의 계획과 더불어 작품 속에 규정적 판단으로 남았던 것도 사라지고, 또 반성적 판단이 날것 그대로 드러나게 됩니다. 이 반성적 판단 속에 자신의 규범성을 찾는 독특성, 단지 무한히 다른 것들과 소통하는 능력 속에서만 자신의 규범성을 얻는 독특성이 표현되는 것입니다.

음악에 대해서도 정확히 같은 것을 말할 수 있습니다. 쇤베르크의 「달에 홀린 피에로」에서 볼 수 있는 음조의 폐지, 뒤이은 작품들에서 볼 수 있는 12음계의 발명은 18세기와 19세기 내내 사용된 평균율 음계와의 친근성이라는 면에서 단절을 이룹니다. 이것은 들라크루아(Eugène Delacroix)의 구상성과의 비교에서, 인간 형상이 찢어지고 뒤틀리는 피카소의 비구상과 같은 단절입니다. 19세기의 음악적 규칙들은 결코 보편적이지 않았습니다. 그것들은 단지 운율적 일반성들—각 악곡들이 전하는 무드에 대한 진정한 관계를 숨겼던—만을 구성하였습니다. 그 규칙들의 관례는 미술에서처럼 작품에의 접근을 쉽게 해주었습니다. 그러니까 소통성이 단지 독특성에 의해서만 이루어지지 않았던 것입니다. 그리고 정확히 그 때문에 현대 예술이 너무 어려운 것입니다. **선험적으로** 아름다움을 규정하는 부수적 규칙들에 의지하는 것도 거기서는 모두 금지되어서 그렇습니다.

●●● 선생님과 함께 칸트를 길잡이 삼아 따라간다면, 선생님께서 미적 경험에 대해 말씀하시는 것을 다른 분야로까지 확대할 수 있지 않을까요? 왜냐하면 칸트에게서 미학은 특히 도덕적 경험에서도 유효한 반성적 판단의 영역을 소진시키지 않기 때문입니다.

리쾨르 저는 윤리학과 미학 사이에 독특성이라는 주제에 대한 일종의 상호적 가르침이 있을 수 있다고 생각합니다. 왜냐하면 사물들과 반대로, 그러나 예술작품처럼 사람도 역시 독특한 결합이기 때문입니다. 가령 여러 가지 특징들이 오직 한 번, 유일한 방식으로 한 군데 모여진 얼굴이 그 좋은 예입니다. 예술작품처럼 사람들은 서로 대체될 수 없습니다. 아마 예술작품과의 접촉에서 우리는 그러한 독특성을 배우게 됩니다. 이것은 사실 칸트의 논거를 따라가는 한 방식일 것입니다. 미의 경험, 게다가 승화의 경험이 어떻게 우리를 도덕성으로 이끄는지를 보여 주면서 말입니다.

하지만 만약 다른 측면적 분야들로 옮길 수 있는 미학적 경험의 특징에 대해 성찰하기를 원한다면, 예술작품의 두 가지 주요 양상, 즉 독특성과 소통성을 고려해야 한다는 것이 저의 생각입니다. 그것도 소통성에 내포된 아주 특별한 보편성과 함께 말입니다. 윤리학 영역에 머물기 위해 저는 예술작품이 독특성과 소통성의 결합과 더불어 증거 개념을 사유하기 위한 표본이 아닐지 자문해 봅니다. 어떤 방식으로 극한의 도덕적 선택 영역 속에 모범성과 소통성이 있다고 말할 수 있습니까? 예를 들어 영혼의 위대함의 아름다움을 여기에서 탐구해야 할 듯합니다. 제가 보기에 거기에는 우리가 윤리적으로 감탄하는 행동들의 특별한 아름다움이 있습니다. 저는 특히 모범적 삶들, 간소한 삶들에 의해 이루어진 증거에 대해 생각합니다. 하지만 우리가 힘겹게 올라가는 끊임없는 단계들을 지나갈 필요 없이, 이와 같은 삶들을 통해 일종의 직접 교섭에 의해 절대, 근원성이 증명되기도 합니다. 헌신적인, 또는 보통 얘기되듯이, 범하기 힘든 얼굴들에 어리는 아름다움을 보기 바랍니다.

미학적 경험과의 비교를 연장해 보면, 이와 같은 관대함, 동정 또는 용기의 사례들과 —— 이 사례들에 드물게 내포된 내용과 더불어 —— 이것들이 기재된 상황들과의 관계는, 자신이 —— 그가 그리고 오직 그만이 —— 마주한 특별한 문제를 해결하는 화가와 그가 처한 상황과의 관계와 같다고 말할 수 있습니다. 그리고 고귀한 행동의 고독으로부터 상황과의 일치 관계에 대한 선(先)반성적이고 즉각적인 파악에 의해 우리는 곧바로 행동의 소통성에 이르게 됩니다. 주어진 경우에 대해서 말하자면, 우리는 지금 그리고 여기에서 '이것'이 바로 우리가 해야만 할 것이라는 확신을 가지게 됩니다. 이것은 우리가 어떤 그림을 걸작으로 여기는 것과 같은 방식입니다. 그도 그럴 것이 우리는 해결의 독특성이 질문의 독특성과 완벽한 합치를 이룬다는 느낌을 곧바로 가지기 때문입니다. 마렉 알테르(Marek Halter)가 그의 영화 「의로운 이웃들」(Les Justes, 1994)에서 증언들을 모았던 남자들과 여자들을 기억해 보시기 바랍니다. "왜 이렇게 하셨습니까? 왜 당신은 유대인들을 구하는 위험을 택하셨습니까?" 사람들이 그들에게 이렇게 물었을 때 그들은 모두 뭐라고 대답할 수 있을까요? 그들은 단순하게 이렇게 대답합니다. "달리 뭘 하기를 원하십니까? 그것이 그 상황에서 해야 할 유일한 일이었습니다."

　도덕적 행위와 상황 사이의 합치 관계의 파악 덕분에 분명 예술작품의 소통성의 등가인 '이끌기' 효과가 있습니다. 이 '이끌기' 능력, 이 모범성을 표현하기 위해, 독일어에는 프랑스어에 없는 단어가 있습니다. 'Nachfolge'가 그것입니다. 만약 이 단어를 '모방'으로 번역하면, **예수의 모방**이라는 의미입니다. 복음적 도덕에서는 물론이거니와 분명 이스라엘의 예언자들에게서도 대체 이 '이끌기' 효과는 어디서 유래하는 것입니까? 아마 그들의 행동들의 배경에는 규범들이 있습니다. 그러나 저에게 있어 문제가 되는 것은 독특성에 대한 모범성입니다. 아시시[5]의 젊고 부유한 부르

---

5) 이탈리아 중부 움브리아 주의 페루자 현에 있는 도시. 성 프란체스코와 성녀 클라라가 태어난 곳으로 유명한 가톨릭 순례지이다. —옮긴이

주아 한 명 한 명에게 프란체스코는 이렇게 말합니다. "네가 가진 모든 것을 팔라. 그리고 오라." 그들은 그를 따릅니다! 프란체스코가 그들에게 말한 것은 하나의 보편적 질서가 아니고 독특한 개인의 독특한 개인에 대한 명령입니다. 정확히 이런 방식을 통해 '이끌기' 효과가 이루어지고, 또 유사한 행동들, 완전히 똑같이 독특한 행동들이 차례로 행해진 것입니다. 칸트로 돌아오자면, 우리는 그 소통성이 규칙을 상황에 적용하는 데 있지 않고 규칙을 부르는 것이 상황이라는 사실에 근거를 둔 반성적 판단의 범위 속에 있습니다. 그리고 상황은 분명히 소통적이 되면서 그 자체의 규칙을 부르는 것입니다. 여기에서는 상황이 그 자체의 규범성을 낳는 것이지 그 반대가 아닙니다. 게다가 상황의 요구에 대한 대답의 일치의 선(先)반성적 이해에 의해 소통성 자체도 가능하게 됩니다.

●●● 예술작품에서처럼 도덕적 영역의 어떤 행동들 속에 명령의 보편성과 아주 다른 이끌기의 효과, 소통성이 있다는 생각, 선생님께서는 이것을 다른 분야로 넓혀 가실 건지요?

리쾨르 어쨌든 한나 아렌트가 『판단하기: 칸트 정치철학 강의』[6]에서 권하고 있는 것이 바로 그것입니다. 그녀는 미학적 판단을 독특한 역사적 사건들——예컨대 프랑스대혁명——로 이전합니다. 상식과는 반대로 이 사건들의 독특성은 인류의 사명이라는 일반적 문제에 사건들을 편입시키는 데 방해가 되지 않습니다. 그러나 제 관점에서 볼 때 이 분석들에서 더

---

6) Hannah Arendt, *Juger: sur la philosophie politique de Kant*, trad. Myriam Revault d'Allonnes, Paris : Seuil, 1991.

재미있는 것은 오히려 다음과 같은 사실들입니다. 즉 그것이 오직 '세계의 관객'을 위해서이지 주인공 자신을 위해서가 아니라는 사실, 역사적 사건의 독특성이 소통적이라는 사실, 독특성이 호의 판단을 일으킬 수 있다는 사실 등이 그것입니다. 사건은 그 독특성에 의해 인류의 사명에 관계되는 증거와 같은 가치를 가지고 있습니다. 그것은 일종의 인간 종족의 **영역**(phylum) ── 동물 종들이 추구하는 궁극성과 유사하지만 다른 궁극성에 복종하는 ── 을 찾게 해줄 역사철학을 구상하는 것과는 관련되지 않습니다. 왜냐하면 한나 아렌트가 다시 취한 칸트의 시각들에 의해 인류가 겨냥하게 된 우주적 차원은 생물학적 차원과 완전히 다른 질서에 속하기 때문입니다. 그 차원은 소통성의 특수한 양식에 의해 조절됩니다. 또한 그 차원은 대규모의 역사적 사건들, 또는 일반적 차원을 넘어선 사람들의 양식이고, 그리고 이것들의 독특성에서 기인하는 양식입니다.

●●● 이것은 악의 부류에서도 마찬가지인지요? 선생님께서 생각하시기에는 악의 모범성이 있습니까?

리쾨르 악의 체계를 만들 수 있다는 것, 악의 발현들이 악을 권유하는 원인이 될 수 있다는 생각에 저는 항상 저항했습니다. 이와는 반대로 악의 난입이라는 특징과 그 형태들이나 규모들을 비교하는 것이 불가능하다는 사실로 인해 저는 항상 충격을 받았습니다. 악의 표현들은 분산**되는** 반면, 선은 모인다고, 선의 표현들은 한데 집약**된다**고 생각하는 것은 편견입니까? 악은 그 나름의 방식으로 쌓여 간다는 것을 저는 믿지 않습니다. 또한 악의 영역에서 제가 선과 아름다움에 대하여 **모방**(Nachfolge)이라고 불렀던 것의 등가물이 있을 것이라고도 저는 믿지 않습니다. 악의 전파에 대해 이용

가능한 유일한 표본을 우리는 생물학에서 빌려 옵니다. 사람들이 생각하는 용어는 **감염, 오염, 전염**입니다. 그 어떤 것도 극한적 독특성을 통한 소통성, **모방**의 영역이 아닙니다. 악에는 아름다움에 의해 이루어진 도상적 증가의 등가물이 없습니다.

지나가면서 말하자면, 아마 바로 거기에 사드(Marquis de Sade)나 바타유(Georges Bataille)의 시도에서 볼 수 있는 주요 과제가 자리할 것입니다. 예술작품에 고유한 도상적 증가의 한 등가물을 악의 영역 속에 재구축하고자 하는 시도가 그것입니다. 아마 결과적으로 바로 거기에 선과 미가 정말 비싼 대가를 치르고 만들어 내게 된 것의 혜택을 악이 누리도록 하고자 하는 타락의 막다른 골목이 자리하게 될 것입니다.

●●● 반대로 도덕의 범위에서 미의 경험에 대해 선생님께서 실행하시는 전이, 증거의 개념에 대해 선생님께서 부여하시는 커다란 가치, 이 모두가 선생님의 분석들을 종교성의 방향으로 유도하지는 않는지요?

리쾨르 종교성이 미학을 가로채는 것을 지지하고 싶지는 않습니다. 단지 다음과 같은 사실을 주장할 수 있을 것입니다. 즉 엄격한 유용성에 대해, 조작이 가능한 것에 대해 거리를 두는 것을 가능하게 하면서, 예술은 감정의 질서에 속하는 모든 것을 이용할 수 있다는 주장이 그것입니다. 물론 이 감정의 질서 속에서 '숭배'와 같은 이른바 종교적 감정이 나타날 수 있다는 것은 사실입니다. 저는 미학과 종교성 사이에는 이 두 분야의 공외연성(共外延性)보다는 잠식 지대가 있다고 말하겠습니다.

●●● 잠식 지대에 대해 말하시면서 선생님께서는 음악, 미술, 조각에서처

럼 서양에서 오랫동안 우월했던 종교예술을 생각하십니까?

리쾨르 예술이 우선적으로 성스러움에 의해 완전히 둘러싸였음은 확실합니다. 하지만 이와는 정반대로 성스러움은 또한 우선적으로 음악, 시, 미술 또는 조각 덕택에 미학적 특징을 부여받았다고 말할 수 있습니다.

　게다가 시각적 재현들의 질서에서는 아주 극단적이었던 유대적 우상 파괴주의가, 음악으로까지 확장되지는 않았다는 사실에 대한 확인은 충격적입니다. 「시편」은 음악 기호들――'지휘자를 따라 현악기에 맞추어 부르는 다윗의 노래', '지휘자를 따라 관악기에 맞추어' 등――로 가득 차 있고, 또한 이 음악을 재구성하고 연주할 수조차 있었습니다.

　하지만 종교와 미학이 서로 잠식하는 가장 풍요로운 예들 중 하나는 아마 성서의 「아가서」일 것입니다. 같은 시(詩)가 여러 가지로――관능적으로, 영적으로, 남녀 관계에 대한 알레고리로, 여호와와 그의 민족 사이의 결혼에 대한 알레고리로, 그 밖에도 영혼과 그리스도 사이의 관계에 대한 알레고리로――해석될 수 있었다는 것, 이것이 사유하게 하는 것입니다. 가치들의 모든 단계들, 즉 **이성에 대한 사랑**(eros), **이웃에 대한 사랑**(philia), **무조건적인 사랑**(agapè)의 모든 여정이 단 하나의 은유의 유희로 관통될 수 있습니다. 그리고 육체가 부단히 은유화――"그대의 입술은 붉은 실 같고", "그대의 목은…… 다윗의 망대와 같구나", "너의 젖가슴은…… 쌍둥이 노루 같구나" 등――된다는 사실은, 극단적으로는 일종의 신학적 대담성과 더불어 텍스트를 여러 가지 방식으로 읽도록 이용될 수 있습니다. 왜냐하면 예언적 전통에서 인간과 신성 사이에 수직성의 관계가 남아 있기 때문입니다. 인간과 신은 같은 수준에 있지 않습니다. 그런데 사랑은 윤리학과 영성신학 사이의 문지방을 넘어서게 할 수 있는 상호성의 요소를 도입합니다. 윤리학이 수직성을 보존하는 바로 그곳에 영성신학은 상호성을 도입하려고 시도합니다. 사랑하는 자와 사랑받는 자는 동등하고 상호적인 역할 속에 있습니다. 수직성 속으로의 상호성의 도입은 사랑의 언어를 통해, 그리고 관능성의 은유화 원천들 덕택에 획득됩니다.

성서의 유일한 관능적 시가 순결성을 찬양하기 위해 사용되었던 것은 극도의 아이러니에 의해서라고 생각할 수도 있습니다. 그러나 순결은 또 다른 종류의 혼인으로 이루어지는 유대입니다. 그도 그럴 것이 순결은 영혼과 신의 결혼을 동반하기 때문입니다. 관능성을 거쳐 가는 것처럼 순결을 거쳐 가는 혼인이 있습니다. 「아가서」의 위대한 은유는 이와 같은 이동을 가능하게 하는 것입니다.

분명 「아가서」가 유대교 정전에 편입되었던 것은 야브네의 모임에서 이 「아가서」에 대해 오로지 영적인 해석만이 주어졌기 때문입니다. 그것은 정말 잘된 일입니다! 그러나 「아가서」의 애매함을 절대로 유지해야 하고, 또 일방적인 읽기를 거부해야 합니다. 가령 야브네의 모임에서와 같은 읽기, 몇몇 주석자들, 특히 실증주의적 가톨릭주의자들의 읽기가 그것입니다. 그들은 마치 전통적 읽기에 빼앗긴 모든 시간을 만회하려는 것처럼 배타적으로 「아가서」의 관능적 의미만을 다시 세우려 싸우는 듯합니다. 더 중요한 것은 「아가서」가 교회 정경 속에 있음으로 해서 성서의 나머지 부분들의 의미 공간 전체의 혜택을 이 「아가서」가 받게 된다는 사실을 확인하는 것입니다. 실제로 그 공간 위에서 이번에는 「아가서」가 본래의 관능적 가치들, 그리고 특히 윤리적 관계 속에 애정을 도입하는 능력과 더불어 퍼져 갑니다. 여기에서 현학적 주석자들의 현학적 고지식함은 언급하지 맙시다!

리쾨르 저작 목록

폴 리쾨르의 저작들에 대한 참고문헌집은 여러 종류가 있다. 프랑스어로 된 가장 잘 갖추어진 참고문헌집은 다음과 같다. Frans D. Vansina, *Paul Ricœur: bibliographie systématique de ses écrits et des publications consacrées à sa pensée (1935~1984)*, Louvain-la-Neuve : Éditions de l'Institut supérieur de philosophie, 1985.

오늘날에는 위의 참고문헌집을 계승한 다음 참고문헌집을 주로 참조한다. Lewis Edwin Hahn(éd.), *The Philosophy of Paul Ricœur*, The Library of Living Philosophers, vol.XXII, Chicago and La Salle : Open Court, 1995, pp.605~815.

여기에서는 리쾨르의 저작만 나열하고자 한다.

Karl Jaspers et la philosophie de l'existence (avec Mikel Dufrenne), préface de Karl Jaspers, Paris : Seuil, 1947. 『야스퍼스와 실존철학』

Gabriel Marcel et Karl Jaspers: Philosophie du mystère et philosophie du paradoxe, Paris : Le Temps présent, 1948. 『가브리엘 마르셀과 칼 야스퍼스: 신비의 철학과 패러독스의 철학』

Philosophie de la volonté I: Le volontaire et l'involontaire, Paris : Aubier, 1950. 『의지의 철학 1: 의지적인 것과 비의지적인 것』

Histoire et vérité, Paris : Seuil, 1955 (rééditions augmentées en 1964 et 1967). 『역사와 진리』

Philosophie de la volonté II: Finitude et culpabilité I. L'homme faillible, Paris : Aubier, 1960. 『의지의 철학 2: 유한성과 유죄성 1: 과오를 범하기 쉬운 인간』

Philosophie de la volonté II: Finitude et culpabilité II. La symbolique du mal, Paris : Aubier, 1960. 『의지의 철학 2: 유한성과 유죄성 2: 악의 상징』

De l'interprétation: Essai sur Freud, Paris : Seuil, 1965. 『해석에 관하여: 프로이트에 대한 시론』

Entretiens Paul Ricœur-Gabriel Marcel, Paris : Aubier, 1968. 『폴 리쾨르와 가브리엘 마르셀의 대담』

Le conflit des interprétations: Essais d'herméneutique, Paris : Seuil, 1969. 『해석의 갈등: 해석학 시론』

La métaphore vive, Paris : Seuil, 1975. 『살아 있는 은유』

Temps et récit I: L'intrigue et le récit historique, Paris : Seuil, 1983. 『시간과 이야기 1: 줄거리와 역사 이야기』

Temps et récit II: La configuration dans le récit de fiction, Paris : Seuil, 1984. 『시간과 이야기 2: 허구 이야기에서의 형상화』

Temps et récit III: Le temps raconté, Paris : Seuil, 1985. 『시간과 이야기 3: 이야기된 시간』

Du texte à l'action: Essais d'herméneutique II, Paris : Seuil, 1986. 『텍스트에서 행동으로: 해석학 시론 2』

Le mal: Un défi à la philosophie et à la théologie, Genève : Labor et Fides, 1986. 『악: 철학과 신학에 대한 도전』

À l'école de la phénoménologie, Paris : J.Vrin, 1986. 『현상학파』

Soi-même comme un autre, Paris : Seuil, 1990. 『타자로서 자기 자신』

Lectures I: Autour du politique, Paris : Seuil, 1991. 『독서 1: 정치성을 중심으로』

Lectures II: La contrée des philosophes, Paris : Seuil, 1992. 『독서 2: 철학자들의 고장』

Lectures III: Aux frontières de la philosophie, Paris : Seuil, 1994. 『독서 3: 철학의 경계에서』

Le juste I, Paris : Esprit, 1995. 『정의로운 것 1』

Réflexion faite: Autobiographie intellectuelle, Paris : Esprit, 1995. 『성찰: 지적 자서전』

La critique et la conviction: Entretien avec François Azouvi et Marc de Launay, Paris: Calmann-Lévy, 1995. 『비판과 확신: 프랑수아 아주비와 마르크 드 로네와의 인터뷰』

L'idéologie et l'utopie, Paris: Seuil, 1997. 『이데올로기와 유토피아』

Amour et justice, Paris: PUF, 1997. 『사랑과 정의』

Ce qui nous fait penser: La nature et la règle (avec Jean-Pierre Changeux), Paris: Odile Jacob, 1998. 『우리로 하여금 사유하게 하는 것: 자연과 규칙』

Penser la Bible (avec André Lacocque), Paris: Seuil, 1998. 『성서를 생각함』

La mémoire, l'histoire, l'oubli, Paris: Seuil, 2000. 『기억, 역사, 망각』

L'herméneutique biblique, Paris: Cerf, 2000. 『성서 해석학』

Le juste II, Paris: Esprit, 2001. 『정의로운 것 2』

Parcours de la reconnaissance: Trois études, Paris: Stock, 2004. 『인정의 여정: 세 편의 연구』

Sur la traduction, Paris: Bayard, 2004. 『번역에 관하여』

Vivant jusqu'à la mort suivi de Fragments (oeuvres posthumes), Paris: Seuil, 2007. 『죽음에 이르기까지 살아 있는』(유고집)

Écrits et conférences I: Autour de la psychanalyse, Paris: Seuil, 2008. 『저술과 강연 1』

Écrits et conférences II: Herméneutique, Paris: Seuil, 2010. 『저술과 강연 2』

찾아보기